Springer-Lehrbuch

Springer

Berlin
Heidelberg
New York
Barcelona
Hongkong
London
Mailand
Paris
Tokio

Andreas Musil · Sören Kirchner

Das Recht
der Berliner Verwaltung

Unter Berücksichtigung
kommunalrechtlicher Bezüge

 Springer

Dr. iur. Andreas Musil
Senatsrat Sören Kirchner

zu erreichen über:
Dr. iur. Andreas Musil
Freie Universität Berlin
Fachbereich Rechtswissenschaft
Van't-Hoff-Straße 8
14195 Berlin
Deutschland
musil@zedat.fu-berlin.de

ISBN 3-540-42473-3 Springer-Verlag Berlin Heidelberg New York

Die Deutsche Bibliothek – CIP-Einheitsaufnahme
Musil, Andreas: Das Recht der Berliner Verwaltung: unter Berücksichtigung kommunal-
rechtlicher Bezüge/Andreas Musil; Sören Kirchner. – Berlin; Heidelberg; New York; Barce-
lona; Hongkong; London; Mailand; Paris; Tokio: Springer, 2002
(Springer-Lehrbuch)
ISBN 3-540-42473-3

Springer-Verlag Berlin Heidelberg New York
ein Unternehmen der BertelsmannSpringer Science+Business Media GmbH

http://www.springer.de

© Springer-Verlag Berlin Heidelberg 2002
Printed in Germany

Umschlaggestaltung: Design & Production GmbH, Heidelberg

SPIN 10849294   64/2202-5 4 3 2 1 0 – Gedruckt auf säurefreiem Papier

Vorwort

Das Recht der Berliner Verwaltung gehört seit jeher zum Pflichtfachkanon der Juristenausbildung in Berlin. An einer umfassenden didaktischen Aufbereitung dieses Rechtsgebietes fehlte es jedoch bisher. Diese Lücke will das vorliegende Lehrbuch schließen. Es richtet sich vor allem an Studenten der Rechtswissenschaft und an Rechtsreferendare, aber auch dem Praktiker kann es einen nützlichen Überblick über die Tätigkeit der Berliner Verwaltung geben.

Viele Rechtsprobleme, die in den Flächenländern unter dem Stichwort „Kommunalrecht" behandelt werden, treten auch im Stadtstaat Berlin auf. Zwar gibt es in Berlin kein Kommunalrecht im eigentlichen Sinne, da dieses rechtlich selbständige Kommunen voraussetzt. Die Berliner Bezirke sind hingegen Verwaltungsuntergliederungen der Stadt Berlin ohne Rechtspersönlichkeit. Dennoch sind die Rechtsbeziehungen der Bezirke zur Gesamtstadt oft in Anlehnung an das Kommunalrecht der Flächenländer geregelt. Andere Rechtsmaterien, etwa die Einnahmewirtschaft, haben in Berlin eine gegenüber den Flächenländern vollständig abweichende Regelung erfahren.

Das Buch gibt in jedem Kapitel zunächst einen kurzen Überblick über das Kommunalrecht der Flächenländer, um im Anschluss, gewissermaßen daran gespiegelt, die Berliner Rechtslage darstellen zu können. Der Vertiefung dienen zehn an passender Stelle eingefügte Fälle, die zum Teil auf der Rechtsprechung Berliner Gerichte basieren. Es sei empfohlen, das 8. Kapitel über den Rechtsschutz der Bezirke bereits bei der Lektüre der vorhergehenden Kapitel mit zu berücksichtigen, da die prozessualen Probleme der Fälle erst dort besprochen werden.

Zu danken haben wir vor allem Herrn Prof. Dr. Markus Heintzen, der den Anstoß für das Buch gab, sowie Herrn Leitenden Senatsrat Andreas Schmidt von Puskás, der wertvolle Anregungen beisteuerte. Nicht zuletzt danken wir Frau Dagmar Neubauer sowie Frau Ulrike Barth-Musil, die uns bei der Erstellung des Manuskripts tatkräftig unterstützt haben. Das Buch ist dem Andenken an Dietrich Pinkerneil gewidmet, ohne den seine Realisierung nicht möglich gewesen wäre.

Andreas Musil   im Januar 2002
Sören Kirchner

Inhaltsverzeichnis

Abkürzungsverzeichnis

a.A.	anderer Auffassung
Abghs-Drs.	Abgeordnetenhaus-Drucksache
ABl.	Amtsblatt
AblEG	Amtsblatt der Europäischen Gemeinschaften
Abs.	Absatz
AGBauGB	Ausführungsgesetz zum Baugesetzbuch
AGKJHG	Ausführungsgesetz zum Kinder- und Jugendhilfegesetz
AGVwGO	Ausführungsgesetz zur Verwaltungsgerichtsordnung
allg.	allgemein
AO	Abgabenordnung
AOAnwG	Gesetz über die Anwendung der Abgabenordnung
Art.	Artikel
ASOG	Allgemeines Sicherheits- und Ordnungsgesetz
Aufl.	Auflage
AV	Ausführungsvorschriften
AVBWasserVO	Verordnung über allgemeine Bedingungen für die Versorgung mit Wasser
AZG	Allgemeines Zuständigkeitsgesetz
BAMG	Bezirksamtsmitgliedergesetz
BauGB	Baugesetzbuch
BauO(Bln)	Bauordnung Berlin
BayGO	Gemeindeordnung des Freistaates Bayern
BbgGO	Gemeindeordnung des Landes Brandenburg
BbgVerf.	Verfassung des Landes Brandenburg
Bd.	Band
BDSG	Bundesdatenschutzgesetz
BEHALA	Berliner Hafen- und Lagerhausbetriebe
BerlBetrG	Berliner Betriebegesetz
BerlHG	Berliner Hochschulgesetz
BerlStrG	Berliner Straßengesetz
BerlVerfGH	Berliner Verfassungsgerichtshof
Beschl.	Beschluss
BezVG	Bezirksverwaltungsgesetz
BFHE	Amtliche Sammlung der Entscheidungen des Bundesfinanzhofs
BGB	Bürgerliches Gesetzbuch
BGBl.	Bundesgesetzblatt
BGH	Bundesgerichtshof

BGHZ	Amtliche Sammlung der Entscheidungen des Bundesgerichts-hofs in Zivilsachen
BlnDSG	Berliner Datenschutzgesetz
BSR	Berliner Stadtreinigungsbetriebe
Buchst.	Buchstabe
BVerfG	Bundesverfassungsgericht
BVerfGE	Amtliche Sammlung der Entscheidungen des Bundesverfas-sungsgerichts
BVerwG	Bundesverwaltungsgericht
BVerwGE	Amtliche Sammlung der Entscheidungen des Bundesverwal-tungsgerichts
BVG	Berliner Verkehrsbetriebe
BW	Baden-Württemberg
BWB	Berliner Wasserbetriebe
CDU	Christlich Demokratische Union
DBl.	Dienstblatt
ders.	derselbe
dies.	dieselbe
DÖV	Die Öffentliche Verwaltung
DVBl.	Deutsches Verwaltungsblatt
DVO-AZG	Verordnung zur Durchführung des Allgemeinen Zuständigkeits-gesetzes
EG	Vertrag über die Gründung der Europäischen Gemeinschaften
EigG	Eigenbetriebegesetz
Einf.	Einführung
EinVertr	Einigungsvertrag
EnWG	Energiewirtschaftsgesetz
Erl.	Erläuterung
f.	folgende (eine Seite)
ff.	folgende (mehrere Seiten)
FGO	Finanzgerichtsordnung
Fn.	Fußnote
G.	Gesetz
GebBeitrG	Gesetz über Gebühren und Beiträge
gem.	gemäß
GewO	Gewerbeordnung
GEWOBAG	Gemeinnützige Wohnungsbau-Aktiengesellschaft Berlin
GewStG	Gewerbesteuergesetz
GG	Grundgesetz
ggf.	gegebenenfalls
GGO	Gemeinsame Geschäftsordnung der Berliner Verwaltung
GmbH	Gesellschaft mit beschränkter Haftung
GOAbghs	Geschäftsordnung des Abgeordnetenhauses
GOBbg	Gemeindeordnung des Landes Brandenburg
GORdB	Geschäftsordnung des Rates der Bürgermeister
GrStG	Grundsteuergesetz

GVG	Gerichtsverfassungsgesetz
GVBl.	Gesetz- und Verordnungsblatt
GWB	Gesetz gegen Wettbewerbsbeschränkungen
HGrG	Haushaltsgrundsätzegesetz
HkWP	Handbuch der kommunalen Wissenschaft und Praxis
h.M.	herrschende Meinung
HRG	Hochschulrahmengesetz
i.d.F. v.	in der Fassung vom
IFG	Informationsfreiheitsgesetz
insbes.	insbesondere
i.V.m.	in Verbindung mit
JAG	Gesetz über die Juristenausbildung im Land Berlin
JR	Juristische Rundschau
Jura	Juristische Ausbildung
JuS	Juristische Schulung
JZ	Juristenzeitung
KAG	Kommunalabgabengesetz
KG	Kommanditgesellschaft
KGaA	Kommanditgesellschaft auf Aktien
LBG	Landesbeamtengesetz
LHO	Landeshaushaltsordnung
LkrO Bgb	Landkreisordnung Brandenburg
LKV	Landes- und Kommunalverwaltung
LV	Landesverfassung
LVerfGE	Amtliche Sammlung der Entscheidungen der Verfassungsgerichte der Länder
LWahlO	Landeswahlordnung
MV	Mecklenburg-Vorpommern
m.w.N.	mit weiteren Nachweisen
NJW	Neue Juristische Wochenschrift
Nr.	Nummer
NVwZ	Neue Zeitschrift für Verwaltungsrecht
NVwZ-RR	Rechtsprechungsreport der Neuen Zeitschrift für Verwaltungsrecht
(n.)n.v.	(noch) nicht veröffentlicht
NV	Neugliederungs-Vertrag
NW	Nordrhein-Westfalen
NWVBl.	Nordrhein-Westfälische Verwaltungsblätter
NZA	Neue Zeitschrift für Arbeitsrecht
OLG	Oberlandesgericht
OVG	Oberverwaltungsgericht
OVGE	Amtliche Entscheidungssammlung des Oberverwaltungsgerichts
OWiG	Ordnungswidrigkeitengesetz
PartG	Parteiengesetz
PBefG	Personenbeförderungsgesetz
PDS	Partei des demokratischen Sozialismus

Rz.	Randziffer
S.	Seite
SenG	Senatorengesetz
SFB	Sender Freies Berlin
SGB	Sozialgesetzbuch
sog.	sogenannt
SPD	Sozialdemokratische Partei Deutschlands
StabG	Stabilitätsgesetz
StGB	Strafgesetzbuch
StPO	Strafprozessordnung
Urt.	Urteil
UWG	Gesetz gegen den unlauteren Wettbewerb
UZwGBln	Gesetz über die Anwendung des unmittelbaren Zwangs
v.	vom
VerfGH	Verfassungsgerichtshof
VerfGHG	Gesetz über den Verfassungsgerichtshof
VG	Verwaltungsgericht
VGG	Verwaltungsreform-Grundsätze-Gesetz
VGH	Verwaltungsgerichtshof
vgl.	vergleiche
VO	Verordnung
VOB	Verdingungsordnung für Bauleistungen
VOBl.	Verordnungsblatt
VOL	Verdingungsordnung für Leistungen
VvB	Verfassung von Berlin
VwGO	Verwaltungsgerichtsordnung
VwVfG	Verwaltungsverfahrensgesetz des Bundes
VwVfGBln	Gesetz über das Verfahren der Berliner Verwaltung
VwVG	Verwaltungsvollstreckungsgesetz
VwZG	Verwaltungszustellungsgesetz
WBM	Wohnungsbaugesellschaft Mitte
WIP	Wohnungsbaugesellschaft Prenzlauer Berg
z.B.	zum Beispiel
zul. geänd. d.	zuletzt geändert durch
ZustKatAZG	Allgemeiner Zuständigkeitskatalog
ZustKatOrd	Zuständigkeitskatalog Ordnungsaufgaben
ZustVO-OWiG	Zuständigkeitsverordnung zum Ordnungwidrigkeitengesetz

1. Kapitel: Grundlagen des Stadtstaates Berlin

I. Einleitung

Schon 1924 hat *Hans J. Wolff* in seiner Dissertation „Die Grundlagen der Organisation der Metropole" nachgewiesen, dass sich die Aufgaben, die mit der Organisation von sogenannten „Riesenstädten"[1] zu bewältigen sind, grundlegend von denjenigen „normaler" Kommunen unterscheiden. Auf der einen Seite muss eine große Zahl von Menschen mit unterschiedlichsten Interessen und Bedürfnissen organisatorisch zusammengefasst werden. Es ist für leistungsfähige Verkehrssysteme, Entsorgungssysteme, eine sinnvolle überörtliche Planung und vieles mehr zu sorgen. Auf der anderen Seite dürfen aber auch diejenigen Bedürfnisse, die örtlich begrenzt sind, nicht vernachlässigt werden. In zahlenmäßig überschaubaren Kommunen kann eine einheitliche Verwaltung all diese Interessen bewältigen. Das gilt für Riesenstädte nicht. Wolff hat zur juristischen Erfassung der Riesenstadt den *Rechtsbegriff der Metropole* geprägt, worunter er eine mit direkter Herrschaftsgewalt ausgestattete, öffentlich-rechtliche, städtische Gebietskörperschaft mit lokal dezentralisierter Verwaltung versteht[2].   1

Berlin als Metropole im Sinne dieser Definition ist in den Staatsaufbau der Bundesrepublik dergestalt eingeordnet, dass es sowohl ein Bundesland als auch eine Stadt ist (vgl. Art. 1 Abs. 1 VvB[3]). Als sogenannter *Stadtstaat* ist Berlin sowohl städtische Gebietskörperschaft als auch Staat. Diese Doppelstellung führt dazu, dass alle Organe Berlins sowohl genuin staatliche Aufgaben als auch üblicherweise den Kommunen zugeordnete nichtstaatliche Aufgaben zu erfüllen haben. In § 1 des Allgemeinen Zuständigkeitsgesetzes (AZG)[4] ist dementsprechend normiert, dass gemeindliche und staatliche Aufgaben nicht getrennt werden.   2

Von besonderer Bedeutung für die vorliegende Darstellung ist weiterhin die Erkenntnis Wolffs, die dem zweiten Teil seiner Metropolen-Definition zugrundeliegt. Die Metropole bedarf, um funktionieren zu können, im Unterschied zu sonstigen Städten oder Gemeinden ihrerseits der *Dezentralisation*. Sie muss auf loka-   3

---

[1] *Wolff*, Die Grundlagen der Organisation der Metropole, S. 21 ff.

[2] *Wolff* (Fn. 1), S. 128.

[3] Verfassung von Berlin vom 23.11.1995, GVBl. S. 779, zul. geänd. d. G. v. 3.4.1998, GVBl. S. 82.

[4] Allgemeines Zuständigkeitsgesetz - AZG - i.d.F. v. 22. Juli 1996, GVBl. 302, 472, zul. geänd. d. G. v. 8.2.2001, GVBl. S. 33.

ler Ebene mehr oder weniger eigenständige organisatorische Strukturen aufweisen, die es den örtlichen Interessen erlauben, innerhalb der Gesamtstadt zur Geltung zu kommen. Zur Erreichung dieses Zwecks stehen verschiedene Möglichkeiten zur Verfügung. Von Wolff werden für Metropolen, die als Selbstverwaltungsverband organisiert sind, die *Einheitsgemeinde*, die *Gesamtgemeinde* und das *Zweckverbands-System* genannt[5]. Während in der Einheitsgemeinde die lokalen Untergliederungen organisatorisch fest in die Gesamtstadt eingebunden sind, bezieht sich beim Gegenpol, dem Zweckverband, der organisatorische Zusammenschluss nur auf bestimmte Aufgaben.

4   Entsprechend der Heterogenität der aufgezeigten Organisationsvarianten sind auch in der Praxis die Binnenstrukturen der Metropolen der Welt sehr verschieden. In Berlin hat man sich bereits 1920 für das Modell der Einheitsgemeinde entschieden[6]. Die *Bezirke* als örtliche Ebene der Berliner Verwaltung sind seit jeher nicht mit Rechtspersönlichkeit ausgestattet, sondern der Gemeinde „Berlin" ein- und untergeordnet. Entsprechend den beiden gegenläufigen Polen, die von lokalen und überörtlichen Interessen gebildet werden, muss innerhalb der Einheitsgemeinde eine sachgerechte Machtbalance gefunden werden. Diese Ausbalancierung im Einzelnen hat im Lauf der Geschichte vielfache Wandlungen erfahren. Bei der Lektüre der folgenden Kapitel sei es angeraten, immer das dargestellte Spannungsverhältnis im Auge zu behalten, da sich damit die Möglichkeit eröffnet, manche Detailregelung besser zu verstehen oder auch kritisch zu hinterfragen.

II. Die Stellung Berlins im Staatsaufbau

1. Berlin als Land der Bundesrepublik Deutschland

5   Zu den grundlegenden Strukturprinzipien des Staatsaufbaus der Bundesrepublik Deutschland zählt die Gliederung in Länder. Sie unterliegt der Ewigkeitsgarantie des Art. 79 Abs. 3 GG[7]. Derzeit gibt es 16 Bundesländer, die in der Präambel des Grundgesetzes namentlich genannt werden. Zu ihnen gehört auch Berlin. Durch die Erwähnung in der Präambel ist der Länderstatus Berlins verfassungsrechtlich abgesichert[8].

2. Vorgaben aus Art. 28 GG für die innere Organisation der Länder

6   Für die innere Gliederung der Bundesländer enthält Art. 28 GG grundlegende Vorgaben. So bestimmt Art. 28 Abs. 1 S. 1 GG, dass die Länderverfassungen den

---

[5] *Wolff* (Fn. 1), S. 134.
[6] Siehe Rz. 20.
[7] Ausführlich *Hain* in vMangoldt/Klein/Starck, GG, Art. 79, Rz. 119 ff.
[8] *Huber* in Sachs, GG, Präambel, Rz. 32.

Grundsätzen des republikanischen, demokratischen und sozialen Rechtsstaats entsprechen müssen. Art. 28 Abs. 1 S. 2 GG sichert die demokratische Wahl von Volksvertretungen auf Länder-, Kreis- und Gemeindeebene. Durch Art. 28 Abs. 2 GG wird den Gemeinden und Gemeindeverbänden das *Recht auf Selbstverwaltung* verbürgt. Aus Art. 28 Abs. 1 S. 2 und Abs. 2 GG lässt sich ableiten, dass neben der Landesebene auch die kommunale Ebene verfassungsrechtlich vorgegeben ist. Gemeinden und Kreise lassen sich nicht ohne Änderung des Art. 28 GG gänzlich abschaffen[9]. Diese Vorgaben haben den Charakter von ausfüllungsbedürftigen *Mindestgarantien*[10]. Dementsprechend kommt den Bundesländern bei der Ausgestaltung ihrer inneren Struktur ein weiter Spielraum zu.

3. Unterscheidung zwischen Flächenländern und Stadtstaaten

Im Allgemeinen wird zwischen sogenannten *Flächenländern* und *Stadtstaaten* 7 unterschieden. Zu den Flächenländern zählen alle Länder mit Ausnahme von *Bremen, Berlin* und *Hamburg*. Flächenländer sind dadurch geprägt, dass sie über eine kommunale Ebene verfügen, also in sogenannte Gebietskörperschaften untergliedert sind, die gegenüber der Landesebene eine weitgehende organisatorische und kompetenzielle Selbständigkeit besitzen. Diese Selbständigkeit wird in den Länderverfassungen und den darauf beruhenden Gemeindeordnungen normativ abgesichert. Das Charakteristische von Stadtstaaten wird demgegenüber darin gesehen, dass sie selbst eine ungeteilte Gebietskörperschaft darstellen. Ihre Landesparlamente besitzen eine Doppelnatur als *Landes- und Kommunalparlamente* [11]. Die Landesverwaltung ist zugleich Stadtverwaltung. Legt man freilich dieses Begriffsverständnis zugrunde, so lassen sich lediglich Berlin und Hamburg zweifelsfrei als Stadtstaaten einordnen. Bremen, das traditionell aus den Städten Bremen und Bremerhaven zusammengesetzt ist[12], wird denn auch von einem Teil der Lehre konsequenterweise als *"Städtestaat"* bezeichnet[13].

III. Berlin als Stadtstaat

1. Begriffsbestimmung

Die bereits an diesem Beispiel deutlich werdenden Unschärfen des Begriffs des 8 Stadtstaats haben ihre Ursache in der geschichtlichen Entwicklung. Der Begriff Stadtstaat wurde zuerst in der staatsrechtlichen Literatur des Deutschen Reiches

---

[9] Zu den Vorgaben aus Art. 28 GG im Einzelnen *Tettinger* in vMangoldt/Klein/Starck, GG, Art. 28, Rz. 1 ff.; zu Art. 28 AbS. 1 GG siehe auch *Ipsen,* Staatsrecht I, Rz. 722.

[10] *Tettinger* (Fn. 9), Rz. 4.

[11] *Deutelmoser*, Die Rechtsstellung der Bezirke in den Stadtstaaten Berlin und Hamburg, S. 27.

[12] Zur Binnenstruktur Bremens *Gern*, Deutsches Kommunalrecht, Rz. 121 f.

[13] So *Thieme*, DÖV 1993, S. 361 ff., 363.

von 1871 gebraucht, und zwar für die *Hansestädte Lübeck, Bremen* und *Hamburg.* Als charakteristisch für Stadtstaaten wurde angesehen, dass deren Staatsgebiet auf das Stadtgebiet beschränkt war. Auf das Verhältnis von Staats- und kommunaler Ebene kam es nicht an. Die Wurzel dieses Begriffsverständnisses liegt in den *Freien Reichsstädten des Heiligen Römischen Reiches,* die eine sogenannte Reichsunmittelbarkeit besaßen. Bremen und Hamburg fußen als ehemalige freie Reichsstädte und Hansestädte auf dieser stadtstaatlichen Tradition. Berlin hingegen war nie Freie Reichsstadt und kam erst nach 1945 zum Kreis der Stadtstaaten hinzu[14].

9   Im Unterschied zu diesem hergebrachten Begriffsverständnis wird der Begriff des Stadtstaates von einem großen Teil der Lehre mittlerweile aus der Binnenstruktur dieses Staates abgeleitet. Wie bereits oben angedeutet, ist wesentliches Merkmal eines Stadtstaates nach diesem Verständnis das Vorliegen einer ungeteilten Gebietskörperschaft, in der das Landesparlament eine Doppelrolle als staatliche und kommunale Volksvertretung einnimmt[15].

10   Die dargestellten Begriffsbestimmungen schließen sich nicht aus. Vielmehr zeigen sie nur zwei Möglichkeiten auf, wie man das Phänomen "Stadtstaat" mit unterschiedlicher Akzentuierung umschreiben kann. Mit *Deutelmoser*[16] lässt sich das zuerst dargestellte Begriffsverständnis mit dem Terminus *"Stadtstaaten im weiteren Sinne"* und das letztgenannte mit *"Stadtstaaten im engeren Sinne"* charakterisieren.

2. Berlin als Stadtstaat im weiteren und im engeren Sinne

11   Danach ist Berlin ein Stadtstaat im weiteren Sinne, da sich sein Staatsgebiet auf sein Stadtgebiet beschränkt. Dies ergibt sich unmittelbar aus der Verfassung von Berlin:

Art. 1 Abs. 1 VvB:
"Berlin ist ein deutsches Land und zugleich eine Stadt."

12   Auch der Charakter Berlins als Stadtstaat im engeren Sinne lässt sich aus der Verfassung von Berlin ableiten. Mit der Formulierung in Art. 1 Abs. 1 VvB, dass Berlin ein Land und eine Stadt sei, wird gleichzeitig ausgedrückt, dass es innerhalb der "Stadt" Berlin keine weiteren, von dieser unterscheidbare Gemeinden geben kann[17]. Dieses Ergebnis wird von Art. 3 Abs. 2 VvB gestützt:

---

[14] Zu diesen Hintergründen ausführlich *Deutelmoser* (Fn. 11), S. 25 ff.

[15] *Sendler*, JR 1985, S. 441 ff., 442 f.; *Deutelmoser* (Fn. 11), S. 27 f. m.w.N.

[16] *Deutelmoser* (Fn. 11), S. 23 ff.

[17] Ebenso *Pfennig* in Pfennig/Neumann, VvB, Art. 1, Rz. 1.

Art. 3 Abs. 2 VvB:

"Volksvertretung, Regierung und Verwaltung einschließlich der Bezirksverwaltungen nehmen die Aufgaben Berlins als Gemeinde, Gemeindeverband und Land wahr."

Aus der Tatsache, dass Volksvertretung, Regierung und Verwaltung nebeneinander staatliche und kommunale Aufgaben wahrnehmen, lässt sich ableiten, dass diese Aufgaben ein und derselben Gebietskörperschaft, nämlich der Einheitsgemeinde Berlin, obliegen. Zu diesem Ergebnis gelangt auch der *Berliner Verfassungsgerichtshof* in einer seiner ersten Entscheidungen, in der er das Prinzip der Einheitsgemeinde zu den tragenden Säulen der Verfassung von Berlin erklärt hat[18]. **13**

3. Verwirklichung der Vorgaben des Art. 28 GG in Berlin

Die oben dargestellten Vorgaben des Art. 28 GG sind in Berlin somit dergestalt verwirklicht, dass das Abgeordnetenhaus sowohl die Aufgaben eines Landesparlaments als auch einer kommunalen Volksvertretung übernimmt[19]. Gemeinde im Sinne von Art. 28 Abs. 1 S. 2 und Abs. 2 GG ist die Stadt Berlin. Damit ist die Stadt Berlin in ihrer Gesamtheit auch Trägerin der Garantie der kommunalen Selbstverwaltung aus Art. 28 Abs. 2 GG[20]. **14**

IV. Die Stellung der Bezirke im Stadtstaat Berlin

1. Konstituierung der Bezirksebene durch die Verfassung von Berlin

Nun ist man sich, wie bereits dargestellt[21], einig, dass „Einheitsgemeinde" nicht bedeuten soll, dass die Verwaltungsaufgaben von einer zentralistisch organisierten Stadtverwaltung erledigt werden. Vielmehr ist es unerlässlich, neben einer zentralen Ebene auch lokale Untergliederungen vorzusehen, die mit einer mehr oder weniger weitgehenden Selbständigkeit ausgestattet sind. Diese örtliche Ebene ist in der Lage, die vor Ort auftretenden Probleme sachgerecht zu lösen[22]. In Berlin repräsentieren die Bezirke diese Ebene. Verfassungsrechtlich werden sie zunächst in dem bereits erwähnten Art. 3 Abs. 2 VvB genannt. Art. 4 Abs. 1 S. 1 VvB bestimmt, dass sich Berlin in *12 Bezirke* gliedert. Deren Gebiet wird in der Aufzählung des Art. 4 Abs. 1 S. 2 VvB umschrieben. Damit garantiert die Verfassung **15**

---

[18] BerlVerfGH, LVerfGE 1, 33, 37.
[19] *Pfennig* (Fn. 17), Art. 3, Rz. 9.
[20] So ausdrücklich BerlVerfGH (Fn. 18), S. 37, siehe Rz. 31
[21] Siehe Rz. 1 ff.
[22] Ausführlich *Wolff* (Fn. 1), S. 1 ff.; Problemaufriss bei *Deutelmoser* (Fn. 11), S. 31 ff.

von Berlin sowohl die *Existenz einer Bezirksebene* als auch deren *konkrete räumliche Untergliederung*[23].

2. Aufgaben der Bezirke und Selbständigkeit der Aufgabenerledigung

16 Fraglich ist jedoch, welche Aufgaben dieser Bezirksebene zukommen sollen und mit welchem Grad an Selbständigkeit die Bezirke ihre Aufgaben erfüllen können. Hier hat das Berliner Landesrecht vielfältige Wandlungen erfahren. In den folgenden Kapiteln wird das Verhältnis der Bezirke zur Gesamtstadt im Einzelnen dargestellt. Allgemein lässt sich sagen, dass die Organisation der bezirklichen Ebene immer im Spannungsfeld zwischen zwei Prämissen steht. Zum einen darf das *Prinzip der Einheitsgemeinde* nicht verletzt werden. Zum anderen ist es aber auch einer *effektiven Aufgabenerfüllung* abträglich, wenn ein so großer und vielschichtiger Organismus wie Berlin zu zentralistisch organisiert ist. Diesem Spannungsverhältnis trägt die Verfassung von Berlin Rechnung, indem sie den Bezirken eine Zwitterstellung verleiht:

Art. 66 Abs. 2 VvB:
"Die Bezirke erfüllen ihre Aufgaben nach den Grundsätzen der Selbstverwaltung. Sie nehmen regelmäßig die örtlichen Verwaltungsaufgaben wahr."

17 Die Bezirke sind danach zwar keine eigenständigen Gemeinden, sie erfüllen aber ihre Aufgaben nach den Grundsätzen der Selbstverwaltung und nehmen in der Regel die örtlichen Aufgaben wahr. Einfachgesetzlich hat diese verfassungsrechtliche Ausgangslage in die Definition der Bezirke in § 2 Abs. 1 BezVG[24] Eingang gefunden:

§ 2 Abs. 1 BezVG:
"Die Bezirke sind Selbstverwaltungseinheiten Berlins ohne Rechtspersönlichkeit."

18 Diese Verbindung von rechtlicher Unselbständigkeit und Selbstverwaltung hat in der Literatur Kritik erfahren. Es wird bemängelt, dass Selbstverwaltung denknotwendig rechtliche Selbständigkeit voraussetze[25]. Ungeachtet dessen gehört diese Konstruktion zur verfassungsrechtlichen Realität in Berlin und ließe sich nur im Rahmen einer weitreichenden Verfassungsänderung beseitigen. Es wird sich im Weiteren zeigen, dass sie auch im Einzelnen meist zu sachgerechten Ergebnissen führt und einen Ausgleich der widerstreitenden Interessen ermöglicht.

---

[23] Siehe Rz. 44 f.
[24] Bezirksverwaltungsgesetz i.d.F. v. 28.2.2001, GVBl. S. 61, geänd. d. G. v. 27.9.2001, GVBl. S. 521.
[25] So *Sendler*, JR 1985, S. 441 ff., 446.

V. Die Berliner Verwaltung im geschichtlichen Überblick

1. Zweckverband und Groß-Berlin

Mit der Gründung des Deutschen Reiches 1871 nahm die neue Hauptstadt Berlin **19**
eine rasante wirtschaftliche Entwicklung. Gleichzeitig wuchs die Bevölkerung des
Großraums Berlin auf ein Vielfaches. Bald wurde deutlich, dass die bestehenden
Verwaltungsstrukturen die gewachsenen Aufgaben nicht mehr bewältigen konn-
ten. Neben Berlin gab es im Großraum mehrere größere Städte wie Charlottenburg
und Schöneberg und eine Vielzahl kleinerer Gemeinden. Die Notwendigkeit einer
Koordinierung wurde deutlich. Jedoch konnte man sich nicht auf die Schaffung
einer einheitlichen Stadt Berlin einigen. Zu groß waren die Ressentiments gegen
die Hauptstadt. Diese kommen in dem bekannten Ausspruch zum Ausdruck: *"Mög
schützen uns des Kaisers Hand vor Groß-Berlin und Zweckverband*[26]*."*

Nach schweren politischen Auseinandersetzungen einigte man sich 1911 doch auf **20**
die Schaffung eines *Zweckverbandes*. Es handelte sich um einen äußerst losen Zusammenschluss, der lediglich für die Vereinheitlichung des Verkehrsnetzes, die
Koordinierung von Bebauungsplänen sowie die Sicherung von Erholungsflächen
zuständig war[27]. Wegen dieser geringen Kompetenzen wurde das Zweckverbandsgesetz[28] scharf kritisiert. Es sollte sich im Ersten Weltkrieg zeigen, dass die Kritik
gerechtfertigt war, da die Verwaltungsstrukturen den Anforderungen des Krieges
nicht annähernd gewachsen waren. So kam es zur Verabschiedung des *"Gesetzes
über die Bildung einer neuen Stadtgemeinde Berlin"* vom 27.4.1920[29]. Das war die
Geburtsstunde von *Groß-Berlin*. Sein Gebiet umfasste die Städte Berlin, Charlottenburg, Wilmersdorf, Schöneberg, Neukölln, Lichtenberg, Köpenick und Spandau sowie 59 Landgemeinden und 27 Gutsbezirke. Die Verwaltung Berlins war
schon damals zweistufig organisiert. Es wurde eine "bezirkliche Selbstverwaltung" festgeschrieben, die in den Grundzügen bis heute besteht[30]. Durch eine
Verwaltungsreform 1931 wurden diese Selbstverwaltungsrechte jedoch wieder
eingeschränkt[31].

2. Nationalsozialismus

Während der Zeit des Nationalsozialismus kam es zu einer weiteren Zurücknahme **21**
der bezirklichen Selbstverwaltung. Die Entwicklung mündete in einer vollständi-
gen Verwirklichung des *Führerprinzips*. Es kam zwar nicht zu einer Abschaffung

---

[26] Zitiert nach *Sendler*, DÖV 1987, S. 366 ff., 369.
[27] *Zivier*, Verfassung und Verwaltung von Berlin, Rz. 4.
[28] Zweckverbandsgesetz für Groß-Berlin v. 19.7.1911, Preußische Gesetzessammlung, S. 123.
[29] Preußische Gesetzessammlung, S. 123.
[30] Ausführlich *Zivier* (Fn. 27), Rz. 6.1 ff.
[31] *Zivier* (Fn. 27), Rz. 7.1 ff.

der Bezirksebene, aber die Bezirksbürgermeister wurden dem Oberbürgermeister vollständig untergeordnet[32].

3. Entwicklung nach 1945 - Entstehung des Stadtstaats Berlin

22   Die *Vorläufige Verfassung von Groß-Berlin*, die am 13.8.1946 ohne Mitwirkung deutscher Stellen von der Alliierten Kommandantur erlassen wurde[33], verband Elemente einer Landesverfassung mit Elementen der Städteordnung Preußens von 1853. Als nun durch Gesetz Nr. 46 des Alliierten Kontrollrats vom 25.2.1947[34] der Staat Preußen aufgelöst wurde, kam es gewissermaßen automatisch zur Gründung des Stadtstaats Berlin. Dadurch nämlich, dass die übergeordnete staatliche Ebene wegfiel, konnte Berlin bruchlos in diese staatsorganisationsrechtliche Lücke aufrücken[35]. Teilweise wird die Entstehung des Stadtstaats Berlin deshalb als "zufällig" bezeichnet[36]. Da die Vorläufige Verfassung auch am Prinzip der Einheitsgemeinde mit einem Abgeordnetenhaus als Einkammer-Parlament festhielt, entstand gleichzeitig mit dem Stadtstaat im weiteren Sinne auch der im engeren Sinne.

23   Für *Ost-Berlin* galt dieser Status indes nur bis Ende 1948, als dort der Magistrat für abgesetzt erklärt und ein neuer Magistrat gewählt wurde[37]. In der Folgezeit erlangte der Ostteil Berlins den Status eines *Bezirks der DDR*.

24   Die *Verfassung von Berlin* vom 1. September 1950[38], die de facto nur im Westteil galt, behielt die grundlegenden Strukturen der Vorläufigen Verfassung bei. Zwar war im Vorfeld über die Einführung von Gemeinden diskutiert worden, diese Auffassung fand letztlich aber keine Mehrheit. Es blieb beim Prinzip der Einheitsgemeinde mit begrenzt eigenständigen Bezirken[39].

4. Verwaltungsreformen

25   Bereits 1958 wurde eine erste Verwaltungsreform notwendig, da man es zunächst versäumt hatte, eine handhabbare Zuständigkeitsabgrenzung zwischen Hauptverwaltung und Bezirksverwaltung vorzusehen. So wurden das Allgemeine Zuständigkeitsgesetz (AZG)[40], das Bezirksverwaltungsgesetz (BezVG)[41] und das Polizei-

---

[32] *Deutelmoser* (Fn. 11), S. 65, *Zivier* (Fn. 27), Rz. 8.1 f.

[33] Vorläufige Verfassung von Groß-Berlin vom 13.8.1946, VOBl. S. 295.

[34] VOBl. S. 68.

[35] Zur Entwicklung *Sendler*, JR 1985, S. 441 ff., 442.

[36] So *Deutelmoser* (Fn. 11), S. 67.

[37] *Zivier* (Fn. 27), Rz. 13.1 ff.

[38] Verfassung von Berlin vom 1.9.1950, VOBl. I S. 433, in Kraft getreten am 1.10.1950.

[39] *Sendler* (Fn. 35), S. 443 f.

[40] Allgemeines Zuständigkeitsgesetz - AZG - vom 2.10.1958, GVBl. S. 947, 1020, mit Verordnung zur Durchführung des Allgemeinen Zuständigkeitsgesetzes (DVO-AZG) v. 7.10.1958, GVBl. S. 974, 1028.

zuständigkeitsgesetz[42] verabschiedet. Die Bezirksverwaltung wurde auf drei Organe verteilt: die *Bezirksverordnetenversammlung*, das *Bezirksamt* und die *Deputationen*[43]. Diese Dreiteilung war in der Folgezeit heftiger Kritik ausgesetzt, da sie die Bezirksverwaltung unübersichtlich und schwerfällig machte[44].

Daher wurde sie in einer zweiten Reform von 1971 wieder aufgehoben[45]. Die De- **26** putationen wurden wieder abgeschafft. Aber auch diese Reform führte zu Widersprüchlichkeiten und löste vor allem das Grundproblem der Berliner Verwaltung nicht: Zwischen Haupt- und Bezirksverwaltungen gab es zu viele Mehrfachzuständigkeiten, so dass jeder einzelne Vorgang äußerst lange Bearbeitungszeiten beanspruchte. So kam denn auch der Bericht der vom Abgeordnetenhaus eingesetzten Enquete-Kommission zur Verwaltungsreform 1984 zur Feststellung erheblichen Reformbedarfs[46]. Dieser wurde erst mit den *Verwaltungs- und Verfassungsreformen von 1994*[47] bzw. *1998*[48] weitgehend umgesetzt. Darüberhinaus trat *1995* die *neue Verfassung von Berlin*[49] in Kraft. Kernpunkte der Reformen waren eine striktere Aufgabenabgrenzung und eine Stärkung der bezirklichen Ebene. Die bezirkliche Stellung wurde vor allem durch die Gewährung der bauplanungsrechtlichen Rechtssetzungsbefugnis, partieller organisatorischer Selbständigkeit, Einräumung beschränkter finanzieller Spielräume durch Zuweisung von Globalsummen, Aufgabenverlagerung in die Bezirke und die Einführung eines Normenkontrollverfahrens zur Zuständigkeitsabgrenzung gestärkt[50].

VI. Berlin und Brandenburg

1. Gescheiterte Fusionsbemühungen

Die geplante Fusion der Länder Berlin und Brandenburg ist zunächst gescheitert. **27** Bei den am 5. Mai 1996 durchgeführten Volksabstimmungen haben die Brandenburger Abstimmungsberechtigten im Gegensatz zu den Berlinern mehrheitlich ge-

---

[41] Bezirksverwaltungsgesetz v. 30.1.1958, GVBl. S. 126.

[42] Polizeizuständigkeitsgesetz v. 2.10.1958, GVBl. S. 959.

[43] Ausführlich *Sendler* (Fn. 35), S. 444 f.

[44] Vgl. *Deutelmoser* (Fn. 11), S. 69 m.w.N.

[45] Fünfzehntes Gesetz zur Änderung der Verfassung von Berlin v. 24.6.1971, GVBl. S. 1060, Bezirksverwaltungsgesetz i.d.F. v. 5.7.1971, GVBl. S. 1169; ausführlich *Sendler* (Fn. 35), S. 445 f.

[46] Schlussbericht der Enquete-Kommission zur Verwaltungsreform v. 30.5.1984, Abghs-Drs. 9/1829; zusammenfassend *Deutelmoser* (Fn. 11), S. 77 ff.

[47] Achtundzwanzigstes Gesetz zur Änderung der Verfassung von Berlin v. 6.7.1994, GVBl. S. 217; Verwaltungsreformgesetz v. 19.7.1994, GVBl. S. 241.

[48] Zweites Gesetz zur Änderung der Verfassung von Berlin v. 3.4.1998, GVBl. S. 82; Zweites Verwaltungsreformgesetz v. 25.6.1998, GVBl. S. 177.

[49] Verfassung von Berlin vom 23. November 1995, GVBl. S. 779, zul. geänd. siehe Fn. 48.

[50] Zu diesen Punkten ausführlich Rz. 44 ff.

gen den *Neugliederungs-Vertrag*[51] votiert, dem zuvor beide Landesparlamente mit der notwendigen Zwei-Drittel-Mehrheit zugestimmt hatten[52]. Nach wie vor steht jedoch die Fusion beider Länder auf der politischen Tagesordnung.

28 Im Bundesstaat ist für eine Länderneugliederung eine bundesverfassungsrechtliche Rechtsgrundlage erforderlich. Für die Fusion von Berlin und Brandenburg ist dies Art. 118a GG. Danach kann die Fusion in Abweichung von den Vorschriften des Art. 29 GG durch Vereinbarung beider Länder unter Beteiligung ihrer Wahlberechtigten erfolgen. Die landesverfassungsrechtlichen Rechtsgrundlagen finden sich in Art. 97 VvB und Art. 116 BbgVerf. Demnach bedarf die Fusion beider Länder eines Staatsvertrags, dem eine Mehrheit von zwei Dritteln der Mitglieder der Landesparlamente zustimmen muss und der einer Zustimmung durch Volksabstimmung bedarf.

29 Berlin wäre in einem vereinigten Land eine *kreisfreie Stadt*. In dem nicht in Kraft getretenen Neugliederungs-Vertrag (NV) war festgeschrieben, dass Berlin eine in rechtlich unselbständige Stadtbezirke gegliederte Einheitsgemeinde bleiben sollte und die Stadtbezirke an der Verwaltung nach den Grundsätzen der Selbstverwaltung beteiligt sein sollten (Art. 21 Abs. 1 NV). Damit hätte die Grundstruktur des Verwaltungsaufbaus Berlins auch in einem neuen Bundesland fortbestanden. Dies gilt auch für die Aufgabenabgrenzung zwischen Gesamtstadt und Bezirken (Art. 21 Abs. 2 NV).

2. Zusammenarbeit von Berlin und Brandenburg

30 Unabhängig von einer Fusion haben beide Bundesländer durch zahlreiche *Staatsverträge* und *Verwaltungvereinbarungen*[53] eine enge Zusammenarbeit auf verschiedenen Ebenen und in unterschiedlichen Bereichen der Verwaltung vereinbart. Die Regierungen beider Länder treffen sich mindestens einmal jährlich zu einer gemeinsamen Sitzung. Ferner gibt es einen aus Mitgliedern der Landesregierungen gebildeten *Koordinierungsrat*, der der Abstimmung beider Bundesländer dient und Empfehlungen an die Landesregierungen richten kann. Auch zwischen den Berliner Bezirken und Brandenburger Kommunen gibt es auf verschiedenen bezirklichen Aufgabenfeldern eine Kooperation. Dies betrifft insbesondere die Bereiche Regionalplanung, Umwelt- und Naturschutz, Kultur und Tourismus. Der praktisch besonders wichtige Bereich der gemeinsamen *Landesplanung* beider Länder wird weiter unten noch ausführlich dargestellt[54].

---

[51] Neugliederungs-Vertrag vom 27.4.1995, GVBl. S. 490.
[52] *Pfennig* in Pfennig/Neumann, VvB, Art. 97, Rz. 3; *Zivier* (Fn. 27), Rz. 22.3; siehe auch *Gärtner*, NJW 1996, S. 88 ff.
[53] Siehe die Übersicht bei *Zivier* (Fn. 27), Anhang 3.
[54] Siehe Rz. 135 ff.

2. Kapitel: Die Rechtsstellung der Bezirke

I. Keine Garantie der kommunalen Selbstverwaltung

1. Die Unanwendbarkeit von Art. 28 Abs. 2 GG auf die Bezirke

Art. 28 Abs. 2 GG gewährleistet den Gemeinden und Gemeindeverbänden das **31** *Recht auf kommunale Selbstverwaltung*. Es handelt sich hierbei um eine Mindestgarantie[1], die durch die Verfassungen der Länder in unterschiedlicher Weise ausgestaltet und erweitert wird[2]. Schon der Wortlaut von Art. 28 Abs. 2 GG zeigt, dass die Garantie der kommunalen Selbstverwaltung auf die Berliner Bezirke *nicht* anwendbar sein kann. Art. 28 Abs. 2 S. 1 GG spricht nämlich von Gemeinden, Satz 2 bezieht sich auf Gemeindeverbände. Um Gemeinden handelt es sich bei den Berliner Bezirken aber gerade nicht. Vielmehr ist Berlin als Ganzes gleichzeitig Gemeinde und Bundesland (vgl. Art. 1 Abs. 1, Art. 3 Abs. 2 VvB). Bei den Bezirken handelt es sich lediglich um *"Selbstverwaltungseinheiten Berlins ohne Rechtspersönlichkeit"* (vgl. § 2 Abs. 1 BezVG). Sie sind Bestandteile der staatsunmittelbaren Verwaltungsuntergliederung und *keine unterstaatlichen Gebietskörperschaften*. Damit ist die Gesamtstadt Berlin Trägerin der von Art. 28 Abs. 2 GG normierten kommunalen Selbstverwaltungsgarantie, nicht ihre Untergliederungen[3].

2. Recht auf bezirkliche Selbstverwaltung?

Nun ist aber in Art. 66 Abs. 2 VvB zu lesen, die Bezirke erfüllten ihre Aufgaben **32** *nach den Grundsätzen der Selbstverwaltung*. In Art. 72 VvB ist darüberhinaus davon die Rede, die Bezirksverordnetenversammlung sei Organ der bezirklichen Selbstverwaltung. Die Berliner Verfassung ordnet den Bezirken also den Begriff der "Selbstverwaltung" zu. Die Bedeutung dieser Zuordnung ist in Anbetracht des fehlenden Körperschaftsstatus der Bezirke umstritten. Im Kern geht es um die Frage, ob den Bezirken durch die Verfassung von Berlin ein *"Recht auf bezirkliche Selbstverwaltung"* verbürgt wird und damit eine wehrfähige, der kommunalen

---

[1] *Löwer* in vMünch/Kunig, GG, § 28, Rz. 34.

[2] Vgl. Art. 71 LV BW; 83 Bay; 144 Brem; 137 Hess; 57 Nds; 78 NW; 49 RhPf; 11 Saarl; 48 S-H; 97 Bbg; 72 MV; 82 Abs. 2 Sachsen; 87 Abs. 1 S-Anhalt; 91 Thür.

[3] Allg. Meinung, vgl. nur BerlVerfGH, LVerfGE 1, 33, 37; *Neumann* in Pfennig/Neumann, VvB, Art. 66, 67, Rz. 10.

Selbstverwaltungsgarantie nach Art. 28 Abs. 2 GG vergleichbare subjektive Rechtsposition.

33 Der *Berliner Verfassungsgerichtshof* hat in einer seiner ersten Entscheidungen festgestellt, dass es *kein verfassungskräftiges Recht* auf bezirkliche Selbstverwaltung gebe[4]. Der *Grundsatz der Einheitsgemeinde*, der zu den tragenden Wesensmerkmalen der Verfassung von Berlin gehöre, schließe dies aus. Die Verfassung stelle mit der Bezugnahme auf die Grundsätze der Selbstverwaltung lediglich ein für den Gesetzgeber verbindliches Organisationsprinzip der Berliner Verwaltung auf. Auch nach der ersten Verfassungs- und Verwaltungsreform 1994[5] hat der Verfassungsgerichtshof seine Auffassung bestätigt[6], obwohl seitdem die Bezirksverwaltungen in Art. 3 Abs. 2 VvB ausdrücklich genannt sind. Der Verfassungsgerichtshof hat auch nicht zu erkennen gegeben, dass er nach der zweiten Verfassungs- und Verwaltungsreform 1998[7] von seiner Rechtsauffassung abweichen will[8]. Erst im Rahmen dieser Reform wurde die heutige Fassung von Art. 66 Abs. 2 VvB eingefügt. Offen bleibt, ob der Verfassungsgerichtshof mit seinen Entscheidungen *subjektiv-öffentliche Rechte der Bezirke* generell ausschließen wollte. Zu beachten ist insoweit, dass mit der *Normenkontrolle der Zuständigkeitsabgrenzung* nach Art. 84 Abs. 2 Nr. 3 VvB den Bezirken zumindest ein Antragsverfahren vor dem Verfassungsgerichtshof offen steht. Darüberhinaus haben auch die Verwaltungsgerichte Klagen von Bezirken gegen sie beeinträchtigende Maßnahmen des Senats für zulässig gehalten[9]. Dies zeigt, dass den Bezirken zumindest partiell wehrfähige subjektiv-öffentliche Rechte zugebilligt werden.

34 In der *neueren Literatur* wird deshalb überwiegend ein verfassungskräftiges Recht der Bezirke auf Selbstverwaltung bejaht[10]. Vor allem seit der Verfassungs- und Verwaltungsreform von 1994 stünden den Bezirken weitgehende Selbstverwaltungsrechte zu. *Haaß* spricht sogar davon, die bezirkliche Selbstverwaltung erreiche zuweilen annähernd den Umfang der kommunalen Selbstverwaltung im Sinne von Art. 28 Abs. 2 GG[11]. In einem Sondervotum zur oben genannten ersten Entscheidung des Verfassungsgerichtshofs hat die abweichend votierende Richterin dargelegt, das Prinzip der Einheitsgemeinde stehe einer diesen Grundsatz respektierenden und damit relativierten subjektiven Rechtsposition der Bezirke nicht

---

[4] BerlVerfGH, LVerfGE 1, 33, 37.

[5] Siehe Rz. 26.

[6] BerlVerfGH, LVerfGE 6, 32, 41.

[7] Siehe Rz. 26.

[8] Beschl. v. 15.6.2000, VerfGH 47/99, n.v., S. 5.

[9] Siehe zuletzt OVG Berlin, LKV 2000, S. 453 ff.; siehe zum Rechtsschutz Rz. 354 ff.

[10] Vor allem *Haaß*, LKV 1996, S. 84; *Deutelmoser*, LKV 1999, S. 350 f.; *Neumann* in Pfennig/Neumann, VvB, Art. 66/67, Rz. 8 ff., insbes. Rz. 17; auch schon *Machalet*, Die Berliner Bezirksverwaltung, S. 56; anders *Sendler*, ABl. 1979, S. 509 ff., 511.

[11] *Haaß* (Fn. 10), S. 86.

entgegen[12]. Das Prinzip erfordere kein vollständiges, sondern nur ein verhältnismäßiges Zurücktreten der bezirklichen Eigenständigkeit. Allerdings beziehe sich die landesverfassungsrechtliche Rechtsposition nur auf einen *Grundbestand an Eigenverantwortlichkeit* bei der Erledigung örtlicher Angelegenheiten.

Diese Argumentation deutet zutreffend darauf hin, dass bei der Frage subjektiv-   **35** öffentlicher Rechte der Bezirke differenziert werden muss. Dem VerfGH ist zuzustimmen, wenn er nicht nur die Anwendung des in Art. 28 Abs. 2 GG enthaltenen Rechts auf kommunale Selbstverwaltung auf die Bezirke, sondern auch ein mit der Wehrfähigkeit des Art. 28 Abs. 2 GG vergleichbares "Recht auf bezirkliche Selbstverwaltung" ablehnt. Die Verfassung von Berlin kennt ein solches abstraktes und umfassendes Recht, das gegen beschränkende Maßnahmen des Senats oder des Gesetzgebers umfassend Rechtsschutz bieten könnte, nicht. Mangels Rechtsfähigkeit und im Interesse der Einheitsgemeinde sind die Bezirke als Organe des Landes Berlin in die Verwaltungshierarchie eingebunden. Eine Selbstverwaltung der Bezirke kann deshalb weder vom Umfang her noch insbesondere im Hinblick auf die Wehrfähigkeit mit der Selbstverwaltungsgarantie nach Art. 28 Abs. 2 GG vergleichbar sein. Von einem "Recht auf bezirkliche Selbstverwaltung" sollte deshalb nicht gesprochen werden. Gleichwohl schließt dies nicht aus, dass den Bezirken in einzelnen Teilbereichen ihrer durch die Verfassung organisationsrechtlich zugewiesenen Aufgaben und Zuständigkeiten bereits eine subjektive Rechtsposition verliehen wird und sie sich so gegen Übergriffe anderer Organe zur Wehr setzen können[13].

Auch wenn somit bereits klargestellt ist, dass die Rechtsstellung der Bezirke mit derjenigen der Gemeinden vom Ansatz her nicht vergleichbar ist, erscheint es zum besseren Verständnis der bezirklichen Rechtsstellung angezeigt, zunächst die Stellung der Gemeinden in den Flächenländern aufgrund der Garantie der kommunalen Selbstverwaltung gem. Art. 28 Abs. 2 GG darzustellen, um dann an diesem Maßstab die verfassungsrechtliche Stellung der Berliner Bezirke zu verdeutlichen.

II. Die Garantie der kommunalen Selbstverwaltung

1. Allgemeines

Die kommunale Selbstverwaltung in Art. 28 Abs. 2 GG ist als *institutionelle Ga-*   **36** *rantie* ausgestaltet. Das bedeutet, es handelt sich nicht nur um eine *objektivrechtliche Verbürgung*, aber auch nicht um eine etwa den *Grundrechten vergleichbare subjektive Berechtigung*. Die Institutsgarantie steht gleichsam zwischen beiden

---

[12] Sondervotum der Richterin am Verfassungsgerichtshof *Citron-Piorkowski*, LVerfGE 1, 33, 38 ff.
[13] Siehe Rz. 376 ff.

Gewährleistungsformen. Die Garantie der kommunalen Selbstverwaltung lässt sich in drei Elemente gliedern[14]:

- eine *institutionelle Rechtssubjektsgarantie* der Gemeinden und Gemeindeverbände
- eine *objektive Rechtsinstitutionsgarantie* der kommunalen Selbstverwaltung
- eine *subjektive Rechtsstellungsgarantie* bei Angriffen auf Rechtssubjekts- und Rechtsinstitutionsgarantie.

2. Die institutionelle Rechtssubjektsgarantie

37   Im Einzelnen bedeutet institutionelle Rechtssubjektsgarantie, dass die Gemeinden einen Anspruch darauf haben, als dezentrale Verwaltungsebene existent zu sein[15]. Dabei impliziert der Begriff "Rechtssubjektsgarantie" bereits, dass diese Verwaltungsebene mit *Rechtssubjektsqualität* ausgestattet sein muss. Die Gemeinden sind aber nicht als einzelne Rechtssubjekte vor Veränderung geschützt, vielmehr ist es die Institution "Gemeinde", die bestehen bleiben muss[16]. Art. 28 Abs. 2 GG steht also etwa *Gemeindegebietsreformen* nicht entgegen. Will der Landesgesetzgeber allerdings eine Gemeinde auflösen oder ihre Grenzen ändern, so darf er dies nur aus *Gründen des öffentlichen Wohls* tun[17]. Wichtige Veränderungen stehen zudem unter einem *institutionellen Gesetzesvorbehalt*[18].

3. Die objektive Rechtsinstitutionsgarantie

38   Die objektive Rechtsinstitutionsgarantie beinhaltet zum einen die Garantie, örtliche Angelegenheiten auf lokaler Ebene wahrnehmen und regeln zu dürfen, und zum anderen die Garantie der Eigenverantwortlichkeit[19]. Im Rahmen dieser beiden Garantien ist zwischen dem sogenannten *Kernbereich* der Gewährleistung und dem *Randbereich* zu unterscheiden[20]. Während gesetzgeberische Eingriffe in den Kernbereich (oder auch Wesensgehalt) generell unzulässig sind, darf der Gesetzgeber im Randbereich unter bestimmten Voraussetzungen derartige Eingriffe vornehmen[21].

---

[14] Nach *Stern*, Staatsrecht I, S. 409, ihm folgend ein Großteil der Literatur, siehe nur *Löwer* (Fn. 1), Rz. 41; *Nierhaus* in Sachs, GG, Art. 28, Rz. 34 ff.

[15] *Löwer* (Fn. 1), Rz. 42.

[16] *Stern* (Fn. 14), S. 409 f.

[17] BVerfGE 86, 90; vgl. im Einzelnen *Stern* (Fn. 14), S. 411.

[18] *Löwer* (Fn. 1), Rz. 42.

[19] BVerfGE 26, 228, 237; 79, 127, 143.

[20] Siehe das Schaubild bei *Gern*, Deutsches Kommunalrecht, Rz. 86.

[21] *Stern* (Fn. 14), S. 416.

a) "alle Angelegenheiten der örtlichen Gemeinschaft"

Angelegenheiten der örtlichen Gemeinschaft im Sinne von Art. 28 Abs. 2 GG sind **39** diejenigen Bedürfnisse und Interessen, die in der örtlichen Gemeinschaft wurzeln oder auf sie einen spezifischen Bezug haben[22]. Welche Aufgabenbereiche im Einzelnen unter diese Definition fallen, lässt sich nicht abschließend sagen. Vielmehr ist der Zuständigkeitsbereich variabel und der Erweiterung bzw. Verengung zugänglich[23]. Dieser Umstand ist auch der Grund dafür, dass der Schutz der gemeindlichen Aufgabenerledigung im Einzelfall Schwierigkeiten bereitet. Man ist sich zwar darin einig, dass den Gemeinden aufgrund von Art. 28 Abs. 2 GG ein *Kernbereich von Aufgaben* zur eigenverantwortlichen Entscheidung verbleiben muss. Lässt sich dieser Kernbestand aber nicht gegenständlich benennen, so besteht die Gefahr, dass er im Wege der staatlichen Gesetzgebung durch die Zuweisung von Aufgaben an andere Verwaltungsträger nach und nach ausgehöhlt wird. In der Vergangenheit ist es bereits zu derartigen *Aufgabenwanderungsprozessen* gekommen[24]. Das hiergegen in Stellung gebrachte sogenannte *"Aushöhlungsverbot"* wird in der Regel zu spät eingreifen, nämlich erst dann, wenn es schon zu einer signifikanten Minimierung der Aufgaben gekommen ist[25]. Die Rechtsprechung behilft sich bei der Zuordnung einer Aufgabe zum örtlichen Wirkungskreis mit Indizien wie der geschichtlichen Entwicklung oder der Größe und Struktur der Gemeinde[26].

Weiterhin sichert Art. 28 Abs. 2 GG mit dem Verweis auf "alle" Angelegenheiten **40** die *Universalität des gemeindlichen Wirkungskreises*, auch Allzuständigkeit genannt. Unter *Allzuständigkeit* versteht man die Befugnis, Angelegenheiten der örtlichen Gemeinschaft aufzugreifen, die nicht schon einem anderen Aufgabenträger zugewiesen sind[27]. Im Unterschied zu anderen Verwaltungsträgern bedürfen die Gemeinden im Rahmen des örtlichen Bereiches keines speziellen Kompetenztitels, also insbesondere keiner gesetzlichen Zuständigkeitsregelung, um sich mit einer Aufgabe zu befassen und diese zu erledigen. Damit ist es den Gemeinden insbesondere möglich, auch vollkommen neuartige, bisher ungeregelte Materien aufzugreifen[28]. In der Praxis entstehen aber dann Probleme, wenn eine Gemeinde sich mit genuin staatlichen Aufgaben befasst, sich etwa zur atomwaffenfreien Zone erklärt[29].

---

[22] BVerfGE 79, 127, 151, Rastede.

[23] *Gern* (Fn. 20), Rz. 58.

[24] *Tettinger* in vMangoldt/Klein/Starck, GG, Art. 28, Rz. 168 ff.; *Löwer* (Fn. 1), Rz. 46.

[25] Vgl. BVerfGE 79, 127, 148.

[26] Vgl. *Gern* (Fn. 20), Rz. 60.

[27] BVerfGE 79, 127, 146 f.

[28] Sog. Recht der Spontaneität, vgl. *Erichsen*, Kommunalrecht des Landes Nordrhein-Westfalen, S. 49.

[29] Weitere Beispiele bei *Gern* (Fn. 20), Rz. 64 ff.; siehe auch *Tettinger* (Fn 24), Rz. 172 ff.

b) Eigenverantwortlichkeit

41 Die *Garantie der Eigenverantwortlichkeit* umfasst die *Gestaltungs-, Ermessens- und Weisungsfreiheit*. Dies bedeutet insbesondere, dass den Kommunen in den Aufgabenbereichen, die ihnen zur eigenverantwortlichen Erledigung zugewiesen sind, von der Aufsichtsbehörde keine über die bloße Rechtskontrolle hinausgehenden Vorgaben gemacht werden können[30]. Herkömmlicherweise wird die Garantie der Eigenverantwortlichkeit in eine Mehrzahl von Einzelgewährleistungen aufgegliedert. So umfasst sie

- die *Gebietshoheit* als Befugnis, im Gemeindegebiet Hoheitsgewalt auszuüben,
- die *Personalhoheit*, die neben der Dienstherreneigenschaft die Befugnis umfasst, das Personal auszuwählen, anzustellen, zu befördern und zu entlassen,
- die *Organisationshoheit*, die sich auf die innere Ausgestaltung der Gemeindeverwaltung erstreckt,
- die *Planungshoheit* als Befugnis zu eigenverantwortlicher Ordnung und Gestaltung des Gemeindegebietes,
- die *Rechtssetzungshoheit*, insbesondere die Satzungsautonomie,
- die *Finanzhoheit* als Befugnis zu einer eigenverantwortlichen Einnahme- und Ausgabenwirtschaft; sie umfasst auch die Abgabenhoheit, die der Gemeinde erlaubt, ihre Einwohner zu den durch die Aufgabenerfüllung entstehenden Lasten heranzuziehen[31].

4. Die subjektive Rechtsstellungsgarantie

42 Die subjektive Rechtsstellungsgarantie gewährleistet *Rechtsschutz* gegen Verletzungen der beiden zuvor dargestellten Garantien. Dieser Rechtsschutz wird zunächst im Wege der *kommunalen Verfassungsbeschwerde* gem. Art. 93 Abs. 1 Nr. 4 b GG, § 91 BVerfGG gewährt. Hinzu kommen die gemeindlichen Möglichkeiten, etwa gegen Aufsichtsmaßnahmen verwaltungsgerichtlichen Rechtsschutz zu erlangen[32].

5. Die Gewährleistung demokratischer Legitimation

43 Aus Art. 28 Abs. 1 S. 2 GG ergibt sich, dass das Volk auch auf Gemeindeebene eine nach demokratischen Grundsätzen gewählte Vertretung haben muss. Diese Funktion erfüllt im Allgemeinen die sogenannte *Gemeindevertretung* oder *Stadtverordnetenversammlung*. Die Frage, ob auch *Ausländern* auf kommunaler Ebene ein Wahlrecht eingeräumt werden kann, hat Art. 28 Abs. 1 S. 3 GG aufgrund eu-

---

[30] Ausführlich *Dreier* in Dreier, GG, Art. 28, Rz. 106.

[31] Einteilung in Anlehnung an *Stern* (Fn. 14), S. 413 ff. mit Ausnahme des Finanzwesens, siehe hierzu *Erichsen* (Fn. 28), S. 50.

[32] *Nierhaus* (Fn. 14), Rz. 39.

roparechtlicher Vorgaben dahingehend gelöst, dass EU-Ausländern ein solches Wahlrecht zusteht, sonstigen Ausländern aber nicht.

III. Die Rechtsstellung der Bezirke im Einzelnen

Nachdem die Garantie kommunaler Selbstverwaltung in ihre einzelnen Gewähr-leistungselemente aufgefächert worden ist, kann nun die bezirkliche Rechtsstel-lung daran gemessen werden. Hierbei werden bezirkliche Zuständigkeiten, Befug-nisse sowie deren Einschränkungen grob dargestellt. Zu deren Voraussetzungen im Einzelnen wird auf die folgenden Kapitel verwiesen.

1. Institutionelle Rechtssubjektsgarantie und Bezirke

Die Berliner Verfassung nimmt zunächst in Art. 3 Abs. 2 wörtlich auf die Be- **44** zirksverwaltungen Bezug und benennt sie als *konstitutiven Bestandteil der Berli-ner Verwaltung.* In Art. 4 Abs. 1 S. 1 VvB wird die Untergliederung Berlins in Bezirke und deren Zahl auf 12 festgeschrieben. In Art. 4 Abs. 1 S. 2 VvB werden durch eine *Gebietsbeschreibung* die zwölf Bezirke in ihren jeweiligen Ausmaßen festgelegt. Art. 4 Abs. 2 S. 2 VvB unterstellt die Änderung der bezirklichen Gren-zen grundsätzlich einem Gesetzesvorbehalt. Nur mit Zustimmung der betroffenen Bezirke ist bei Grenzänderungen von geringer Bedeutung eine Ausnahme möglich (Art. 4 Abs. 2 S. 3 VvB, § 1 Abs. 2 S. 2 BezVG[33]). Eine Änderung durch einfa-ches Gesetz darf jedoch die Gebietsbeschreibung in Art. 4 Abs. 1 S. 2 VvB in ih-rem Kern nicht antasten. Darüberhinaus wird in Abschnitt VI der Verfassung die Ausgestaltung der Bezirksverwaltung im Einzelnen geregelt.

Die Berliner Bezirke genießen somit ebenso wie die Gemeinden eine verfassungs- **45** rechtlich abgesicherte *Bestandsgarantie.* Durch die Regelungen in Art. 3 und 4 VvB sowie in Abschnitt VI ist die grundsätzliche Gliederung Berlins in Bezirke verfassungsrechtlich festgeschrieben. Der Gesetzesvorbehalt für Grenzänderungen entspricht weitgehend der Rechtslage unter Geltung von Art. 28 Abs. 2 GG. Über den Gewährleistungsgehalt von Art. 28 Abs. 2 GG hinausgehend ist auch die kon-krete Gliederung in bestimmte Bezirke durch Art. 4 Abs. 1 VvB gesichert, und auch die Änderung der Zahl der Bezirke bedarf einer Verfassungsänderung[34]. Al-lerdings folgt aus dieser Bestandsgarantie *keine Rechtssubjektsgarantie,* da die Bezirke keine juristischen Personen und damit keine Rechtssubjekte sind.

---

[33] Bezirksverwaltungsgesetz i.d.F. v. 28.2.2001, GVBl. S. 61, geänd. d. G. v. 27.9.2001, GVBl. S. 521.

[34] *Mudra,* VvB, S. 30; § 1 Abs. 2 BezVG bedarf deshalb noch einer Anpassung an die Ver-fassung, soweit hierin auch für eine Änderung der Zahl der Bezirke eine gesetzliche Re-gelung als ausreichend angesehen wird.

2. Objektive Rechtsinstitutsgarantie und Bezirke

a) Fehlende Allzuständigkeit der Bezirke

46 Weiterhin ist fraglich, ob den Bezirken eine den Gemeinden vergleichbare Allzuständigkeit für Angelegenheiten der örtlichen Gemeinschaft verfassungsrechtlich verbürgt ist. Anzusetzen ist hier bei den Art. 66, 67 VvB. Nach Art. 66 Abs. 2 S. 2 VvB nehmen die Bezirke regelmäßig die örtlichen Verwaltungsaufgaben wahr. In Art. 67 VvB wird dieser Grundsatz durch eine positive Beschreibung der dem Senat und der Hauptverwaltung obliegenden Aufgaben und eine *generelle Auffangzuständigkeit* der Bezirke bekräftigt. Nach Art. 67 Abs. 1 S. 1 VvB nimmt der Senat durch die Hauptverwaltung die Aufgaben von *gesamtstädtischer Bedeutung* wahr. Abgesehen von bestimmten in Art. 67 Abs. 1 S. 2 Nr. 1 VvB genannten Leitungsaufgaben müssen diese Aufgaben gesetzlich bestimmt werden (Art. 67 Abs. 3 S. 1 VvB). Die Bezirke nehmen nach Art. 67 Abs. 2 S. 1 VvB alle anderen Aufgaben wahr[35].

47 Der Berliner Verfassungsgerichtshof hat die Zuständigkeitsabgrenzung zwischen Hauptverwaltung und Bezirken in seiner Entscheidung zum *Landesschulamt* grundlegend dahingehend konkretisiert, dass die Aufgabenwahrnehmung durch die Bezirke die Regel sei, wohingegen die Aufgabenwahrnehmung durch die Hauptverwaltung der besonderen Rechtfertigung bedürfe[36]. Die Bezirke könnten sich aufgrund der vorgenommenen Aufgabenverteilung darauf berufen, dass die Verfassung ihnen eigene Rechte zur Wahrnehmung von Aufgaben innerhalb Berlins gewährleiste[37]. Die so konkretisierte Aufgabenverteilung zwischen Bezirks- und Hauptverwaltung wird in der Literatur dahingehend gedeutet, dass sie weitgehend der Garantie der gemeindlichen Allzuständigkeit entspreche[38].

48 Diese Einschätzung erweist sich bei näherer Betrachtung als nicht haltbar. Zwar ist es grundsätzlich richtig, dass Art. 67 VvB zu einer *Subsidiarität der Aufgabenwahrnehmung durch den Senat* führt[39]. Jedoch ist diese Subsidiarität nicht so weitgehend wie vor dem Hintergrund von Art. 28 Abs. 2 GG. Art. 66 Abs. 2 S. 2 VvB spricht davon, die Bezirke erledigten „regelmäßig" die örtlichen Aufgaben. Der Begriff der örtlichen Aufgaben in Art. 66 Abs. 2 S. 2 VvB entspricht hierbei dem Begriff der Angelegenheiten der örtlichen Gemeinschaft in Art. 28 Abs. 2 GG. Die Bezirke sollen in der Regel die Aufgaben, die den Gemeinden als örtliche Aufgaben obliegen, wahrnehmen. Im Einzelfall kann aber eine solche Aufgabe gesamtstädtische Bedeutung haben, so dass sie gem. Art. 67 Abs. 1 VvB der Hauptverwaltung zuzuweisen ist. Die Wendung „regelmäßig" ermöglicht also eine Ab-

---

[35] Siehe Rz. 108 ff.

[36] BerlVerfGH, LVerfGE 3, 28, 32.

[37] BerlVerfGH (Fn. 36), S. 33.

[38] In diesem Sinne *Haaß*, LKV 1996, S. 84 f.; *Deutelmoser*, LKV 1999, S. 350, 351; vorsichtiger *Neumann* (Fn. 10), Rz. 11 f.

[39] Ebenso *Uerpmann*, LKV 1996, S. 225 ff.; *Neumann* (Fn. 10), Rz. 11.

weichung von der bezirklichen Zuständigkeit für die örtlichen Aufgaben. Hierin liegt ein wesentlicher Unterschied zu den Gemeinden, denen die Zuständigkeit erst dann entzogen werden kann, wenn eine Aufgabe nicht mehr als örtlich zu qualifizieren ist.

Noch aus einem anderen Grund kann nicht von einer bezirklichen Allzuständigkeit   **49** gesprochen werden. Als wesentliches Merkmal der Allzuständigkeit wurde das Recht der Gemeinden charakterisiert, neuartige Aufgabenbereiche aufgreifen zu dürfen (sog. *Recht der Spontaneität*)[40]. Dieses Recht besteht für die Bezirke nur eingeschränkt. Zwar sind sie grundsätzlich für Aufgaben zuständig, für die nicht die Hauptverwaltung zuständig ist. Jedoch besitzen sie *keine Satzungsgewalt.* Bringt eine neue Aufgabe das Erfordernis mit sich, rechtsetzend tätig zu werden, so können die Bezirke nicht handeln. Dieser Fall tritt etwa dann ein, wenn die Erledigung einer Aufgabe Eingriffe in die Rechtssphäre der Bürger erfordert und damit den Gesetzesvorbehalt tangiert.

b) Fehlende Eigenverantwortlichkeit der Bezirke

Eigenverantwortlichkeit im Allgemeinen heißt Gestaltungsfreiheit, Ermessens-   **50** und Weisungsfreiheit. Aus der Gewährleistung der Eigenverantwortlichkeit für die Gemeinden wird gefolgert, dass die Aufsicht über die Aufgabenerfüllung im Bereich der örtlichen Angelegenheiten nur eine Rechtsaufsicht sein dürfe[41]. Dementsprechend ist die bezirkliche Eigenverantwortlichkeit bei der Aufgabenerfüllung von vornherein durch das in Art. 67 Abs. 1 S. 4 VvB i.V.m. § 13 a AZG normierte *Eingriffsrecht* in Frage gestellt[42]. Eingriffsrecht bedeutet, dass dem zuständigen Senatsmitglied in der betreffenden bezirklichen Angelegenheit unter bestimmten Voraussetzungen ein umfassendes *Informations-, Weisungs- und Selbsteintrittsrecht* zusteht (vgl. § 8 Abs. 3 AZG)[43]. Derartige Rechte entsprechen den Mitteln der Fachaufsicht. Da sich das Eingriffsrecht auf alle Bezirksaufgaben bezieht, kann der Bezirk in keinem Aufgabengebiet sicher sein, alle Entscheidungen eigenverantwortlich treffen zu können.

Hierin liegt ein wesentlicher Unterschied zur gemeindlichen Zuständigkeit in ört-   **51** lichen Angelegenheiten. Ist eine Angelegenheit als örtlich definiert, so unterliegt sie nur noch der Rechtsaufsicht der Aufsichtsbehörde, während nur sogenannte übertragene Aufgaben auch der Fachaufsicht zugänglich sind. Eine Neudefinition einer Aufgabe ist nur durch Gesetz möglich[44]. Diese früher auch in Berlin geltende Abgrenzung wurde mit der Einführung des Eingriffsrechts aufgege-ben, auch wenn dieses nur von Fall zu Fall zum Tragen kommt und dringende Gesamtinter-

---

[40] Siehe Rz. 40.
[41] *Gern* (Fn. 20), Rz. 75.
[42] Unentschieden *Deutelmoser*, Die Rechtsstellung der Bezirke in den Stadtstaaten Berlin und Hamburg, S. 100 ff.; anders *dies.*, LKV 1999, S. 350, 351.
[43] Zum Eingriffsrecht siehe Rz. 217 ff.
[44] Art. 28 Abs. 2 S. 1 GG: "im Rahmen der Gesetze"; vgl. *Tettinger* (Fn. 24), Rz. 185 ff.

essen voraussetzt. Dabei kommt es nicht so sehr darauf an, wie man den unbestimmten Rechtsbegriff der "*dringenden Gesamtinteressen Berlins*" auslegt[45].
Rechtsprechung zu diesem Begriff fehlt bisher. Allein die Tatsache, dass grundsätzlich in allen bezirklichen Angelegenheiten vom handelnden Senatsmitglied
ohne vorherige gesetzliche Zuweisung eingegriffen werden kann, macht deutlich,
dass die Verfassung den Bezirken keine Selbstverwaltung bei der Wahrnehmung
ihrer Aufgaben zuweist, wie sie den Gemeinden für die örtlichen Angelegenheiten
durch das Grundgesetz zugewiesen ist. Zwar sieht die Verfassung das Eingriffsrecht nicht zwingend vor. Schon die Ermächtigung an den Gesetzgeber, dieses
einzuführen, zeigt jedoch, dass die Verfassung von dieser relativierten Rechtsstellung der Bezirke bei der Aufgabenwahrnehmung ausgeht. Diese wird auch dadurch deutlich, dass der Senat nach Art. 67 Abs. 2 S. 2 VvB für die Tätigkeit der
Bezirke bestimmte *Verwaltungsvorschriften* erlassen kann[46]. Auch durch diese Befugnis kann er Einfluss auf die bezirkliche Aufgabenwahrnehmung ausüben. Diese
Einflussmöglichkeit durch Verwaltungsvorschriften besteht gegenüber den Gemeinden nicht.

52 Im Ergebnis wird man daher sagen müssen, dass die bezirkliche Zuständigkeit
nicht mit der gemeindlichen Allzuständigkeit und Eigenverantwortlichkeit vergleichbar ist[47]. Es besteht zwar eine weitgehende Aufgabenzuweisung an die Bezirke, diese steht aber unter dem Vorbehalt des Eingriffsrechts. Letztlich ist diese
Form der Zuständigkeitsabgrenzung wiederum Ausfluss der fehlenden Rechtspersönlichkeit der Bezirke. Sie sind in starkem Maße in das Gesamtgefüge "Berlin" eingebunden und müssen Eingriffe der Hauptverwaltung dulden[48].

c) Die bezirkliche Rechtsstellung am Maßstab der Gemeindehoheiten

53 Dennoch sind den Bezirken viele Aufgaben zur - lässt man das Eingriffsrecht und
die Bindung an Verwaltungsvorschriften außer Betracht - eigenverantwortlichen
Erledigung übertragen worden. Im Folgenden soll anhand der oben aufgezählten
Gemeindehoheiten[49] überblicksartig dargestellt werden, wie stark die bezirkliche
Verselbständigung im Einzelnen ausgeprägt ist. Dabei ist darauf hinzuweisen,
dass Träger von „Hoheiten" nur ein selbständiges Rechtssubjekt sein kann. Die
Bezirke können also mangels rechtlicher Selbständigkeit immer nur den Gemeindehoheiten angenäherte Teilbefugnisse besitzen, die vom Land Berlin abgeleitet
sind.

54 Unter *Gebietshoheit* versteht man die Befugnis, in einem bestimmten räumlich
abgegrenzten Bereich originär Hoheitsgewalt auszuüben[50]. Aufgrund der fehlen-

---

[45] Siehe Rz. 225 ff.
[46] Siehe Rz. 154 ff.
[47] Anders *Haaß* (Fn. 38), S. 84 f., allerdings vor Einführung des Eingriffsrechts.
[48] Im Ergebnis ebenso BerlVerfGH (Fn. 36), S. 32 f.
[49] Siehe Rz. 41.
[50] *Löwer* (Fn. 1), Rz. 66.

den Rechtspersönlichkeit der Bezirke kann die Gebietshoheit nicht ihnen, sondern nur dem Land Berlin selbst zustehen. Die Bezirke sind organisatorisch vollständig in den Verwaltungsaufbau Berlins eingegliedert[51] und besitzen insoweit keine den Gemeinden vergleichbare Stellung.

Die *Personalhoheit* umfasst zunächst die *Dienstherrenfähigkeit*[52]. Diese kann den **55** Bezirken aufgrund fehlender Rechtsfähigkeit nicht zustehen[53]. Dienstherr aller Bediensteten ist das Land Berlin. Weiterhin beinhaltet die Personalhoheit die freie *Auswahl, Beförderung und Entlassung von Bediensteten* sowie das Recht auf eigenverantwortliche *Ausgestaltung des Personalwesens*[54]. Art. 77 VvB gesteht den Bezirken bestimmte Elemente der Personalhoheit zu. Gem. Art. 77 Abs. 1 S. 2 VvB haben die Bezirksämter das Recht zur Entscheidung über Einstellungen, Versetzungen und Entlassungen. Der Hauptverwaltung stehen - von den Befugnissen der Obersten Dienstbehörde[55] sowie der Bezirksaufsicht abgesehen - keine Ein- und Mitwirkungsmöglichkeiten bei Personaleinzelentscheidungen der Bezirke zu[56]. Ausnahmen stellen einzelne der Hauptverwaltung vorbehaltene Zuständigkeiten in Nr. 4 Abs. 3 und 4 ZustKat AZG dar. Für die Senatsverwaltung für Inneres besteht z.B. eine Zuständigkeit für beamten- und arbeitsrechtliche Rechtsstreitigkeiten der Bezirke, wenn diese von grundsätzlicher oder übergeordneter Bedeutung sind (s. Nr. 4 Abs. 4 ZustKatAZG). Das Personalwesen an sich wird - hierin unterscheiden sich die Bezirke nicht von den Gemeinden - im wesentlichen durch das *öffentliche Dienstrecht* bestimmt. Darüberhinaus können der Senat bzw. die für das Dienstrecht zuständige Senatsverwaltung durch *Verwaltungsvorschriften* dienstrechtliche Festlegungen treffen, die für die Bezirke bindend sind[57]. Ferner besteht eine Bindung an den vom Abgeordnetenhaus festgelegten *Stellenrahmen*. Die für die Stellenwirtschaft zuständige Senatsverwaltung kann insoweit auch gegenüber den Bezirken besondere Maßnahmen ergreifen[58]. Darüberhinaus besteht nach Art. 77 Abs. 2 VvB eine Zuständigkeit des Senats für bestimmte *Versetzungen über Bezirksgrenzen* hinaus[59]. Die bezirklichen Zuständigkeiten im Bereich des Personalwesens sind somit neben den gesetzlichen Vorgaben des öffentlichen Dienstrechts in ein Netz von dienstrechtlichen und personalwirtschaftlichen Festlegungen eingebettet.

---

[51] Siehe Rz. 15 ff.

[52] *Stern* (Fn. 14), S. 413.

[53] Ebenso *Haaß* (Fn. 38), S. 85.

[54] *Vogelgesang/Lübking/Jahn*, Kommunale Selbstverwaltung, Rz. 100 ff.

[55] Siehe § 3 Abs. 1 Nr. 5 LBG sowie die vergleichbare zentrale Arbeitgeberfunktion für Arbeiter und Angestellte (vgl. Nr. 4 Abs. 1 ZustKatAZG).

[56] *Machalet,* Die Berliner Bezirksverwaltung, S. 89.

[57] Vgl. § 6 Abs. 2 Buchst. d AZG, § 119 Abs. 2 LBG, Landesbeamtengesetz i.d.F. v. 20.2.1979, GVBl. S. 368, zul. geänd. d. G. v. 15.10.2001, GVBl. S. 540.

[58] Vgl. § 41 Abs. 2 LHO.

[59] *Neumann* (Fn. 10), Art. 77, Rz. 14 f.

56 Die *Organisationshoheit* beinhaltet die Befugnis der Gemeinden, ihre innere Organisation selbst zu ordnen[60]. Die Verfassung von Berlin führt hierzu in Art. 75 Abs. 1 lediglich aus, die Organisation der Bezirksverwaltung werde durch Gesetz geregelt. Nach der Verfassungsreform 1994 waren den Bezirken zunächst weitreichende Organisationsbefugnisse eingeräumt worden[61]. Das Bezirksverwaltungsgesetz, das den von Art. 75 Abs. 1 VvB normierten Vorbehalt ausfüllt, gab nur noch eine Vorgabe zur Gliederung in fünf Abteilungen und verpflichtete im Wege einer Soll-Vorschrift zur Orientierung an der Organisationsstruktur der Hauptverwaltung (vgl. § 37 Abs. 1 BezVG a.f.). Nach der Änderung von § 37 BezVG[62] werden nunmehr wieder mehr Vorgaben gemacht. So darf sich jedes Bezirksamt in nicht mehr als 15 *Leistungs- und Verantwortungszentren* (Ämter) gliedern. Für bestimmte Aufgabenbereiche werden sogenannte *Kernämter* vorgegeben. In Teilen ist somit die den Bezirken zunächst gewährte Organisationsfreiheit wieder eingeschränkt worden. Dennoch verbleibt jenseits der genannten Vorgaben ein Spielraum zu eigenverantwortlicher Organisation (vgl. § 37 Abs. 6 BezVG)[63].

57 Die Verfassung ermöglicht in einem wichtigen Bereich die Übertragung von Elementen der *Planungshoheit* auf die Bezirke. Gem. Art. 64 Abs. 2 VvB können die Bezirke zur *Festsetzung von Bebauungsplänen und Landschaftsplänen* ermächtigt werden, Rechtsverordnungen zu erlassen. Dies ist für den Bauplanungsbereich in dem Ausführungsgesetz zum Baugesetzbuch (AGBauGB)[64] geschehen, für die Landschaftspläne in den §§ 10 ff. NatSchGBln. Allerdings handelt es sich bei Art. 64 Abs. 2 VvB nur um eine Befugnis für den Gesetzgeber, so dass er den Bezirken die genannten Befugnisse auch wieder entziehen oder sie modifizieren kann. Weiterhin steht den Bezirken das Planungsrecht nicht für *Gebiete mit außergewöhnlicher stadtpolitischer Bedeutung* zu. Für solche Fälle kann die Hauptverwaltung gem. § 9 i.V.m. § 8 AGBauGB selbst den Bebauungsplan als Rechtsverordnung erlassen. Gleiches gilt gem. § 8 AGBauGB, wenn *Erfordernisse der Verfassungsorgane des Bundes* tangiert sind. Hinzu kommt gem. § 7 AGBauGB das Recht des zuständigen Senatsmitglieds, im Falle einer Beeinträchtigung dringender Gesamtinteressen Berlins einen *Eingriff* gem. § 13 a AZG vorzunehmen. Für Landschaftspläne gilt Entsprechendes. Die bezirkliche Planungsbefugnis in den genannten Bereichen ist also vielfachen Einschränkungen unterworfen.

58 Im Zusammenhang mit dem zuletzt behandelten Sachbereich steht die Feststellung, dass den Bezirken grundsätzlich keine Rechtssetzungskompetenz zukommt, die der gemeindlichen *Rechtssetzungshoheit* vergleichbar wäre. Mangels Rechtspersönlichkeit und damit einer den öffentlich-rechtlichen Körperschaften vergleichbaren Autonomie können sie keine Satzungen erlassen. Lediglich im Bereich der Bauleitplanung und der Landschaftspläne haben sie das Recht zum

---

[60] *Löwer* (Fn. 1), Rz. 70.

[61] *Haaß* (Fn. 38), S. 85.

[62] § 37 BezVG i.d.F. des Gesetzes vom 17.5.1999, GVBl. S. 171.

[63] Siehe Rz. 326 ff.

[64] I.d.F. v. 7.11.1999, GVBl. S. 578.

Erlass von Rechtsverordnungen. Rechtsverordnungen bedürfen keiner Autonomie, denn ihr Erlass folgt nicht wie bei der Satzungsgewalt aus eigenem Recht. Sie werden in Ausübung einer vom Gesetzgeber delegierten staatlichen Rechtssetzungsgewalt erlassen[65].

Unter *Finanzhoheit* versteht man die Befugnis zu einer eigenverantwortlichen **59** Einnahme- und Ausgabenwirtschaft[66]. Bestimmte Elemente dieser Befugnis sind den Bezirken durch die Verwaltungsreform 1994 in begrenztem Umfang zugestanden worden[67]. Insbesondere betrifft dies Elemente der Haushaltshoheit als Teil der Finanzhoheit[68]. Gem. Art. 85 Abs. 2 VvB wird jedem Bezirk eine *Globalsumme* zugewiesen, die er grundsätzlich nach eigener Prioritätensetzung zur Erfüllung seiner Aufgaben verwenden kann. In Ergänzung hierzu sind die Bezirksverordnetenversammlungen nach Art. 72 VvB dafür zuständig, den *Bezirkshaushaltsplan* zu beschließen. Allerdings liegt die Letztentscheidung beim Haushaltsgesetzgeber, dem Abgeordnetenhaus[69].

Jedoch fehlen den Bezirken nach wie vor wichtige Elemente einer finanziellen **60** Selbständigkeit. Insbesondere im Rahmen der Einnahmewirtschaft sind sie weitgehend vom Land Berlin abhängig. So besitzen sie, abgesehen von dem Recht zur Vereinnahmung von Verwaltungsgebühren (vgl. GebBeitrG), keine der gemeindlichen *Abgabenhoheit* vergleichbaren Befugnisse. Das den Gemeinden üblicherweise zustehende Besteuerungsrecht wird in Berlin durch das Land ausgeübt (vgl. etwa das Hundesteuergesetz[70]). Die *Ertragshoheit* als Recht zur Vereinnahmung zugewiesener Abgabenerträge liegt ebenfalls - mit Ausnahme bestimmter Gebühren und Beiträge - ausschließlich beim Land. Den Bezirken kommt damit im Ergebnis auch keine *Finanzautonomie* zu, da sie von der Finanzzuweisung durch das Abgeordnetenhaus, den Globalsummen, abhängig sind[71].

3. Subjektive Rechtsstellungsgarantie und Bezirke

Die Bezirke können keine kommunale Verfassungsbeschwerde gem. Art. 93 Abs. **61** 1 Nr. 4 b GG erheben. Einen vergleichbaren Rechtsbehelf gibt es in der Berliner Verfassung nicht. Jedoch bestimmt Art. 84 Abs. 2 Nr. 3 VvB, dass bei Meinungsverschiedenheiten oder Zweifeln über die Verfassungsmäßigkeit der gesetzlichen Zuständigkeitsabgrenzung die Bezirke einen Normenkontrollantrag zum Verfassungsgerichtshof stellen können. Damit ist den Bezirken in einem wichtigen Teil-

---

[65] Zur Satzungsautonomie allgemein BVerfGE 33, 125, 156; zum Erlass von Rechtsverordnungen *Wolff/Bachof/Stober*, Verwaltungsrecht I, § 25, Rz. 30 ff.

[66] *Erichsen* (Fn. 28), S. 50; *Stern* (Fn. 14), S. 413 und ausf. *Löwer* (Fn. 1), Rz. 85 ff.

[67] *Zivier*, Verfassung und Verwaltung von Berlin, Rz. 85.1.2.

[68] Zu den einzelnen Elementen der Finanzhoheit siehe ausführlich Rz. 397 ff.

[69] Siehe Rz. 440 ff.

[70] Siehe Rz. 412.

[71] *Neumann* (Fn. 10), Rz. 15.

bereich der Rechtsweg zum Verfassungsgerichtshof eröffnet worden[72]. Darüber hinaus wird mittlerweile von den Berliner Verwaltungsgerichten (OVG und VG) in bestimmten Fällen die Möglichkeit eines Rechtsschutzes gegen Rechtsverletzungen durch die Hauptverwaltung bejaht[73]. Entsprechend dem oben gesagten kann das Klagerecht der Bezirke jedoch kein umfassendes sein. Ihnen steht kein wehrfähiges, abstraktes Recht auf Selbstverwaltung zu. Daher ist in jedem Einzelfall zu entscheiden, ob die jeweils verletzte Position eine Aufwertung im Sinne eines subjektiv-öffentlichen Rechts erfahren kann. Im Ergebnis besteht eine subjektive Rechtsstellungsgarantie für die Bezirke nur punktuell[74].

4. Gewährleistung demokratischer Legitimation auf Bezirksebene

62   Was die demokratische Legitimation der bezirklichen Organe angeht, besteht eine weitgehende Vergleichbarkeit mit den Gemeinden. In den Art. 69 ff. VvB ist sichergestellt, dass in allen Bezirken eine demokratisch gewählte Bezirksverordnetenversammlung besteht (vgl. Art. 70 Abs. 1 VvB). Diese wählt wiederum das Bezirksamt (vgl. Art. 69 S. 2 VvB). Insoweit gewährleistet die Berliner Verfassung eine Art. 28 Abs. 1 S. 2 GG vergleichbare Legitimation[75]. Zur Bezirksverordnetenversammlung wahlberechtigt und wählbar sind auch EU-Ausländer (vgl. Art. 70 Abs. 1 S. 2 VvB).

IV. Zusammenfassung

63   Die Bestandsaufnahme zeigt, dass die *bezirkliche Selbstverwaltung* der kommunalen Selbstverwaltung nur in begrenztem Umfang vergleichbar ist. Die Bezirke besitzen die den Gemeinden zustehenden Befugnisse nur in Teilbereichen, und dann auch nicht ohne Einschränkung. Insbesondere das neu eingeführte Eingriffsrecht stellt eine Einschränkung bezirklicher Eigenverantwortung dar. Viele der Einschränkungen bezirklicher Selbstverwaltung haben mit deren *fehlender Rechtspersönlichkeit* zu tun. Ein nicht Rechtsfähiger kann eben auch nicht Steuergläubiger oder Satzungsgeber sein. Art. 66 Abs. 2 S. 1 VvB drückt die *Zwitterstellung* treffend durch die Formulierung aus, dass die Bezirke nur nach den "Grundsätzen der Selbstverwaltung" handeln können. Es ist zu weitgehend, wenn man den Bezirken eine den Gemeinden angenäherte Stellung zusprechen wollte[76]. Dazu fehlen ihnen zu viele der für deren Selbstverwaltungsrecht charakteristische Befugnisse. Insoweit deckt sich die hier vertretene Auffassung mit der Rechtspre-

---

[72] Ausführlich *Neumann* (Fn. 10), Rz. 21 ff.
[73] Siehe Rz. 378.
[74] Siehe Rz. 380 ff.
[75] Ebenso *Haaß* (Fn. 38), S. 85 f.; zur Wahl im Einzelnen siehe Rz. 261 ff.
[76] So aber *Haaß* (Fn. 38), S. 84 ff., *Deutelmoser* (Fn. 38), S. 350 f.

chung des Berliner Verfassungsgerichtshofs[77]. Subjektive Rechtspositionen der Bezirke bestehen nur punktuell. Sie lassen sich nicht durch ein "Recht auf bezirkliche Selbstverwaltung" zusammenfassen. Es gibt nur einen *Grundbestand an Eigenverantwortlichkeit*. Für jeden Aufgabenbereich muss jeweils gesondert festgestellt werden, ob und in welchem Umfang eine subjektivrechtliche und damit wehrfähige Position besteht. Es handelt sich mithin bei der bezirklichen Selbstverwaltung um eine *besondere Selbstverwaltung unselbständiger Verwaltungsuntergliederungen*, die nur punktuell kommunaler Selbstverwaltung entspricht.

Fall 1: Namensstreit

Nach der Bezirksfusion kommt es in einigen der fusionierten Bezirke zu monatelangen Streitigkeiten über den neuen Bezirksnamen. In zwei Bezirken wird als Kompromiss von der Bezirksverordnetenversammlung keine namentliche Benennung mehr, sondern eine Bezeichnung entsprechend der in Art. 4 Abs. 1 VvB enthaltenen Nummerierung beschlossen. Um die Einheitlichkeit der Bezeichnung wiederherzustellen, verabschiedet das Abgeordnetenhaus ein Gesetz, das die Frage der Namensgebung abschließend regelt. Anstelle der bisherigen Eigennamen wird für alle Bezirke ein Nummernsystem eingeführt. Die Bezirke erhalten die Nummern 1 bis 12 zugeordnet. Der Bezirk Mitte ist also nunmehr der „1. Bezirk". **64**

Gegen dieses Gesetz regt sich Widerstand in den Bezirken. Viele Bezirksverordnete sind der Auffassung, das Gesetz verstoße gegen das Selbstverwaltungsrecht der Bezirke aus Art. 28 Abs. 2 GG und der Verfassung von Berlin. Es werden deshalb Möglichkeiten gesucht, das Gesetz gerichtlich anzugreifen. Klären sie folgende Fragen:

1. Ist das Gesetz verfassungsmäßig?
2. Kann ein Bezirk gerichtlich direkt gegen das Gesetz vorgehen?
3. Würde sich an der rechtlichen Beurteilung etwas ändern, wenn die Bezirksnamen in einem Senatsbeschluss abschließend geregelt worden wären?

Lösungsvorschlag

Frage 1

I. Formelle Verfassungsmäßigkeit

Im Rahmen der formellen Verfassungsmäßigkeit ist zunächst nach der Gesetzgebungskompetenz des Landes Berlin für die Bezirksnamen zu fragen. Diese ergibt

---

[77] BerlVerfGH, LVerfGE 1, 33; siehe auch BerlVerfGH, Beschl. v. 15.6.2000, VerfGH 47/99, n.v., S. 5.

sich aus Art. 30, 70 Abs. 1 GG, da die Kompetenz nicht dem Bund zusteht. Demgegenüber kommt es an dieser Stelle noch nicht darauf an, ob nicht den Bezirken das Recht der Namensgebung zusteht. Dies ist eine Frage der materiellen Verfassungsmäßigkeit. Formell ist nicht zweifelhaft, dass innerhalb des Landes Berlin das Abgeordnetenhaus das richtige Organ zum Erlass formeller Landesgesetze ist (Art. 60 Abs. 1 VvB).

Hinsichtlich des Gesetzgebungsverfahrens gibt der Sachverhalt zu keinen Bedenken Anlass. Mithin ist das Gesetz formell verfassungsgemäß.

II. Materielle Verfassungsmäßigkeit

Jedoch könnte das Gesetz materiell verfassungswidrig sein. Dies wäre dann der Fall, wenn es gegen eine Verfassungsnorm, sei es des Grundgesetzes, sei es der Verfassung von Berlin, verstößt.

1. Verstoß gegen Art. 28 Abs. 2 GG

Die Bezirksverordneten rügen einen Verstoß gegen Art. 28 Abs. 2 GG. Dann müsste diese Vorschrift auf die Bezirke überhaupt anwendbar sein. Sie müssten als "Gemeinden" anzusehen sein. Gem. Art. 1 Abs. 1 VvB ist Berlin als Ganzes zugleich ein Land und eine Stadt. Dieser Grundsatz der Einheitsgemeinde stellt nach der Rechtsprechung des Berliner Verfassungsgerichtshofs eine tragende Säule der VvB dar[78]. Er führt dazu, dass nur der Stadt Berlin in ihrer Gesamtheit und nicht den Bezirken die Gemeindeeigenschaft und damit auch das Selbstverwaltungsrecht aus Art. 28 Abs. 2 GG zustehen kann. Einfachgesetzlich wird die unselbständige Lage der Bezirke durch § 2 Abs. 1 BezVG normiert, wonach die Bezirke Selbstverwaltungseinheiten Berlins ohne Rechtspersönlichkeit sind. Demzufolge stehen nur der Stadt Berlin und nicht den Bezirken die Rechte aus Art. 28 Abs. 2 GG zu. Ein Verstoß gegen die Norm scheidet schon aus diesem Grunde aus.

2. Verstoß gegen ein Recht auf bezirkliche Selbstverwaltung

Möglicherweise gibt es aber auf der Ebene der Verfassung von Berlin ein Selbstverwaltungsrecht der Bezirke, dessen Verletzung diese vor dem Verfassungsgerichtshof geltend machen könnten. Für die Existenz eines solchen, der kommunalen Selbstverwaltungsgarantie vergleichbaren Rechts spricht möglicherweise die Formulierung in Art. 66 Abs. 2 S. 1 VvB, wonach die Bezirke ihre Aufgaben nach den Grundsätzen der Selbstverwaltung erfüllen.

Gerade nach den Verwaltungsreformen der 90er-Jahre mit ihrer Stärkung der Bezirksebene geht ein Teil der Literatur davon aus, diese Vorschrift statuiere ein ver-

---

[78] BerlVerfGH, LVerfGE 1, 33.

fassungsgerichtlich wehrfähiges Selbstverwaltungsrecht der Bezirke[79]. Die Stellung der Bezirke sei derjenigen der Gemeinden so weit angenähert worden, dass man von einer bezirklichen Selbstverwaltung sprechen müsse.

Der Verfassungsgerichtshof hat demgegenüber festgestellt, der Grundsatz der Einheitsgemeinde aus Art. 1 Abs. 1 VvB stehe der Annahme eines verfassungskräftigen Selbstverwaltungsrechts entgegen[80]. Dem ist mit Blick auf die weitgehende Einbindung der Bezirke in die Verwaltungshierarchie zuzustimmen[81]. Es kann nur punktuell wehrfähige Rechte der Bezirke geben. Diese Rechte sind abgesehen von dem Verfahren nach Art. 84 Abs. 2 Nr. 3 VvB auch nicht vor dem Verfassungsgerichtshof rügefähig, sondern können lediglich vor dem Verwaltungsgericht geltend gemacht werden[82]. Vorliegend führt dies dazu, dass auch unter dem Aspekt eines bezirklichen Selbstverwaltungsrechts kein Verfassungsverstoß angenommen werden kann.

Aber selbst wenn man mit der Literatur ein wehrfähiges Recht auf bezirkliche Selbstverwaltung annimmt, gelangt man zu keinem anderen Ergebnis. Wäre ein solches Recht anzuerkennen, so würde es nicht weiterreichen als die Selbstverwaltungsrechte der Kommunen in den Flächenländern. Deren Namensrecht ist zwar von Art. 28 Abs. 2 GG geschützt, jedoch nimmt es nicht am Kernbereichsschutz teil. Der Gesetzgeber darf also den Namen einer Gemeinde ändern, soweit er dafür Gründe des öffentlichen Wohls vorbringen kann[83]. Solche wären vorliegend gegeben, da ein öffentliches Interesse daran besteht, dass die Bezirke nach einem einheitlichen System benannt werden. Es darf nicht zu Verwirrungen z.B. für auswärtige Besucher kommen, die sich in der Stadt nicht zurechtfinden.

3. Verstoß gegen Art. 67 Abs. 2 S. 1 VvB

In Betracht kommt schließlich ein Verstoß gegen Art. 67 Abs. 2 S. 1 VvB. Danach nehmen die Bezirke alle Aufgaben der Verwaltung wahr, die nicht der Hauptverwaltung durch eine Art. 67 Abs. 1 VvB entsprechende gesetzliche Regelung zugewiesen sind. Aber auch hinsichtlich dieser Norm stellt sich die Frage, ob sie auf die vorliegende Konstellation anwendbar ist. Art. 67 VvB betrifft die Abgrenzung der Verwaltungsaufgaben zwischen der Hauptverwaltung und den Bezirken. Vorliegend hat aber das Abgeordnetenhaus gar keine Aufgabenabgrenzung vorgenommen, sondern die Bezirksnamen selbst festgelegt. Dieser Fall wird von Art. 67 VvB nicht erfasst. Ein Verstoß gegen ein bezirkliches Namensrecht durch das Abgeordnetenhaus könnte nur im Rahmen eines bezirklichen Selbstverwaltungsrechts geltend gemacht werden, das aber bereits abgelehnt wurde. Art. 67 VvB

---

[79] *Haaß*, LKV 1996, S. 84; *Deutelmoser*, LKV 1999, S. 350 f.; *Neumann* in Pfennig/Neumann, VvB, Art. 66/67, Rz. 8 ff., insbes. Rz. 17.
[80] BerlVerfGH, LVerfGE 1, 33.
[81] Siehe Rz. 63.
[82] Siehe Rz. 380 ff.
[83] *Löwer* in vMünch/Kunig, GG, Art. 28, Rz. 44.

wäre nur dann einschlägig, wenn in dem Gesetz die Zuständigkeit für die Festlegung der Bezirksnamen der Hauptverwaltung zugewiesen würde.

III. Ergebnis

Mithin stellt sich das Gesetz als sowohl formell als auch materiell verfassungsgemäß dar.

Frage 2

Die Bezirke können ihre Bedenken gerichtlich geltend machen, wenn ein zulässiges Verfahren existiert, in dem der Namensstreit behandelt werden könnte.

I. Verfassungsgerichtlicher Rechtsschutz

In Betracht kommt nur ein Verfahren vor dem Verfassungsgerichtshof. Zu denken ist an die Verfassungsbeschwerde gem. Art. 84 Abs. 2 Nr. 5 VvB und die Normenkontrolle der Zuständigkeitsabgrenzung gem. Art. 84 Abs. 2 Nr. 3 VvB. Die abstrakte Normenkontrolle scheidet mangels Antragsberechtigung der Bezirke von vorneherein aus. Gleiches gilt für das Organstreitverfahren, da die Bezirke keine Verfassungsorgane oder diesen gleichgestellt sind[84].

1. Verfassungsbeschwerde

Die Verfassungsbeschwerde ist nicht von vornherein ausgeschlossen, weil sie nach dem Wortlaut der Verfassung von Berlin nicht auf den Bereich der Grundrechte beschränkt ist. Jedoch ergibt sich diese Beschränkung daraus, dass die Verfassungsbeschwerde nach Berliner Landesrecht dem Bundesrecht nachgebildet ist und somit den gleichen Voraussetzungen unterliegen muss[85]. Daher können die Bezirke als Teil der öffentlichen Verwaltung nicht Partei eines Verfassungsbeschwerdeverfahrens sein[86]. Die Verfassungsbeschwerde gem. Art. 84 Abs. 2 Nr. 5 VvB scheidet mithin aus[87].

2. Normenkontrolle der Zuständigkeitsabgrenzung

In Betracht kommt aber noch eine Normenkontrolle der Zuständigkeitsabgrenzung gem. Art. 84 Abs. 2 Nr. 3 VvB. Diese scheitert jedoch bereits daran, dass es vor-

---

[84] Siehe Rz. 359.
[85] Ebenso vier Richter in BerlVerfGH, Beschl. v. 15.6.2000, VerfGH 47/99, n.v., S. 8.
[86] So die ganz h.M., vgl. *Neumann* (Fn. 79), Art. 66,.67, Rz. 24, m.w.N.
[87] Siehe Rz. 355 ff.

liegend gar nicht um die Zuständigkeitsabgrenzung zwischen Hauptverwaltung und Bezirken geht.

II. Verwaltungsgerichtlicher Rechtsschutz

Verwaltungsgerichtlicher Rechtsschutz direkt gegen das Gesetz kann von den Bezirken wegen des Verwerfungsmonopols der Verfassungsgerichte (vgl. Art. 100 Abs. 1 GG) nicht erlangt werden. Lediglich inzidenter könnte das Gegenstand eines verwaltungsgerichtlichen Verfahrens werden, wenn sich ein Bezirk gegen etwaige Aufsichtsmaßnahmen des Senats zur Wehr setzen würde. Eine solche Aufsichtsmaßnahme ist aber nicht ergangen.

III. Ergebnis

Im Ergebnis steht den Bezirken keine Rechtsschutzmöglichkeit unmittelbar gegen das Gesetz zu.

Frage 3

Im Unterschied zu Frage 1 kann nunmehr möglicherweise Art. 67 VvB und die entsprechende Zuständigkeitsabgrenzung in den §§ 3 und 4 AZG als Maßstab für die materielle Rechtmäßigkeit der Namensgebung in Betracht kommen, da der Senat und nicht das Abgeordnetenhaus gehandelt hat. Der Senat müsste also zuständig sein.

I. Verstoß gegen § 4 Abs. 1 S. 2 AZG

Es könnte ein Verstoß gegen § 4 Abs. 1 S. 2 AZG vorliegen, wenn der Senat nicht zuständig war. Nach § 4 Abs. 1 S. 2 AZG sind alle allgemeinen Verwaltungsaufgaben außerhalb der Leitungsaufgaben Bezirksaufgaben, wenn sie nicht durch den Allgemeinen Zuständigkeitskatalog (ZustKatAZG) der Hauptverwaltung zugewiesen wurden. Bei der Namensgebung handelt es sich nicht um Leitungsaufgaben, die schon in Art. 67 Abs. 1 S. 2 Nr. 1 VvB mit Planung, Grundsatzangelegenheiten, Steuerung und Aufsicht umschrieben werden. Maßgebend ist der ZustKatAZG, da es nicht um eine Ordnungsaufgabe geht. Hierin findet sich jedoch keine Regelung über die Namensgebung. Mithin sind nach § 4 Abs. 1 S. 2 AZG die Bezirke zuständig. Der Senat besitzt für die Namensgebung keine Zuständigkeit.

II. Ergebnis

Ein Senatsbeschluss, der die Namensgebung abschließend regeln würde, wäre wegen Verstoßes gegen § 4 Abs. 1 S. 2 AZG rechtswidrig. Auf die weitergehende Frage, ob die Namensgebung eine Aufgabe von gesamtstädtischer Bedeutung im Sinne von Art. 67 Abs. 1 VvB, § 3 Abs. 1 AZG ist, kommt es nicht an. Dieses Problem käme nur zum Tragen, wenn das Abgeordnetenhaus dem Senat durch Gesetz die Zuständigkeit für die Namensgebung zuordnen wollte.

3. Kapitel: Der Aufbau der Berliner Verwaltung

Der Aufbau der Berliner Verwaltung unterscheidet sich erheblich von dem Ver- **65** waltungsaufbau der Flächenländer. So fehlt es in Berlin insbesondere an einer von der Gesamtstadt zu trennenden kommunalen Ebene. Dennoch fußt das *Verwaltungsorganisationsrecht* in allen Bundesländern (und im Übrigen auch im Bund selbst) auf den gleichen Grundlagen, so dass diese zunächst zu behandeln sind. Im Anschluss wird die Verwaltungsorganisation der Flächenländer kurz skizziert, um dann den Aufbau der Berliner Verwaltung eingehend darstellen zu können.

I. Grundlagen - Verwaltungsträger

1. Unmittelbare und mittelbare Staatsverwaltung

Träger der öffentlichen Verwaltung sind die *juristischen Personen des öffentlichen Rechts*. Das sind zunächst der *Bund* und die *Bundesländer*. Sie bilden die staatliche Ebene. Handeln sie durch eigene Organe, das heißt Behörden, üben diese *unmittelbare Staatsverwaltung* aus. *Mittelbare Staatsverwaltung* liegt vor, wenn zur Durchführung von Verwaltungsaufgaben unterstaatliche juristische Personen gegründet bzw. herangezogen werden, die durch ihre eigenen Organe handeln[1]. Solche unterstaatlichen juristischen Personen sind die *Körperschaften des öffentlichen Rechts, die rechtsfähigen Anstalten sowie die öffentlich-rechtlichen Stiftungen.* Sie werden durch Gesetz oder aufgrund eines Gesetzes gegründet und sind mit Hoheitsgewalt ausgestattet.

2. Die Körperschaften des öffentlichen Rechts

Körperschaften des öffentlichen Rechts[2] sind *mitgliedschaftlich* organisiert. Sie **66** nehmen Selbstverwaltungsaufgaben wahr. Ihnen können aber auch zusätzlich staatliche Aufgaben übertragen werden. Folgt die Mitgliedschaft dem Wohnsitz, dann handelt es sich um eine *Gebietskörperschaft*. Das sind auf der unterstaatli-

---

[1] In Ausnahmefällen können auch Rechtssubjekte des Privatrechts für Verwaltungsaufgaben herangezogen werden; man spricht dann von Beliehenen, *Maurer*, Allgemeines Verwaltungsrecht, Rz. 56 ff.

[2] Hierzu im Einzelnen *Peine,* Allgemeines Verwaltungsrecht, § 2, Rz. 35; *Maurer* (Fn. 1), Rz. 30 ff.

chen Ebene die Gemeinden und Gemeindeverbände. Bei sogenannten *Personalkörperschaften* knüpft die Mitgliedschaft an eine bestimmte Eigenschaft des Betroffenen, insbesondere seinen Beruf an. Zu nennen sind insoweit z.b. die Berufskammern und die Universitäten.

3. Die Anstalten des öffentlichen Rechts

67 Bei den rechtsfähigen Anstalten[3] steht die *Entlastung der allgemeinen Verwaltung* im Vordergrund. Zu einem bestimmten öffentlichen Zweck werden personelle und sächliche Mittel aus der allgemeinen Verwaltung ausgegliedert und zur Nutzung durch die Bürger rechtlich selbständig zusammengefasst. Die Anstalt hat also keine Mitglieder, sondern *Nutzer*. Das Nutzungsverhältnis kann öffentlich-rechtlich oder privatrechtlich ausgestaltet sein. Beispiele für rechtsfähige Anstalten sind die öffentlich-rechtlichen Rundfunkanstalten und die Anstalten für Aufgaben der öffentlichen Daseinsvorsorge (z.B. öffentlicher Personennahverkehr). Auch Gemeinden und Gemeindeverbände können rechtsfähige Anstalten gründen, soweit eine entsprechende gesetzliche Ermächtigung besteht[4].

4. Die öffentlich-rechtlichen Stiftungen

68 Öffentlich-rechtliche Stiftungen sind juristische Personen des öffentlichen Rechts, denen ein *Kapital- oder Sachbestand* zur Verfügung gestellt wird, um ihn im Sinne des Stiftungszwecks einzusetzen[5]. Der Stiftungszweck muss im öffentlichen Interesse liegen.

II. Der Verwaltungsaufbau in den Flächenstaaten

1. Die unmittelbare Landesverwaltung

69 Die Organisation der unmittelbaren Staatsverwaltung auf Ebene der Bundesländer - also der *unmittelbaren Landesverwaltung* - ist unterschiedlich ausgestaltet, denn den Ländern steht für die von ihnen durchzuführenden Verwaltungsaufgaben die alleinige Organisationsgewalt zu[6]. Lediglich für den Vollzug von Bundesgesetzen können mit Zustimmung des Bundesrates Bundesregelungen über die Einrichtung der Behörden getroffen werden (Art. 84 Abs. 1, 85 Abs. 1, 108 Abs. 2 GG). In den Flächenstaaten besteht überwiegend ein dreistufiger Verwaltungsaufbau: *Ober-*

---

[3] *Peine* (Fn. 2), Rz. 36; *Maurer* (Fn. 1), Rz. 49 ff.
[4] *Maurer* (Fn. 1), Rz. 51.
[5] *Peine* (Fn. 2), Rz. 37; *Maurer* (Fn. 1), Rz. 55.
[6] *Maurer* (Fn. 1), Rz. 60.

stufe - Mittelstufe - Unterstufe[7]. In einzelnen Bundesländern wird auf die Mittelstufe verzichtet[8].

a) Die Oberstufe

Zur Oberstufe gehören die obersten Landesbehörden, also die Behörden mit Verfassungsrang, insbesondere die *Ministerien*. Ferner sind die *Landesoberbehörden* der Oberstufe zugehörig. Sie unterstehen einem Ministerium, ihre örtliche Zuständigkeit erstreckt sich auf das ganze Land. Sie werden häufig als Landesamt bezeichnet. Da sie jeweils für spezielle Verwaltungsaufgaben zuständig sind, sind sie *Sonderbehörden*[9].   **70**

b) Die Mittelstufe

Soweit eine Mittelstufe besteht, wird diese durch sogenannte *Regierungspräsidenten*[10] oder *Bezirksregierungen*[11] wahrgenommen. Nach dem *Prinzip der horizontalen Konzentration* werden hier für das Gebiet eines Regierungsbezirks Verwaltungsaufgaben aus den Geschäftsbereichen aller obersten Landesbehörden gebündelt, soweit keine Sonderbehörden auf dieser Stufe bestehen. Die Funktion der Mittelinstanz liegt im wesentlichen in der Koordinierung zwischen Ober- und Unterstufe. Gegenüber der Unterstufe wird eine Aufsichtsfunktion wahrgenommen[12].   **71**

c) Die Unterstufe

Die Unterstufe der allgemeinen staatlichen Verwaltung wird von den *Landräten*, also dem Selbstverwaltungsorgan der Landkreise, oder den entsprechenden Organen der *kreisfreien Städte* wahrgenommen[13]. Die örtliche Zuständigkeit erstreckt sich jeweils auf das Gebiet des Kreises bzw. der jeweiligen Stadt. Der Landrat hat insofern eine *Doppelstellung*. Zum einen nimmt er Selbstverwaltungsaufgaben wahr und handelt für den Kreis. Soweit andererseits das Land ihn für staatliche Aufgaben heranzieht, handelt er als staatliche Behörde unmittelbar für das Land. Durch die sogenannte *Organleihe* werden auf der Kreisebene Staatsverwaltung und Selbstverwaltung und damit die jeweiligen Interessen miteinander verknüpft. Für die kreisfreien Städte gilt teilweise etwas anderes. Ihr Selbstverwaltungsorgan, in der Regel der Bürgermeister, wird nicht in Organleihe unmittelbar für das Land tätig, sondern handelt wie die Organe der übrigen Gemeinden lediglich im Auftrag   **72**

---

[7] So in Baden-Württemberg, Bayern, Hessen, Niedersachsen, Nordrhein-Westfalen, Rheinland-Pfalz, Sachsen, Sachsen-Anhalt.

[8] In Brandenburg, Mecklenburg-Vorpommern, Schleswig-Holstein, Saarland, Thüringen.

[9] *Bull*, Allgemeines Verwaltungsrecht, Rz. 183.

[10] So die Bezeichnung z.B. in Hessen.

[11] So die Bezeichnung z.B. in Bayern.

[12] *Bull* (Fn. 9), Rz. 184 f.

[13] *Maurer* (Fn. 1), Rz. 22 ff.

des Landes. Dann liegt aber keine unmittelbare, sondern mittelbare Landesverwaltung vor[14].

Daneben gibt es für den Bereich der Sonderverwaltung auch noch besondere Behörden, die staatliche Aufgaben auf der untersten Ebene wahrnehmen (z.B. Forstämer, Bergämter)[15].

2. Die mittelbare Landesverwaltung

73   Die mittelbare Landesverwaltung in den Flächenländern[16] wird entsprechend der oben skizzierten Einteilung durch Körperschaften, rechtsfähige Anstalten und Stiftungen des öffentlichen Rechts ausgeübt. Dabei stellen die *Gemeinden und Gemeindeverbände* den wichtigsten Anwendungsfall von Körperschaften des öffentlichen Rechts dar. Sofern die Gemeinden staatliche Aufgaben übernehmen, handeln sie nicht wie die Landräte in Organleihe unmittelbar für das Land, sondern nehmen *mittelbare Staatsverwaltung im Wege der Auftragsverwaltung* wahr. Neben den staatlichen Aufgaben erledigen die Gemeinden die ihnen durch Art. 28 Abs. 2 GG verbürgten *Selbstverwaltungsaufgaben*[17].

III. Der Verwaltungsaufbau in Berlin

1. Überblick

74   Wie auch in den Flächenstaaten muss in Berlin zwischen der unmittelbaren und der mittelbaren Landesverwaltung unterschieden werden. Bei der unmittelbaren Landesverwaltung ist das Land Berlin Verwaltungsträger, bei der mittelbaren Landesverwaltung jeweils die unterstaatliche juristische Person. *Unmittelbare Landesverwaltung* ist die in § 2 Abs. 1 AZG als "Berliner Verwaltung" bezeichnete Verwaltung. Diese umfasst zwei Stufen: den *Senat* mit der *Hauptverwaltung* und die *Bezirksverwaltungen*.

75   Zu nennen sind insoweit auch der Berliner Beauftragte für Datenschutz und Informationsfreiheit[18] und der Rechnungshof[19]. Diese besonderen Kontroll- bzw. Prüforgane sind zwar als oberste Landesbehörden eingerichtet, aber nicht der "Berliner Verwaltung" im Sinne des § 2 Abs. 1 AZG zuzurechnen. Sie sind unab-

---

[14] Zur Stellung der kreisfreien Städte *Maurer* (Fn. 1), Rz. 26 ff.

[15] *Bull* (Fn. 9), Rz. 187.

[16] Ausführlich *Maurer* (Fn. 1), § 23.

[17] Siehe Rz. 103 ff.

[18] Siehe Art. 47 VvB, §§ 22 Abs. 2 BlnDSG, 18 Abs. 1 IFG.

[19] Siehe Art. 95 Abs. 1 VvB, §§ 1 Rechnungshofgesetz, 33 Abs. 3 AZG, siehe *Korbmacher* in Driehaus, VvB, Art. 95, Rz. 2.

hängig, d.h. weisungsfrei und nur dem Gesetz unterworfen[20]. Dasselbe gilt für den Landesbeauftragten zur Aufarbeitung der Unterlagen des Staatssicherheitsdienstes der ehemaligen DDR im Land Berlin[21]. Auch die Verwaltung des Abgeordnetenhauses übt unmittelbare Landesverwaltung aus, ist aber nicht Bestandteil der "Berliner Verwaltung".

Zur *mittelbaren Landesverwaltung* gehören die *landesunmittelbaren Körper-*   76
schaften, rechtsfähigen Anstalten und die Stiftungen des öffentlichen Rechts, die auf Berliner Landesrecht beruhen oder zumindest der Aufsicht einer Senatsverwaltung oder eines Bezirksamts unterstellt sind (siehe § 28 Abs. 2 und 4 AZG). Unterstaatliche Gebietskörperschaften gibt es in Anbetracht des Charakters Berlins als Einheitsgemeinde und der fehlenden Rechtsfähigkeit der Bezirke nicht.

Wenn es in Art. 3 Abs. 1 Satz 2 VvB heißt, die vollziehende Gewalt liege in den Händen der Regierung und der Verwaltung, dann ist damit einerseits der Senat, andererseits die gesamte unmittelbare und mittelbare Landesverwaltung gemeint[22].

2. Zweistufiger Aufbau der unmittelbaren Landesverwaltung

Ein dem herkömmlichen Behördenaufbau der unmittelbaren Landesverwaltung in   77
den Flächenstaaten entsprechender Verwaltungsaufbau ist für Berlin als Stadtstaat weder erforderlich noch zweckmäßig. Die Berliner Verwaltung ist deshalb *zwei-stufig* aufgebaut, eine Mittelstufe gibt es nicht[23]. Oberstufe für die zentral wahrzunehmenden Aufgaben[24] ist die Hauptverwaltung. Als Unterstufe fungieren die Bezirksverwaltungen, in denen regelmäßig die örtlichen[25] und die sonstigen dezentral

---

[20] Der Berliner Beauftragte für Datenschutz und Informationsfreiheit unterliegt nach § 33 Abs. 1 S. 2 BlnDSG allerdings der Rechtsaufsicht des Senats, soweit er die Funktion der Aufsichtsbehörde nach § 38 BDSG wahrnimmt. Datenschutzbeauftragter und Rechnungshof unterliegen ferner der Dienstaufsicht des Präsidenten des Abgeordnetenhauses; vgl. Art. 47 Abs. 1, 95 Abs. 2 VvB.

[21] Siehe § 3 Abs. 1 des Gesetzes über den Landesbeauftragten zur Aufarbeitung der Unterlagen des Staatssicherheitsdienstes der ehemaligen DDR im Land Berlin vom 20.11.1992, GVBl. S. 335, zul. geänd. d. G. v. 10.10.2001, GVBl. S. 538. Er ist allerdings organisatorisch in die Behörde des Berliner Beauftragten für Datenschutz und Informationsfreiheit integriert und unterliegt dessen Dienstaufsicht.

[22] *Pfennig* in Pfennig/Neumann, VvB, Art. 3, Rz. 5 f. Der Verfassungsgesetzgeber hat in der seit dem 28. Gesetz zur Änderung der Verfassung vom 6.7.1994 neu gefassten Formulierung des Art. 3 VvB die Bedeutung insbesondere der Bezirksverwaltung gegenüber dem Senat stärker betont, indem gegenüber dem früheren Wortlaut nicht mehr von der "der Regierung nachgeordneten Verwaltung" die Rede ist.

[23] Eine Art Mittelfunktion kommt allerdings dem für das gesamte Stadtgebiet zuständigen Landeseinwohneramt hinsichtlich der bezirklichen Aufgaben des Einwohnerwesens zu (§ 9 Abs. 4 ASOG).

[24] Siehe zur Aufgabenabgrenzung Rz. 108 ff.

[25] Siehe Art. 66 Abs. 2 S. 2 VvB.

wahrzunehmenden Aufgaben durchgeführt werden. Zieht man einen Vergleich mit den Flächenländern, so lässt sich sagen, dass auf Bezirksebene - zumindest in organisatorischer Hinsicht - die untere Stufe der staatlichen Verwaltung und die Kommunalebene verschmolzen sind.

a) Die Hauptverwaltung

78 Als *Landesregierung und Exekutivspitze* fungiert in Berlin der *Senat* (Art. 55 Abs. 1 VvB)[26]. Er ist das politisch leitende Kollegialorgan, das aus dem *Regierenden Bürgermeister* und bis zu acht weiteren *Senatsmitgliedern* besteht[27]. Die Senatsmitglieder leiten entsprechend dem in Art. 58 Abs. 5 Satz 1 VvB festgeschriebenen Ressortprinzip selbständig und eigenverantwortlich die ihrem Geschäftsbereich entsprechenden *Senatsverwaltungen*. Diese sind oberste Landesbehörden.

79 Die Hauptverwaltung umfasst die Senatsverwaltungen und die ihnen nachgeordneten Behörden und nicht rechtsfähigen Anstalten sowie die unter ihrer Aufsicht stehenden Eigenbetriebe (§ 2 Abs. 2 AZG). Damit ist die Oberstufe der Berliner Verwaltung ihrerseits zweistufig aufgebaut. Leitungsorgane sind die Senatsverwaltungen. Ihre fachliche Zuständigkeit und Anzahl wird durch den auf Vorschlag des Regierenden Bürgermeisters vom Abgeordnetenhaus gefassten sog. *Geschäftsbereichsbeschluss* bestimmt (vgl. Art. 58 Abs. 4 VvB). Den Senatsverwaltungen unterstehen - in hierarchischer Abhängigkeit mit voller Weisungsgebundenheit - die nachgeordneten Behörden und nicht rechtsfähigen Anstalten mit Zuständigkeit für das gesamte Stadtgebiet. In § 2 Abs. 2 AZG genannte Eigenbetriebe können nach dem Eigenbetriebsgesetz[28] gegründet werden, bestehen jedoch zur Zeit nicht[29].

80 Die den Senatsverwaltungen nachgeordneten Behörden sind *Landesoberbehörden*[30], denn ihr Zuständigkeitsbereich umfasst das gesamte Stadtgebiet. Es sind *Sonderbehörden*, da sie jeweils Sonderverwaltungsaufgaben erfüllen. Sie üben keine Aufsichtsfunktion gegenüber den Bezirken aus[31]. Wichtige nachgeordnete Behörden sind: Der Polizeipräsident in Berlin, Landeseinwohneramt Berlin, Berliner Feuerwehr, Statistisches Landesamt, Landesamt für zentrale soziale Aufgaben Berlin, Landesdenkmalamt und Landesverwaltungsamt.

81 Die Einrichtung von solchen Sonderbehörden dient insbesondere der Entlastung der Ministerialebene. So erfüllen sie etwa bestimmte nach Art. 67 Abs. 1 VvB von der Hauptverwaltung durchzuführenden Aufgaben mit Vollzugscharakter (z.B. Polizei, Feuerwehr). Ein weiteres Beispiel bilden Aufgaben im bürgerbezogenen

---

[26] Siehe Rz. 87 ff.
[27] Siehe Art. 55 Abs. 2 VvB.
[28] Eigenbetriebsgesetz vom 13.7.1999, GVBl. S. 374; vgl. Art. 92 S. 1 VvB.
[29] *Neumann* in Pfennig/Neumann, VvB, Art. 66, 67, Rz. 4.
[30] Siehe Rz. 70.
[31] Beachte aber die in Rz. 237 genannte Ausnahme.

oder verwaltungsinternen Servicebereich, mit denen oft ein Massengeschäft einhergeht (z.B. Landeseinwohneramt, Landesverwaltungsamt). Weitere Untergliederungen haben die Sonderbehörden nicht. Besonderheiten gelten aufgrund von bundesrechtlichen Vorgaben für den Bereich der *Steuerverwaltung* mit der Oberfinanzdirektion und den ihr unterstellten Finanzämtern sowie für die *Verwaltung der Gerichte* mit den Präsidenten der Obergerichte und den insoweit nachgeordneten sonstigen Gerichtsverwaltungen[32].

Die *nicht rechtsfähigen Anstalten* werden zu einem bestimmten öffentlichen **82** Zweck zur Nutzung durch die Bevölkerung errichtet und aus der allgemeinen Verwaltung organisatorisch ausgegliedert. Sie bleiben in der Verselbständigung hinter den *Eigenbetrieben* zurück, die als Sondervermögen eine weitergehende haushaltsrechtliche Eigenständigkeit besitzen[33]. Die Gründung nicht rechtsfähiger Anstalten dient dem Zweck, die mit dem Nutzungsverhältnis in Zusammenhang stehenden Verwaltungsabläufe durch kurze Entscheidungswege zu effektivieren und die Senatsverwaltungen hiervon zu entlasten. Beispiele für wichtige nicht rechtsfähige Anstalten sind die Landeszentrale für politische Bildungsarbeit, die Landesbildstelle, der Fuhrpark Berlin, das Landesarchiv, die drei Opernhäuser Berlins sowie zahlreiche Berliner Museen.

Hinsichtlich der Notwendigkeit einer *gesetzlichen Grundlage* für die Errichtung **83** solcher nachgeordneten Behörden oder nicht rechtsfähigen Anstalten gilt Folgendes[34]: Art. 59 Abs. 1 VvB enthält den Grundsatz, dass im Verhältnis zwischen Staat und Bürger alle wesentlichen Entscheidungen vom Gesetzgeber zu treffen sind[35]. Einen allgemeinen Parlamentsvorbehalt für grundlegende Entscheidungen jedweder Art, der über den genannten, die grundrechtliche Freiheitssphäre schützenden Gesetzesvorbehalt hinausginge, enthält die Berliner Verfassung nicht[36]. Soweit in der Verfassung nichts anderes geregelt ist[37], bedürfen somit rein organisatorische Entscheidungen des Senats nicht notwendig einer Mitwirkung des Abgeordnetenhauses. Hierfür ist dessen sogenannte Organisationsgewalt ausreichend. Eine gesetzliche Grundlage ist aber erforderlich, wenn und soweit das Verhältnis zum Bürger berührt wird. Dies betrifft im Rahmen der Errichtung von Behörden, zumindest im Bereich der Eingriffsverwaltung, insbesondere deren Zuständigkeiten und Befugnisse. Hinsichtlich der den Senatsverwaltungen nachgeordneten Behörden und nicht rechtsfähigen Anstalten finden sich deshalb nicht immer umfas-

---

[32] *Zivier,* Verfassung und Verwaltung von Berlin, Rz. 82.3.

[33] *Pfennig* (Fn. 22), Art. 92, Rz. 3; allerdings sind zahlreiche Anstalten als Betriebe nach § 26 Abs. 1 LHO eingerichtet und haben einen Wirtschaftsplan aufzustellen.

[34] Allgemein *Maurer* (Fn. 1), Rz. 64 ff.; für Berlin *Zivier* (Fn. 32), Rz. 82.2.

[35] BerlVerfGH, LVerfGE 1, 131, 136 unter Hinweis auf BVerfGE 84, 212, 226.

[36] BerlVerfGH (Fn. 35), S. 136.

[37] Siehe insoweit z.B. Art. 58 Abs. 4, 93 Abs. 1 VvB; die Notwendigkeit einer Beteiligung des Abgeordnetenhauses kann sich auch aus haushaltsmäßigen Auswirkungen ergeben.

sende gesetzliche Regelungen, in denen auch die Errichtung geregelt ist[38]. Für Einrichtungen ohne hoheitliche Entscheidungsbefugnis gibt es teilweise gar keine gesetzlichen Regelungen.

b) Die Bezirksverwaltung

84   Die Bezirksverwaltung umfasst neben dem *Bezirksamt* und *der Bezirksverordne-tenversammlung* (siehe § 2 Abs. 2 BezVG)[39] auch nicht rechtsfähige Anstalten und unter der Aufsicht des Bezirksamtes stehende Eigenbetriebe, jeweils mit Zustän-digkeit nur für den Bezirk (§ 2 Abs. 3 AZG). Auch auf Bezirksebene gibt es zur Zeit keine Eigenbetriebe. Die ehemaligen städtischen Krankenhausbetriebe sind in der Rechtsform der GmbH zusammengefasst und aus der Verwaltung ausgeglie-dert worden[40]. Nicht rechtsfähige Anstalten auf Bezirksebene sind z.B. die Schu-len, Stadtbüchereien und Volkshochschulen.

85   Da Berlin in zwölf Bezirke gegliedert ist (Art. 4 Abs. 1 VvB), gibt es *zwölf Be-zirksverwaltungen*. Vor dem 1.1.2001, dem Zeitpunkt der Bezirksfusion, gab es 23 Bezirke. Um die Bezirksverwaltung zu effektivieren und durch den Fortfall von Leitungspersonal Haushaltmittel einzusparen, wurde die Zahl der Bezirke verrin-gert. Mit der Anzahl zwölf sollten in etwa gleich große und leistungsstarke Bezir-ke geschaffen werden. Als Maßstab für die Beurteilung der Vergleichbarkeit diente nicht die Größe des Gebiets, sondern die *Einwohnerzahl*. Diese differierte vor der Fusion zwischen 74.084 (Weißensee) und 307.113 (Neukölln). Nach der Bezirksfusion bildet der Bezirk Tempelhof/Schöneberg mit 338.143 Einwohnern den größten, Spandau mit 223.898 Einwohnern den kleinsten Bezirk[41]. Die immer noch bestehende nicht unerhebliche Abweichung folgt aus der politischen Prämis-se, im Rahmen der Bezirksfusion nur bestehende Bezirke zusammenzulegen, nicht aber Bezirksgrenzen zu verändern. Mit der vorzeitigen Beendigung der 14. Wahl-periode wurde der an sich bis 2004 vorgesehene Fusionsprozess vorzeitig abge-schlossen. Bestehende Sonderregelungen sind bereits jetzt obsolet[42]. Die Grenzen der sich aus der Gebietsbeschreibung in Art. 4 Abs. 1 VvB ergebenden Bezirke sind im Gesetz- und Verordnungsblatt bekannt gemacht worden[43].

---

[38] Beispiele für Errichtung durch Gesetz: Landesschulamt im Landesschulamtsgesetz (siehe Kap. 4, Fn. 34), Landesamt für Gesundheit und Soziales sowie Landesamt für Arbeits-schutz, Gesundheitsschutz und technische Sicherheit Berlin im Errichtungsgesetz vom 12.11.1997, GVBl. S. 596; Beispiel für Errichtung durch Verwaltungsvorschrift: Allge-meine Verfügung über die Einrichtung einer Sonderbehörde Soziale Dienste der Justiz vom 11.2.1997, ABl. S. 994.

[39] Siehe Rz. 259 ff.

[40] Krankenhausunternehmens-Gesetz vom 30.11.2000, GVBl. S. 503 f.; für bezirkliche In-teressen sind in dessen § 4 bezirkliche Beiräte zur Beratung der Geschäftsführung vorge-sehen.

[41] Zahlen entnommen aus: Statistisches Jahrbuch 200, Tabelle S. 39 - Stand 2000.

[42] Art. 99a VvB, §§ 42 a ff. BezVG.

[43] GVBl. 2001, S. 103.

3. Mittelbare Landesverwaltung

Die unterstaatliche Verwaltungsebene wird in Berlin durch zahlreiche *landesun-*   86
mittelbare Personalkörperschaften und *rechtsfähige Anstalten* gebildet. Hinzu
kommen *öffentlich-rechtliche Stiftungen* insbesondere im Bereich der Kultur. Beispiele für Körperschaften des öffentlichen Rechts sind insbesondere die Universitäten (z.b. Freie Universität, Technische Universität, Humboldt-Universität)[44] und
die Berufskammern (z.b. Ärztekammer, Apothekerkammer)[45]. Rechtsfähige Anstalten sind z.b. der Sender Freies Berlin[46] und das Studentenwerk[47]. Seit der Ei-
genbetriebsreform von 1993 sind auch die früheren Eigenbetriebe für Aufgaben
der öffentlichen Daseinsvorsorge rechtsfähige Anstalten (z.b. Berliner Stadtreinigungsbetriebe, Berliner Verkehrsbetriebe)[48]. Als rechtsfähige Anstalt neu gegründet wurden 1995 die Berliner Bäderbetriebe[49]. Eine Sonderstellung nehmen die
Berliner Sparkasse[50] und die Berliner Wasserbetriebe[51] ein. Diese sind zwar öffentlich-rechtliche Anstalten. Sie sind jedoch beide in privatrechtliche Konzerne
eingebunden[52]. Öffentlich-rechtliche Stiftungen sind z.b. die Stiftung Berliner
Philharmoniker[53] sowie die Stiftung Preußische Schlösser und Gärten[54], die zusammen mit dem Land Brandenburg errichtet wurde. Die Errichtung verschiedener Stiftungen, deren Zweck der Betrieb von Museen oder Ausstellungen ist (z.b.
Stiftung Stadtmuseum Berlin), erfolgte durch das Museumsstiftungsgesetz vom
9.12.1998[55]. In § 2 Abs. 3 dieses Gesetzes wird der Senat ermächtigt, durch
Rechtsverordnung, die der Zustimmung des Abgeordnetenhauses bedarf, weitere
Stiftungen zu errichten[56].

---

[44] § 1 Abs. 2 BerlHG; die Hochschulen werden als existent vorausgesetzt, die jeweiligen
Gründungsgesetze wurden zwischenzeitlich aufgehoben; siehe z.B. Gesetz über die
Technische Universität vom 12.7.1956, GVBl. S. 916; Satzung der Freien Universität
vom 4.11.1948, geändert durch Gesetz vom 21.6.1968, GVBl. S. 746.

[45] Berliner Kammergesetz i.d.F.v. 4.9.1978, GVBl. S. 1937, 1980, zul. geänd. d. G. v.
15.10.2001, GVBl. S. 540.

[46] Gesetz über die Errichtung einer Rundfunkanstalt "SFB" i.d.F.v. 5.12.1974, GVBl.
S. 145, zul. geänd. d. G. v. 19.10.1995, GVBl. S. 678.

[47] Studentenwerksgesetz i.d.F.v. 14.11.1983, GVBl. S. 1426, 1584, zul. geänd. d. G. v.
15.4.1996, GVBl. S. 126.

[48] Berliner Betriebegesetz vom 9.7.1993, GVBl. S. 319, zul. geänd. d. G. v. 20.4.2000,
GVBl. S. 286; siehe Rz. 462 ff.

[49] Bäder-Anstaltsgesetz vom 25.9.1995, GVBl. 617, geänd. d. G. v .5.3.1999, GVBl. S. 88.

[50] Gesetz über die Errichtung der Landesbank Berlin i.d.F.v. 03.12.1993, GVBl. S. 626, zul.
geänd. d. G. v. 7.10.1999, GVBl. S. 546.

[51] § 1 Abs. 1 Nr. 4 Berliner Betriebegesetz, siehe Fn. 48.

[52] Siehe Rz. 464 f.

[53] Gesetz über die Stiftung Berliner Philharmoniker v. 12.7.2001, GVBl. S. 252.

[54] Gesetz zum Staatsvertrag über die Errichtung einer "Stiftung Preußische Schlösser und
Gärten Berlin-Brandenburg" vom 21.12.1994, GVBl. S. 515.

[55] GVBl. S. 416, zul. geänd. d. G. v. 23.7.2001, GVBl. S. 287.

[56] Siehe z.B. Verordnung über die Errichtung der Stiftung "Deutsches Technikmuseum
Berlin" vom 18.12.2000, GVBl. S. 562.

Körperschaften des öffentlichen Rechts, rechtsfähige Anstalten und öffentlich-rechtliche Stiftungen unterstehen der *Staatsaufsicht* (§ 28 Abs. 1 AZG)[57]. Soweit eine entsprechende Ermächtigung besteht, können sie ihre Angelegenheiten durch Satzungen regeln[58].

IV. Insbesondere: Der Senat

1. Die Rechtsstellung des Senats und seine Befugnisse

87   Der Senat von Berlin ist die *Landesregierung* (Art. 55 Abs. 1 VvB). Er besteht aus dem Regierenden Bürgermeister und bis zu acht Senatoren, insgesamt also höchstens aus neun Mitgliedern (Art. 55 Abs. 2 VvB). Zwei Senatoren werden zugleich zu Bürgermeistern gewählt, die den Regierenden Bürgermeister insbesondere bei Repräsentationsaufgaben vertreten. Im Gegensatz zum Bezirksamt, welches Kollegialbehörde ist[59], ist der Senat selbst *keine Behörde*[60]. Behörden sind die Senatsverwaltungen, die von den Senatsmitgliedern innerhalb der Richtlinien der Regierungspolitik eigenverantwortlich geleitet werden (Ressortprinzip, Art. 58 Abs. 5 VvB). Die Senatsmitglieder tragen die parlamentarische Verantwortlichkeit für das Handeln der Hauptverwaltung einerseits und das Handeln der Bezirksverwaltung sowie der mittelbaren Landesverwaltung im Rahmen ihrer Aufsichtsrechte andererseits[61].

88   *Entscheidungen des Senats* sind erforderlich bei Meinungsverschiedenheiten zwischen Senatsmitgliedern oder auf Antrag des Regierenden Bürgermeisters (Art. 58 Abs. 5 S. 2 VvB) sowie in den Fällen, in denen in der Verfassung, in einem Gesetz oder der Geschäftsordnung des Senats[62] ein *Senatsbeschluss* vorgesehen ist. Dies betrifft beispielsweise die Einbringung von Gesetzesvorlagen in das Abgeordnetenhaus (Art. 59 Abs. 2 VvB), den Erlass von Rechtsverordnungen, soweit die Ermächtigung sich nicht auf einzelne Senatsmitglieder bezieht (Art. 64 Abs. 1 VvB), die Ernennung von Beamten der Hauptverwaltung, soweit diese Befugnis nicht den Dienstbehörden übertragen ist (Art. 77 Abs. 1 VvB i.V.m. § 11 Abs. 1 S. 1 LBG)[63], Begnadigungen (Art. 81 S. 1 VvB), den Erlass von Verwaltungsvorschriften nach § 6 Abs. 1 AZG sowie Maßnahmen der Bezirksaufsicht nach den

---

[57] Siehe Rz. 244 ff.

[58] Siehe z.B. § 2 Abs. 1 BerlHG, Berliner Hochschulgesetz i.d.F. v. 17.11.1999, GVBl. S. 630, zul. geänd. d. G. v. 16.7.2001, GVBl. S. 260; §§ 4a u. 4b Berliner Kammergesetz; §§ 2 Abs. 1, 12 Studentenwerksgesetz.

[59] Siehe Rz. 304.

[60] *Neumann* (Fn. 29), Art. 55, Rz. 1.

[61] *Zivier* (Fn. 32), Rz. 43.2 f.

[62] I.d.F.v. 2.7.1996, DBl. I S. 222.

[63] Vgl. hierzu OVG Berlin, Beschl. vom 20.7.2001, OVG 4 S. 9.00, n.v.: Die Personalauswahl trifft das Senatsmitglied; der Senat als Kollegium kann im Rahmen seiner Ernennungszuständigkeit den Vorschlag nur billigen oder ablehnen.

§§ 11 bis 13 AZG. Darüberhinaus kann jedes Senatsmitglied dem Senat Angelegenheiten wegen ihrer politischen Bedeutung vorlegen.

2. Der Regierende Bürgermeister

Der Regierende Bürgermeister, der Berlin nach außen vertritt[64], hat nach der Berliner Verfassung eine im Vergleich zu anderen Ministerpräsidenten *schwache Stellung*[65]. Er leitet die Senatssitzungen; bei Abstimmungen gibt im Falle von Stimmengleichheit seine Stimme den Ausschlag (Art. 58 Abs. 1 VvB). Er überwacht die Einhaltung der Richtlinien der Regierungspolitik, kann über die Amtsgeschäfte der übrigen Senatsmitglieder Auskunft verlangen und hat das Recht, Senatsentscheidungen zu beantragen (Art. 58 Abs. 3 und 5 S. 2 VvB). Das zuletzt genannte Recht kann man wegen des Ressortprinzips allerdings nicht auf reine Ressortentscheidungen beziehen, sondern nur auf Entscheidungen, die eine politische Bedeutung haben, unterschiedliche Ressortzuständigkeiten berühren oder die Richtlinien der Regierungspolitik betreffen. Darüber hinaus kann der Regierende Bürgermeister in Ressortangelegenheiten nicht eingreifen.

In an sich originären Fragen der *exekutiven Eigenverantwortung*[66] und des *Selbstorganisationsrechts* der Exekutive ist der Regierende Bürgermeister an die Zustimmung des Abgeordnetenhauses gebunden. Die von ihm bestimmten *Richtlinien der Regierungspolitik* bedürfen des Einvernehmens des Senats und darüberhinaus der Billigung des Abgeordnetenhauses (Art. 58 Abs. 2 VvB). Die Zahl der Geschäftsbereiche und ihre Abgrenzung kann der Regierende Bürgermeister vorschlagen, sie werden jedoch vom Abgeordnetenhaus beschlossen (Art. 58 Abs. 4 S. 1 VvB). Die Geschäftsverteilung unter den Senatsmitgliedern im Einzelnen ergibt sich aus der vom Senat zu beschließenden Geschäftsverteilung des Senats[67].

Auch hinsichtlich der *Auswahl der übrigen Senatsmitglieder* ist die Kompetenz des Regierenden Bürgermeisters beschränkt. Er kann sie vorschlagen, sie werden jedoch vom Abgeordnetenhaus gewählt (Art. 56 Abs. 2 VvB). Anders als etwa der Bundeskanzler, der sein Kabinett ohne Mitwirkung des Bundestages zusammenstellen kann (Art. 64 Abs. 1 GG), ist der Regierende Bürgermeister bei der Berufung des Senats also auf die Mitwirkung des Parlaments angewiesen. Dies stärkt die Macht des Abgeordnetenhauses gegenüber der Exekutive und stärkt im Übrigen auch die einzelnen Senatsmitglieder gegenüber dem Regierenden Bürgermeister, da sie sich auf das Vertrauen des Abgeordnetenhauses berufen können.

---

[64] Siehe Rz. 148.

[65] Vgl. Bericht der Kommission zur Überprüfung der Regierungsstrukturen in den Stadtstaaten Berlin, Bremen und Hamburg - Stadtstaaten-Kommission - vom 1.3.1988, in: Berlin - Bremen - Hamburg, Zur Regierungsstruktur in den Stadtstaaten, S. 76 ff.

[66] Siehe zu diesem Begriff Rz. 190.

[67] Siehe Rz. 121.

3. Die Wahl des Senats

92   Der Regierende Bürgermeister wird bei der Senatswahl zuerst gewählt und bedarf der *Mehrheit der abgegebenen Stimmen* (Art. 56 Abs. 1 VvB). Dies bedeutet im Gegensatz zur in Art. 43 Abs. 2 S. 1 VvB genannten einfachen Stimmenmehrheit, die lediglich mehr Ja- als Nein-Stimmen erfordert, dass bei der Ermittlung der Mehrheit Stimmenthaltungen und ungültige Stimmen mitzählen und im Ergebnis wie Nein-Stimmen wirken[68]. Sodann erfolgt die Wahl der Bürgermeister und Senatoren auf Vorschlag des Regierenden Bürgermeisters (Art. 56 Abs. 2 VvB). Sie bedürfen nur der *einfachen Mehrheit* (Art. 43 Abs. 2 S. 1 VvB). In der Staatspraxis wird mit der Senatorenwahl gleichzeitig auch vom Abgeordnetenhaus die *Abgrenzung der Geschäftsbereiche* beschlossen[69]. Der Regierende Bürgermeister schlägt einen bestimmten Kandidaten für eine bestimmte Senatsverwaltung vor und mit der Wahl des Kandidaten gilt der Geschäftsbereich als beschlossen ("Senator X für die Senatsverwaltung Y").

93   Mit der Wahl aller Senatoren ist die *Senatsbildung* abgeschlossen und die Senatsmitglieder können vom Präsidenten des Abgeordnetenhauses nach der Annahme ihrer Wahl die Ernennungsurkunden erhalten und vereidigt werden[70]. Erst dann ist der neue Senat im Amt[71]. Bis dahin amtiert der alte Senat[72]. Kommt die Senatsbildung nach der Wahl des Regierenden Bürgermeisters nicht innerhalb von 21 Tagen zum Abschluss, ist sein Auftrag zur Regierungsbildung erloschen (Art. 56 Abs. 3 VvB). Dies ist der Fall, wenn das Abgeordnetenhaus nicht für jeden Geschäftsbereich ein Senatsmitglied gewählt oder zumindest der Verteilung eines nicht besetzten Geschäftsbereichs auf bereits gewählte Senatsmitglieder zugestimmt hat[73].

4. Die Amtszeit des Senats und der Misstrauensantrag

94   Die Wahl des Regierenden Bürgermeisters und der Senatoren erfolgt nicht für eine bestimmte Amtszeit[74]. Die Amtszeit endet also *nicht* mit dem Ende der Wahlperiode des Abgeordnetenhauses. In der Staatspraxis tritt allerdings der alte Senat nach dem Beginn einer neuen Wahlperiode zurück, um dem neuen Abgeordneten-

---

[68] Siehe § 75 Abs. 1 S. 3 GOAbghs i.d.F.v. 18.6.1998, GVBl. S. 154, *Zivier* (Fn. 32), Rz. 44.3; a.A. *Neumann* (Fn. 29), Art. 56, Rz. 8; Bedenken gegen die Berücksichtigung der ungültigen Stimmen äußert *Körting*, Die Regierungsbildung im Land Berlin, S. 10.

[69] *Körting* (Fn. 68), S. 11.

[70] Siehe §§ 2 ff. Senatorengesetz i.d.F.v. 6.1.2000, GVBl. S. 221.

[71] *Neumann* (Fn. 29), Art. 56, Rz. 10.

[72] *Zivier* (Fn. 32), Rz. 44.3; vgl. § 14 Abs. 1 SenG.

[73] *Zivier* (Fn. 32), Rz. 44.3.

[74] *Neumann* (Fn. 29), Art. 56, Rz. 2; zur Vereinbarkeit einer solchen Verfassungsregelung mit Art. 28 Abs. 1 S. 1 GG vgl. BVerfGE 27, 44, 56.

haus eine Neuwahl zu ermöglichen[75]. In diesem Fall bleiben die Senatsmitglieder geschäftsführend im Amt, wenn von ihnen in entsprechender Anwendung von Art. 57 Abs. 3 S. 3 VvB die Weiterführung der Geschäfte bis zum Amtsantritt des jeweiligen Nachfolgers verlangt wird[76]. Tritt der alte Senat z.B. wegen unsicherer Mehrheitsverhältnisse nicht zurück, bleibt er mit allen Rechten und Pflichten im Amt. Das neue Abgeordnetenhaus hat aber die Möglichkeit des *Misstrauensantrags* nach Art. 57 Abs. 2 VvB und kann so eine Neuwahl des Senats erreichen[77].

Die Mitglieder des Senats können vom Regierenden Bürgermeister nicht entlassen **95** werden[78]. Er kann sie nur auffordern zurückzutreten, was jederzeit möglich ist (Art. 56 Abs. 4 VvB). Darüberhinaus kann er anregen, dass im Abgeordnetenhaus ein Misstrauensantrag nach Art. 57 Abs. 2 VvB gestellt wird.

Ein Misstrauensantrag, der sich gegen den Senat als Ganzes oder gegen einzelne **96** Senatsmitglieder richten kann, bedarf zu seiner Annahme der Zustimmung der *Mehrheit der gewählten Mitglieder* des Abgeordnetenhauses (Art. 57 Abs. 3 S. 1 VvB). Die Abstimmung darf erst *48 Stunden nach der Bekanntgabe des Misstrauensantrags* im Abgeordnetenhaus erfolgen (Art. 57 Abs. 2 S. 2 VvB). Die Abstimmung erfolgt *namentlich*, d.h. mit namentlich gekennzeichneten Abstimmungskarten[79], also nicht geheim wie die Wahl des Regierenden Bürgermeisters[80] und in der Regel auch der übrigen Senatsmitglieder[81]. Durch die Wartefrist und die namentliche Abstimmung sollen übereilte Beschlüsse und Zufallsmehrheiten vermieden werden[82].

Hat der Misstrauensantrag Erfolg, muss das betroffene Senatsmitglied zurücktre- **97** ten, ist aber auf Verlangen verpflichtet, die Geschäfte bis zum Amtsantritt eines Nachfolgers weiterführen (Art. 57 Abs. 3 S. 2 u. 3 VvB). Das Verlangen stellt der Präsident des Abgeordnetenhauses für das Abgeordnetenhaus, denn nur dieses kann entscheiden, ob trotz eines Misstrauensvotums noch ein übergangsweises Verbleiben im Amt möglich ist[83]. Ein geschäftsführender Senat oder ein geschäftsführendes Senatsmitglied unterliegen rechtlich keinen Beschränkungen[84]. Wird das vakante Ressort nach den Vertretungsre-

---

[75] *Neumann* (Fn. 29), Art. 56, Rz. 4.

[76] *Körting* (Fn. 68), S. 30; *Neumann* (Fn.), Art. 57, Rz. 6.

[77] *Neumann* (Fn. 29), Art. 56, Rz. 4 ff.; *Zivier* (Fn. 32), Rz. 44.2 sieht grundsätzlich eine Pflicht zur Neuwahl; *Körting* (Fn. 68), S. 27 ff. hält zu Beginn einer Wahlperiode eine Neuwahl ohne vorherigen Rücktritt oder ein Misstrauensvotum für zulässig.

[78] *Neumann* (Fn. 29), Art. 58, Rz. 22.

[79] Siehe § 71 Abs. 2 GOAbghs.

[80] § 75 Abs. 1 GOAbghs., geheime Wahl ist vorgeschrieben.

[81] § 75 Abs. 2 i.V.m. § 74 Abs. 2 GO Abghs., in der Regel wird geheime Wahl beantragt.

[82] *Zivier* (Fn. 32), Rz. 44.4.

[83] *Neumann* (Fn. 29), Art. 57, Rz. 9; *Körting* (Fn. 68), S. 19 f.

[84] *Körting* (Fn. 68), S. 31; *Zivier* (Fn. 32), Rz. 44.4.

gelungen des Senats von einem anderen Senatsmitglied vertretungsweise geleitet[85].

Wird für das abgewählte Senatsmitglied nicht innerhalb von 21 Tagen ein neues
gewählt, verliert das Misstrauensvotum seine Wirksamkeit (Art. 57 Abs. 3 S. 4
VvB). Das betroffene Senatsmitglied ist dann wieder im Amt[86].

---

[85] *Neumann* (Fn. 29), Art. 57, Rz. 9.
[86] *Neumann* (Fn. 29), Art. 57, Rz. 15; vgl. § 14 Abs. 2 SenG.

4. Kapitel: Die Aufgabenverteilung

I. Die Aufgabenverteilung in den Flächenländern

1. Grundlagen

Die oben[1] beschriebene Zweiteilung in eine staatliche und eine unterstaatliche **98** Ebene der Verwaltung in den Flächenländern zieht eine entsprechende Unterscheidung in nichtstaatliche und staatliche Aufgaben nach sich.

Zu den *nichtstaatlichen Aufgaben* gehören die örtlichen Angelegenheiten, die durch Art. 28 Abs. 2 GG den Gemeinden als *Selbstverwaltungsaufgaben* zugewiesen sind, und die diese im Rahmen ihrer Allzuständigkeit[2] wahrnehmen können, ohne dass es eines besonderen Kompetenztitels bedarf. Es gibt allerdings keinen gegenständlich bestimmten oder nach feststehenden Merkmalen bestimmbaren Aufgabenkatalog der örtlichen Angelegenheiten[3]. Der Gesetzgeber kann deshalb unter Beachtung von Art. 28 Abs. 2 GG zumindest mittelbar durch die Zuweisung von Aufgaben an andere Verwaltungsträger auch die Aufgabenausstattung der Gemeinden regeln. Bei der Einschätzung der örtlichen Bezüge einer Aufgabe und ihres Gewichts kommt dem Gesetzgeber ein *Beurteilungsspielraum* zu[4].

Zu den nichtstaatlichen Aufgaben gehören ferner die Angelegenheiten, die den **99** *Gemeindeverbänden*, also insbesondere den *Kreisen*, als Selbstverwaltungsaufgabe zugewiesen werden. Für diese besteht *keine Aufgabengarantie*. Die Zuweisung eines Aufgabenbereichs obliegt vielmehr ausschließlich dem Gesetzgeber[5]. Solche Aufgaben haben einen überörtlichen, aber auf den Gemeindeverband beschränkten Charakter[6]. Auch insoweit kommt ein Beurteilungsspielraum des Gesetzgebers zum Zuge[7].

---

[1] Siehe Rz. 69 ff.
[2] Siehe Rz. 40.
[3] BVerfGE 79, 127, 146; siehe Rz. 39.
[4] BVerfGE (Fn. 3), S. 153; 83, 363, 382.
[5] BVerfGE 83, 363, 383.
[6] VerfGH NW, DVBl. 1993, S. 197 ff., 198.
[7] BVerfGE (Fn. 4), S. 383.

100 Nichtstaatliche Aufgaben sind ferner die den sonstigen *unterstaatlichen juristischen Personen des öffentlichen Rechts* durch Gesetz zugewiesenen und als solche bezeichneten Selbstverwaltungsaufgaben, z.b. im Bereich der Berufs- und Standesangelegenheiten[8].

101 *Staatliche Aufgaben* sind dagegen überörtlicher Natur. Ihre Wahrnehmung hat Bedeutung über die Grenzen der Gemeinden und der Gemeindeverbände hinaus. Sie werden grundsätzlich von den staatlichen Behörden durchgeführt. Bestimmte staatliche Aufgaben können jedoch den Gemeinden und Gemeindeverbänden sowie den sonstigen öffentlich-rechtlichen Körperschaften und den rechtsfähigen Anstalten zur Durchführung übertragen werden.

102 Von den Gemeinden werden also Selbstverwaltungsaufgaben und übertragene staatliche Angelegenheiten durchgeführt. Man spricht insoweit auch vom *eigenen* und vom *übertragenen Wirkungskreis*[9] und bezeichnet die übertragenen Aufgaben als *Auftragsangelegenheiten*. Auftragsangelegenheiten unterliegen einer umfassenden *Fachaufsicht*[10]. In einigen Bundesländern ist jedoch selbst bei übertragenen Aufgaben das staatliche Weisungsrecht gegenüber den Gemeinden beschränkt[11]. Hier werden die übertragenen Aufgaben *Pflichtaufgaben zur Erfüllung nach Weisung* genannt, wobei der Umfang bzw. die Voraussetzungen des Weisungsrechts aufgabenspezifisch durch Gesetz festgelegt sind[12]. In bestimmten Fällen werden staatliche Aufgaben hier sogar wie Selbstverwaltungsaufgaben eigenverantwortlich wahrgenommen[13].

2. Selbstverwaltungsaufgaben der Gemeinden

103 Selbstverwaltungsaufgaben der Gemeinden sind diejenigen Aufgaben, die der Allzuständigkeit für die örtlichen Angelegenheiten unterliegen und eigenverantwortlich wahrgenommen werden. Dabei werden *freiwillige* und *pflichtige Selbstverwaltungsaufgaben* unterschieden.

104 Bei den freiwilligen Selbstverwaltungsaufgaben entscheiden die Gemeinden eigenverantwortlich, ob und wie sie die Aufgabe wahrnehmen wollen. Wenn sie die Aufgabe wahrnehmen, sind sie nur an die allgemeinen Gesetze gebunden (z.B. Haushalts- und Bauvorschriften). Einzelheiten können sie aufgrund der allgemeinen Ermächtigung zum Erlass von Satzungen in den Gemeindesatzungen regeln. Beispiele für solche Aufgaben sind im Bereich der *gemeindlichen Kulturarbeit* die

---

[8] *Maurer*, Allgemeines Verwaltungsrecht, § 23, Rz. 42.

[9] *Maurer* (Fn. 8), Rz. 12.

[10] Siehe Rz. 199 ff.

[11] So in BW, Bbg, Hess, MV, NW, Sachsen, S-Anhalt, SchlH, vgl. etwa § 3 Abs. 4 GO Bbg.

[12] *Vogelgesang/Lübking/Jahn*, Kommunale Selbstverwaltung, Rz. 124.

[13] *Maurer* (Fn. 8), Rz. 16.

Einrichtung und der Betrieb von Theatern, Museen, Büchereien, Volkshochschulen und Gemeindearchiven. Im Bereich der *Jugend- und Sportförderung* sind es die Einrichtung von Jugendheimen, der Bau und die Unterhaltung von Sportplätzen, Schwimmbädern sowie Eissportanlagen und die Förderung von Sportvereinen. Hierzu gehört auch die *kommunale Wirtschaftsförderung*, also beispielsweise die Unterstützung von Gewerbeansiedlungen durch die Schaffung entsprechender Infra-struktur, sowie der Betrieb kommunaler Verkehrseinrichtungen[14].

Zur Wahrnehmung der pflichtigen Selbstverwaltungsaufgaben sind die Gemein-   **105** den gesetzlich verpflichtet. Nur hinsichtlich der Art und Weise der Durchführung besteht Eigenverantwortlichkeit. Teilweise finden sich in den gesetzlichen Regelungen jedoch auch Vorschriften, die die Organisation oder Durchführung betreffen. Diese dürfen jedoch nie so weit gehen, dass die kommunale Gestaltungsfreiheit für die jeweilige örtliche Aufgabe derart eingeschränkt ist, dass die Selbstverwaltungsgarantie nach Art. 28 Abs. 2 GG verletzt wird[15]. Soweit erforderlich, können (ergänzende) normative Regelungen durch Satzung getroffen werden. Pflichtige Selbstverwaltungsaufgaben sind z.B. die Straßenbaulast für Orts-, Gemeindeverbindungs- und Ortsdurchfahrtsstraßen, die Sozial- und Jugendhilfe, die Bauleitplanung sowie die städtebauliche Sanierung[16].

3. Aufgaben im übertragenen Wirkungskreis

Als Ausgleich dafür, dass den Gemeinden staatliche Aufgaben übertragen werden,   **106** behält sich das Land eine *umfassende Fachaufsicht* bzw. je nach gesetzlicher Regelung ein *Weisungsrecht* vor[17]. Die Gemeinden handeln also nicht eigenverantwortlich. Folglich bestehen Mitwirkungsrechte der Gemeindevertretung in der Regel nicht. Satzungen können nur in Ausnahmefällen erlassen werden, wenn eine spezielle gesetzliche Ermächtigung vorliegt[18].

Übertragene Aufgaben sind insbesondere *Ordnungsaufgaben* in den Bereichen des   **107** Gewerbe-, Verkehrs-, Rettungs-, Wege- und Wasserwesens, ferner die Aufgaben der Gesundheits- und Veterinärämter sowie die Melde-, Pass-, Staatsangehörigkeits- und Personenstandsangelegenheiten[19].

---

[14] *Vogelgesang/Lübking/Jahn* (Fn. 12), Rz. 129 ff.
[15] BVerfGE 83, 363, 382 ff.
[16] *Vogelgesang/Lübking/Jahn* (Fn. 12), Rz. 144.
[17] Siehe Rz. 199 ff.
[18] *Maurer* (Fn. 8), § 23, Rz. 14 f.
[19] *Vogelgesang/Lübking/Jahn* (Fn. 12), Rz. 152.

II. Die Aufgabenverteilung in Berlin

1. Verfassungsrechtliche Grundlagen

108 In Anbetracht des Stadtstaatenstatus von Berlin kann die Zuordnung von Verwaltungsaufgaben auf die einzelnen Ebenen der Verwaltung im Land Berlin nicht nach den für die Flächenländer geltenden Kriterien erfolgen. Von vornherein scheidet eine Unterteilung in staatliche und nichtstaatliche Aufgaben aus. Die vom Land Berlin wahrzunehmenden Aufgaben gehören einem *einheitlichen Aufgabenkreis* an, in dem staatliche und kommunale Aufgaben zusammengefasst sind. Für die Berliner Verwaltung[20] stellt § 1 AZG deshalb fest: *"In Berlin werden staatliche und gemeindliche Tätigkeit nicht getrennt."* Das heißt auch, dass alle Verwaltungsstellen Berlins grundsätzlich in gleichem Maße berufen sind, Aufgaben dieses einheitlichen Aufgabenkreises wahrzunehmen. Art. 3 Abs. 2 VvB verdeutlicht dies, indem er davon spricht, dass Regierung und Verwaltung einschließlich der Bezirksverwaltungen die Aufgaben Berlins als Gemeinde, Gemeindeverband und Land wahrnehmen.

109 Das maßgebliche Kriterium für die Aufgabenzuordnung ist die *gesamtstädtische Bedeutung einer Aufgabe.* Solche Aufgaben sind nach Art. 67 Abs. 1 VvB dem Senat und der Hauptverwaltung vorbehalten. Alle anderen Aufgaben der Verwaltung nehmen die Bezirke wahr (Art. 67 Abs. 2 S. 1 VvB). Aus dieser Regelung kann eine *Regelvermutung* für eine bezirkliche Zuständigkeit geschlossen werden, die nur dadurch widerlegt wird, dass der Aufgabe eine gesamtstädtische Bedeutung zukommt. Die Feststellung dieser Bedeutung und damit die Abgrenzung der Aufgaben obliegt nach Art. 67 Abs. 3 S. 1 VvB dem Gesetzgeber.

110 Anzumerken ist hierbei allerdings, dass diese Verfassungsregelung sich nur auf die *unmittelbare Landesverwaltung* bezieht und somit auf die Abgrenzung der Aufgaben der Hauptverwaltung und der Bezirksverwaltung. Auch die Körperschaften sowie die rechtsfähigen Anstalten und Stiftungen nehmen gesamtstädtische Aufgaben wahr (z.B. Öffentlicher Personennahverkehr durch die BVG). Hieraus kann jedoch nicht gefolgert werden, dass sie zur Hauptverwaltung zählen[21]. Vom Gesetzgeber können also unabhängig von Art. 67 Abs. 1 VvB Aufgaben Einrichtungen der mittelbaren Landesverwaltung zugeordnet werden.

111 Es fragt sich, wann eine Aufgabe von gesamtstädtischer Bedeutung ist. Art. 67 Abs. 1 S. 2 Nr. 1 bis 3 VvB benennt als solche Aufgaben *ministerielle Leitungsaufgaben* wie Planung, Grundsatzangelegenheiten, Steuerung und Aufsicht (Nr. 1) sowie die *Polizei-, Justiz- und Steuerverwaltung* (Nr. 2). Ferner sollen weitere Aufgabenbereiche gesamtstädtische Bedeutung haben, wenn sie wegen ihrer Ei-

---

[20] Siehe Rz. 74.
[21] So aber *Neumann* in Pfennig/Neumann, VvB, Art. 66, 67, Rz. 4; wie hier *Mueller-Thuns/Schubert*, LKV 1999, S. 213 ff., 214; *Sendler*, ABl. 1979, S. 509 ff., 511.

genart *zwingend einer Durchführung in unmittelbarer Regierungsverantwortung* bedürfen (Nr. 3).

Fraglich ist zunächst, ob die Aufzählung in Art. 67 Abs. 1 S. 2 Nr. 1 bis 3 VvB ab- **112** schließend ist. Dies ist wegen der Formulierung "Dazu gehören ..." zweifelhaft. Schon im Gesetzgebungsverfahren wurden hierzu unterschiedliche Auffassungen vertreten[22]. Richtigerweise ist von einer *abschließenden Aufzählung* auszugehen[23]. Anderenfalls würden die in Art. 67 Abs. 1 S. 2 Nr. 3 VvB genannten engen Kriterien leerlaufen und es käme für die Frage der gesamtstädtischen Bedeutung gar nicht darauf an, ob eine Aufgabe "zwingend" einer Durchführung in unmittelbarer Regierungsverantwortung bedarf. Dies liefe dem Zweck der damaligen Verwaltungsreform, die Bezirke zu stärken und ihren Aufgabenkreis zu erweitern, entgegen. Art. 67 Abs. 1 S. 2 Nr. 1 und 2 VvB benennt also konkrete Aufgabenbereiche als gesamtstädtisch. Weitere Aufgaben sind nur dann von gesamtstädtischer Bedeutung, wenn sie die Tatbestandsvoraussetzungen von Art. 67 Abs. 1 S. 2 Nr. 3 VvB erfüllen.

Wann eine Aufgabe wegen ihrer Eigenart *zwingend* einer Durchführung in unmit- **113** telbarer Regierungsverantwortung bedarf und damit gesamtstädtische Bedeutung hat, kann nicht abstrakt nach allgemeinen Kriterien bestimmt werden. Die Bestimmung kann nur konkret aufgabenbezogen erfolgen. Begründungselemente können etwa die Wirkung der Aufgabenwahrnehmung *über die Grenzen mehrerer Bezirke hinweg* sein oder die *unmittelbare Betroffenheit der Gesamtstadt*. Auch die Sicherung der *Einheitlichkeit der Lebensverhältnisse* in der Gesamtstadt kann für die Zuständigkeit der Hauptverwaltung sprechen. Ferner kann die *Verwaltungs- oder Finanzkraft der Bezirke* für die Wahrnehmung bestimmter Aufgaben nicht ausreichen. Schließlich sind *bundesrechtliche Vorgaben* zu beachten. Alleine Wirtschaftlichkeitskriterien können eine Zentralisierung von Aufgaben bei der Hauptverwaltung allerdings nicht rechtfertigen. Dezentralisierung und Bürgernähe können im Einzelfall kostenträchtiger sein, was hinzunehmen ist. Zu beachten ist ferner, dass nach Art. 66 Abs. 2 S. 2 VvB die örtlichen Verwaltungsaufgaben, also diejenigen, die nach Art. 28 Abs. 2 GG den Gemeinden als Selbstverwaltungsaufgabe vorbehalten sind, regelmäßig von den Bezirken wahrzunehmen sind, in der Regel also keine gesamtstädtische Bedeutung haben. Insofern lässt die Wahrnehmung einer Aufgabe in den Flächenstaaten durch die Gemeinden als Selbstverwaltungsaufgabe in der Regel den Schluss zu, dass diese Aufgabe in Berlin von den Bezirken durchzuführen ist.

Dass die Aufgabe einer Durchführung in unmittelbarer Regierungsverantwortung **114** bedarf, bedeutet nicht, dass der Senat oder eine Senatsverwaltung diese selbst

---

[22] So sagte z.B. der damalige Innensenator Schönbohm am 26.3.1998 vor dem Abgeordnetenhaus (Protokoll der 43. Sitzung S. 3325): "Die Aufgabenaufzählung ist nicht abschließend zu verstehen."; anders der Abgeordnete Lorenz am 16.3.1998 vor dem Rechtsausschuss (Protokoll der 28. Sitzung, 13/28, S. 20).

[23] Anders *Neumann* (Fn. 21), Rz. 11.

wahrnehmen muss. Die Aufgabe kann auch durch eine nachgeordnete Sonderbehörde oder nicht rechtsfähige Anstalt wahrgenommen werden. Die "Regierungsverantwortung", also die politische und administrative Leitungsverantwortung des Senats, kann in diesen Fällen auch durch die weitgehenden Aufsichtsbefugnisse geltend gemacht werden. Der Begriff „unmittelbare Regierungsverantwortung" ist insofern irreführend. Es kommt auf die zwingende Notwendigkeit einer Durchführung durch die Hauptverwaltung an.

115 Ebenso wie der Gesetzgeber in den Flächenstaaten bei der Aufgabenzuordnung[24] hat auch der Berliner Gesetzgeber bei der Beurteilung, ob eine Aufgabe zwingend einer Durchführung in unmittelbarer Regierungsverantwortung bedarf und damit eine gesamtstädtische Bedeutung gegeben ist, einen *Beurteilungsspielraum*. Insoweit kommt der Rechtsprechung des Verfassungsgerichtshofs weiterhin Bedeutung zu. Dieser hatte, wenn auch zur Formulierung vor der Verfassungsänderung 1998[25], in der aber auch der Begriff der "gesamtstädtischen Bedeutung" enthalten war, festgestellt, dass die Beurteilung des Gesetzgebers bei der Zuordnung einer Aufgabe lediglich dahingehend überprüfbar sei, dass sie *nachvollziehbar und vertretbar* ist[26]. Dem Gesetzgeber obliege allerdings eine *Darlegungslast*. Der Beurteilungsspielraum folge aus der Notwendigkeit einer Bewertung und politischen Gewichtung der Verwaltungsaufgaben sowie einer prognostischen Einschätzung von Entwicklungen. Wie weit der Gesetzgeber die Verfassung insoweit auslegt, spiegelt das geltende Zuständigkeitsrecht wieder, in dem die Verwaltung einzelner Sportanlagen sowie der städtischen Theater und Opernhäuser der Hauptverwaltung vorbehalten wird[27].

Die vom Gesetzgeber vorgenommene Zuständigkeitsabgrenzung kann nach Art. 84 Abs. 2 Nr. 3 VvB in Verbindung mit § 57 VerfGHG von den Bezirken vor dem Verfassungsgerichtshof gerügt werden[28].

2. Die Zuständigkeitsgesetze

116 Grundnorm für die nach der Verfassung notwendige *einfachgesetzliche Zuständigkeitsregelung* ist das Allgemeine Zuständigkeitsgesetz (AZG)[29]. Die hierin getroffenen Regelungen gelten für alle Aufgabenbereiche, soweit keine besonderen Vorschriften bestehen.

117 § 3 Abs. 1 und 2 AZG wiederholt zunächst die Grundregelung aus Art. 67 VvB. Für die nach Art. 67 Abs. 3 S. 1 VvB erforderliche gesetzliche Bestimmung der

---

[24] Siehe Rz. 98.
[25] Siehe Rz. 26.
[26] BerlVerfGH, LKV 1995, S. 366 ff., 367 = LVerfGE 3, 28, 31 ff.
[27] Siehe Nr. 15 Abs. 5 und Nr. 17 Abs. 2 ZustKatAZG.
[28] Siehe Rz. 360 ff.
[29] Siehe Kap. 1, Fn. 4.

Aufgaben der Hauptverwaltung mit Ausnahme der Leitungsaufgaben im zusammenfassenden Zuständigkeitskatalog gilt Folgendes: § 4 Abs. 2 AZG verweist für die Polizei- und Ordnungsaufgaben auf das Allgemeine Sicherheits- und Ordnungsgesetz (ASOG)[30] und den Zuständigkeitskatalog für Ordnungsaufgaben. Das AZG selbst trifft Zuständigkeitsregelungen somit nur für die übrigen – sogenannten allgemeinen – Verwaltungsaufgaben. Nach § 4 Abs. 1 AZG werden die allgemeinen Verwaltungsaufgaben der Hauptverwaltung durch die Anlage zum AZG, den ZustKatAZG, bestimmt.

Es gibt also *zwei zusammenfassende Zuständigkeitskataloge*, einen für Ordnungs- **118** aufgaben und einen für allgemeine Verwaltungsaufgaben. Hinzu kommen schon kraft der Verfassungsregelung in Art. 67 Abs. 1 S. 2 Nr. 1 und 2 VvB die ministeriellen Leitungsaufgaben sowie die Polizei-, Justiz- und Steuerverwaltung als Aufgaben der Hauptverwaltung.

Trotz der Regelung in den Zuständigkeitskatalogen finden sich auch in zahlrei- **119** chen Fachgesetzen Zuständigkeitsregelungen. Diese *spezialgesetzlichen Regelungen* sind überwiegend differenzierter als die die Zuständigkeiten zusammenfassenden Zuständigkeitskataloge und benennen bestimmte Behörden. Dabei ist zu berücksichtigen, dass durch die Zuständigkeitskataloge nach Art. 67 Abs. 3 S. 1 VvB die Aufgaben der Hauptverwaltung von denen der Bezirke abgegrenzt werden sollen. Von Verfassungs wegen muss sich aus den Zuständigkeitskatalogen nicht zwingend ergeben, welche Behörde auf der Ebene der Hauptverwaltung zuständig ist. Im Übrigen schließt die Verfassungsvorschrift eine parallele gleichlautende Zuständigkeitsregelung in einem Spezialgesetz nicht aus. Durch pauschale Formulierungen oder schlagwortartige Zusammenfassungen sind die Zuständigkeitskataloge für den Laien im Übrigen oft nicht verständlich. Erst durch das Fachgesetz lassen sich die Zuständigkeiten feststellen. Es entspricht aber nicht Art. 67 VvB, wenn für bestimmte Fachaufgaben der Hauptverwaltung die Zuständigkeiten nur spezialgesetzlich geregelt werden. Jede spezialgesetzliche Zuständigkeitsregelung für die Hauptverwaltung muss sich auch in einem der Zuständigkeitskataloge wiederfinden, zumindest zusammenfassend und schlagwortartig.

Im *Vorgriff auf eine Katalogänderung*, mit der Aufgaben auf die Bezirke übertragen werden sollen, kann der Senat, soweit keine spezialgesetzliche Zuständigkeitsregelung entgegensteht, die Aufgaben durch *Rechtsverordnung* den Bezirken zuweisen (Art. 67 Abs. 3 S. 2 VvB i.V.m. § 4 Abs. 1 S. 3 AZG und § 2 Abs. 4 S. 2 ASOG).

---

[30] Allgemeines Sicherheits- und Ordnungsgesetz vom 14.4.1992, GVBl. S. 119, zul. geänd. d. G. v. 30.7.2001, GVBl. S. 305.

a) Der allgemeine Zuständigkeitskatalog (ZustKatAZG)

120   Im allgemeinen Zuständigkeitskatalog, auf den § 4 Abs. 1 S. 1 AZG verweist, werden die allgemeinen Verwaltungsaufgaben der Hauptverwaltung bestimmt. Alle darin nicht aufgeführten *allgemeinen Verwaltungsaufgaben* sind Bezirksaufgaben (§ 4 Abs. 1 S. 2 AZG). Der Zuständigkeitskatalog hat als Anlage zum Gesetz Gesetzesrang. Er ist in 17 Nummern eingeteilt. Nr. 1 bezieht sich unter der Überschrift „Allgemeines" auf verwaltungsinterne Aufgaben. Die übrigen Nummern haben - jeweils zusammengefasst nach bestimmten Sachgebieten – die Fachaufgaben zum Gegenstand.

121   Da im allgemeinen Zuständigkeitskatalog nicht nach den einzelnen Senatsverwaltungen und nachgeordneten Behörden unterschieden wird, kann hieraus die jeweils zuständige Behörde nicht ohne weiteres entnommen werden. Dies ist, wie bereits ausgeführt, mit Art. 67 Abs. 3 S. 1 VvB vereinbar, da hierin nur die gesetzliche Abgrenzung der Aufgaben der Hauptverwaltung von der Bezirksverwaltung durch einen zusammenfassenden Zuständigkeitskatalog vorgeschrieben ist. Die Verteilung innerhalb der Hauptverwaltung kann deshalb gesondert erfolgen. Teilweise wird sie in Spezialgesetzen vorgenommen. Dies gilt insbesondere für Sonderbehörden[31]. Teilweise folgt sie aber auch nur aus verwaltungsinternen Verfügungen der Senatsmitglieder im Rahmen ihrer Organisationsgewalt. Die Abgrenzung der Aufgaben zwischen den einzelnen Senatsverwaltungen folgt aus der *Geschäftsverteilung des Senats*[32].

122   Die *Schulaufsicht* ist nach Nr. 16 Abs. 1 ZustKatAZG Angelegenheit der Hauptverwaltung. Nach § 1 Abs. 2 des Landesschulamtsgesetzes[33] obliegt sie dem *Landesschulamt*, einer nachgeordneten Einrichtung der für das Schulwesen zuständigen Senatsverwaltung. Diesem gehören auch die für die Schulaufsicht zuständigen Dienstkräfte an. Für die Schulaufsicht werden also nicht mehr wie vor der Errichtung des Landesschulamts Beamte der Bezirksverwaltungen herangezogen. Mit dieser Art *unechter Organleihe* war der Grundsatz durchbrochen worden, dass das Personal stets derjenigen Behörde angehörig ist, die für die jeweilige Aufgabe zuständig ist. Die hierfür in der Verfassung vorgesehene Ausnahmeregelung wurde in Art. 67 Abs. 4 VvB als Option beibehalten.

b) Der Zuständigkeitskatalog Ordnungsaufgaben (ZustKatOrd)

123   Ordnungsaufgaben dienen der *Gefahrenabwehr*, also der Abwehr von Gefahren für die öffentliche Sicherheit und Ordnung. Nach § 2 Abs. 4 ASOG werden die Zuständigkeiten der Ordnungsbehörden im Einzelnen durch die Anlage zum Gesetz, also den Zuständigkeitskatalog Ordnungsaufgaben bestimmt. Ordnungsbe-

---

[31] Siehe z.B. für das Statistische Landesamt § 3 Abs. 2 Landesstatistikgesetz.

[32] ABl. vom 16.6.2000, S. 2090.

[33] Landesschulamtsgesetz vom 26.1.1995, GVBl. S. 26, zuletzt geänd. d. G. v. 6.11.2000, GVBl. S. 473.

hörden sind sowohl die Senatsverwaltungen wie die Bezirksämter und verschiedene nachgeordnete Sonderbehörden (§ 2 Abs. 2, 3 ASOG). Da bei der Eingriffsverwaltung stets die Zuständigkeiten im Einzelnen gesetzlich geregelt sein müssen, sind im Zuständigkeitskatalog Ordnungsaufgaben die Zuständigkeiten von vornherein den einzelnen Ordnungsbehörden zugeordnet. Im ersten Abschnitt sind die Ordnungsaufgaben der Senatsverwaltungen geregelt, im zweiten Abschnitt diejenigen der Bezirksämter und im dritten Abschnitt diejenigen der nachgeordneten Sonderbehörden, die auch Ordnungsbehörden sind. Wie in § 4 Abs. 1 S. 2 AZG ist in Nr. 35 Abs. 2 2. Hs. ZustKatOrd eine generelle Auffangzuständigkeit für die Bezirksämter vorgesehen, falls eine Aufgabe nicht ausdrücklich zugeordnet ist.

Die *Senatsverwaltungen* können nach § 2 Abs. 5 ASOG neben den ihnen zuge- **124** wiesenen eigenen Zuständigkeiten in Ordnungsangelegenheiten und ihrer Aufsichtsfunktion gegenüber den übrigen Ordnungsbehörden bei *Gefahr im Verzug* die Befugnisse der ihnen nachgeordneten Ordnungsbehörden wahrnehmen. Dieses besondere *Eintrittsrecht* gilt aber nicht gegenüber den Bezirksämtern, denn diese sind keine "nachgeordneten" Ordnungsbehörden (siehe § 2 Abs. 2, 3 ASOG).

Der *Polizeipräsident* ist nachgeordnete Ordnungsbehörde im Sinne von § 2 Abs. 3 **125** ASOG, soweit ihm durch den Zuständigkeitskatalog Ordnungsaufgaben zugewiesen sind[34]. Daneben ist er noch im Bereich präventiven Verwaltungshandelns nach § 3 Abs. 1 ASOG für die *vorbeugende Bekämpfung von Straftaten* zuständig sowie, wie alle Ordnungsbehörden, nach § 1 Abs. 1 S. 2 ASOG für die *Vorbereitung von Gefahrenabwehrmaßnahmen*. Ansonsten besteht für die Gefahrenabwehr eine originäre Zuständigkeit der übrigen Ordnungsbehörden, wobei die Polizei allerdings ergänzende *Vollzugshilfe* zu leisten hat (§ 1 Abs. 5 ASOG)[35].

Der *originäre Aufgabenkreis der Polizei* wird jedoch durch § 4 ASOG erheblich **126** erweitert. Es besteht nämlich stets neben der Zuständigkeit der speziellen Ordnungsbehörde eine originäre Zuständigkeit der Polizei, wenn die Abwehr einer Gefahr durch eine andere Behörde nicht oder nicht rechtzeitig möglich erscheint. Diese *subsidiäre Eilzuständigkeit* der Polizei liegt z.B. vor, wenn aus personellen oder organisatorischen Gründen die spezielle Ordnungsbehörde nicht rechtzeitig handeln kann[36]. So prägt bei vielen Ordnungsaufgaben z.B. der Bezirksämter im Bereich der *Lärmbekämpfung* oder des *Schutzes der Grünanlagen* ggf. die Polizei das Bild, da die speziellen Ordnungsbehörden bei akuten Verstößen nicht handlungsfähig sind. Hinzu kommt die generelle Zuständigkeit der Polizei zur *Erforschung von Ordnungswidrigkeiten* nach § 53 Abs. 1 OWiG, die stets neben der originären Zuständigkeit der speziellen Verwaltungsbehörde zur Verfolgung und

---

[34] Siehe Nr. 23 ZustKatOrd: z.B. Aufgaben der Straßenverkehrsbehörde.

[35] Für bestimmte Maßnahmen der Gefahrenabwehr ist eine ausschließliche Befugnis der Polizei vorgesehen; siehe *Berg/Knape/Kiworr*, Allgemeines Polizei- und Ordnungsrecht für Berlin, § 1, S. 41.

[36] *Berg/Knape/Kiworr* (Fn. 35), § 4, S. 82.

Ahndung von Ordnungswidrigkeiten nach § 36 Abs. 1 OWiG bzw. der ZustVO-OWiG[37] besteht.

127   Die nachgeordnete Ordnungsbehörde *Landesbergamt*[38] ist eine Behörde des Landes Brandenburg. Durch Staatsvertrag mit dem Land Brandenburg wurde ihre Zuständigkeit auch auf das Land Berlin erstreckt[39].

c) Die Zuständigkeit für Ordnungswidrigkeiten (ZustVO-OWiG)

128   Für die Verfolgung und Ahndung von Ordnungswidrigkeiten sieht Nr. 1 Abs.3 ZustKatAZG eine *Zuständigkeit der Hauptverwaltung* vor, soweit es um Verfahren in Zusammenhang mit eigenen Aufgaben geht (Annexkompetenz). Aufgrund der Ermächtigung in § 36 Abs. 2 OWiG sind die Zuständigkeiten der nachgeordneten Behörden wie auch der Bezirksämter im Einzelnen in der Verordnung über sachliche Zuständigkeiten für Verfolgung und Ahndung von Ordnungswidrigkeiten (ZustVO-OWiG)[40] geregelt. Ohne diese Regelungen wären nach § 36 Abs. 1 Nr. 2 Buchst. a OWiG stets die Senatsverwaltungen zuständig. Bundesrecht fordert also eine spezialgesetzliche Regelung, die über die Abgrenzung im ZustKatAZG hinausgeht.

d) Neue bundesrechtliche Aufgaben (§ 5 AZG)

129   Sind in Bundesgesetzen, was der Ausnahmefall ist, für neue von den Ländern auszuführende Verwaltungsaufgaben zuständigkeitsrechtliche Vorgaben enthalten, werden diese nach § 5 Abs. 1 Buchst. a AZG von den Bezirken wahrgenommen, wenn sie als Selbstverwaltungsaufgaben der Gemeinden oder Gemeindeverbände oder als von der allgemeinen unteren Verwaltungsbehörde oder der Gemeindebehörde wahrzunehmende staatliche Aufgaben bezeichnet werden. Ansonsten ist für als staatlich bezeichnete Aufgaben die Hauptverwaltung zuständig (§ 5 Abs. 1 Buchst. b AZG). Durch diese Regelung wird verhindert, dass für neue bundesrechtliche Verwaltungsaufgaben, für die im Land Berlin noch keine Zuständigkeitsregelung getroffen wurde, wegen der Regelvermutung für die Bezirke stets diese zuständig sind, obwohl dies den bundesrechtlichen Vorgaben nicht entspricht. § 5 AZG trifft aber nur eine vorläufige Regelung. Eine ausdrückliche gesetzliche Regelung ist in den Zuständigkeitskatalogen, soweit erforderlich, nachzuholen.

130   Enthält das Bundesrecht keine Zuständigkeitsbestimmung, so findet nach § 5 Abs. 2 AZG die Vorschrift des § 4 AZG Anwendung. Damit gelten die allgemeinen

---

[37] Siehe Rz. 128.

[38] Nr. 30 ZustKatOrd.

[39] Staatsvertrag zwischen dem Land Berlin und dem Land Brandenburg über die Bergbehörden vom 17. August 1996, GVBl. 1997 S. 292, geändert durch Staatsvertrag vom 15.11.2000, GVBl. 2001 S. 86.

[40] Vom 29.2.2000, GVBl. S. 249.

Regeln, und die Bezirke sind zuständig, soweit keine Regelung in einem Zuständigkeitskatalog getroffen wird. Die Regelung in § 5 Abs. 1 AZG gilt für allgemeine Aufgaben und Ordnungsaufgaben.

e) Wahrnehmung von Aufgaben weggefallener Behörden

Im Land Berlin gelten noch immer einzelne Vorschriften des *Reichsrechts* und des **131** *preußischen Rechts*. Hinzu kommen noch geltende *Ortssatzungen* der Stadt Berlin[41]. Soweit hierin Zuständigkeiten für inzwischen weggefallene Behörden vorgesehen sind, werden Zuständigkeitsregelungen von § 32 AZG[42] für allgemeine Verwaltungsaufgaben und Nr. 35 Abs. 1, Abs. 2 1. Hs. ZustKatOrd für Ordnungsaufgaben getroffen. Ohne diese Regelungen wäre stets der Senat zuständig (siehe Art. 65 Abs. 2 VvB).

3. Regionalisierung

Ist eine Aufgabe der Bezirksebene zugewiesen, wird sie grundsätzlich von jedem **132** Bezirksamt wahrgenommen. Jedes Bezirksamt ist für das Gebiet seines Bezirks örtlich zuständig. Art. 67 Abs. 5 VvB i.V.m. § 3 Abs. 3 AZG sieht jedoch die Möglichkeit vor, von diesem Grundsatz abzuweichen. Aufgaben der Bezirke können durch einen oder mehrere Bezirke für die übrigen Bezirke wahrgenommen werden. Hierzu ist eine im Einvernehmen mit den Bezirken zu erlassende Rechtsverordnung des Senats erforderlich, in der die abweichenden örtlichen Zuständigkeiten festgelegt werden. Es handelt sich somit um eine *Konzentration der örtlichen Zuständigkeit* bei einem Bezirksamt oder mehreren Bezirksämtern. Diese werden auch für die der Konzentration unterfallenden Bezirke zuständig. In der Berliner Praxis wird dies als *"Regionalisierung"* bezeichnet. Die Ermächtigung in § 3 Abs. 3 AZG gilt sowohl für allgemeine Verwaltungsaufgaben als auch für Ordnungsaufgaben.

Diese Möglichkeit der Konzentration wurde deshalb vorgesehen, weil die Wahr- **133** nehmung bestimmter sachaufwendiger oder bezogen auf die Fallzahlen unbedeutender Aufgaben durch alle Bezirke unwirtschaftlich sein kann. Alleine die Unwirtschaftlichkeit kann aber in der Regel keine Begründung für eine Zuständigkeit der Hauptverwaltung sein, bei der die Aufgabe durch eine Behörde zentral wahrzunehmen wäre[43].

---

[41] Siehe Sammlung des in Berlin geltenden preußischen Rechts, GVBl. Sonderband I, sowie des geltenden Reichsrechts und der geltenden ehemaligen Ortssatzungen, GVBl. Sonderband III; siehe auch § 31 AZG.

[42] Es handelt sich um eine völlig subsidiäre Auffangvorschrift für im Gesetzesdickicht untergegangene Einzelzuständigkeiten heute weggefallener Behörden, siehe Amtliche Begründung zum Entwurf des AZG in Abghs-Drs. 2/1572 vom 14.3.1958, S. 23.

[43] Siehe Fall 2, Rz. 147.

Von der Möglichkeit einer Regionalisierung wurde bereits verschiedentlich Gebrauch gemacht[44].

134 Die rechtliche Möglichkeit der Regionalisierung belegt im Übrigen auch, dass nicht jede überbezirkliche Aufgabe schon allein deshalb von gesamtstädtischer Bedeutung ist. Bei der Beurteilung der Frage, ob eine Aufgabe zwingend einer Durchführung in unmittelbarer Regierungsverantwortung bedarf, muss eine mögliche Regionalisierung in die Überlegungen mit einbezogen werden. Oft wird eine Verlagerung von Aufgaben auf die Bezirksebene mit der Begründung abgelehnt, sie bedürften des Einsatzes besonders ausgebildeten Personals oder besonderer Verwaltungseinrichtungen und müssten deshalb zentral, z.B. bei einer Sonderbehörde, wahrgenommen werden. Wegen der Möglichkeit der Konzentration der Zuständigkeit bei einem Bezirksamt ist diese Argumentation nicht immer überzeugend.

4. Zusammenarbeit Berlin-Brandenburg bei der Raumordnung

135 Besonderheiten hinsichtlich der Aufgabenverteilung ergeben sich aus der bereits erwähnten Zusammenarbeit der Länder Berlin und Brandenburg in verschiedenen Sachgebieten. Von besonderer Bedeutung ist hierbei die *Raumordnung*. Berlin und Brandenburg haben zu diesem Zweck den *Landesplanungsvertrag* geschlossen[45], in dem die beiden Länder vereinbart haben, eine gemeinsame Raumordnung zu betreiben. Berlin und Brandenburg sind also ein *gemeinsamer Planungsraum*. Die Grundsätze und Ziele der Raumordnung wurden in einem als Staatsvertrag vereinbarten *Landesentwicklungsprogramm* festgelegt (Art. 7 Landesplanungsvertrag)[46]. Für räumliche Teilbereiche wurden durch parallele Rechtsverordnungen der beiden Landesregierungen *Landesentwicklungspläne* erlassen, die weitere Grundsätze und Ziele der Raumordnung festlegen (vgl. Art. 8 Landesplanungsvertrag). Bedeutsam für Berlin ist insbesondere der gemeinsame *Landesentwicklungsplan für den engeren Verflechtungsraum Brandenburg-Berlin*[47]. Dieser be-

---

[44] Verordnung über die Zuständigkeit für die Wahrnehmung von einzelnen Bezirksaufgaben durch einen Bezirk oder mehrere Bezirke im Bereich Aufstiegsfortbildungsförderung, der Sozialhilfe und der Unterhaltssicherung vom 12.12.2000, GVBl. S. 525; Verordnung über die örtliche Zuständigkeit für Ordnungsangelegenheiten nach dem Gefahrenbeherrschungsgesetz vom 30.3.2001, GVBl. S. 94; Verordnung über die Zusammenfassung von Zuständigkeiten im Bereich der Sozialhilfe vom 12.6.2001, GVBl. S. 201, geänd. d. VO v. 25.9.2001, GVBl. S. 520; Gesundheitsdienst-Zuständigkeitsverordnung vom 26.6.2001, GVBl. S. 216; Ausbildungsförderungs-Zuständigkeitsverordnung vom 11.2.1997, GVBl. S. 47, geändert durch Verordnung vom 5.9.2000, GVBl. S. 425; Verordnung über die Zuständigkeit für einzelne Bezirksaufgaben vom 5.12.2000, GVBl. S. 513.

[45] Landesplanungsvertrag vom 6.4.1995, GVBl. S. 407, zul. geänd. d. Staatsvertrag v. 5.1.2001, GVBl. S. 208.

[46] Landesentwicklungsprogramm vom 7.8.1997, GVBl. S. 657.

[47] Verordnung vom 2.3.1998, GVBl. S. 38.

trifft das Gebiet Berlins und die in einem Ring um Berlin herum liegenden Teile Brandenburgs, in denen sich die Naherholungsgebiete der Berliner befinden. Die Festlegungen gliedern sich in *abwägungspflichtige Grundsätze*, die bei Planungsentscheidungen in die Abwägung einzustellen sind, sowie in *beachtungspflichtige Ziele*, die von den Planungsträgern konkret umzusetzen sind (vgl. § 4 Abs. 1 und 2 ROG[48] sowie Art. 9 Landesplanungsvertrag). Insbesondere sind im Land Berlin der Flächennutzungsplan und die Bebauungspläne den Zielen anzupassen (vgl. Art. 13 Abs. 1 Landesplanungsvertrag). Die als Rechtsverordnungen erlassenen Landesentwicklungspläne unterliegen der *Normenkontrolle* nach § 47 VwGO, wobei auch für die Berliner Verordnung das Oberverwaltungsgericht Brandenburg als gemeinsames Gericht zuständig ist (Art. 3 Abs. 2 Landesplanungsvertrag).

Für die Aufgaben nach dem ROG und dem Landesplanungsvertrag haben beide **136** Länder eine *gemeinsame Landesplanungsabteilung* eingerichtet, die ihren Sitz in Potsdam hat (Art. 2 Landesplanungsvertrag)[49]. Diese Abteilung ist Teil der für Raumordnung zuständigen obersten Landesbehörden beider Länder, die damit partiell eine gemeinsame Behörde sind. Verfassungsrechtliche Grundlage hierfür ist Art. 96 S. 3 VvB. Das fachliche Weisungsrecht gegenüber der gemeinsamen Landesplanungsabteilung wird von beiden Ministern gemeinsam und einvernehmlich ausgeübt (Art. 4 Abs. 1 S. 1 Landesplanungsvertrag). Für öffentlich-rechtliche Streitigkeiten, die die Aufgaben der Landesplanungsabteilung betreffen, sind das Verwaltungsgericht Potsdam und das Oberverwaltungsgericht Brandenburg als *gemeinsame Gerichte* beider Länder zuständig (Art. 3 Abs. 3 Landesplanungsvertrag).

Zur Abstimmung und Vorbereitung von Regierungsentscheidungen auf dem Gebiet der Raumordnung wurde eine *Gemeinsame Landesplanungskonferenz* eingerichtet, in der verschiedene Regierungsmitglieder beider Länder vertreten sind (Art. 6 Landesplanungsvertrag)[50]. Die gegenseitige Beteiligung und Abstimmung in regionalplanerischen Angelegenheiten erfolgt in einer *Regionalplanungskonferenz*, in der auch zwei Vertreter der Berliner Bezirke vertreten sind (Art. 11 Abs. 1 Landespanungsvertrag). **137**

5. Die Zuständigkeiten für Widerspruchsbescheide

Mit Blick auf die Zulässigkeit eines Widerspruchsverfahrens vor Klageerhebung **138** verweisen § 26 Abs. 1 S. 1 AZG für die unmittelbare Landesverwaltung und § 30 Abs. 1 S. 1 AZG für die mittelbare Landesverwaltung auf die §§ 68 ff. VwGO. Diese Verweisung ist überflüssig, da sich die Notwendigkeit eines Vorverfahrens unmittelbar aus § 68 VwGO ergibt.

---

[48] Raumordnungsgesetz vom 18.8.1997, BGBl. I S. 2081, zul. geänd. d. G. v. 15.12.1997, BGBl. I S. 2902, 2903.
[49] *Neumann* (Fn. 21), Art. 96, Rz. 7.
[50] *Wimmer*, LKV 1998, S. 127 ff., 128.

a) Entbehrlichkeit eines Vorverfahrens

139 Allerdings sieht § 68 Abs. 1 S. 2 1. Alt. VwGO vor, dass durch Gesetz ein an sich erforderliches Vorverfahren ausgeschlossen werden kann. Dies ist auch durch den Landesgesetzgeber möglich[51]. In Berlin wurde von dieser Möglichkeit für Hochschulangelegenheiten (§§ 26 Abs. 2 S. 1, 30 Abs. 1 S. 2 AZG) und für bestimmte Entscheidungen nach dem Ausländergesetz (§ 4 Abs. 2 AGVwGO[52]) Gebrauch gemacht. Ferner sieht § 26 Abs. 3 AZG den Ausschluss eines Vorverfahrens für anfechtbare Entscheidungen der Bezirksverordnetenversammlungen und des Bezirksverordnetenvorstehers in eigenen Angelegenheiten vor. Der Ausschluss gilt auch für Verwaltungsakte der Bezirksämter, die sich als Vollzug einer verbindlichen Einzelentscheidung der Bezirksverordnetenversammlung darstellen[53]. Hintergrund dieser Regelung ist, dass es nicht dem bezirksverfassungsrechtlichen Verhältnis der Bezirksorgane entspräche, wenn das Bezirksamt über einen Widerspruch gegen anfechtbare Entscheidungen der Bezirksverordnetenversammlung entscheiden müsste.

140 Bei *Verwaltungsakten einer Senatsverwaltung* ist nach § 68 Abs. 1 Nr. 1 VwGO ein Vorverfahren nicht erforderlich. Allerdings kann durch Gesetz Abweichendes geregelt werden. Eine Ausnahme besteht beispielsweise nach § 26 Abs. 1 S. 2 AZG für *Prüfungsentscheidungen*. Sie steht im Zusammenhang mit der Rechtsprechung des Bundesverfassungsgerichts zu Prüfungsentscheidungen[54]. Wegen des den Prüfern in der Regel zugebilligten Beurteilungsspielraums muss durch ein Verfahren auf Verwaltungsebene sichergestellt sein, dass der Prüfling Einwendungen gegen das Prüfungsverfahren und die Bewertung erheben kann. Dies gilt auch, wenn die Prüfung durch eine Senatsverwaltung bzw. einen Prüfungsausschuss bei einer Senatsverwaltung durchgeführt wird[55]. Eine weitere Ausnahme betrifft das Informationsfreiheitsgesetz[56]. Auch bei *Ablehnung eines Informationsantrags* durch eine Senatsverwaltung ist stets ein Vorverfahren erforderlich (§ 14 Abs. 3 IFG).

b) Zuständigkeiten

141 Die Zuständigkeit zum *Erlass eines Widerspruchsbescheides* liegt im Land Berlin grundsätzlich bei der *Ausgangsbehörde*. Für allgemeine Verwaltungsaufgaben ergeben sich die Zuständigkeiten aus § 27 Abs. 1 AZG, für Ordnungsaufgaben aus § 67 ASOG. Für die mittelbare Landesverwaltung gilt § 30 Abs. 2 AZG. Die Zuständigkeit der Ausgangsbehörde entspricht der Regelung in § 73 Abs. 1 Nr. 2

---

[51] *Pietzner/Ronellenfitsch*, Das Assessorexamen im Öffentlichen Recht, § 31, Rz. 13 ff.

[52] Gesetz zur Ausführung der Verwaltungsgerichtsordnung vom 22.2.1977, GVBl. S. 557, zul. geänd. d. G. v. 18.5.2001, GVBl. S. 150.

[53] Siehe Rz. 295 ff.

[54] BVerfGE 84, 34, 46 ff.; BVerwG, NVwZ 1993, S. 681 ff. und S. 686 ff.

[55] Siehe auch § 19 Abs. 5 JAG für Prüfungen beim Justizprüfungsamt.

[56] Siehe Rz. 187 ff.

VwGO, denn als nächsthöhere Behörden wären ansonsten Senatsverwaltungen, also oberste Landesbehörden, zuständig. Von der mit einer Widerspruchsentscheidung einhergehenden Einzelfallbearbeitung wollte man die Senatsverwaltungen entlasten.

§ 27 Abs. 1 Buchst. a AZG sowie § 67 S. 1 ASOG sehen eine Widerspruchszuständigkeit des Leiters einer Sonderbehörde oder nichtrechtsfähigen Anstalt bzw. einer ihm unmittelbar zugeordneten Stelle für Verwaltungsakte seiner Behörde vor.

Wenn sich der Widerspruch gegen einen Verwaltungsakt einer Bezirksverwaltung **142** richtet, besteht nach § 27 Abs. 1 Buchst. b AZG sowie § 67 S. 2 ASOG grundsätzlich eine Widerspruchszuständigkeit des *Bezirksamtes als Kollegialorgan* oder eines vom Bezirksamt bestimmten *Bezirksamtsmitglieds*, soweit dieses - in Person[57] - den Verwaltungsakt nicht selbst erlassen hat. Wegen des auch auf der Ebene des Bezirksamts geltenden *Ressortprinzips*[58] muss es sich bei dem bestimmten um das fachlich zuständige Bezirksamtsmitglied handeln. Es darf also nicht ein fachfremdes Bezirksamtsmitglied über Widersprüche gegen Verwaltungsakte anderer Bezirksamtsmitglieder entscheiden. Lediglich die Vorbereitung der Widerspruchsentscheidung kann in einer anderen Abteilung liegen (z.B. beim Rechtsamt). Ein Verstoß gegen das Ressortprinzip macht indes einen Außenrechtsakt, etwa einen Verwaltungsakt, *nicht rechtswidrig*, da in dem Verstoß nicht gleichzeitig ein Verstoß gegen die sachliche Zuständigkeitsverteilung liegt. Sachlich zuständig ist das Bezirksamt insgesamt. Das Ressortprinzip hat mithin nur für den Innenbereich des Bezirksamts Bedeutung[59]. Soll einem Widerspruch in Sozialhilfeangelegenheiten nicht abgeholfen werden, muss zuvor ein für jeden Bezirk zu bildender Beirat gehört werden (§ 34 AZG).

Bei Entscheidungen auf Ebene einer Senatsverwaltung, die einem Vorverfahren unterliegen, entscheidet diese (vgl. § 27 Abs. 1 Buchst. c AZG).

Von dem Grundsatz der Zuständigkeit der Ausgangsbehörde bestehen wichtige **143** *Ausnahmen*, die spezialgesetzlich geregelt sind. Nach § 185 Abs. 2 VwGO kann im Land Berlin von § 73 Abs. 1 Nr. 2 VwGO abgewichen werden. Statt der Bezirksämter sind die jeweils zuständigen Senatsverwaltungen Widerspruchsbehörde bei bestimmten Verwaltungsakten im Straßenrecht (siehe § 24 Abs. 2 BerlStrG) sowie im Baurecht (siehe § 74a BauO, § 35 AGBauGB).

Uneingeschränkt gilt auch § 126 BRRG (§ 26 Abs. 4 AZG). Somit besteht grund- **144** sätzlich für die stets erforderlichen Vorverfahren in *beamtenrechtlichen Streitigkeiten* eine Zuständigkeit der obersten Dienstbehörde (§ 126 Abs. 3 Nr. 2 BRRG,

---

[57] Durch sog. Schlusszeichnung, sonstige Billigung vor Abgang oder Anweisung im Einzelfall.

[58] Art. 75 Abs. 2 S. 3 VvB, siehe S.

[59] Ebenso *Neumann* (Fn. 21), Art. 74, Rz. 1.

§ 3 Abs. 1 LBG). Allerdings kann diese ihre Zuständigkeiten, soweit sie die beamtenrechtliche Entscheidung nicht selbst getroffen hat, auf andere Behörden, also auch die Ausgangsbehörde übertragen. Hiervon wurde in weitem Umfang Gebrauch gemacht.

145 Für die mittelbare Landesverwaltung sieht § 30 Abs. 2 Buchst. a AZG eine Widerspruchszuständigkeit der Aufsichtsbehörde in solchen Angelegenheiten vor, die der Fachaufsicht unterliegen. In den übrigen Angelegenheiten besteht eine Zuständigkeit des durch Rechtsvorschrift bestimmten Organs der Einrichtung, hilfsweise des Vorstandes (§ 30 Abs. 2 Buchst. b AZG).

146 Im Zusammenhang mit den Vorschriften für Widerspruchsverfahren auf Landesebene ist noch zu beachten, dass nach § 4 Abs. 1 AGVwGO Rechtsbehelfe gegen Maßnahmen der *Verwaltungsvollstreckung* keine aufschiebende Wirkung haben. Ferner sieht § 3 VwVfGBln zwar grundsätzlich eine Verpflichtung der Berliner Behörden zur Erteilung einer *Rechtsbehelfsbelehrung* für schriftliche oder schriftlich zu bestätigende Verwaltungsakte vor. Dies gilt nach § 3 S. 2 VwVfGBln jedoch nicht für Verwaltungsakte im Bildungsbereich. Diese Ausnahme bezieht sich sowohl auf den Schul- als auch auf den Hochschulbereich. Für diese Aufgaben gilt somit nicht die Einmonatsfrist nach §§ 70 Abs. 1, 74 Abs. 1 VwGO (s. § 58 Abs. 1, 2 VwGO). Der Grund der Ausnahme liegt darin, dass gerade im Schul- und Hochschulbereich das Vorliegen eines Verwaltungsakts nicht immer leicht feststellbar ist. Fehlerhafte Rechtsbehelfsbelehrungen sollen deshalb vermieden werden.

Fall 2: Landesbauamt

147 Mit dem Gesetz über die Neuorganisation des Bauwesens und die Errichtung eines Landesbauamtes in Berlin vom 1.2.2002 wird mit Wirkung vom 1.4.2002 ein Landesbauamt als nachgeordnete Einrichtung der für das Bauwesen zuständigen Senatsverwaltung errichtet. Mit seiner Errichtung wird das Landesbauamt zentral für die Bauaufsicht nach der BauOBln und insbesondere auch für die Durchführung aller Baugenehmigungsverfahren im Land Berlin zuständig.

Bis zum Inkrafttreten des Gesetzes waren im Wesentlichen die Bezirksämter als Bauaufsichtsbehörden für die Durchführung von Baugenehmigungsverfahren zuständig. In der Gesetzesbegründung heißt es, die Zentralisierung der Baugenehmigungsverfahren bei einer Behörde führe zu erheblichen Kostenersparnissen für den Landeshaushalt. Überdies werde sich die Bearbeitungszeit für Bauanträge erheblich verkürzen, was auch dem Standort Berlin im überregionalen Wettbewerb nütze.

Die Bezirke, die über die Beschneidung ihrer Kompetenzen empört sind und die neue Zuständigkeitsabgrenzung für nichtig halten, möchten gegen das Gesetz gerichtlich vorgehen. Können sie dies im April 2002 mit Aussicht auf Erfolg tun?

Lösungsvorschlag

Die Bezirke können mit Aussicht auf Erfolg gegen das Gesetz gerichtlich vorgehen, wenn ein entsprechender Antrag zulässig und begründet ist. In Betracht kommt die Anrufung des Berliner Verfassungsgerichtshofs. Dessen Zuständigkeiten sind enumerativ in Art. 84 Abs. 2 VvB aufgeführt. Zu denken ist an eine Normenkontrolle der Zuständigkeitsabgrenzung gem. Art. 84 Abs. 2 Nr. 3 VvB, §§ 14 Nr. 9, 57 VerfGHG.

I. Zulässigkeit

1. Beteiligtenfähigkeit

Gem. § 57 Abs. 1 VerfGHG sind die Bezirke als Antragsteller beteiligtenfähig.

2. Streitgegenstand

Zulässiger Streitgegenstand ist gem. § 57 Abs. 1 VerfGHG ein förmliches Landesgesetz, das die Zuständigkeitsverteilung zwischen Haupt- und Bezirksverwaltung regelt. Vorliegend stellt das Gesetz über die Zuständigkeit eines neuen Landesbauamts einen solchen Gegenstand dar.

3. Antragsbefugnis

Im Regelfall handelt es sich bei verfassungsrechtlichen Normenkontrollen um objektive Beanstandungsverfahren, für die keine spezielle Antragsbefugnis erforderlich ist. Demgegenüber bestimmt § 57 Abs. 1 VerfGHG, dass ein Bezirk von der Zuständigkeitsregelung betroffen sein müsse und dass er geltend machen müsse, dadurch in seinen Rechten aus Art. 67 VvB verletzt zu sein. Somit muss es nach dem eindeutigen Wortlaut von § 57 Abs. 1 VerfGHG möglich erscheinen, dass der Bezirk in seinen Rechten verletzt ist. Zwar ist diese einengende Voraussetzung nicht ausdrücklich in der zugrundeliegenden Verfassungsnorm des Art. 84 Abs. 2 Nr. 3 VvB enthalten. Jedoch folgt dieses Erfordernis daraus, dass nach Sinn und Zweck der Vorschrift nur Zuständigkeitsregelungen zu Lasten der Bezirke Gegenstand der Normenkontrolle sein sollen[60]. Es handelt sich bei der Normenkontrolle gem. Art. 84 Abs. 2 Nr. 3 VvB mithin um ein subjektives Rechtsschutzverfahren der Bezirke.

---

[60] Siehe Rz. 361.

Der Verfassungsgerichtshof hat in seiner Landesschulamts-Entscheidung[61] ausgeführt, Prüfungsmaßstab seien Art. 67 (damals Art. 51) VvB und, im Rahmen dieser Verfassungsvorschrift, sonstige Bestimmungen der Verfassung von Berlin, soweit sie ihrem Inhalt nach die in Art. 67 VvB geregelte Aufgabenverteilung mitbestimmten. Dementsprechend muss die Verletzung entweder von Art. 67 VvB oder sonstiger diese Vorschrift ausgestaltender Normen der Verfassung möglich erscheinen. In Betracht kommt insbesondere Art. 66 Abs. 2 VvB.

Es erscheint möglich, dass die Bezirke durch die Verlagerung der bisher von ihnen wahrgenommenen Aufgaben im Bereich der Bauverwaltung in Ihrem Recht aus Art. 67 Abs. 2 S. 1 VvB verletzt sind, alle Verwaltungsaufgaben wahrzunehmen, die keine gesamtstädtische Bedeutung haben (vgl. Art. 67 Abs. 1 VvB). Diese Feststellung reicht zur Bejahung der Antragsbefugnis aus.

4. Klarstellungsinteresse

Zusätzlich zur Antragsbefugnis ist nach dem Wortlaut von § 57 Abs. 1 VerfGHG erforderlich, dass ein Bezirk die angegriffene gesetzliche Regelung für verfassungswidrig hält (sog. Klarstellungsinteresse). Dies ist laut Sachverhalt der Fall, so dass vorliegend offenbleiben kann, ob die Wortlautabweichung zu Art. 84 Abs. 2 Nr. 3 VvB, der nur von Meinungsverschiedenheiten oder Zweifeln spricht, zu einer verfassungskonformen Auslegung führen muss.

5. Form und Frist

Mangels gegenteiliger Angaben im Sachverhalt ist davon auszugehen, dass die Formvorschriften aus § 21 Abs. 1 VerfGHG eingehalten wurden. Die Frist aus § 57 Abs. 2 VerfGHG zur Einreichung des Antrags ist im April 2002 noch gewahrt.

6. Ergebnis

Der Antrag ist zulässig.

II. Begründetheit

Der Antrag ist begründet, wenn die neue Zuständigkeitsabgrenzung das Landesbauamt betreffend wegen Verstoßes gegen Art. 67 oder eine zu seiner Konkretisierung dienende Norm verfassungswidrig und nichtig ist und die Bezirke hierdurch in ihren Rechten aus den genannten Normen verletzt sind.

Art. 66 Abs. 2. S. 2 VvB können die Bezirke vorliegend nicht nutzbar machen, da die Aufgaben der Bauaufsicht, verglichen mit den Flächenländern, nicht zu den

---

[61] BerlVerfGH, LVerfGE 3, 28, 31.

„örtlichen Verwaltungsaufgaben" zählen und mithin auch nicht zu den gemeindlichen Selbstverwaltungsaufgaben. Es kommt daher darauf an, ob die Zuweisung der Bauaufsicht inklusive aller Baugenehmigungsverfahren an das Landesbauamt mit der allgemeinen Zuständigkeitsverteilung in Art. 67 Abs. 1 und 2 VvB vereinbar ist. Insbesondere muss die Aufgabe gem. Art. 67 Abs. 1 VvB von gesamtstädtischer Bedeutung sein. Der Begriff der gesamtstädtischen Bedeutung wird in Art. 67 Abs. 1 S. 2 Nr. 1 bis 3 VvB näher ausgestaltet. Da weder Nr. 1 noch Nr. 2 einschlägig sind, kann sich eine Zuständigkeit der Hauptverwaltung nur ergeben, wenn die Aufgabe gem. Art. 67 Abs. 1 S. 2 Nr. 3 VvB zwingend einer Durchführung in unmittelbarer Regierungsverantwortung bedarf. Der Verfassungsgerichtshof hat zu der alten Fassung der Vorschrift, die die Formulierung noch nicht enthielt, entschieden, bei der Beurteilung der gesamtstädtischen Bedeutung komme dem Abgeordnetenhaus ein weiter, nur bedingt überprüfbarer Beurteilungsspielraum zu[62]. Die Beurteilung des Gesetzgebers sei nur dahingehend überprüfbar, dass sie nachvollziehbar und vertretbar ist.

Fraglich ist nun, ob dieser weite Spielraum auch hinsichtlich der geltenden Fassung von Art. 67 Abs. 1 VvB besteht. Hiergegen könnte man einwenden, dass der Begriff der gesamtstädtischen Bedeutung durch die Formulierung der Nr. 1 bis 3 konkretisiert werden sollte. Damit könnte eine Einengung des gesetzgeberischen Spielraums einhergehen. Außerdem könnte der Begriff „zwingend" für eine Begrenzung gesetzgeberischer Entscheidungsfreiheit sprechen. Indes macht auch die Frage, ob eine Aufgabe zwingend einer Durchführung in unmittelbarer Regierungsverantwortung bedarf, komplizierte fachliche, aber auch politische Wertungen erforderlich. Diese vorzunehmen, ist in einer Demokratie ureigenste Aufgabe der Volksvertretung. Insoweit haben sich die Verfassungsgerichte bei der Einengung gesetzgeberischer Entscheidungsprärogativen immer zurückgehalten. So muss es auch vorliegend sein. Da Nr. 3 eine Ausgestaltung des Merkmals "gesamtstädtische Bedeutung" darstellt, muss man auch bei der Anwendung dieser Alternative einen Beurteilungsspielraum zugrundelegen. Der Beurteilungsspielraum beinhaltet aber gleichzeitig - wie bisher - eine Darlegungslast des Gesetzgebers, die durch die Neuformulierung verschärft ist. Es muss nachvollziehbar und vertretbar erscheinen, dass die Aufgabe zwingend einer Durchführung in unmittelbarer Regierungsverantwortung bedarf.

Der Gesetzentwurf führt für die Bündelung der Bauaufsicht zunächst Kostenargumente an. Ließe man solche Argumente für die Begründung einer Aufgabenverlagerung genügen, so liefe die Begrenzungsfunktion des Art. 67 Abs. 1 VvB für die Zuständigkeiten der Hauptverwaltung weitgehend leer. Eine zentrale Aufgabenwahrnehmung wird in der Regel billiger sein als die dezentrale in den Bezirken. Durch die Neufassung von Art. 67 Abs. 1 VvB hat der Verfassunggeber aber deutlich gemacht, dass er den Aufgabenentzug gegenüber den Bezirken an engere Voraussetzungen geknüpft wissen wollte. Vor diesem Hintergrund ist die Bündelung von Aufgaben nicht schon dann "zwingend", wenn sich eine Kostenersparnis

---

[62] BerlVerfGH (Fn. 61), S. 31 f.

realisieren lässt. Es müssen noch andere Aspekte angeführt werden können, die eine Verlagerung rechtfertigen. Dies lässt die Gesetzesbegründung vermissen. Insbesondere erscheint die pauschale Behauptung, eine Aufgabenbündelung werde generell zu einer Beschleunigung von Genehmigungsverfahren führen, als nicht schlüssig. Es ist nicht nachvollziehbar, warum alleine eine Zentralisation den nach wie vor den gleichen Vorschriften unterliegenden Entscheidungsprozess im Zusammenhang mit einem Bauantrag beschleunigen sollte. Im Gegenteil ist eher mit Verfahrensverzögerungen zu rechnen, da im Baugenehmigungsverfahren verschiedene andere bezirkliche Fachämter wie das Stadtplanungsamt, das Wohnungsamt und das Tiefbauamt zu beteiligen sind. Durch ein zentrales Bauamt ist diese Beteiligung zeitaufwendiger als durch ein bezirkliches Bauamt.

Der Gesetzgeber hat somit seinen Beurteilungsspielraum überschritten. Die Zentralisierung der Bauaufsicht verstößt gegen Art. 67 Abs. 2 S. 1 und Abs. 1 Nr. 3 VvB. Das Gesetz ist verfassungswidrig und damit nichtig.

III. Ergebnis

Die Normenkontrolle der Bezirke hat Aussicht auf Erfolg, da sie zulässig und begründet ist.

III. Die Vertretung des Landes Berlin

148 Zu unterscheiden ist die Vertretung des Landes Berlin in öffentlich-rechtlichen Angelegenheiten einerseits und bürgerlich-rechtlichen Angelegenheiten andererseits.

1. Die Vertretung in öffentlich-rechtlichen Angelegenheiten

Art. 58 Abs. 1 S. 1 VvB i.V.m. § 20 Abs. 1 S. 1 AZG bestimmt, dass die *staatsrechtliche Vertretung* durch den Regierenden Bürgermeister erfolgt. Die staatsrechtliche Vertretung kommt insbesondere bei Abschluss von *Staatsverträgen* zum Tragen. Staatsverträge sind öffentlich-rechtliche Vereinbarungen, die das Land mit dem Bund, anderen Bundesländern oder anderen öffentlich-rechtlichen Körperschaften, z.B. den Kirchen, trifft und die sich auf Gegenstände der Gesetzgebung beziehen oder die politischen Beziehungen des Landes regeln[63]. Auf Gegenstände der Gesetzgebung bezieht sich die Vereinbarung insbesondere dann, wenn sie Rechte und Pflichten der Bürger berührt und deshalb der innerstaatlichen Verbindlichmachung und ggf. Durchführung durch Gesetz bedarf. Staatsverträge

---

[63] *Zivier*, Verfassung und Verwaltung von Berlin, Rz. 74.1.2; *Neumann* (Fn. 21), Rz. 4; *Lemmer* in Pfennig/Neumann, VvB, Art. 50, Rz. 3.

bedürfen nach Art. 50 Abs. 1 S. 4 VvB stets der Zustimmung des Abgeordneten-hauses, die in Form eines *Zustimmungsgesetzes* erfolgt. Die staatsrechtliche Ver-tretung des Landes Berlin durch den Regierenden Bürgermeister dokumentiert sich durch die von ihm vorzunehmende *Ratifikationserklärung* gegenüber dem anderen Vertragspartner, also die verbindliche Bestätigung des Staatsvertrages nach Zustimmung des Abgeordnetenhauses[64].

Sogenannte *Verwaltungsvereinbarungen* betreffen hingegen nicht die Gesetzge-bung und haben kein besonderes politisches Gewicht[65]. Sie binden nicht das Land als solches, sondern haben nur verwaltungsinterne Bedeutung und betreffen Ge-genstände, die durch Verwaltungsvorschriften regelbar sind. Für Verwaltungsver-einbarungen von Behörden Berlins mit Behörden des Bundes oder anderer Bun-desländer sieht § 20 Abs. 2 AZG eine Vertretung durch die jeweils für den Auf-gabenbereich zuständige Senatsverwaltung vor. Eine Zustimmung des Senats ist dann erforderlich, wenn nur dieser für die jeweilige Regelungsmaterie zum Erlass von Verwaltungsvorschriften zuständig ist (§ 6 AZG)[66]. Für Verwaltungsvereinba-rungen mit fremden Staaten oder anderen öffentlich-rechtlichen Organisationen bzw. deren Organen sind die genannten Regelungen unter Beachtung von Art. 32 GG entsprechend anzuwenden[67]. **149**

Für jede andere öffentlich-rechtliche Angelegenheit, insbesondere die Vertretung in reinen *Verwaltungsangelegenheiten* wie dem Erlass von Verwaltungsakten, vertritt jeweils die Behörde das Land Berlin, die für die Sachaufgabe zuständig ist[68]. Für bezirkliche Angelegenheiten stellt Art. 74 Abs. 2 VvB die Vertretungsbe-fugnis des Bezirksamtes ausdrücklich fest. Für andere Behörden folgt sie aus ihrer Organstellung. Innerhalb der Behörde ergibt sich die Zeichnungsbefugnis aus der *Gemeinsamen Geschäftsordnung der Berliner Verwaltung*[69] sowie innerbehördli-chen Organisationsakten. **150**

2. Die Vertretung in zivilrechtlichen Angelegenheiten

Für die Vertretung in zivilrechtlichen Angelegenheiten, also z.B. für den Ab-schluss zivilrechtlicher Verträge, finden sich Regelungen in den §§ 21 ff. AZG. Demnach ist zur sogenannten *rechtsgeschäftlichen Vertretung* Berlins gemäß § 21 AZG jeweils das Senatsmitglied für seinen Geschäftsbereich und der Leiter einer nachgeordneten Behörde oder Anstalt für deren Zuständigkeitsbereich sowie in **151**

---

[64] *Lemmer* (Fn. 63), Rz. 4; *Neumann* (Fn. 21), Art. 58, Rz. 5; § 20 Abs. 1 S. 2 AZG läuft leer, nachdem in Art. 50 VvB die Zustimmung des Abgeordnetenhauses zu Staatsverträ-gen ausdrücklich vorgesehen ist.

[65] *Lemmer* (Fn. 63), Rz. 3; *Zivier* (Fn. 63), Rz. 74.1.2.

[66] Siehe Rz. 156 ff.

[67] *Zivier* (Fn. 63), Rz. 74.1.2.

[68] *Zivier* (Fn. 63), Rz. 74.2.

[69] GGO I vom 8.5.2001, ABl. S. 63, siehe dort § 54.

Angelegenheiten der Bezirksverwaltung nach § 25 Abs. 1 AZG das zuständige Bezirksamtsmitglied berufen. Für die genannten Vertretungsberechtigten, deren Vertretungsmacht aus ihrer Organstellung folgt, können nach § 22 Abs. 1 AZG auch ihre allgemeinen Vertreter handeln, also z.B. der Staatssekretär für das Senatsmitglied. Darüberhinaus können die Vertretungsberechtigten Mitarbeitern ihrer Verwaltung schriftlich die Befugnis zur rechtsgeschäftlichen Vertretung Berlins übertragen (§ 22 Abs. 2 AZG). Abgesehen von sogenannten *laufenden Geschäften* (siehe § 24 AZG) bedürfen Berlin verpflichtende Willenserklärungen nach § 23 AZG der *Schriftform*. Sie müssen ferner die Behörde oder Anstalt bezeichnen, in deren Geschäftsbereich sie abgegeben werden, müssen mit der Amts- oder Dienstbezeichnung des Unterzeichners versehen und von der jeweils vertretungsberechtigten Person unterschrieben sein sowie das Dienstsiegel tragen. Diese Regelungen dienen der Sicherung des Rechtsverkehrs nach außen. Ein Bürger, der mit der Berliner Verwaltung rechtsgeschäftliche Beziehungen aufnimmt, soll Klarheit über den Kreis der vertretungsberechtigten Personen erlangen[70]. Die Regelungen sollen allerdings auch das Land Berlin vor unbedachten Vertragsschlüssen schützen[71].

152 Die dargestellten Vertretungsregeln entsprechen im Wesentlichen den für die Gemeinden in den Flächenländern geltenden Vorschriften. Allerdings gelten dort die in § 23 AZG für rechtsgeschäftliche Verpflichtungserklärungen vorgesehenen besonderen Regelungen auch für öffentlich-rechtliche Verpflichtungserklärungen, z.B. bei öffentlich-rechtlichen Verträgen[72]. Ein Verstoß gegen die Regelungen in § 23 AZG führt *nicht* nach § 125 BGB zur Nichtigkeit des Rechtsgeschäfts, da ihnen mangels Gesetzgebungskompetenz des Landes nicht die Bedeutung von Formvorschriften zukommt[73]. Sie beschränken vielmehr die *Vertretungsmacht*, so dass der Vertretungsberechtigte nur unter den geregelten Bedingungen vertretungsberechtigt ist. Bei Verstößen gelten also die Vorschriften der §§ 177 ff. BGB über die Vertretung ohne Vertretungsmacht[74]. Nur im Ausnahmefall kann nach § 242 BGB ein Verstoß unbeachtlich sein[75]. Das aufgrund eines Verstoßes gegen § 23 AZG nicht vertretungsberechtigte Organ kann nach einem neuerdings ergangenen Urteil des BGH nicht aufgrund von § 179 Abs. 1 BGB für den entstandenen Schaden haftbar gemacht werden[76].

---

[70] Siehe die Amtliche Begründung zum Entwurf des AZG (Kap. 1, Fn. 4), S. 20.

[71] *Gundlach*, Die Außenvertretung der Gemeinde – unter besonderer Berücksichtigung des § 70 SachsAnhGO, LKV 2001, S. 385 ff., 387.

[72] *Gern*, Deutsches Kommunalrecht, Rz. 370.

[73] BGHZ 32, 375, 380 f.; BGH NJW 1980, S. 117 f., 118.

[74] BGH (Fn. 73), S. 380 f.; BGH, Urt. v. 10.5.2001, III ZR 111/99, n.n.v.; *Gern* (Fn. 72), Rz. 370; *Gundlach* (Fn. 71), S. 387.

[75] BGH (Fn. 73), S. 118.

[76] BGH, Urt. v. 10.5.2001, III ZR 111/99, n.n.v.

3. Die Vertretung der mittelbaren Landesverwaltung

Die rechtsgeschäftliche Vertretung der landesunmittelbaren juristischen Personen **153** des öffentlichen Rechts obliegt - soweit nichts anderes geregelt ist - dem hierzu durch Satzung bestimmten Organ; die §§ 22 bis 24 AZG gelten entsprechend (§ 29 AZG). Auch die Vertretung in öffentlich-rechtlichen Angelegenheiten liegt beim entsprechenden Vertretungsorgan. § 20 Abs. 2 AZG gilt für die mittelbare Landesverwaltung nicht, weshalb die juristischen Personen selbst auch Verwaltungsvereinbarungen mit auswärtigen Einrichtungen abschließen können[77].

IV. Der Erlass von Verwaltungsvorschriften

1. Allgemeines

Verwaltungsvorschriften enthalten nur verwaltungsintern verbindliche Festlegun- **154** gen[78]. Mit ihnen werden insbesondere die Organisation von Behörden, Verwaltungsabläufe und interne Zuständigkeiten geregelt sowie das sachliche Verwaltungshandeln, insbesondere das Verwaltungsermessen, gesteuert. Die Befugnis der Exekutive zum Erlass solcher Verwaltungsvorschriften liegt in ihrer Organisations- und Weisungsgewalt[79]. Jedes Organ ist im Rahmen seiner Zuständigkeiten und seiner verwaltungsinternen *Direktionsgewalt*, deren Umfang sich aus der Stellung im Behördenaufbau ergibt, zu deren Erlass befugt, soweit keine gesetzlichen Festlegungen entgegenstehen. Grundsätzlich kann also jedes Leitungsorgan einer Berliner Behörde für seine Behörde und ggf. seiner Direktionsgewalt unterstehende nachgeordnete Behörden Verwaltungsvorschriften erlassen.

Zu unterscheiden sind *gesetzesausführende* Verwaltungsvorschriften und sonstige, **155** sogenannte *gesetzesunabhängige* Verwaltungsvorschriften. Gesetzesausführende Verwaltungsvorschriften treffen Regelungen zur Anwendung und Ausführung eines Gesetzes, insbesondere hinsichtlich der Verwaltungsabläufe, der Auslegung unbestimmter Rechtsbegriffe und der Ausübung des Verwaltungsermessens[80]. Gesetzesunabhängige Verwaltungsvorschriften betreffen gesetzlich nicht geregelte

---

[77] *Zivier* (Fn. 63), Rz. 74.2.

[78] Die Anwendung in der Praxis kann allerdings zu Ansprüchen von Bürgern aus Art. 3 Abs. 1 GG führen, siehe *Gubelt* in vMünch/Kunig, GG, Art. 3, Rz. 39.

[79] *Maurer*, Allgemeines Verwaltungsrecht, § 24, Rz. 1.

[80] Vgl. z.B. die Ausführungsvorschriften zu den §§ 10 und 11 des Berliner Straßengesetzes (AV Sondernutzungen) vom 26.10.1998, DBl. VI 1999, S. 8.; Ausführungsvorschriften zur 2. Zweckentfremdungsverbots-Verordnung vom 29. Juni 1994, ABl. S. 2254, zul. geänd. d. Verwaltungsvorschrift v. 1.7.1998, DBl. VI, S. 166; Ausführungsvorschriften zur Landeshaushaltsordnung vom 12. November 1997.

Aufgabenbereiche sowie Fragen der Organisation und des allgemeinen Dienstbetriebs[81].

2. Die Befugnis zum Erlass von Verwaltungsvorschriften

156 Eine Befugnis des Senats zum Erlass von Verwaltungsvorschriften für die Hauptverwaltung besteht ohne weiteres, denn die Behörden der Hauptverwaltung unterstehen seiner Direktionsgewalt. Hinsichtlich der Bezirke gibt Art. 67 Abs. 2 S. 2 VvB dem Senat die Befugnis, für deren Tätigkeit *Grundsätze und allgemeine Verwaltungsvorschriften* zu erlassen. Dies können Ausführungsvorschriften oder gesetzesunabhängige Verwaltungsvorschriften sein. Die Abgrenzung von Grundsätzen und allgemeinen Verwaltungsvorschriften ist nicht eindeutig[82]. Jedenfalls dürfen die Vorschriften nicht den Charakter von Einzelfallregelungen oder sogar Einzelfallweisungen haben, sondern müssen sich auf eine *abstrakte Vielheit von Sachverhalten* beziehen[83]. In § 6 Abs. 4 AZG ist deshalb festgelegt, das beim Erlass von Verwaltungsvorschriften mit Wirkung auf die Bezirke die verfassungsmäßig gewährleistete Mitwirkung der Bezirke an der Verwaltung gefördert und geschützt werden muss und die Entschlusskraft und Verantwortungsfreudigkeit der bezirklichen Organe nicht beeinträchtigt werden darf[84]. Verwaltungsvorschriften über die Erhebung von Einnahmen oder die Leistung von Ausgaben sollen für die Bezirke nach § 6 Abs. 6 AZG nur Bandbreiten vorgeben. Ferner sind nach § 6 Abs. 3 AZG Verwaltungsvorschriften generell ohnehin auf das zwingend gebotene Mindestmaß zu beschränken und sollen nur erlassen werden, soweit sich die Beteiligten nicht auf den wesentlichen Regelungsgehalt verständigen können. Dementsprechend ist die Zahl der Verwaltungsvorschriften des Senats in den letzten Jahren durch die Aufhebung von Verwaltungsvorschriften[85] und durch die Zurückhaltung beim Neuerlass erheblich gesenkt worden. Darüberhinaus ist ihre Geltungsdauer stets befristet (§ 6 Abs. 5 AZG).

157 Trotz dieser Einschränkungen und der Zurückhaltung beim Neuerlass macht die Befugnis des Senats aus Art. 67 Abs. 2 S. 2 VvB wiederum die gegenüber den Gemeinden eingeschränkte Rechtsstellung der Bezirke deutlich[86]. Für Gemeinden

---

[81] Vgl. z.B. die Allgemeine Anweisung über die Bereitstellung und Nutzung von Diensträumen vom 4. November 1997, DBl. I S. 114; Allgemeine Anweisung über Entgelte der Volkshochschulen vom 10.3.1998, DBl. III, S. 81; Benutzungsbedingungen für die Öffentlichen Bibliotheken des Landes Berlin vom 2.10.2001, ABl. S. 4766.

[82] *Zivier* (Fn. 63), Rz. 76.1.2. Die unter Fn. 80, 81 aufgeführten Verwaltungsvorschriften gelten jedenfalls auch für die Bezirke, obwohl sie teilweise Detailregelungen enthalten.

[83] Siehe zum Begriff der allgemeinen Verwaltungsvorschriften in Art. 84 Abs. 2 GG *Lerche* in Maunz/Dürig, GG, Art. 84, Rz. 93, 96.

[84] *Neumann* (Fn. 21), Art. 55, Rz. 7.

[85] Siehe Allgemeine Anweisung über das Außerkrafttreten von Verwaltungsvorschriften des Senats zum 31.12.1996 vom 4.4.1997, DBl. I S. 111.

[86] *Machalet*, Die Berliner Bezirksverwaltung, S. 77.

in den Flächenländern besteht bei Selbstverwaltungsangelegenheiten eine solche umfassende Bindung insbesondere an gesetzesunabhängige Verwaltungsvorschriften nicht. Die Kommunalaufsicht kann nur bei Rechtsverstößen einschreiten, die Bezirksaufsicht dagegen grundsätzlich auch bei Verstößen gegen Verwaltungsvorschriften (§§ 7 Abs. 1, 9 Abs. 3 AZG)[87].

Für *Verwaltungsvorschriften des Senats* trifft § 6 AZG Zuständigkeitsregelungen, **158** wobei es um die Abgrenzung zwischen dem Senat als Kollegialorgan und der Zuständigkeit einzelner Senatsverwaltungen geht. Grundsätzlich liegt die Zuständigkeit nach § 6 Abs. 1 AZG beim Senat als *Kollegialorgan*. Die zuständige Senatsverwaltung kann Ausführungsvorschriften erlassen, wenn sie hierzu in dem auszuführenden Gesetz ermächtigt ist (§ 6 Abs. 2 Buchst. a AZG)[88]. Die Ausführungsvorschriften binden alle Behörden, für die das Gesetz gilt, also ggf. auch die Bezirksverwaltungen[89]. Andere allgemeine Verwaltungsvorschriften kann die zuständige Senatsverwaltung erlassen, wenn diese nur für Behörden der Hauptverwaltung gelten (§ 6 Abs. 2 Buchst. b AZG) oder wenn diese auch für die Bezirksverwaltungen gelten sollen, sofern diese im wesentlichen nur Verfahrensabläufe oder technische Einzelheiten regeln (§ 6 Abs. 2 Buchst. c AZG)[90]. In Personalangelegenheiten und zur Gewährleistung der inneren Sicherheit kann ferner die zuständige Senatsverwaltung Verwaltungsvorschriften für die gesamte Berliner Verwaltung erlassen (§ 6 Abs. 2 Buchst. d und e AZG).

Mit Geltung für die *mittelbare Landesverwaltung* kann der Senat nur dann Ver- **159** waltungsvorschriften erlassen, wenn es sich um Ausführungsvorschriften für ein Gesetz handelt, welches auch für die mittelbare Landesverwaltung gilt, oder wenn er hierzu spezialgesetzlich ermächtigt ist, wie z.B. in § 6 Abs. 2 Buchst. e AZG[91].

Die *Bezirksämter* können für ihre Bezirksverwaltung Verwaltungsvorschriften erlassen, allerdings nur insoweit, als keine gesetzlichen Regelungen oder Verwaltungsvorschriften des Senats bzw. einer Senatsverwaltung entgegenstehen[92].

---

[87] Siehe Rz. 205.
[88] Siehe z.B. § 68 ASOG für die Senatsverwaltung für Inneres, § 76 Abs. 10 BauO für die für das Bauwesen zuständige Senatsverwaltung.
[89] *Zivier* (Fn. 63), Rz. 76.2.6.
[90] § 9 Abs. 3 ASOG geht seinem Wortlaut nach, zumindest was die Bezirke betrifft, über die Regelungen in § 6 Abs. 2 Buchst. c AZG hinaus. Gleichwohl gelten auch im Bereich der bezirklichen Ordnungsangelegenheiten diese einschränkenden Regelungen, die insoweit spezieller sind.
[91] *Zivier* (Fn. 63), Rz. 76.2.6.
[92] Vgl. z.B. § 5 Abs. 1 S. 4 LHO.

V. Insbesondere: Die Bauleitplanung nach dem AGBauGB

160 Die Zuständigkeiten und das Verfahren für die Bauleitplanung nach dem Baugesetzbuch sind im *Gesetz zur Ausführung des Baugesetzbuchs (AGBauGB)*[93] besonders geregelt worden. Da es sich um einen prüfungsrelevanten Regelungskom-
plex handelt, wird er im Folgenden in seinen Grundzügen gesondert dargestellt.

1. Grundzüge der Regelung in den Flächenländern

Die Bauleitplanung gehört seit jeher zum Kernbereich des Selbstverwaltungsrechts der Gemeinden. Dementsprechend bestimmt § 2 Abs. 1 S. 1 BauGB: "*Die
Bauleitpläne sind von der Gemeinde in eigener Verantwortung aufzustellen.*" Mit
Bauleitplänen sind gem. § 1 Abs. 2 BauGB der Flächennutzungsplan als vorbe-
reitender Bauleitplan und der Bebauungsplan als verbindlicher Bauleitplan gemeint. Die Bebauungspläne werden gem. § 10 Abs. 1 BauGB von den Gemeinden
in der Form der *Satzung* erlassen. Eine Genehmigung durch die Aufsichtsbehörde
ist nur in den in § 10 Abs. 2 BauGB vorgesehenen Ausnahmefällen erforderlich.
Hingegen bedarf gem. § 6 Abs. 1 BauGB der Flächennutzungsplan immer der Genehmigung der höheren Verwaltungsbehörde. Prüfungsmaßstab der Aufsichtsbehörde ist in jedem Fall jedoch nur die Rechtmäßigkeit des jeweiligen Plans.

2. Zuständigkeiten für die Bauleitplanung in Berlin

161 § 246 Abs. 4 BauGB ermächtigt das Land Berlin, die Vorschriften des Baugesetz-
buches über die Behördenzuständigkeit den besonderen Bedürfnissen seines Verwaltungsaufbaus anzupassen. Dementsprechend bestimmt § 1 AGBauGB:

*"Angelegenheiten, für die nach dem Baugesetzbuch die Gemeinde zuständig ist,
werden von den Bezirken wahrgenommen, soweit nichts anderes bestimmt ist."*

Gleich in § 2 AGBauGB wird für den *Flächennutzungsplan* eine abweichende Bestimmung dahingehend getroffen, dass dieser durch den Senat von Berlin beschlossen wird und der Zustimmung des Abgeordnetenhauses bedarf. Die Bezirke
werden im Rahmen der Aufstellung des Entwurfs des Flächennutzungsplans lediglich verwaltungsintern angehört.

a) Der Grundsatz bezirklicher Zuständigkeit

162 Für die Aufstellung und Festsetzung von Bebauungsplänen sind hingegen nach § 6
Abs. 1 und 5 AGBauGB grundsätzlich die Bezirke zuständig. Diese Regelung, die

---

[93] In der Fassung vom 7. November 1999, GVBl. S. 578; die Zuständigkeiten ergeben sich
auch aus Nr. 8 Abs. 2 ZustKatAZG.

mit der Verwaltungsreform 1994[94] in das AGBauGB Eingang gefunden hat, billigt den Bezirken in einem wichtigen Aufgabenbereich ein gewisses Maß an Eigenverantwortlichkeit zu. Diese Eigenverantwortlichkeit ist aber zum einen dadurch begrenzt, dass in den §§ 7 bis 9 AGBauGB auch der Hauptverwaltung Befugnisse zum Erlass bestimmter Bebauungspläne zugewiesen werden, zum anderen dadurch, dass auch im originären Bereich bezirklicher Zuständigkeit der Hauptverwaltung weitreichende Verfahrens- und Kontrollrechte zustehen.

b) Die Zuständigkeit der Hauptverwaltung in besonderen Fällen

Zunächst weist § 8 Abs. 1 AGBauGB der zuständigen Senatsverwaltung[95] die originäre Kompetenz zum Erlass solcher Bebauungspläne zu, die der Verwirklichung von *Erfordernissen der Verfassungsorgane des Bundes* zur Wahrnehmung ihrer Aufgaben dienen. Die Vorschrift trägt der Vorgabe aus § 247 Abs. 1 BauGB Rechnung, wonach die Erfordernisse des Hauptstadtstatus Berlins besonders zu berücksichtigen sind.   **163**

Gem. § 9 Abs. 1 AGBauGB kann der Senat ferner für ein bestimmtes Gebiet durch Beschluss im Benehmen mit dem Rat der Bürgermeister feststellen, dass dieses von *besonderer stadtpolitischer Bedeutung oder für Industrie- und Gewerbeansiedlungen von derartiger Bedeutung wesentlich* ist. Dieser Beschluss bewirkt, dass die Zuständigkeit zum Erlass eines Bebauungsplanes originär auf die zuständige Senatsverwaltung übergeht (§§ 9 Abs. 3, 8 Abs. 1 AGBauGB). Der Rat der Bürgermeister kann dem Beschluss des Senats allerdings widersprechen. Dieser Widerspruch hat jedoch nur Bedeutung, wenn nicht nur die Mehrheit, sondern drei Viertel seiner Mitglieder widersprechen. Dann bedarf der Beschluss des Senats nach § 9 Abs. 1 S. 2 AGBauGB der Zustimmung des Abgeordnetenhauses.   **164**

Bei dem Terminus "besondere stadtpolitische Bedeutung" handelt es sich um einen *unbestimmten Rechtsbegriff*, der bereits mehrfach Anlass gerichtlicher Auseinandersetzungen zwischen Haupt- und Bezirksverwaltung war[96]. Das OVG Berlin erkennt dem Senat bei der Beurteilung der besonderen stadtpolitischen Bedeutung einen *weiten Beurteilungsspielraum* zu. Dies folge daraus, dass ungeachtet der Stärkung der bezirklichen Rechtsstellung die Hauptverantwortung für die Entwicklung der Stadt als Ganzes bei der Hauptverwaltung verblieben sei. Die Weite des Spielraums werde noch durch den Verweis auf die "politische" Bedeutung eines Gebietes verdeutlicht. Denn die Bestimmung des Inhalts und der Ziele der Stadtpolitik sei allein der Hauptverwaltung möglich. Politische Entscheidungen seien naturgemäß dem Wandel unterworfen und könnten daher nur begrenzt gerichtlich überprüft werden. Eine Kontrolle durch das Gericht könne sich nur   **165**

---

[94] Siehe Rz. 26.
[95] Dies ist nach der Geschäftsverteilung des Senats derzeit die Senatsverwaltung für Stadtentwicklung.
[96] Vor allem OVG Berlin, LKV 2000, S. 453 ff.; VG Berlin, LKV 1996, S. 106 f.

darauf erstrecken, ob der Senat willkürfrei eine stadtpolitische Bedeutung angenommen habe.

166   Bei der Beurteilung der *Außergewöhnlichkeit* der stadtpolitischen Bedeutung eines
Vorhabens werde der Beurteilungsrahmen allerdings durch gesetzgeberische Wertungen eingegrenzt. So habe der Gesetzgeber im AGBauGB eine klare Rangfolge
der Zuständigkeiten zum Erlass von Bebauungsplänen statuiert. Dies lasse den
Schluss zu, dass die Außergewöhnlichkeit der stadtpolitischen Bedeutung darin
liegen müsse, dass eine bestimmte Planung nicht nur gesamtstädtische oder überbezirkliche Auswirkungen habe, sondern eine über das übliche Maß hinausgehende, hervorgehobene Bedeutung für das Stadtganze aufweisen müsse, die der Senat
mit nachvollziehbaren und vertretbaren Gründen zu belegen habe. Gleichzeitig
tritt das Gericht der Annahme entgegen, die Anwendung von § 9 Abs. 1 AG-
BauGB sei auf wenige und seltene Ausnahmekonstellationen beschränkt[97].

167   Der Interpretation des Begriffs der außergewöhnlichen stadtpolitischen Bedeutung
durch das OVG Berlin ist in vollem Umfang zu folgen. Die Einräumung eines Beurteilungsspielraums erwächst aus der Erkenntnis, dass Entscheidungen mit überwiegend *prognostischem und wertendem Charakter* allein durch die Verwaltung
selbst in sachgerechter Weise getroffen werden können[98]. Die Bindungen, die das
Gericht aus dem Merkmal der Außergewöhnlichkeit herleitet, führen dazu, dass
der Begriff praktikabel und justiziabel wird.

168   Schließlich normiert § 7 Abs. 1 AGBauGB die Befugnis des zuständigen Senatsmitglieds, bei bezirklicher Zuständigkeit im Falle *dringender Gesamtinteressen
Berlins*[99] von seinem *Eingriffsrecht* gem. § 13 a AZG Gebrauch zu machen und
modifiziert die Regelungen im AZG. § 7 Abs. 1 S. 3 AGBauGB konkretisiert den
unbestimmten Rechtsbegriff, indem er bestimmte Fallgruppen enumerativ benennt, in denen dringende Gesamtinteressen bestehen können, allerdings nicht
müssen. Die Aufzählung ist auch nicht abschließend[100]. Das Eingriffsrecht kann
zum einen ausgeübt werden, wenn bereits ein bezirklicher Bebauungsplanentwurf
besteht und dieser dringende Gesamtinteressen beeinträchtigt, zum anderen, wenn
dringende Gesamtinteressen einen Bebauungsplan erforderlich machen. Mit der
Ausübung des Eingriffsrechts entsteht die Befugnis des zuständigen Senatsmitglieds zur Ausübung weitreichender Informations- und Weisungsrechte (vgl. § 8
Abs. 3 AZG). Wird eine Einzelweisung nicht befolgt oder beschließt die betroffene Bezirksverordnetenversammlung den Planentwurf nicht rechtzeitig, so kann
das Senatsmitglied die Aufstellung des Bebauungsplans auch selbst vornehmen
(§ 7 Abs. 1 S. 4 AGBauGB). § 7 AGBauGB beinhaltet damit die Möglichkeit,
dass die Sachkompetenz vollständig auf das zuständige Senatsmitglied übergeht.

---

[97] OVG Berlin (Fn. 96), S. 456.
[98] Ebenso VG Berlin (Fn. 96), S. 107.
[99] Siehe Rz. 220 ff.
[100] So auch *Schladebach*, Bauleitplanung in Berlin, LKV 2000, S. 433 ff., 434.

Der betroffene Bezirk verliert dann jegliche Befugnis[101]. Der Unterschied zu den Regelungen der §§ 8, 9 AGBauGB liegt darin, dass die Senatsverwaltung die Planungskompetenz nach den §§ 8, 9 AGBauGB originär besitzt, während die ursprünglich bezirkliche Kompetenz gem. § 7 AGBauGB erst durch einen Eingriff auf die Senatsverwaltung übergeht[102].

3. Das Verfahren zum Erlass von Bebauungsplänen

a) Bezirkliche Bebauungspläne

Sind die Bezirke für den Erlass eines Bebauungsplanes zuständig, so haben sie ih-   **169**
re *Planungsabsicht* zunächst gem. § 5 S. 1 AGBauGB der zuständigen Senatsverwaltung mitzuteilen. Dieses Erfordernis dient der vorweggenommenen Prüfung, ob ein Bebauungsplan im Hinblick auf übergeordnete Planungen auf Bedenken stößt[103]. Hat sich die Senatsverwaltung für Stadtentwicklung zu der Planungsabsicht geäußert oder ist die Frist des § 5 S. 2 AGBauGB verstrichen, so kann das eigentliche Verfahren des § 6 AGBauGB beginnen. Die Mitteilung der Planungsabsicht hat in den Flächenländern keine Entsprechung. Sie ist, wie § 6 Abs. 1 AGBauGB zeigt, verfahrensmäßige Voraussetzung für die Durchführung des eigentlichen Planungsverfahrens. Indes ist der Bezirk nicht gehindert, ungeachtet der im Verfahren nach § 5 AGBauGB geäußerten Bedenken den Beschluss zur Aufstellung des Bebauungsplans gem. § 6 Abs. 1 AGBauGB zu fassen. Dies ergibt sich daraus, dass § 6 Abs. 1 AGBauGB nur die Durchführung des Verfahrens an sich, nicht aber seinen inhaltlichen Ausgang zur Voraussetzung für die Planung macht.

Anders ist es jedoch, wenn die Senatsverwaltung nach § 10 Abs. 4 AGBauGB die   **170**
Aufstellung des Bebauungsplans *formell untersagt*, da zu befürchten ist, dass dieser einer bereits eingeleiteten Änderung oder Ergänzung des Flächennutzungsplans widerspricht. Zu beachten ist im Hinblick auf überörtliche Planungen auch, dass nach § 10 Abs. 1 und 2 AGBauGB die zuständige Senatsverwaltung verlangen kann, bereits festgesetzte Bebauungspläne anzupassen bzw. neue Bebauungspläne aufzustellen (Anpassungspflicht, Planungsgebot). Kommt der Bezirk dem nicht nach, kann die Senatsverwaltung von ihrem Eingriffsrecht Gebrauch machen (§ 10 Abs. 3 AGBauGB).

Das weitere Verfahren ergibt sich aus § 6 AGBauGB. Das Bezirksamt fasst gem.   **171**
§ 6 Abs. 1 S. 1 AGBauGB den *Beschluss zur Aufstellung* des Bebauungsplans. Es führt auch die weiteren durch das Baugesetzbuch vorgegebenen Verfahrensschritte durch, wie *Bürgerbeteiligung, Trägerbeteiligung und Abwägung der planungserheblichen Belange* (vgl.§ 6 Abs. 1 S. 2 bis Abs. 3 AGBauGB). Für die *Beschluss-*

---

[101] Zu den Wirkungen des Eingriffsrechts siehe Rz. 236.
[102] So auch *Schladebach* (Fn. 100), S. 434.
[103] *Schladebach* (Fn. 100), S. 434.

fassung und damit die Letztentscheidung ist die Bezirksverordnetenversammlung zuständig. Eine Besonderheit gegenüber den Flächenländern stellt die Regelung in Absatz 4 dar. Nach der Beschlussfassung durch die Bezirksverordnetenversammlung hat das Bezirksamt jeden Bebauungsplan der Senatsverwaltung für Stadtentwicklung *anzuzeigen*. Diese prüft, ob der Bebauungsplan ordnungsgemäß zustandegekommen ist und sich im Rahmen der geltenden Rechtsvorschriften hält. Alle bezirklichen Bebauungspläne unterliegen mithin der *Rechtskontrolle* durch die zuständige Senatsverwaltung. In der Praxis führt dies dazu, dass ein Plan unter Umständen mehrfach angezeigt werden muss, bis die Senatsverwaltung keine Einwendungen mehr erhebt. Diese formalisierte Rechtskontrolle ersetzt für diesen Aufgabenbereich der Bezirke die Bezirksaufsicht.

Erst wenn die Senatsverwaltung keine Einwendungen erhebt oder die Frist des § 6 Abs. 4 S. 2 AGBauGB überschritten ist, kann der Bebauungsplan gem. § 6 Abs. 5 AGBauGB vom Bezirksamt durch Rechtsverordnung festgesetzt werden.

b) Bebauungspläne der Hauptverwaltung

172   Stellt die zuständige Senatsverwaltung selbst den Bebauungsplan auf, so ist der Verfahrensablauf prinzipiell gleich mit dem Unterschied, dass an die Stelle von Bezirksamt und Bezirksverordnetenversammlung die *Senatsverwaltung* und das *Abgeordnetenhaus* treten (vgl. § 8 Abs. 1 AGBauGB). In diesem Zusammenhang wird das Abgeordnetenhaus einmal nicht in seiner Funktion als Landesparlament, sondern als kommunale Vertretungskörperschaft tätig[104].

173   Eine Besonderheit besteht noch hinsichtlich solcher Pläne, die Belange Berlins als Hauptstadt Deutschlands oder Erfordernisse der Verfassungsorgane des Bundes berühren. Für einen solchen Fall sieht § 247 Abs. 2 BauGB die Erörterung in einem *Gemeinsamen Ausschuss* von Bund und Land vor[105]. Kommt es in diesem Ausschuss zu keiner Einigung, so entscheiden, wenn es um Verfassungsorgane des Bundes geht, die Verfassungsorgane über ihre Erfordernisse selbst (vgl. § 247 Abs. 3 BauGB). Die von der Senatsverwaltung für Stadtentwicklung aufzustellenden Bebauungspläne stellen sich nach der Regelung des § 247 Abs. 3 BauGB nur noch als Vollzug der Entscheidung des Bundes dar, da den Berliner Stellen kaum noch eigene Entscheidungsbefugnisse bleiben[106]. Man wird diesen *Eingriff in die Planungshoheit Berlins* wegen der besonderen Bedeutung der Verfassungsorgane des Bundes im Interesse des Gesamtstaats für zulässig halten müssen[107].

---

[104] Siehe Rz. 7, 9.

[105] *Dürr/Korbmacher*, Baurecht für Berlin, Rz. 203 ff.

[106] So auch *Hoppe*, DVBl. 1993, S. 573 ff., 579; schwächer *Schladebach* (Fn. 100), S. 435.

[107] Ebenso *Hoppe* (Fn. 106), S. 582; *Schladebach* (Fn. 100), S. 435.

4. Die Rechtsform von Bebauungsplänen in Berlin

Von der Regelung in § 10 Abs. 1 BauGB, wonach Bebauungspläne als Satzungen   **174**
erlassen werden, gestattet § 246 Abs. 2 S. 1 BauGB Abweichungen. Danach kann
das Land Berlin selbst bestimmen, in welchen Rechtsformen es Bebauungspläne
erlassen will. Bis zur Verwaltungsreform 1994 geschah dies in Form von Rechtsverordnungen des Senats. Nunmehr bestimmt Art. 64 Abs. 2 S. 1 VvB, dass die
Bezirke durch Gesetz ermächtigt werden können, zur Festsetzung von Bebauungsplänen[108] *Rechtsverordnungen* zu erlassen[109]. Eine dementsprechende Ermächtigung enthält § 6 Abs. 5 S. 1 AGBauGB. Die Bezirke können keine eigenen
Satzungen erlassen, da ihnen die hierfür nötige Satzungsautonomie fehlt. Eine
derartige Autonomie kann nur rechtsfähigen Verwaltungsträgern zukommen[110].
Demgegenüber bedarf es zum Erlass von Rechtsverordnungen keiner Autonomie,
sondern lediglich der gesetzlichen Ermächtigung[111]. Deshalb sind Rechtsverordnungen in Berlin auch die richtige Rechtsform, um den Bezirken eine gewisse Eigenverantwortlichkeit zu geben. Bebauungspläne der Hauptverwaltung werden
demgegenüber als Rechtsverordnungen der zuständigen Senatsverwaltung erlassen.

5. Die Rechtsstellung und der Rechtsschutz der Bezirke

Zusammenfassend lässt sich sagen, dass die Bezirke im Bereich der Bauleitpla-   **175**
nung eine verselbständigte Stellung besitzen. Sie können im Regelfall Bebauungspläne als Rechtsverordnungen erlassen. Durchbrochen wird diese Kompetenz
durch die Befugnis der Hauptverwaltung, in den Fällen der §§ 7 bis 9 AGBauGB
fachaufsichtliche Mittel auszuüben und selbst Bebauungspläne zu erlassen. Weiterhin unterliegen die bezirklichen Bebauungspläne einer formalisierten Rechtsaufsicht durch die zuständige Senatsverwaltung. Die Rechtsstellung der Bezirke
im Bauplanungsrecht ist damit zwar derjenigen der Gemeinden angenähert[112], aber
andererseits auch erheblichen Einschränkungen unterworfen. Dabei ist auch zu berücksichtigen, dass die Verfassung die Begründung einer bezirklichen Zuständigkeit für Bebauungspläne durch Gesetz *lediglich ermöglicht*, aber nicht zwingend
vorsieht. Auch dies macht deutlich, dass die Verfassung nicht von einem Recht
der Bezirke auf Selbstverwaltung ausgeht. Der Gesetzgeber kann den Bezirken die
Zuständigkeit für die verbindliche Bauleitplanung wieder entziehen oder modifizieren[113].

---

[108] Dasselbe gilt auch für Landschaftspläne, siehe auch Rz. 58.
[109] Zur Verfassungsgemäßheit der Übertragung beschränkter Rechtsetzungsbefugnisse auf
die Bezirke vgl. ausführlich *Neumann* (Fn. 21), Art. 64, Rz. 34 ff.
[110] Siehe Rr. 58.
[111] Anders *Neumann* (Fn. 21), Art. 66, 67, Rz. 14.
[112] So auch OVG Berlin (Fn. 96), S. 454.
[113] *Dürr/Korbmacher* (Fn. 105), Rz. 178.

176 Jedoch ist die bezirkliche Eigenverantwortlichkeit im Bereich der Bauleitplanung nach der geltenden Rechtslage bereits so weitgehend, dass man ihnen ein *Klagerecht vor dem Verwaltungsgericht* gegen Beeinträchtigungen ihrer Kompetenz durch die Hauptverwaltung zubilligen muss. Die Annäherung der bezirklichen Rechtsstellung an diejenige der Gemeinden liefe weitgehend leer, könnten die Bezirke diese nicht gegen Eingriffe der Hauptverwaltung gerichtlich verteidigen. Nimmt der Senat zu Unrecht eine besondere stadtpolitische Bedeutung nach den §§ 8 und 9 AGBauGB an, so können die Bezirke hiergegen klagen[114]. Gleiches gilt für Fälle eines Eingriffs gem. § 7 AGBauGB[115]. Schließlich können die Bezirke Rechtsfehler der Senatsverwaltung im Rahmen der Rechtskontrolle nach § 6 Abs. 4 AGBauGB gerichtlich geltend machen[116].

Fall 3: Bebauungsplan für das Spree-Center

177 Der Bezirk Kreuzberg-Friedrichshain von Berlin hat die Absicht, für das Gebiet zwischen den Straßen A, B, C und D einen Bebauungsplan aufzustellen. Er teilt dies der Senatsverwaltung für Stadtentwicklung am 25. Oktober 2000 mit. Diese entgegnet mit Schreiben vom 1. Dezember 2000, gegen die Aufstellung des Bebauungsplans bestünden grundsätzlich keine Bedenken, mit Ausnahme des Grundstücks X. Auf diesem Grundstück wolle die Y-GmbH ein Einkaufszentrum namens "Spree-Center" errichten. Die Verhandlungen seien schon weit gediehen, und man beabsichtige, von Seiten der Senatsverwaltung selbst einen Bebauungsplan für das Grundstück X aufzustellen. Das Grundstück sei Teil eines Konzepts des Senats, die Versorgung der Innenstadtbezirke mit qualitativ hochwertiger Einzelhandelsinfrastruktur zu verbessern und ein Gegengewicht zu den Einkaufszentren "auf der grünen Wiese" zu schaffen. Insbesondere im fraglichen Teil des Bezirks Kreuzberg-Friedrichshain sei die Einzelhandelsstruktur noch erheblich unterentwickelt.

Ungeachtet dessen fasst das Bezirksamt am 5. Januar 2001 den Beschluss, einen Bebauungsplan im ursprünglich geplanten Umfang aufzustellen, und gibt den Beschluss im Amtsblatt bekannt. Am 15. Januar 2001 stellt der Senat mit Zustimmung der Mehrheit der Mitglieder des Rats der Bürgermeister durch Beschluss fest, bei dem Grundstück X handele es sich um ein Gebiet von außergewöhnlicher stadtpolitischer Bedeutung.

Am 19. März 2001 reicht das Bezirksamt von Kreuzberg-Friedrichshain beim Verwaltungsgericht Berlin einen Antrag auf Erlass einer einstweiligen Anordnung

---

[114] Ebenso OVG Berlin (Fn. 96), S. 453; VG Berlin (Fn. 96), S. 106; siehe Fall 3, Rz. 177.

[115] Siehe hierzu im Einzelnen Rz. 168; zum Klagerecht siehe auch *Neumann* (Fn. 21), Art. 64, Rz. 48; *Dürr/Korbmacher* (Fn. 105), Rz. 189.

[116] Siehe Rz. 171.

des Inhalts ein, der Senatsverwaltung vorläufig zu untersagen, ihre Planungen für das Grundstück X fortzuführen. Hat der Antrag Aussicht auf Erfolg?

Lösungsvorschlag

Der Antrag auf Erlass einer einstweiligen Anordnung wird Erfolg haben, wenn er zulässig und begründet ist.

I. Zulässigkeit

1. Verwaltungsrechtsweg

Für das Eilverfahren ist der Verwaltungsrechtsweg eröffnet, wenn dies auch in der Hauptsache der Fall ist. Mangels aufdrängender Sonderzuweisung ist § 40 Abs. 1 VwGO anzuwenden, der eine öffentlich-rechtliche Streitigkeit nicht-verfassungsrechtlicher Art voraussetzt. Im zugrundeliegenden Rechtsstreit geht es um die Zuständigkeit zum Erlass von Bebauungsplänen. Zuständigkeitsregelungen gehören stets dem öffentlichen Recht an, so dass auch der Charakter der Streitigkeit öffentlich-rechtlich ist. Eine verfassungsrechtliche Streitigkeit liegt schon deshalb nicht vor, weil die Bezirke keine Verfassungsorgane sind. Eine abdrängende Sonderzuweisung ist nicht ersichtlich. Mithin ist der Verwaltungsrechtsweg gem. § 40 Abs. 1 VwGO eröffnet.

2. Sachliche und örtliche Zuständigkeit

Sachlich zuständig ist das Gericht der Hauptsache (§ 123 Abs. 2 VwGO). Dies ist gem. § 45 VwGO das Verwaltungsgericht. Örtlich ist gem. § 52 Nr. 1 VwGO das Verwaltungsgericht Berlin zuständig.

3. Statthaftigkeit des Antrags

Die einstweilige Anordnung gem. § 123 Abs. 1 VwGO kommt als verwaltungsgerichtliches Eilverfahren dann in Betracht, wenn es nicht um die Anordnung oder Wiederherstellung der aufschiebenden Wirkung eines Rechtsmittels gegen einen Verwaltungsakt gem. § 80 Abs. 5 VwGO geht (§ 123 Abs. 5 VwGO). Fraglich ist, ob der Beschluss des Senats ein Verwaltungsakt ist. Dies setzt gem. § 35 S. 1 VwVfG unter anderem voraus, dass ihm Außenwirkung zukommt. Eine Außenwirkung gegenüber dem betroffenen Bezirk scheidet schon deshalb aus, da die Bezirke gem. § 2 Abs. 1 BezVG keine Rechtspersönlichkeit besitzen und damit in die Berliner Verwaltung eingegliedert sind. Aber auch ansonsten ist der Beschluss, dass ein bestimmtes Gebiet von außergewöhnlicher stadtpolitischer Bedeutung sei, nicht auf die Erzielung von Rechtswirkungen nach außen gerichtet. Er hat lediglich die Wirkung, eine originäre Kompetenz der Hauptverwaltung zum Erlass eines Bebauungsplans zu begründen. Eine darüber hinausgehende, den Bürger betreffende Wirkung nach außen ist nicht gewollt. Somit liegt kein Verwaltungsakt vor. Da kein Antrag nach § 80 Abs. 5 VwGO in Betracht kommt, ist die einstweilige Anordnung gem. § 123 Abs. 1 VwGO die statthafte Antragsart.

4. Antragsbefugnis

Besondere Sachentscheidungsvoraussetzungen sind für die einstweilige Anordnung im Gesetz nicht vorgesehen. Jedoch ist auch hier § 42 Abs. 2 VwGO analog anzuwenden, um Popularklagen zu verhindern. Es muss möglich erscheinen, dass der Bezirk Kreuzberg-Friedrichshain durch die Geltendmachung einer Senatskompetenz für den fraglichen Bebauungsplan in seinen Rechten verletzt sein kann.

Die Möglichkeit einer Rechtsverletzung ist nicht bereits deshalb ausgeschlossen, weil vorliegend ein nicht rechtsfähiger Bezirk die Verletzung seiner Zuständigkeit durch die Hauptverwaltung geltend macht, der Rechtsstreit also innerhalb der juristischen Person Berlin besteht und es sich um einen Insichprozess handelt. Zwar ist mit der Zuordnung einer Kompetenz an ein staatliches Organ in der Regel nicht auch die Zuweisung einer klagbaren Rechtsposition verbunden. Soll jedoch eine Kompetenzzuweisung nach dem geltenden Organisationsrecht nicht lediglich der Gewährleistung eines effektiven Funktionsablaufs innerhalb der Gesamtorganisation dienen, sondern vertraut die Kompetenznorm ausnahmsweise darüber hinausgehend einem bestimmten Funktionsträger als "Kontrastorgan" zum Zwecke einer sachgerechten Ausbalancierung innerkörperschaftlicher Interessen- und Machtgegensätze die eigenständige Bewältigung bestimmter Aufgabenbereiche an, so kann daraus auf die Übertragung einer klagbaren Wahrnehmungszuständigkeit geschlossen werden[117].

Mithin müsste es sich bei der generellen Zuweisung der Zuständigkeit zum Erlass von Bebauungsplänen an die Bezirke gem. § 6 AGBauGB um eine solche klagbare Rechtsposition handeln, die vom Senat verletzt worden sein könnte. Zunächst ist festzuhalten, dass die Zuweisung den Bezirken nicht bereits deshalb ein Klagerecht verleiht, weil diese Zuweisung Ausdruck eines verfassungskräftigen Rechts der Bezirke auf bezirkliche Selbstverwaltung wäre. Ein solches Recht gibt es in Berlin nicht, da es dem Charakter Berlins als Einheitsgemeinde widerspräche[118].

Diese Annahme schließt es indes nicht aus, den Bezirken in Teilbereichen ihrer Zuständigkeit eine klagbare Rechtsposition, die der Machtbalance innerhalb Berlins dient, zuzuerkennen. In diesem Zusammenhang ist von Bedeutung, dass im Zuge der ersten Verwaltungsreform 1994 mit Art. 47 Abs. 2 (nunmehr Art. 64 Abs. 2) VvB eine Regelung geschaffen wurde, die die Übertragung eigener Rechtssetzungsbefugnisse auf die Bezirke ermöglicht. Von dieser Möglichkeit hat der Gesetzgeber in § 6 AGBauGB Gebrauch gemacht. Durch die Zuerkennung der

---

[117] H.M., vgl. OVG Berlin (Fn. 96), S. 453; OVG Bautzen, NVwZ 1997, S. 802 m.w.N.

[118] BerlVerfGH, LVerfGE 1, 33, 37; ausdrücklich offengelassen durch OVG Berlin (Fn. 96), S. 453; siehe zum Streitstand Rz. 32 ff.

Rechtssetzungsbefugnis ist die Stellung der Bezirke im Bereich der Bauleitplanung der Rechtsstellung der Gemeinden angenähert worden. Dies drückt sich auch in § 1 AGBauGB aus, der die gemeindlichen Aufgaben dem Grundsatz nach den Bezirken zuweist. Zwar kommt es durch die §§ 7 bis 9 AGBauGB zu einer Abschwächung der bezirklichen Eigenverantwortlichkeit[119]. Dies ändert jedoch nichts daran, dass im Grundsatz die Bezirke im Bereich der Bauleitplanung eine den Gemeinden angenäherte und verselbständigte Stellung erhalten sollten[120]. Insbesondere schließt die Zuweisung der Rechtssetzungshoheit auch das für die Eigenverantwortlichkeit entscheidende planerische Ermessen mit ein. Mithin ist davon auszugehen, dass die bezirkliche Zuständigkeit zum Erlass von Bebauungsplänen eine vor dem Verwaltungsgericht wehrfähige Rechtsposition vermittelt[121]. Diese Rechtsposition hat der Senat möglicherweise verletzt, indem er die Zuständigkeit der Senatsverwaltung für Stadtentwicklung zum Erlass des Bebauungsplans feststellte. Die für die Annahme einer Antragsbefugnis analog § 42 Abs. 2 VwGO erforderliche Möglichkeit einer Rechtsverletzung besteht.

5. Allgemeines Rechtsschutzbedürfnis

Das allgemeine Rechtsschutzbedürfnis setzt nicht voraus, dass bereits Klage erhoben wurde (§ 123 Abs. 1 S. 1 VwGO). Es entfällt jedoch, wenn das Anordnungsbegehren auf eine Vorwegnahme der Hauptsache gerichtet ist. Vorliegend geht es dem Bezirk darum, weitere Planungen durch die Senatsverwaltung für Stadtentwicklung einstweilen zu verhindern. Darin liegt keine Vorwegnahme der Hauptsache.

6. Beteiligte des Rechtsstreits

Der Bezirk ist zwar keine Vereinigung im Sinne von § 61 Nr. 2 VwGO, denn § 61 VwGO gilt nur für Außenrechtsbeziehungen unmittelbar[122]. Jedoch muss er, um seine Rechte geltend machen zu können, analog § 61 Nr. 2 VwGO[123] beteiligtenfähig sein können, soweit ihm ein Recht zustehen kann. Dies ist, wie gesehen, der Fall. Beklagter ist in Abweichung vom Rechtsträgerprinzip der Senat von Berlin, da ihm gegenüber die beanspruchte Innenrechtsposition bestehen soll. Er ist ebenfalls analog § 61 Nr. 2 VwGO beteiligtenfähig.

7. Ergebnis

Der Antrag auf Erlass einer einstweiligen Anordnung ist zulässig.

---

[119] Siehe Rz. 163 ff.

[120] Vgl. Abghs-Drs. 12/3350, S. 8 zu Aa; 13/2537, S. 17 zu III; Plenarprotokoll der 63. Sitzung v. 10.3.1994, S. 5417 ff., 5420.

[121] Ebenso insbesondere OVG Berlin (Fn. 96), S. 454; VG Berlin (Fn. 96), S. 106; Haaß, LKV 1996, S. 84 ff., 86.

[122] Siehe Rz. 375.

[123] Siehe Rz. 375.

II. Begründetheit

Der Antrag ist begründet, wenn dem Bezirk Kreuzberg-Friedrichshain ein Anordnungsanspruch und ein Anordnungsgrund zustehen. Vorliegend möchte der Bezirk verhindern, dass durch weitere Planungen des Senats vollendete Tatsachen geschaffen werden und dadurch die Verwirklichung seiner Zuständigkeiten gefährdet wird. Er hat sein Begehren folglich in der Form der Sicherungsanordnung gem. § 123 Abs. 1 S. 1 VwGO zu verfolgen.

1. Anordnungsanspruch

Im Falle der Sicherungsanordnung liegt ein Anordnungsanspruch vor, wenn es um die Sicherung eines Rechts des Antragstellers geht. Das Vorliegen dieses Rechts muss glaubhaft gemacht werden.

a) Grundsätzliches Recht der Bezirke zur Aufstellung von Bebauungsplänen
Durch § 6 AGBauGB wird den Bezirken grundsätzlich die Zuständigkeit für die Aufstellung und Festsetzung von Bebauungsplänen zugewiesen. Entsprechend den obigen Ausführungen dient diese Zuweisung nicht nur der Kompetenzabgrenzung, sondern vermittelt den Bezirken eine klagbare Rechtsposition auf eigenverantwortliche Erledigung dieser Aufgabe.

b) Ausnahme nach §§ 8, 9 AGBauGB
Jedoch könnte vorliegend ein Recht des Bezirks zu verneinen sein, wenn die Kompetenz zum Erlass eines Bebauungsplans ausnahmsweise der Senatsverwaltung für Stadtentwicklung zusteht. Dies könnte aufgrund der Regelung in den §§ 8 und 9 AGBauGB der Fall sein. Gem. § 9 Abs. 1 Nr. 1 AGBauGB kann der Senat durch Beschluss feststellen, dass ein bestimmtes Gebiet von außergewöhnlicher stadtpolitischer Bedeutung ist. Aufgrund der Verweisung in § 9 Abs. 3 auf § 8 Abs. 1 AGBauGB steht der Senatsverwaltung für Stadtentwicklung dann die originäre Kompetenz zum Erlass des betreffenden Bebauungsplans zu. Für ein Recht des Bezirks ist kein Raum mehr.

Voraussetzung einer Kompetenz der Hauptverwaltung ist in formeller Hinsicht, wie sich aus der Regelung des § 9 Abs. 1 und 2 AGBauGB ergibt, ein wirksamer Beschluss des Senats. In materieller Hinsicht ist erforderlich, dass das betreffende Gebiet von außergewöhnlicher stadtpolitischer Bedeutung ist.

c) Präklusion durch Fristablauf nach § 5 AGBauGB?
Vorweg kann noch erörtert werden, ob eine Zuständigkeit der Hauptverwaltung nicht von vornherein dadurch ausgeschlossen ist, dass die Senatsverwaltung für Stadtentwicklung ihre gegen die bezirkliche Planung gerichteten Bedenken nicht innerhalb der in § 5 AGBauGB festgeschriebenen Monatsfrist geltend gemacht hat. Diese war mit dem Ablauf des 25. Novembers verstrichen. Gem. § 5 S. 2

AGBauGB konnte damit der Bezirk Kreuzberg-Friedrichshain davon ausgehen, dass Bedenken gegen seine Planung nicht bestehen. Fraglich ist, ob das Versäumnis der Senatsverwaltung dazu führt, dass der Senat nun nicht mehr ihre Zuständigkeit zum Erlass des Bebauungsplans feststellen kann. Eine solche Annahme würde indes der Bedeutung von § 5 AGBauGB nicht gerecht. Er dient im Wesentlichen einem ökonomischen Verfahrensablauf, indem er sicherstellt, dass Bedenken gegen bezirkliche Planungen schon im frühestmöglichen Stadium geäußert werden können. Andernfalls könnte erst das Verfahren der Rechtskontrolle derartige Bedenken zur Geltung bringen. Eine Berücksichtigung erst in diesem Stadium kann sehr aufwändig sein, da schon verschiedene Organe mit der Planung befasst waren. In diesem Zusammenhang dient die Frist des § 5 S. 2 AGBauGB der Sicherung der Bezirke dahingehend, dass die Hauptverwaltung ihre Planungen nicht über Gebühr verzögern kann. Eine weitergehende Bedeutung kommt der Frist nicht zu. Die Zuständigkeit der Hauptverwaltung ist nicht durch einen Verstoß gegen § 5 AGBauGB präkludiert.

d) Wirksamkeit des Senatsbeschlusses

Hinsichtlich der Wirksamkeit des Senatsbeschlusses bestehen keine Bedenken. Insbesondere hat der Rat der Bürgermeister laut Sachverhalt zugestimmt.

e) Außergewöhnliche stadtpolitische Bedeutung

In materieller Hinsicht setzt eine Kompetenz der Senatsverwaltung voraus, dass dem Grundstück X tatsächlich eine außergewöhnliche stadtpolitische Bedeutung zukommt. Bei der Auslegung dieses unbestimmten Rechtsbegriffs billigt die Rechtsprechung dem Senat einen weiten Beurteilungsspielraum zu[124]. Es wird lediglich überprüft, ob die Überlegungen in sich schlüssig und willkürfrei sind. Nur das Merkmal der Außergewöhnlichkeit beinhaltet gewisse Bindungen der Senatsentscheidung. So muss konkret dargelegt werden, welche Umstände das Gebiet so außergewöhnlich machen, dass eine Zuständigkeit der Hauptverwaltung erforderlich erscheint. Bei Zugrundelegung dieses Maßstabs erscheint die Bewertung des Senats nicht fehlerhaft. Es ist nachvollziehbar, wenn die Versorgung mit qualifiziertem Einzelhandel in den Innenstadtbezirken verbessert werden soll. Dadurch wird einer Verödung der Innenstadt und einer Abwanderung der Bevölkerung entgegengewirkt, die vor allem in den letzten Jahren zum Problem geworden ist. Die außergewöhnliche Bedeutung des Grundstücks X lässt sich damit begründen, dass der Bezirk Kreuzberg-Friedrichshain als sozialer Brennpunkt in besonderem Maße der Entwicklung und Pflege bedarf. In diesem Bezirk ist eine Abwanderung einkommensstarker Schichten besonders folgenschwer. Im Ergebnis erweist sich damit die Entscheidung des Senats, dass das Grundstück X von besonderer stadtpolitischer Bedeutung sei, als nicht fehlerhaft.

---

[124] Siehe Rz. 165.

2. Endergebnis

Im Ergebnis ist damit die Senatsverwaltung für Stadtentwicklung und nicht der Bezirk Kreuzberg-Friedrichshain für die Aufstellung und Festsetzung des Bebauungsplans zuständig. Dem Bezirk steht mithin der behauptete Anordnungsanspruch nicht zu. Es muss nicht weiter geprüft werden, ob ein Anordnungsgrund besteht. Der Antrag auf Erlass einer einstweiligen Anordnung ist zwar zulässig, aber unbegründet.

5. Kapitel: Wichtige Verfahrensvorschriften

I. Das Gesetz über das Verfahren der Berliner Verwaltung

Für die öffentlich-rechtliche Verwaltungstätigkeit der Behörden der unmittelbaren **178** und mittelbaren Landesverwaltung Berlins gilt das Gesetz über das Verfahren der Berliner Verwaltung (VwVfGBln)[1]. Wie in Niedersachsen, Rheinland-Pfalz und Sachsen[2] handelt es sich jedoch nicht um eine Vollregelung. In § 1 Abs. 1 VwVfGBln wird das *Verwaltungsverfahrensgesetz des Bundes*[3] für anwendbar erklärt, soweit in den §§ 2 bis 4a VwVfGBln nichts anderes bestimmt ist. Durch die Verweisung wird das Bundesgesetz in das Berliner Landesrecht inkorporiert und hat somit den Rang von Landesrecht. Die Verweisung bezieht sich auf die jeweils geltende Fassung des Bundesgesetzes. Es handelt sich also um eine sogenannte *dynamische Verweisung*. Änderungen auf Bundesebene wirken sich unmittelbar im Landesbereich aus. Eine solche Verweisung ist unter rechtsstaatlichen und demokratischen Gesichtspunkten bedenklich, da der Landesgesetzgeber sich partiell seiner Gesetzgebungskompetenz begibt[4]. Gleichwohl wird diese Verweisungstechnik im Bereich des Verwaltungsverfahrensrechts überwiegend für zulässig gehalten, da die Verwaltungsverfahrensgesetze der Länder ohnehin von bundeseinheitlichen Grundsätzen ausgehen und auf inhaltliche Übereinstimmung angelegt sind[5]. Auch die Vollgesetze entsprechen weitgehend dem Verwaltungsverfahrensgesetz des Bundes. Im Übrigen kann der Landesgesetzgeber jederzeit durch Änderung der Verweisung oder Normierung einer Teil- oder Vollregelung von seiner Gesetzgebungskompetenz Gebrauch machen.

Das Bundesrecht ergänzende bzw. modifizierende Regelungen finden sich in den §§ 2a bis 4a VwVfGBln.

---

[1] Vom 8.12.1976, GVBl. S. 2735, 2898, zul. geänd. d. G. v. 15.10.2001, GVBl. S. 540; vom Anwendungsbereich ausgenommen sind partiell der SFB und der Bildungsbereich (siehe § 2); vgl. zum Bildungsbereich *Eiselt/Heinrich*, Grundriß des Schulrechts in Berlin, S. 197 ff.

[2] *Kopp/Ramsauer*, VwVfG, Einf., Rz. 8.

[3] I.d.F. v. 21.9.1998, BGBl. I S. 3050.

[4] BVerfGE 47, 285, 312; *Maurer*, Allgemeines Verwaltungsrecht, § 5, Rz. 19; *Kopp/Ramsauer* (Fn. 2), Einf., Rz. 9.

[5] *Maurer* (Fn. 4), Rz. 19; *Kopp/Ramsauer* (Fn. 2), Rz. 9; vgl. § 137 Abs. 1 Nr. 2 VwGO.

179   § 2a Abs. 1 VwVfGBln stellt die Geltung des *Berliner Datenschutzgesetzes*[6] für die Behörden neben dem VwVfGBln klar. Das Berliner Datenschutzgesetz (BlnDSG) gilt als eines der strengsten Datenschutzgesetze in der Bundesrepublik. Dies folgt insbesondere daraus, dass es selbst im Wesentlichen *keine Datenverarbeitungsbefugnisse* enthält, sondern lediglich den *Schutz personenbezogener Daten* regelt. Datenverarbeitungsbefugnisse müssen sich jeweils aus spezialgesetzlichen Vorschriften als bereichsspezifische Regelungen ergeben. Hierdurch wird sichergestellt, dass die Datenverarbeitungsbefugnisse jeweils auf die aufgabenspezifischen Notwendigkeiten abgestimmt sind. Ausnahmen von der Notwendigkeit einer spezialgesetzlichen Regelung gelten im Wesentlichen nur bei Einwilligung des Betroffenen (§ 6 Abs. 1 S. 1 Nr. 3 i.V.m. Abs. 3 bis 6 BlnDSG), in sogenannten Bagatellfällen (§ 6 Abs. 1 S. 1 Nr. 1 i.V.m. S. 2 BlnDSG) sowie in bestimmten Fällen bei der Weiterverarbeitung von Daten, insbesondere also der Übermittlung bereits erhobener Daten an andere öffentliche Stellen (§ 11 Abs. 2 Nr. 2 und 3, § 12 Abs. 1 S. 2 BlnDSG).

180   § 2b VwVfGBln, der mit dem Gesetz zur Neuregelung der Zuständigkeiten des Landeseinwohneramtes Berlin[7] in das VwVfGBln eingefügt wurde, sieht vor, dass die örtliche Zuständigkeit der Bezirksämter im Rahmen der bezirklichen Aufgaben des Einwohner- und Verkehrswesens stets gegeben ist, wenn ein Antrag bei ihnen gestellt wird oder bei ihnen der *Anlass für eine Amtshandlung* entstanden ist. Es kommt also nicht auf den sonst maßgeblichen Wohnsitz bzw. Aufenthaltsort des Bürgers an (§ 3 Abs. 1 Nr. 3 Buchst. a VwVfGBund). Diese Regelung soll es ermöglichen, dass Bürger die Leistungen der Bürgerämter aller Bezirke in Anspruch nehmen können.

181   In § 3 VwVfGBln ist die Verpflichtung der Behörden zur Erteilung von *Rechtsbehelfsbelehrungen* für Verwaltungsakte, die der Anfechtung unterliegen, vorgesehen. Dies gilt nicht für Verwaltungsakte im Bildungsbereich[8].

182   In § 4 VwVfGBln findet sich eine Verordnungsermächtigung zur Bestimmung derjenigen Verwaltungsangelegenheiten, die im *förmlichen Verfahren* nach den §§ 63 ff. VwVfGBund durchzuführen sind. Aufgrund dieser Ermächtigung wurde die Verordnung über das förmliche Verwaltungsverfahren (FörmVfVO)[9] erlassen. Vor der Anfechtung eines im förmlichen Verfahren erlassenen Verwaltungsaktes bedarf es nach § 70 VwVfGBund keines Vorverfahrens.

183   Modifiziert wird in § 4a VwVfGBln die Regelung des § 29 VwVfGBund über die *Akteneinsicht Beteiligter*. § 4a Abs. 1 S. 1 VwVfGBln erweitert den Einsichtsanspruch, da er sich auf alle Verfahrensakten bezieht. In § 29 Abs. 1 S. 1 VwVfG-Bund ist demgegenüber eine Einsicht nur für Akten vorgesehen, deren Kenntnis

---

[6] I.d.F. v. 17.12.1990, GVBl. 1991 S. 16, 54, zul. geänd. d. G. v. 30.7.2001, GVBl. S. 305.
[7] Vom 8.12.2000, GVBl. S. 515.
[8] Siehe Rz. 146.
[9] Vom 14.5.1980, GVBl. S. 991, zul. geänd. d. VO vom 31.10.2000, GVBl. S. 476.

zur Geltendmachung oder Verteidigung der rechtlichen Interessen des Beteiligten erforderlich ist. Ein bis zum Abschluss des Verwaltungsverfahrens geltender Ausschluss der Akteneinsicht für Entwürfe zu Entscheidungen und die Arbeiten zu ihrer unmittelbaren Vorbereitung ist in beiden Regelungen vorgesehen. Die weiteren Ausschlussgründe nach § 4a Abs. 2 VwVfGBln sind differenzierter als diejenigen in § 29 Abs. 2 VwVfGBund, da auf die Regelungen der §§ 5 bis 12 des *Berliner Informationsfreiheitsgesetzes* (IFG)[10] verwiesen wird. Auch Nichtbeteiligte haben einen Informationsanspruch; für diesen gilt das IFG (§ 4a Abs. 4 VwVfGBln).

Für das *Zustellungs- und Vollstreckungsverfahren* der Behörden Berlins sieht § 5 **184** VwVfGBln dynamische Verweisungen auf die jeweiligen Bundesgesetze vor. Auch das Verwaltungszustellungsgesetz (VwZG)[11] des Bundes und das Verwaltungsvollstreckungsgesetz (VwVG)[12] des Bundes werden also in das Berliner Landesrecht in ihrer jeweils geltenden Fassung inkorporiert. Der *Zwangsgeldrahmen* in § 11 Abs. 3 VwVG ist allerdings nach § 5 Abs. 2 S. 2 VwVfGBln auf bis zu fünfzigtausend Euro erweitert. Für die Art und Weise der Durchführung des unmittelbaren Zwangs nach § 12 VwVG gilt ergänzend das Gesetz über die Anwendung des unmittelbaren Zwangs bei der Ausübung öffentlicher Gewalt durch Vollzugsbeamte des Landes Berlin (UZwGBln)[13].

II. "electronic government"

Unter dem Schlagwort "electronic government" soll sich die Berliner Verwaltung **185** auch der modernen Informations- und Kommunikationstechnik öffnen[14]. Wegen des Grundsatzes der *Nichtförmlichkeit des Verwaltungsverfahrens* (§ 10 VwVfG) können die Bürger Erklärungen gegenüber der Berliner Verwaltung auch auf elektronischem Wege übermitteln. Problematisch ist dies jedoch, wenn für Verfahrenshandlungen spezialgesetzlich die Schriftform und eine eigenhändige Unterschrift oder das persönliche Erscheinen vorgeschrieben ist. Dies gilt z.B. bei Anträgen im förmlichen Verfahren (§ 64 VwVfG), beim Bauantrag (§ 57 Abs. 1 BauO), beim Einspruch gegen das Wählerverzeichnis (§ 17 Abs. 1 LWahlO) und bei der Anmeldung nach § 15 Meldegesetz.

Mit § 1 Abs. 1 des *Gesetzes zur Erprobung der elektronischen Signatur in der* **186** *Berliner Verwaltung*[15] wurde deshalb für bestimmte Verwaltungsbereiche eine Rechtsgrundlage geschaffen, aufgrund derer die jeweils zuständige Behörde ab-

---

[10] Vom 15.10.1999, GVBl. S. 561, geänd. d. G. v. 30.7.2001, GVBl. S. 305; siehe Rz. 187 ff.

[11] Vom 3.7.1952, BGBl. I S. 379, zul. geänd. d. G. v. 25.6.2001, BGBl. I S. 1206.

[12] Vom 27.4.1953, BGBl. I S. 157, zul. geänd. d. G. v. 17.12.1997, BGBl. I S. 3039, 3043.

[13] Vom 22.6.1970, GVBl. S. 921, zul. geänd. d. G. v. 23.7.2001, GVBl. S. 286.

[14] Zu den Ausprägungen dieses Begriffs *Boehme-Neßler*, NVwZ 2001, S. 374 ff., 375 f.

[15] Vom 8.10.2001, GVBl. S. 531.

weichend von einer durch Landerecht vorgeschriebenen Schriftform eine Übermittlung von Erklärungen der Bürger in elektronischer Form und Ausnahmen vom
Erfordernis der eigenhändigen Unterschrift und des persönlichen Erscheinens zulassen kann. Der Nachweis der Urheberschaft einer Erklärung ist durch eine *elek-
tronische Signatur* im Sinne des Signaturgesetzes[16] zu erbringen. Bisher wurde
von der Rechtsgrundlage allerdings kein Gebrauch gemacht. Da der Bund ohnehin
beabsichtigt, im Verwaltungsverfahrensgesetz eine Regelung der elektronischen
Kommunikation im Verwaltungsverfahren vorzusehen, dürfte das Erprobungsge-
setz bald obsolet sein[17].

III. Das Informationsfreiheitsgesetz

1. Der Informationsanspruch

187 Fortschrittlich ist Berlin auch im Hinblick auf die *Informationsfreiheit*. Neben
Brandenburg[18] und Schleswig-Holstein[19] ist Berlin eines der ersten Bundesländer,
in welchem ein gesetzlicher Anspruch auf Einsicht in bzw. Auskunft über Akten
der Verwaltung normiert ist. Der Anwendungsbereich des Informationsfreiheitsgesetzes[20] umfasst die gesamte unmittelbare und mittelbare Verwaltung Berlins
und sogar Private, die mit der Ausübung hoheitlicher Befugnisse betraut sind (§ 2
Abs. 1 IFG). Anspruchsberechtigt ist *jedermann*, es kommt also nicht auf einen
Wohnsitz im Land Berlin an (§ 3 Abs. 1 IFG). Die Akteneinsicht bzw. Aktenauskunft ist gebührenpflichtig[21]. Der Informationsanspruch besteht, soweit nicht ein
in den §§ 5 bis 12 IFG geregelter Ausnahmetatbestand gegeben ist (§ 4 IFG). Betreffen die Ablehnungsgründe nur Teile von Akten, ist Einsicht in die übrigen
Teile zu gewähren bzw. Auskunft hierüber zu erteilen (§ 12 IFG). Auf Verlangen
sind dem Antragsteller Ablichtungen der Akten zur Verfügung zu stellen (§ 13
Abs. 5 IFG). Die Verweigerung oder Beschränkung der Akteneinsicht oder Aktenauskunft ist grundsätzlich schriftlich zu begründen (§ 15 Abs. 1 S. 1 IFG). Dabei hat die Behörde den Antragsteller, soweit möglich, über den Inhalt der vorent-
haltenen Akten zu informieren (§ 15 Abs. 2 IFG). Vor Klageerhebung bedarf es
stets eines Vorverfahrens (§ 14 Abs. 3 IFG).

---

[16] Vom 16.5.2001, BGBl. I S. 876.

[17] Siehe zu den Diskussionen auf Bundesebene *Stelkens/Schmitz* in Stelkens/Bonk/Sachs,
VwVfG, § 10, Rz. 28b ff; *Catrein*, NVwZ 2001, S. 413 f.

[18] Akteneinsichts- und Informationszugangsgesetz vom 10.3.1998, GVBl. I S. 46 ff.

[19] Gesetz über die Freiheit des Zugangs zu Informationen für das Land Schleswig-Holstein
v. 26.1.2000, SchlHGVBl. IV S. 166.

[20] Siehe Fn. 10.

[21] Tarifstelle 1004 der Verwaltungsgebührenordnung i.d.F. v. 13.11.1978, GVBl. S. 2410,
zul. geänd. d. VO v. 21.11.2001, GVBl. S. 588.

Das IFG gilt nicht für Akten, für die spezialgesetzliche Einsichts- oder Auskunfts-   **188**
regelungen unabhängig vom Beteiligtenstatus bestehen[22]. Ist in einem Spezialgesetz dagegen lediglich die Einsichtnahme durch Verfahrensbeteiligte geregelt,
muss geprüft werden, ob diese Regelung abschließend ist und die subsidiäre Anwendbarkeit des IFG ausschließt oder nicht. So scheidet z.B. die Anwendbarkeit
des IFG auf Akten, die dem Sozialgesetzbuch X[23] unterliegen, aus. Die hierin zum
Schutz der Sozialdaten (§ 67 ff. SGB X) und zur Akteneinsicht Beteiligter (§ 25
SGB X) vorgesehenen Regelungen sind abschließend. Das bundesrechtlich geregelte *Sozialgeheimnis* (§ 35 SGB I[24]) lässt Einsichtnahmen oder Auskünfte in
weiteren als den geregelten Fällen nicht zu. Für die Akten des *Verfassungsschut-
zes* ist das IFG ebenfalls nicht anzuwenden[25].

2. Begrenzungen des Informationsanspruchs

Die *Ablehnungstatbestände* betreffen insbesondere den Schutz *personenbezogener*   **189**
Daten (§ 6 IFG) sowie von *Betriebs- und Geschäftsgeheimnissen* (§ 7 IFG). Hierbei muss allerdings eine Abwägung des Informationsinteresses mit dem *Geheim-
haltungsinteresse eines Betroffenen* erfolgen, wobei § 6 Abs. 2 IFG Fälle vorsieht,
in denen der Datenschutz in der Regel zurückzustehen hat[26]. Der Datenschutz
muss allerdings nach § 6 Abs. 1 S. 1 IFG nicht zurückstehen, wenn mit dem Antrag überwiegend Privatinteressen verfolgt werden. Das ist z.B. der Fall, wenn er
offensichtlich aus Neugier oder zur Verfolgung eigener Rechtsinteressen gestellt
wird. Dabei ist der Zweck des Gesetzes, nämlich die demokratische Meinungs-
und Willensbildung zu fördern und die Kontrolle des staatlichen Handelns zu ermöglichen (§ 1 IFG), zu beachten. Wenn auch im IFG eine Begründung von Anträgen nicht ausdrücklich vorgeschrieben ist, folgt aus den genannten Regelungen,
dass die Verwaltung zumindest in Zweifelsfällen, wenn personenbezogene Daten
Dritter oder Betriebs- und Geschäftsgeheimnisse betroffen sind, eine Begründung
oder Substantiierung des Antrags fordern kann. Nur so kann sie das Informati-
onsinteresse des Antragstellers feststellen, welches sie mit dem Geheimhaltungs-
interesse des Dritten abzuwägen hat. Auch nur so ist festzustellen, ob der Antragsteller überwiegend Privatinteressen verfolgt.

Weitere Ablehnungstatbestände betreffen den Schutz der *Rechtsdurchsetzung und*   **190**
Strafverfolgung (§ 9 IFG) und den *Geheimschutz* (§ 11 IFG). In der Praxis von besonderer Bedeutung sind die Ablehnungstatbestände nach § 10 IFG, die den

---

[22] Siehe z.B. § 8 Archivgesetz vom 29.11.1993, GVBl. S. 576, zul. geänd. d. G. v.
    20.4.2000, GVBl. S. 286.
[23] SGB X i.d.F. v. 18.1.2001, BGBl. I S. 130; § 4a VwVfGBln stellt die Anwendbarkeit des
    IFG neben dem VwVfGBln klar.
[24] SGB I v. 11.12.1975, BGBl. S. 3015, zul. geänd. d. G. v. 26.6.2001, BGBl. I S. 1310,
    1312.
[25] Siehe § 32 Abs. 3 Verfassungsschutzgesetz i.d.F. v. 25.6.2001, GVBl. S. 235.
[26] Vgl. *Partsch*, LKV 2001, S. 98.

Schutz des *behördlichen Entscheidungsprozesses* betreffen. Nach § 10 Abs. 1 IFG besteht der Informationsanspruch bis zum Abschluss eines Verwaltungsverfahrens grundsätzlich nicht für Entwürfe zu Entscheidungen sowie für Arbeiten zu ihrer unmittelbaren Vorbereitung. Die Akten zur Vorbereitung und Durchführung der Bauleitplanung sind erst einsehbar, sobald der Beschluss, einen Bauleitplan aufzustellen, gefasst ist (§ 10 Abs. 2 IFG). Darüberhinaus besteht kein Informationsanspruch, soweit sich Akten auf die Beratungen des Senats und der Bezirksämter sowie deren Vorbereitung beziehen (§ 10 Abs. 3 Nr. 1 IFG). Dieser Tatbestand fußt, zumindest was den Senat angeht, auf dem Schutz des sogenannten *Kernbereichs exekutiver Eigenverantwortung*, der im Zusammenhang mit parlamentarischen Untersuchungsausschüssen aus dem Grundsatz der Gewaltenteilung abgeleitet wird[27]. Die Willensbildung innerhalb der Regierung soll sowohl hinsichtlich der Erörterungen im Kabinett als auch bei der Vorbereitung von Kabinetts- und Ressortentscheidungen von äußerer Beeinflussung und Ausforschung freibleiben. Wenn dieser Kernbereich schon für Untersuchungsausschüsse gilt, ist es konsequent, wenn der Berliner Gesetzgeber diesen auch für Informationsanträge von Bürgern berücksichtigt hat. In § 10 Abs. 4 IFG hat er ferner den Willensbildungsprozess von und zwischen Behörden - überwiegend noch über den Kernbereich exekutiver Eigenverantwortung hinausgehend - grundsätzlich vom Informationsanspruch ausgenommen. Die Akteneinsicht oder Aktenauskunft soll versagt werden, wenn sie sich auf diesen Willensbildungsprozess bezieht. Fraglich ist, ob die Ablehnungstatbestände nach § 10 Abs. 3 Nr. 1 und Abs. 4 IFG auch nach Abschluss des jeweiligen Verfahrens bzw. bei Vorliegen einer Endentscheidung Anwendung finden. Festzustellen ist, dass der Gesetzgeber im Gegensatz zu den Ablehnungstatbeständen in § 9 und § 10 Abs. 1 und 2 IFG insoweit keine verfahrensmäßige bzw. zeitliche Beschränkung normiert hat. Im Übrigen kann die Willensbildung im Senat, Bezirksamt oder innerhalb von und zwischen Behörden auch beeinträchtigt sein, wenn mit einer Veröffentlichung nach Abschluss eines Verfahrens zu rechnen ist. Dies spricht dafür, die genannten Ablehnungstatbestände auch *nach Verfahrensabschluss* fortwirken zu lassen. Durch die Ermessensregelung in § 10 Abs. 4 IFG und auch hinsichtlich der Fälle nach § 10 Abs. 3 Nr. 1 IFG ist es der Verwaltung jedoch unbenommen, in unproblematischen Einzelfällen doch Akteneinsicht bzw. -auskunft zu gewähren. Ferner unterfallen § 10 Abs. 4 IFG nur solche Aktenteile, die unmittelbar die Willensbildung wiedergeben, also tatsächlich unterschiedliche Meinungen und Rechtsauffassungen und damit einen Entscheidungsprozess widerspiegeln. Der Tatbestand ist insofern eng auszulegen. Dass nicht jeder Entwurf unter den Ausnahmetatbestand fallen kann, zeigt § 10 Abs. 1 IFG.

---

[27] BVerfGE 67, 100, 139; 77, 1, 59; vgl. *Busse*, DÖV 1989, S. 45 ff., 46.

6. Kapitel: Die Aufsicht

I. Die Aufsicht in den Flächenländern

1. Die Aufsicht über die Kommunen als Teil der staatlichen Aufsicht

Innerhalb der Verwaltungsorganisation der Bundesländer gibt es Aufsichtsver- **191**
hältnisse auf verschiedenen Ebenen. Am weitestgehenden ist die Aufsicht naturgemäß innerhalb ein und desselben Verwaltungsträgers. So unterliegen die nachgeordneten Behörden der unmittelbaren Landesverwaltung einschließlich der Sonderbehörden und nicht rechtsfähigen Anstalten einer umfassenden Fachaufsicht
mit weitreichenden Kontroll- und Weisungsbefugnissen der ihnen übergeordneten
Stellen. Insoweit besteht auch eine Aufsicht über den Aufbau, die innere Ordnung,
die allgemeine Geschäftsführung und die allgemeinen Personalangelegenheiten
der nachgeordneten Einrichtungen, die als Dienstaufsicht bezeichnet wird[1].

Die Aufsicht das Landes über die kommunalen Gebietskörperschaften wird im
Folgenden näher dargestellt. Schließlich unterliegen auch die Verwaltungsträger
der mittelbaren Landesverwaltung einer Aufsicht durch den Staat.

2. Die Unterscheidung von Rechts- und Fachaufsicht

Im Rahmen der Aufsicht über die Kommunen können zwei Arten von Aufsicht **192**
unterschieden werden: die *Rechtsaufsicht* und die *Fachaufsicht*[2]. Die Unterscheidung der beiden Aufsichtsarten korrespondiert mit der Aufteilung gemeindlicher
Aufgabenwahrnehmung. Rechtsaufsicht findet im Falle der Selbstverwaltungsaufgaben statt, während die Fachaufsicht nur im Bereich übertragener staatlicher Aufgaben zum Zuge kommt[3]. Die Rechtsaufsicht beinhaltet eine reine *Rechtmäßigkeitskontrolle*, während die Fachaufsicht sich auch auf die *Zweckmäßigkeit* des
Verwaltungshandelns bezieht und für eigene Erwägungen der Aufsichtsbehörde
Raum lässt.

---

[1] *Zivier*, Verfassung und Verwaltung von Berlin, Rz. 82.5.2. Diese Aufsicht wird wegen ihres Bezuges zu Organisationsfragen auch als Organisationsaufsicht bezeichnet.

[2] In einigen Bundesländern tritt an die Stelle der Fachaufsicht die sogenannte Sonderauf-
sicht, vgl. z.B. § 132 Abs. 1 GO Bbg.

[3] *Gern*, Deutsches Kommunalrecht, Rz. 803; siehe Rz. 106 f.

193 Die Rechtsaufsicht stellt das Gegenstück zur kommunalen Selbstverwaltung dar. Da die Kommunen Teil der Verwaltung und damit auch den Zielen des Staatsganzen verpflichtet sind, muss es ein Instrument geben, das der in Art. 28 Abs. 2 GG verbrieften Eigenverantwortlichkeit Schranken setzt. Insoweit sind die Regelungen über die Aufsicht als Ausdruck des Gesetzesvorbehalts in Art. 28 Abs. 2 GG anzusehen[4]. Demgegenüber berührt die Fachaufsicht die kommunale Selbstverwaltung grundsätzlich nicht. Die Sachkompetenz zur Wahrnehmung der jeweiligen Aufgabe liegt allein beim Land. Ausnahmsweise können aber gemeindliche Rechtspositionen tangiert sein, wenn die Fachaufsicht rechtswidrig in den Bereich kommunaler Eigenverantwortung eindringt[5].

194 Beide Aufsichtsarten können sowohl präventiv als auch repressiv ausgeübt werden[6]. Mittel der *präventiven Aufsicht* sind etwa die Beratung der Gemeinden oder die Genehmigung gemeindlicher Vorhaben im Falle von Genehmigungsvorbehalten. Die präventive Aufsicht findet somit im Vorfeld der abschließenden Entscheidungsfindung statt. Demgegenüber richtet sich die *repressive Aufsicht* gegen bereits getroffene Entscheidungen. Instrumente der repressiven Aufsicht sind etwa das Informations-, Beanstandungs- und Aufhebungsrecht sowie die Weisung.

195 Grundsätzlich ist die Aufsicht so auszuüben, dass die *Entschlusskraft und Verantwortungsfreude der Gemeinden* nicht beeinträchtigt und die Selbstverwaltung gefördert wird[7]. Weiterhin gilt der *Grundsatz des gemeindefreundlichen Verhaltens*[8]. Betroffene Dritte können ein Einschreiten der Aufsichtsbehörde nicht - auch nicht im Klagewege - erzwingen[9].

3. Die Rechtsaufsicht

196 Die Regelungen über die Rechtsaufsicht sind in den Gemeindeordnungen enthalten[10] und dienen einer reinen Gesetzmäßigkeitskontrolle. Die Aufsichtsbehörde prüft also, ob die Regeln über die Zuständigkeiten und das Verfahren sowie das materielle Recht eingehalten wurden. Dabei überprüft sie Ermessensentscheidungen der Gemeinde lediglich auf Ermessensfehler und achtet ggf. bestehende Beurteilungsspielräume. Etwaige Zweckmäßigkeitserwägungen darf die Aufsichtsbehörde nicht anstellen. Die Aufsicht wird je nach Landesrecht in der Regel vom Landratsamt oder dem Regierungspräsidium bzw. der Bezirksregierung geführt.

---

[4] *Stober*, Kommunalrecht, § 9 III 1 a).
[5] *Gern* (Fn. 3), Rz. 838.
[6] Ausführlich *Waechter*, Kommunalrecht, Rz. 202 ff.
[7] Vgl. § 119 GO Bbg.
[8] OVG NW, OVGE 19, 192.
[9] *Gern* (Fn. 3), Rz. 804.
[10] Vgl. z.B. §§ 120 ff. GO Bbg.

Die *Mittel der repressiven Rechtsaufsicht* sind: **197**

- das Informationsrecht,
- das Beanstandungsrecht,
- das Aufhebungsrecht,
- das Anordnungsrecht,
- die Ersatzvornahme,
- die Bestellung eines Beauftragten,
- die Auflösung des Gemeinderats,
- die vorzeitige Beendigung der Amtszeit des Bürgermeisters[11].

Das Ergreifen aufsichtlicher Mittel liegt im *Ermessen der Aufsichtsbehörde*[12], die   **198**
je nach Lage des Einzelfalls entscheiden kann, dabei aber das gemeindliche Interesse an Eigenverantwortlichkeit berücksichtigen muss. Aufsichtsmaßnahmen sollen grundsätzlich nur im öffentlichen Interesse ergriffen werden. Subjektiv-öffentliche Rechte betroffener Bürger müssen diese grundsätzlich selbst im Klagewege
gegen die Gemeinde durchsetzen. Klagemöglichkeiten der Bürger haben also Vorrang vor einem aufsichtlichen Eingreifen, es sei denn, es besteht ein öffentliches
Interesse an einer Aufsichtsmaßnahme[13]. Die unterschiedlich eingriffs-intensiven
Maßnahmen müssen von der Aufsichtsbehörde dosiert entsprechend dem Grundsatz der *Verhältnismäßigkeit* angewandt werden. So kann etwa die Bestellung eines Beauftragten als äußerst einschneidende Maßnahme nur eines der letzten Mittel sein, um rechtmäßige Zustände herzustellen. Gleiches gilt für die Auflösung
des Gemeinderats und die Ablösung des Bürgermeisters. Die im Rahmen der
Rechtsaufsicht getroffenen Maßnahmen sind in der Regel als Verwaltungsakte anzusehen, gegen die sich die Gemeinden mit der Anfechtungsklage vor den Verwaltungsgerichten zur Wehr setzen können[14].

4. Die Fachaufsicht

Die Regelungen über die Fachaufsicht finden sich nur teilweise in den Gemeinde-   **199**
ordnungen[15]. Meist ist die Fachaufsicht samt der zuständigen Aufsichtsbehörde in
den jeweiligen Fachgesetzen mitgeregelt. Die Fachaufsicht verfolgt das Ziel, die
Gemeinden im Bereich der übertragenen staatlichen Aufgaben in die Staatsverwaltung einzubinden. Der Staat hat in diesem Bereich, der nicht der Selbstverwaltungsgarantie unterliegt, die Letztverantwortung für getroffene Entscheidungen. Dem korreliert die *Sachkompetenz*, die auch das Recht einschließt, Zweck-

---

[11] Im Einzelnen *Gern* (Fn. 3), Rz. 811 ff.
[12] Ganz h.M., VGH BW, NJW 1990, S. 136; *Gern* (Fn. 3), Rz. 804; *Erichsen*, Kommunalrecht des Landes Nordrhein-Westfalen, S. 350; a.A. *Waechter* (Fn. 6), Rz. 198.
[13] *Vogelgesang/Lübking/Jahn*, Kommunale Selbstverwaltung, Rz. 618; *Gern* (Fn. 3), Rz.
804.
[14] Vgl. § 130 GO Bbg; siehe Rz. 350.
[15] Vgl. § 132 GO Bbg.

mäßigkeitserwägungen in die Aufsichtsmaßnahme einfließen zu lassen. Die Fachaufsicht unterscheidet sich demnach zunächst hinsichtlich des Prüfungsmaßstabes von der Rechtsaufsicht. Es geht um Gesetz- und Zweckmäßigkeit des gemeindlichen Handelns, welches insoweit einheitlich von der Fachaufsichtsbehörde überprüft wird. Zweckmäßigkeitserwägungen kommen insbesondere bei Ermessensentscheidungen der Gemeinden zum Tragen.

200 In der Regel unterliegt die Fachaufsichtsbehörde bei ihren Zweckmäßigkeitsüberlegungen, die sie der Gemeinde vorgeben will, keinen Bindungen. Anders ist dies allerdings in Bundesländern, die sogenannte *Pflichtaufgaben zur Erfüllung nach Weisung* kennen, da hier das Weisungsrecht je nach gesetzlicher Regelung auf bestimmte Fälle beschränkt ist. So kann z.B. nach § 132 Abs. 2 Buchst. c) BbgGO eine sogenannte besondere Weisung unter anderem nur erteilt werden, wenn das Verhalten der Gemeinde überörtliche Interessen gefährden kann. Auch in Bayern ist die Fachaufsicht über die Gemeinden beschränkt. Nach Art. 109 Abs. 2 S. 2 BayGO sind Eingriffe in das Verwaltungsermessen auf die Fälle zu beschränken, in denen das Gemeinwohl oder öffentlich-rechtliche Ansprüche Einzelner eine Weisung oder Entscheidung erfordern oder die Bundesregierung nach Art. 84 Abs. 5 oder 85 Abs. 3 GG eine Weisung erteilt. Durch diese Einschränkungen besteht für die Fachaufsichtsbehörden ein *Rechtfertigungszwang*, denen Behörden mit unbeschränkter Fachaufsicht nicht unterliegen.

Die zuständige Fachaufsichtsbehörde lässt sich in der Regel dem jeweiligen Fachgesetz, das die Gemeinde auszuführen hat, entnehmen. In der Regel sind Rechtsaufsichtsbehörde und Fachaufsichtsbehörde nicht identisch.

201 Hauptinstrument der Fachaufsicht ist die *Weisung,* die sowohl präventiv als auch repressiv erteilt werden kann. Daneben steht der Fachaufsichtsbehörde, damit sie ihr Weisungsrecht überhaupt ausüben kann, ein umfassendes *Informationsrecht* zu. Die im Rahmen der Rechtsaufsicht bestehenden übrigen Aufsichtsmittel stehen ihr hingegen in der Regel nicht zur Verfügung. Widersetzt sich die Gemeinde einer Weisung, so muss sich die Fachaufsichtsbehörde an die zuständige Rechtsaufsichtsbehörde wenden, die, da die Nichtbefolgung einer Weisung einen Rechtsverstoß darstellt, nunmehr alle weiteren Maßnahmen zur Durchsetzung der Weisung treffen kann[16]. Maßnahmen der Fachaufsicht sind grundsätzlich nicht vor Gericht anfechtbar, da im übertragenen Aufgabenbereich subjektive Rechte der Gemeinden nicht berührt werden[17]. Eine Ausnahme besteht dann, wenn die Gemeinde geltend macht, dass die Maßnahme in ihr Selbstverwaltungsrecht übergreife[18].

---

[16] Zum Prozedere *Gern* (Fn. 3), Rz. 823; in Brandenburg ist aber z.B. nach § 132 Abs. 3 GO ein Selbsteintrittsrecht der Fachaufsichtsbehörde bei der Nichtbefolgung von Weisungen vorgesehen.

[17] So die Rechtsprechung, vgl. nur BVerwG, DVBl. 1995, S. 744; siehe *Gern* (Fn. 3), Rz. 837, m.w.N.; a.A. *Erichsen* (Fn. 12), S. 357; *Knemeyer*, HkWP Bd. 1, S. 279; siehe Rz. 351 f.

[18] *Gern* (Fn. 3), Rz. 838.

II. Die Aufsicht in Berlin

Hinsichtlich der Aufsichtsverhältnisse im Land Berlin ist zu unterscheiden zwi- **202** schen der Aufsicht innerhalb der Hauptverwaltung und innerhalb der Bezirksverwaltung, der Aufsicht gegenüber den Bezirken und der Staatsaufsicht gegenüber den landesunmittelbaren Körperschaften, Anstalten und Stiftungen des öffentlichen Rechts.

Unabhängig von den Aufsichtsverhältnissen gelten zwischen allen Behörden der Berliner Verwaltung umfassende *Informationspflichten*. Nach § 3 Abs. 4 AZG unterrichten sich Senatsverwaltungen, Bezirksämter, Sonderbehörden und nichtrechtsfähige Anstalten gegenseitig von allen wichtigen Ereignissen, Entwicklungen und Vorhaben, die auch für die anderen Stellen Bedeutung haben. Für den Bereich der Ordnungsaufgaben statuiert § 10 Abs. 1 ASOG eine entsprechende Informationspflicht.

1. Die Aufsicht innerhalb von Haupt- und Bezirksverwaltung

Die Sonderbehörden und nicht rechtsfähigen Anstalten der Hauptverwaltung un- **203** terliegen nach § 8 Abs. 1 S. 1 AZG, § 9 Abs. 1 S. 1, Abs. 2 ASOG der Fachaufsicht der jeweils für die Fachaufgabe zuständigen Senatsverwaltung[19]. Für die nichtrechtsfähigen Anstalten der Bezirksverwaltungen weist § 8 Abs. 1 S. 2 AZG die Fachaufsicht dem fachlich zuständigen Bezirksamtsmitglied zu. Die Fachaufsicht ermöglicht es, die Aufgabenwahrnehmung der beaufsichtigten Stelle bis in Einzelheiten zu steuern und unterstellt sie einem vollständig hierarchischen Weisungsverhältnis. Die Aufsicht erstreckt sich auf die Rechtmäßigkeit des Verwaltungshandelns, aber auch die Zweckmäßigkeit (vgl. § 8 Abs. 2 AZG, § 10 Abs. 2 ASOG). Die Mittel der Fachaufsicht sind das *Informationsrecht*, das *Weisungsrecht* und das *Eintrittsrecht* (§ 8 Abs. 3 AZG, § 10 Abs. 3 ASOG). Das Weisungsrecht kann vorab generell und in bereits laufenden Verwaltungsverfahren ausgeübt werden. Das Eintrittsrecht, also das Ansichziehen der Zuständigkeit, kann nur ausgeübt werden, wenn eine Weisung im Einzelfall nicht befolgt wird.

Die *Dienstaufsicht* über den Aufbau, die innere Ordnung, die allgemeine Ge- **204** schäftsführung und Personalangelegenheiten führt ebenfalls die Fachaufsichtsbehörde[20]. Für den Bereich der nachgeordneten Ordnungsbehörden (§ 2 Abs. 3 ASOG) ist dies in § 9 Abs. 1 S. 1 ASOG ausdrücklich geregelt. Im Übrigen ergibt sich die Befugnis zur Dienstaufsicht aus der Organisationsgewalt des jeweiligen Senats- bzw. Bezirksamtsmitglieds. Die Dienstaufsicht gegenüber dem Landes-

---

[19] Der Polizeipräsident und das Landeseinwohneramt unterstehen somit der Fachaufsicht mehrerer Senatsverwaltungen je nachdem, welche Ordnungsaufgabe sie wahrnehmen.
[20] *Zivier* (Fn. 1), Rz. 82.5.2. Die Senatsverwaltungen sind ferner Oberste Dienstbehörde für die nachgeordneten Behörden ihres Geschäftsbereichs (§ 3 Abs. 1 Nr. 1 LBG).

einwohneramt und dem Polizeipräsidenten in Berlin liegt generell bei der Senatsverwaltung für Inneres (§ 9 Abs. 2 ASOG).

2. Die Aufsicht gegenüber den Bezirken

a) Verfassungsrechtliche Grundlagen

205 Art. 67 Abs. 2 S. 2 und 3 VvB bestimmt, dass der Senat nicht nur generell die Einhaltung von Gesetzen durch die Bezirke beaufsichtigt, sondern auch die Einhaltung von Grundsätzen und allgemeinen Verwaltungsvorschriften, die er für die Tätigkeit der Bezirke erlassen kann[21]. Die Rechtsaufsicht gegenüber den Bezirken, die als *Bezirksaufsicht* bezeichnet wird, geht also weiter als die Rechtsaufsicht gegenüber den Gemeinden, da sie sich für den gesamten Bereich der bezirklichen Aufgaben auch auf die *Einhaltung von Verwaltungsvorschriften* des Senats bezieht[22]. Da die Verwaltungsvorschriften grundsätzlich auch Fragen der Zweckmäßigkeit betreffen können, lässt also die Bezirksaufsicht die bezirkliche Ermessensfreiheit nur insoweit unberührt, als sie nicht durch Verwaltungsvorschriften bereits eingeschränkt ist[23]. Dabei ist allerdings zu berücksichtigen, dass einerseits der Erlass von Verwaltungsvorschriften mit Wirkung auf die Bezirke verschiedenen einfachgesetzlich geregelten Voraussetzungen und Beschränkungen unterliegt[24]. Andererseits ist die Bezirksaufsicht bezirksfreundlich auszuüben[25], so dass in der Regel alleine wegen eines Verstoßes gegen Verwaltungsvorschriften keine Maßnahmen ergriffen werden. Die Verfassungslage dokumentiert aber ungeachtet dessen die Einbindung der Bezirke in die unmittelbare Landesverwaltung.

206 Neben der Bezirksaufsicht stellt die Verfassung dem Gesetzgeber in Art. 67 Abs. 1 S. 4 VvB zwei Modelle der Aufsicht zur Auswahl. Entweder kann wie gegenüber den Gemeinden in den Flächenländern für bestimmte Aufgabenbereiche der Bezirke eine *Fachaufsicht* vorgesehen werden. Davon kann jedoch abgesehen und stattdessen ein sogenanntes *Eingriffsrecht* für alle Aufgabenbereiche der Bezirke normiert werden. Was ein Eingriffsrecht ist, sagt die Verfassung nicht. Es soll allerdings nur zum Zuge kommen, wenn *dringende Gesamtinteressen Berlins* beeinträchtigt werden.

207 Da in Art. 67 Abs. 2 S. 3 VvB die generelle Aufsicht über die Einhaltung von Gesetzen und Verwaltungsvorschriften durch die Bezirke vorgesehen ist, lässt sich gesetzessystematisch folgern, dass das Eingriffsrecht sich auf Fragen der Zweckmäßigkeit beziehen muss. Das Eingriffsrecht soll dem Senat einen Eingriff in die bezirkliche Zuständigkeit aus anderen Gründen als dem Verstoß gegen Rechts-

---

[21] Siehe Rz. 156 ff.

[22] *Neumann* in Pfennig/Neumann, VvB, Art. 66, 67, Rz. 34.

[23] Vgl. die Amtliche Begründung zum AZG (Kap. 1, Fn. 4), S. 15; *Machalet,* Die Bezirksverwaltung, S. 81.

[24] Siehe Rz. 156.

[25] Siehe Rz. 214 ff.

und Verwaltungsvorschriften ermöglichen. Dies können nur Gründe der Zweck-mäßigkeit sein. Damit wird deutlich, dass das Eingriffsrecht eine Art *fachauf-sichtlicher Maßnahme* ist, die im Gegensatz zur allgemeinen Fachaufsicht der tat-bestandlichen Beschränkung auf Fälle unterliegt, in denen dringende Gesamtinter-essen Berlins beeinträchtigt werden. Im Gegensatz zur Fachaufsicht, der stets nur bestimmte Aufgabenbereiche zugeordnet sein können, soll sich das Eingriffsrecht allerdings auf alle bezirklichen Aufgaben beziehen.

Die Regelung in Art. 67 Abs. 1 S. 4 VvB spiegelt die Unsicherheit des Verfas- **208** sungsgesetzgebers wider. Bis zu ihrer Einfügung mit dem Zweiten Gesetz zur Än-derung der Verfassung von Berlin vom 3. April 1998[26] unterstanden die Bezirke bei bestimmten Aufgaben der Bezirksaufsicht und bei anderen - gewissermaßen übertragenen - Aufgaben der Fachaufsicht. Die Neuregelung lässt auf der Verfas-sungsebene dieses Modell weiterhin zu. Man wollte sich dieses als eine Art "Rückfallposition" für den Fall offenhalten, dass sich das Eingriffsrecht nicht be-währt. Über die Tauglichkeit des neuartigen Eingriffsrechts war man offensicht-lich noch im Zweifel.

Die einfachgesetzliche Abschaffung der Fachaufsicht und die Normierung eines **209** Eingriffsrechts für alle bezirklichen Aufgaben im AZG war zum Zeitpunkt der Überlegungen für eine Verfassungsregelung bereits vorgesehen[27]. Dieses Modell fußt auf den Ergebnissen einer Arbeitsgruppe der damaligen Koalitionsfraktionen und hat Kompromisscharakter. Es kommt mit der Abschaffung der Fachaufsicht denjenigen entgegen, die die politische Einflussnahme auf die Bezirke durch den Senat im Rahmen der tatbestandlich nicht begrenzten Fachaufsicht kritisierten. Auf der anderen Seite berücksichtigt es mit dem Eingriffsrecht für alle Bezirks-aufgaben diejenigen Stimmen, die eine gewisse Machtlosigkeit des Senats bei den früheren nur unter Bezirksaufsicht durchgeführten Bezirksaufgaben beklagten. Die Bezirke wurden bei der Wahrnehmung der früher unter Fachaufsicht durchge-führten Aufgaben gestärkt, weil sie insoweit jetzt nur noch der Bezirksaufsicht und dem Eingriffsrecht unterliegen. Andererseits wurden sie geschwächt, da für die Aufgaben, die früher nur der Bezirksaufsicht unterworfen waren, nun zusätz-lich ein Eingriffsrecht besteht.

b) Bezirksaufsicht

Die Bezirke unterliegen bei der Wahrnehmung ihrer Aufgaben zunächst der Be- **210** zirksaufsicht (§ 9 Abs. 1 S. 1 AZG). Entsprechend der Bindung der Bezirke an Rechts- und Verwaltungsvorschriften (§ 7 Abs. 1 AZG) hat die Bezirksaufsicht nach § 9 Abs. 3 S. 1 AZG sicherzustellen, dass die Rechtmäßigkeit der Verwal-tung gewahrt bleibt und die für die Bezirke geltenden Verwaltungsvorschriften eingehalten werden. Diese Vorschriften über die Aufsicht gelten auch für Ord-

---

[26] GVBl. S. 82.

[27] Antrag der Fraktion der SPD über ein Drittes Verwaltungsreformgesetz vom 4.3.1998, Abghs-Drs. 13/2537.

nungsangelegenheiten der Bezirke (§ 9 Abs. 1 S. 2 ASOG). Bezirksaufsichtsbehörde ist die *Senatsverwaltung für Inneres*, bestimmte Aufsichtsmaßnahmen kann aber nur der Senat ausüben (§ 9 Abs. 1 S. 2 AZG). Adressat der bezirksaufsichtlichen Maßnahme können sowohl das Bezirksamt als auch die Bezirksverordnetenversammlung sein, nicht jedoch einzelne Mitarbeiter des Bezirksamts. Den Senatsverwaltungen nachgeordnete Sonderbehörden haben gegenüber den Bezirken keine Befugnisse. Die Bezirksaufsicht wird also umfassend auf der Ebene des Senats ausgeübt. Über Maßnahmen der Bezirksaufsicht ist nach § 14 Abs. 3 AZG der Rat der Bürgermeister zu unterrichten.

211   Die Bezirksaufsicht umfasst ein *allgemeines Informationsrecht* nach § 10 AZG. Die Senatsverwaltung für Inneres kann Auskünfte, Berichte sowie die Vorlage von Akten und Unterlagen fordern. Auch für die übrigen Senatsverwaltungen besteht im Rahmen ihrer fachlichen Zuständigkeit dieses Informationsrecht (§ 7 Abs. 2 AZG). Das Recht, die Vorlage von Akten zu verlangen, fand erst im Zuge der Verwaltungsreform 1998 zusammen mit der Einführung des Eingriffsrechts Eingang in das Gesetz. Die Senatsverwaltung für Inneres kann darüberhinaus nach § 10 S. 2 AZG im Einvernehmen mit der fachlich zuständigen Senatsverwaltung *Prüfungen* in den Bezirken anordnen. Daraufhin müssen die betroffenen Fachvorgänge bezirksintern einer Revision unterzogen werden.

212   Nur der Senat als Kollegialorgan kann im Rahmen der Bezirksaufsicht nach § 11 AZG Beschlüsse und Anordnungen bezirklicher Organe aufheben und verlangen, dass Maßnahmen rückgängig gemacht werden *(Aufhebungsrecht)*. Ebenfalls nur der Senat kann einen Bezirk nach § 12 AZG anweisen, bestimmte Beschlüsse zu fassen oder Anordnungen zu treffen *(Anweisungsrecht)*. Weigert sich das zuständige Organ, Maßnahmen rückgängig zu machen, aufgegebene Beschlüsse zu fassen oder Anordnungen zu treffen, kann der Senat nach § 13 AZG die Maßnahmen selbst rückgängig machen, die Beschlüsse fassen oder Anordnungen treffen *(Ersatzbeschlussfassungsrecht)*. Sofern Anordnungen des Senats nicht befolgt werden, kann er sie durch einen Beauftragten durchführen lassen *(Ersatzvornahme)*. Maßnahmen wie die generelle Bestellung eines Beauftragten („Staatskommissar") oder die Auflösung der Bezirksverordnetenversammlung sind nicht vorgesehen.

213   Abgesehen vom Informationsrecht sind die genannten Aufsichtsmittel repressiver Art. Es können also Bezirksaufsichtsmaßnahmen erst ergriffen werden, wenn der Bezirk bereits gehandelt hat oder beschlossen hat, bestimmte Maßnahmen nicht zu treffen, zu denen er verpflichtet ist. Die Bezirksaufsichtsbehörde kann aber gegen ein bevorstehendes Handeln eines Bezirks durch eine Aufforderung vorgehen, die beabsichtigte Maßnahme zu unterlassen. Im Übrigen kann sie zu jeder Zeit Hinweise geben und Rat erteilen (präventive Kontrolle).

214   Die Bezirksaufsicht darf bei ihrem Handeln die Entschlusskraft und Verantwortungsfreudigkeit der bezirklichen Organe nicht beeinträchtigen (§ 9 Abs. 3 S. 2 AZG). Dies wird zunächst dadurch sichergestellt, dass die Bezirksaufsichtsbehörde stets den Konsens mit den Bezirken sucht und, soweit es zeitlich möglich ist,

die Bezirke vor etwaigen Maßnahmen anhört. Dabei ist zu berücksichtigen, dass ein Einschreiten im Ermessen des Senats steht[28]. Die meisten Problemfälle werden auf diese Weise bereits informell gelöst. Ferner folgt schon aus der für die Maßnahmen nach den §§ 11 bis 13 AZG vorgesehenen Zuständigkeit des Senats, dass Aufsichtsmaßnahmen nicht übereilt ergriffen werden. Es bedarf für diese Maßnahmen eines *Senatsbeschlusses*. Ein solcher lässt sich nur mit einem gewissen Zeitaufwand herbeiführen. Ferner bedarf es einer fundierten, überzeugenden Begründung, damit die Senatsmitglieder der Beschlussvorlage überhaupt zustimmen. Hierdurch sind Maßnahmen der Bezirksaufsicht *kein kurzfristig einsetzbares Mittel*. Nicht zuletzt diese Schwerfälligkeit war ein Grund, die Bezirksaufsicht um ein Eingriffsrecht zu ergänzen. Die Zuständigkeit des Senats begründet im Übrigen die Gefahr, dass die Entscheidung über eine Aufsichtsmaßnahme durch die Verlagerung aus der verwaltungsrechtlichen Sphäre auf die politische Regierungsebene von politischen Überlegungen beherrscht wird. Dies muss als Systemfehler bezeichnet werden, da es lediglich um Rechtsverstöße der Bezirke geht, die behoben werden sollen.

Die Entschlusskraft und Verantwortungsfreudigkeit der bezirklichen Organe wird **215** ferner dadurch sichergestellt, dass die Bezirksaufsicht in der Regel in den Fällen zurücksteht, in denen durch andere Beteiligte in anderen Verfahren Rechtsverstößen begegnet werden kann. Dies betrifft zunächst die Beanstandungsverfahren nach §§ 18, 39 Abs. 4 BezVG[29]. Es obliegt zuvörderst den bezirklichen Organen, rechtswidrige Maßnahmen und Vorgänge auf der Bezirksebene zu rügen. Ferner sind in diesem Zusammenhang bezirkliche Einzelentscheidungen gegenüber dem Bürger zu nennen, gegen die dieser mit den Mitteln des Verwaltungsverfahrensrechts und der Verwaltungsgerichtsordnung vorgehen kann, also insbesondere Verwaltungsakte, gegen die Widerspruch und Klage erhoben werden kann. Die Bezirksaufsicht ist insofern keine Instanz, die jede Einzelentscheidung eines Bezirksamts gegenüber einem Bürger überprüft. In diesen Fällen wird in der Regel die Bezirksaufsicht einer Letztentscheidung durch die Gerichte nicht vorgreifen und es den Bezirken überlassen, ihre Rechtsauffassung durchzusetzen.

Betrachtet man die Praxis der letzten Jahre, so ist zu konstatieren, dass formelle bezirksaufsichtliche Maßnahmen nur selten ergriffen wurden. Einer der letzten gerichtlich zu entscheidenden Fälle betraf die *Bezirksamtsbildung*[30].

Bezirksaufsicht ist nicht nur Kontrolle. Sie soll nach § 9 Abs. 2 AZG auch die **216** Mitwirkung der Bezirke an der Verwaltung fördern und schützen. Dem trägt die Senatsverwaltung für Inneres dadurch Rechnung, dass sie auf Senatsebene die Rechte der Bezirke sichert, also z.B. für die Einschaltung des Rats der Bürgermeister sorgt, und die Interessen der Bezirke geltend macht, soweit diese nicht selbst an einem Verfahren beteiligt sind. Ferner hat die Bezirksaufsicht eine Beratungs-

---

[28] Zur entsprechenden Lage in den Flächenländern siehe Rz. 198.
[29] Siehe Rz. 299 ff., 321 ff.
[30] VG Berlin, Urt. v. 8.6.1998, VG 26 A 43.96, n.v.; siehe Fall 4, Rz. 249.

funktion und steht für Stellungnahmen zu bezirklichen Rechtsfragen zur Verfügung, wobei zuvor eine Klärung durch das bezirkliche Rechtsamt anzustreben ist.

c) Das Eingriffsrecht

217 Der Gesetzgeber hat, wie oben dargestellt[31], von der Möglichkeit in Art. 67 Abs. 1 S. 4 VvB Gebrauch gemacht und die Fachaufsicht herkömmlicher Art für bestimmte Aufgaben durch ein Eingriffsrecht für alle Bezirksaufgaben[32] in § 13a AZG ersetzt. Das Eingriffsrecht ergänzt die Bezirksaufsicht und obliegt grundsätzlich dem für die *Sachaufgabe zuständigen Mitglied des Senats*. Es ist einzelfallbezogen, kann also nicht für eine Mehrheit ähnlich gelagerter Fälle gemeinsam ausgeübt werden. Durch die Verweisung auf die Befugnisse nach § 8 Abs. 3 AZG wird deutlich, dass das Eingriffsrecht nicht nur eine bestimmte Maßnahme (den Eingriff) zulässt, sondern die Ausübung von Befugnissen der Fachaufsicht ermöglicht, wie sie zwischen Senatsverwaltungen und nachgeordneten Sonderbehörden gegeben ist[33]. Die Ausübung eines Eingriffs ist also nichts anderes als die Ausübung eines der in § 8 Abs. 3 AZG vorgesehenen Mittel der Fachaufsicht. Da die Senatsverwaltungen nach § 7 Abs. 2 AZG ohnehin ein umfassendes Informationsrecht haben, kommen über das Eingriffsrecht zusätzlich die Mittel der *Anordnung einer Prüfung*, der *Einzelweisung* und des *Eintrittsrechts* in Betracht.

218 Das Besondere beim Eingriffsrecht im Gegensatz zur allgemeinen Fachaufsicht liegt somit nicht in der Rechtsfolge, sondern auf der Tatbestandsseite. Im Gegensatz zur Fachaufsicht, bei der eine Rechtskontrolle erfolgt, aber auch alle denkbaren Gründe der Zweckmäßigkeit Maßnahmen rechtfertigen können, darf das Eingriffsrecht nur ausgeübt werden, wenn hierfür ein besonderer Grund vorliegt: Ein Handeln oder Unterlassen eines Bezirksamts muss im Einzelfall *dringende Gesamtinteressen Berlins* beeinträchtigen. Das Eingriffsrecht lässt sich insoweit mit den Regelungen der beschränkten Fachaufsicht bzw. des beschränkten Weisungsrechts, wie sie in einigen Flächenländern - z.B. in Bayern oder Brandenburg - bestehen, vergleichen. Wie oben dargestellt, ist dort die Fachaufsicht gegenüber den Gemeinden durch zusätzliche tatbestandliche Erfordernisse beschränkt[34]. Das Handeln oder Unterlassen des Bezirksamts darf darüberhinaus *keinen Verstoß gegen Rechts- oder Verwaltungsvorschriften* begründen, da in diesem Fall nur die Bezirksaufsicht mit ihren Mitteln zum Zuge kommt.

aa) Der Tatbestand des Eingriffsrechts nach § 13a Abs. 1 AZG
(1) Ein Handeln oder Unterlassen eines Bezirksamts im Einzelfall

219 Der Tatbestand des Eingriffsrechts setzt ein Handeln oder Unterlassen eines *Bezirksamts* voraus. Das Eingriffsrecht kann somit nicht ausgeübt werden, wenn es

---

[31] Siehe Rz. 206 ff.
[32] Einschließlich der Ordnungsaufgaben, siehe § 9 Abs. 1 S. 2 ASOG.
[33] Siehe Rz. 203.
[34] Siehe Rz. 200.

um ein Handeln oder Unterlassen der Bezirksverordnetenversammlung geht. Nur wenn ein Bezirksamt aufgrund eines Beschlusses der Bezirksverordnetenversammlung seinerseits handelt oder ein Handeln unterlässt, kann von dem Eingriffsrecht gegenüber dem Bezirksamt Gebrauch gemacht werden. Die Bezirksverordnetenversammlung ist insofern an die Eingriffsentscheidung gebunden, als Beschlüsse, die dagegen verstoßen, nach § 18 BezVG vom Bezirksamt zu beanstanden sind.

Das Bezirksamt muss bereits gehandelt haben. Im Ausnahmefall wird man allerdings einen *Vorabeingriff* für zulässig halten müssen, wenn ein Handeln oder die Entscheidung für ein Unterlassen unmittelbar bevorsteht und irreparable Beeinträchtigungen dringender Gesamtinteressen Berlins drohen.

(2) Dringende Gesamtinteressen Berlins

Das Eingriffsrecht setzt ferner voraus, dass dringende Gesamtinteressen Berlins **220** durch das Handeln oder Unterlassen des Bezirksamts beeinträchtigt werden. Es handelt sich bei dem Terminus „dringende Gesamtinteressen Berlins" um einen unbestimmten Rechtsbegriff.

Als dringende Gesamtinteressen benennt § 13a Abs. 1 S. 2 AZG zunächst durch eine *nicht abschließende, beispielhafte Aufzählung* Belange Berlins als Bundeshauptstadt (Nr. 1), die Ausübung von Befugnissen des Senats nach Bundesrecht, europäischem Recht oder Staatsverträgen (Nr. 2) sowie die Befolgung von Weisungen der Bundesregierung nach Art. 84 Abs. 5 oder Art. 85 Abs. 3 GG (Nr. 3).

Dringende Gesamtinteressen Berlins sind somit immer dann gegeben, wenn es um **221** *Belange Berlins als Bundeshauptstadt* geht. Erforderlich sind insoweit konkrete, sich auf Hauptstadtfunktionen beziehende Belange. Solche ergeben sich insbesondere aus den für eine Zusammenarbeit zwischen Berlin und dem Bund vorgesehenen Aufgabenfeldern, die in Art. 1 Abs. 3 des Hauptstadtvertrags[35] genannt sind. Steht ein bezirkliches Handeln oder Unterlassen solchen Belangen entgegen, sind dringende Gesamtinteressen Berlins beeinträchtigt.

Ferner liegen dringende Gesamtinteressen immer dann vor, wenn der Senat von in **222** *Bundesrecht, europäischem Recht* oder *Staatsverträgen* geregelten Befugnissen Gebrauch macht. In Betracht kommen insoweit fachaufsichtliche Befugnisse oder bestimmte Zustimmungsvorbehalte zugunsten der Landesregierung. Verbleibt auf Bezirksebene ein Vollzugsdefizit, sind kraft Gesetzes dringende Gesamtinteressen Berlins beeinträchtigt. Ob diese Regelung in der Praxis Bedeutung haben kann, ist fraglich. In der Regel sind die Befugnisse des Senats aus höherrangigen Rechtsvorschriften oder auch Staatsverträgen aus sich heraus ausreichend, um ggf. auf die Bezirke einwirken zu können. Nur in Fällen, in denen die jeweiligen Befugnisse unvollkommen geregelt sind, ist noch ein Rückgriff auf § 13a Abs. 1 S. 2 Nr. 2

---

[35] Vom 25.8.1992, Abghs-Drs. 12/1276.

AZG denkbar. Der Vorschrift kommt deshalb vorwiegend eine *Klarstellungsfunktion* dahingehend zu, dass fachaufsichtliche Befugnisse des Senats, die sich aus Bundesrecht, europäischem Recht oder Staatsverträgen ergeben, unberührt bleiben[36].

223 Dringende Gesamtinteressen Berlins sind ferner immer dann gegeben, wenn der Senat als Landesregierung seinerseits in der Pflicht steht, *Weisungen der Bundesregierung* im Rahmen der Bundesauftragsverwaltung oder ausnahmsweise sogar bei der Ausführung von Bundesrecht als eigene Angelegenheit umzusetzen. Fälle, in denen die Bezirke für Aufgaben zuständig sind, die dem Weisungsrecht des Bundes unterliegen, sind selten. In Betracht kommt dies z.b. bei den Aufgaben nach dem *Zivilschutzgesetz*[37], welches teilweise von den Ländern in Bundesauftragsverwaltung durchgeführt wird. In den Zivilschutz sind auch die Bezirke als Ordnungs- und Katastrophenschutzbehörden einbezogen. Läuft das bezirkliche Handeln oder Unterlassen der Bundesweisung entgegen, sind somit dringende Gesamtinteressen Berlins beeinträchtigt.

224 Neben § 13a Abs. 1 AZG enthält auch § 7 Abs. 1 S. 3 AGBauGB eine Aufzählung von Fällen, in denen dringende Gesamtinteressen Berlins vorliegen können[38]. Diese beziehen sich auf bauplanerische Belange. Für den Bereich des *Bauplanungsrechts* ist das Eingriffsrecht im AGBauGB allerdings spezialgesetzlich geregelt[39]. Für Baugenehmigungsverfahren gilt im Hinblick auf planerische Belange § 17 AGBauGB[40].

Aber auch in anderen als den beschriebenen Fällen können dringende Gesamtinteressen Berlins beeinträchtigt sein. Der unbestimmte Rechtsbegriff bedarf deshalb der Auslegung.

225 Der Begriff *"dringend"* kann mit unterschiedlichem Bedeutungsgehalt verwandt werden[41]. Zum einen kann im Sinne einer *temporalen Bedeutung* gemeint sein, dass eine Angelegenheit keinen Aufschub duldet, also ein Eilfall vorliegt. "Dringend" kann aber auch heißen, dass ein bestimmter Fall qualitativ aus der Masse vergleichbarer Fälle heraussticht und einer besonderen Behandlung bedarf. Insofern kann von einer *inhaltlich-qualitativen Bedeutung* gesprochen werden. Die

---

[36] Vgl. Protokollnotiz der Koalitionsfraktionen im Gesetzgebungsverfahren zum 2. Gesetz zur Änderung der VvB, Abghs-Drs. 13/2567, zu Protokoll gegeben in der 2. Lesung (Protokoll der 43. Sitzung v. 26.3.1998, S. 3326; Senator Schönbohm und S. 3319; Abg. Jakesch: "Der neue Art. 67 verändert nicht die Zuständigkeiten und Befugnisse des Senats aus Bundesrecht, Staatsverträgen und dem Hauptstadtvertrag."

[37] Vom 25.3.1997, BGBl. I S. 726, zul. geänd. d. G. v. 20.12.1999, BGBl. I S. 2534.

[38] Siehe Rz. 168.

[39] §§ 7 Abs. 1, 10 Abs. 3, 11 Abs. 1, 13 Abs. 1, 14 Abs. 2, 18, 30 AGBauGB.

[40] Für andere Belange z.B. des Bauordnungsrechts und für in § 17 AGBauGB nicht angesprochene Baugenehmigungsverfahren gilt allerdings § 13a AZG.

[41] *Neumann* (Fn. 22), Art. 66, 67, Rz. 33.

Rechtssprache verwendet den Begriff "dringend" vorwiegend im letztgenannten Sinne. So wird der Begriff der "dringenden Gefahr" in Art. 13 Abs. 4 GG in dem Sinne ausgelegt, dass ein erhebliches Schadensausmaß drohen muss[42]. Im Polizeirecht, z.B. in § 36 Abs. 4 ASOG, beinhaltet "dringende Gefahr" ebenso einen qualitativ gesteigerten Gefahrenzustand. Es kommt insoweit auf die Erheblichkeit des zu erwartenden Schadens an[43]. Auch im Strafprozessrecht, z.B. in § 112 Abs. 1 StPO, steht hinsichtlich des dringenden Tatverdachts die qualitative Bedeutung im Vordergrund, da hier die Wahrscheinlichkeit groß sein muss, dass jemand eine Straftat begangen hat[44]. Im Bereich des Verwaltungsorganisationsrechts wird der Begriff z.B. in Art. 87 Abs. 3 S. 2 GG verwendet. Hier ist ebenfalls die qualitative Bedeutung maßgebend, denn es muss ein spezifischer Bedarf für die Errichtung von bundeseigenen Mittel- und Unterbehörden bestehen, damit von einem "dringenden Bedarf" gesprochen werden kann[45]. Eine besondere zeitliche Notwendigkeit im Sinne eines Eilfalles soll z.B. in Art. 84 Abs. 5 S. 2 und Art. 85 Abs. 3 S. 2 GG hinsichtlich von Einzelweisungen der Bundesregierung an die Länder vorliegen, wenn diese nicht an die obersten Landesbehörden gerichtet werden sollen[46]. Hierfür wird jedoch nicht der Begriff "dringend", sondern der Begriff "dringlich" verwendet. In der Mehrzahl der Fälle wird somit "dringend" nicht zeitlich, sondern qualitativ verstanden.

Dass der Begriff "dringend" auch in § 13a Abs. 1 AZG eine qualitativ-inhaltliche **226** Bedeutung hat, wird bei einem Blick auf § 13a Abs. 3 AZG deutlich. Nach § 13a Abs. 3 S. 2 AZG bedarf in Fällen von grundsätzlicher Bedeutung der Eingriff keines Senatsbeschlusses, wenn er zwingend keinen Aufschub verträgt. Damit wird als Ausnahme ein Eilfall geregelt, und es lässt sich der Gegenschluss bilden, dass einem Eingriff normalerweise kein Eilfall zugrundeliegt, es insofern auf eine zeitliche Komponente bei den Eingriffsvoraussetzungen nicht ankommt.

Dringende Gesamtinteressen sind somit *qualitativ besondere Gesamtinteressen*. **227** Es muss um wichtige oder erhebliche Gesamtinteressen Berlins gehen, die es rechtfertigen, in die bezirkliche Zuständigkeit einzugreifen[47]. Nicht jedes Gesamtinteresse Berlins ist ausreichend. Anzumerken ist allerdings, dass der Berliner Gesetzgeber bei seiner Wortwahl nicht konsequent war, da in § 13a Abs. 2 AZG der Begriff "dringend", wie sich aus dem Regelungszusammenhang ergibt, mit einer zeitlichen Bedeutung verwendet wurde. Dieser Umstand hat indes auf das hier gefundene Auslegungsergebnis für § 13a Abs. 1 AZG keinen Einfluss, da das Wort "dringend" in Absatz 2 in anderem Zusammenhang steht.

---

[42] *Kunig* in vMünch/Kunig, GG, Art. 13, Rz. 67.

[43] *Berg/Knape/Kiworr*, Allgemeines Polizei- und Ordnungsrecht für Berlin, § 36, S. 434.

[44] *Kleinknecht/Meyer-Goßner*, StPO, § 112, Rz. 5.

[45] *Broß* in vMünch/Kunig, GG, Art. 87, Rz. 28.

[46] *Lerche* in Maunz/Dürig, GG, Art. 85, Rz. 63.

[47] *Zivier* (Fn. 1), Rz. 73.6.2.2; er sieht die Notwendigkeit einer Abwägung zwischen den Gesamtinteressen und den Bezirksinteressen, um festzustellen, ob erstere Vorrang haben; siehe auch *Mudra*, VvB, S. 193.

228 Für den Begriff der *Gesamtinteressen Berlins* gibt es in der Gesetzgebung kein Vorbild. Gesamtinteressen Berlins sind Interessen der Stadt im Gegensatz zu den Interessen eines oder mehrerer Bezirke. Der Begriff ist nicht gleichzusetzen mit dem der "gesamtstädtischen Bedeutung" in Art. 67 Abs. 1 S. 1 VvB[48]. Diese Bedeutung rechtfertigt eine Zuständigkeit der Hauptverwaltung für eine Verwaltungsaufgabe. Beim Eingriff ist jedoch der Bezirk für die Aufgabe zuständig und es kann der Aufgabenwahrnehmung grundsätzlich *keine gesamtstädtische Bedeutung* zukommen. Gesamtinteressen Berlins können also eine geringere als eine gesamtstädtische Bedeutung haben. Es kommt nicht darauf an, ob durch das Handeln oder Unterlassen des Bezirks *unmittelbar* die Gesamtstadt betroffen ist. Auch eine Maßnahme, die nur in einem Bezirk wirkt, kann die Gesamtinteressen Berlins beeinträchtigen[49]. Es muss dafür eine Ausstrahlung auf die Stadt erfolgen, z.B. dadurch, dass Berlin als ganzes mit der bezirklichen Maßnahme identifiziert oder sie ihr in der Öffentlichkeit zugerechnet wird. So kann die Beschädigung des Ansehens Berlins in der Bundesrepublik oder darüber hinaus ausreichen, um von der Beeinträchtigung dringender Gesamtinteressen auszugehen. Ein weiteres Beispiel bildet die Beeinträchtigung von Chancen Berlins bei der Bewerbung um internationale Veranstaltungen[50]. Denkbar sind auch Fälle, in denen sich aus bezirklichen Maßnahmen durch Folgelasten bzw. Einnahmeausfälle mittelbar finanzielle Belastungen für die Stadt oder die übrigen Bezirke ergeben oder Nachteile für den Wirtschaftsstandort, z.B. dadurch, dass Investoren Berlin verlassen oder Ansiedlungspläne konterkariert werden. Auch Nachteile für den Tourismus in Berlin oder die Beeinträchtigung der Einheitlichkeit der Lebensverhältnisse können ausreichen. Nicht ausreichend ist jedoch die bloße abweichende politische oder fachliche Beurteilung eines Sachverhalts durch die zuständige Senatsverwaltung. Zusammenfassend ist somit festzustellen: Wichtige oder erhebliche Interessen der Gesamtstadt Berlin können bezirklichen Interessen vorgehen.

229 Fraglich ist, ob dem jeweils zuständigen Senatsmitglied bei der Annahme dringender Gesamtinteressen Berlins ein *Beurteilungsspielraum* zuzubilligen ist, oder ob seine Entscheidung uneingeschränkt der gerichtlichen Überprüfung unterliegt[51]. Beurteilungsspielräume werden der Verwaltung von der Rechtsprechung nur in engen Grenzen eingeräumt[52]. Das *Bundesverfassungsgericht* führt hierzu aus, solche Spielräume kämen nur in Betracht, wenn unbestimmte Rechtsbegriffe wegen der hohen Komplexität und der besonderen Dynamik der geregelten Materie so vage und ihre Konkretisierung im Nachvollzug der Verwaltungsentscheidung so schwierig seien, dass die gerichtliche Kontrolle an die Funktionsgrenzen der

---

[48] Siehe Rz. 109 ff.

[49] *Zivier* (Fn. 1), Rz. 73.6.2.1.

[50] *Zivier* (Fn. 1), Rz. 73.6.2.1.

[51] Zur gerichtlichen Überprüfung von Eingriffsentscheidungen siehe Rz. 393 ff.

[52] Ausführlich *Maurer*, Allgemeines Verwaltungsrecht, § 7 Rz. 26 ff.; siehe dort auch die Darstellung der Literatur, die bei der Annahme von Beurteilungsspielräumen großzügiger ist.

Rechtsprechung stößt[53]. Im Einzelnen werden Beurteilungsspielräume nur in bestimmten Fallgruppen anerkannt. Insbesondere sind dies Prüfungsentscheidungen, beamtenrechtliche Beurteilungen, Entscheidungen spezieller Sachverständigengremien sowie Prognoseentscheidungen und Risikobewertungen, die auch politische Wertungen einschließen[54].

Keine der aufgezählten Fallgruppen ist vorliegend einschlägig. Zwar beinhaltet die **230** Entscheidung, eine Maßnahme beeinträchtige dringende Gesamtinteressen Berlins, immer auch eine Bewertung auf der Grundlage politischer Einschätzungen. Diese Bewertung verlässt jedoch nicht den Rahmen dessen, was die Verwaltung immer bei der Auslegung unbestimmter Rechtsbegriffe zu leisten hat. Insbesondere gerät auch die Rechtsprechung nicht an ihre Funktionsgrenzen, wenn sie das Vorliegen dringender Gesamtinteressen Berlins überprüft. Es lassen sich, wie oben bereits angedeutet, klare Kriterien bilden, anhand derer eine Überprüfung möglich ist. Als Richtschnur können vor allem die vom Gesetzgeber normierten Fallgruppen dienen. Die Bewertung, ob die Voraussetzungen des Eingriffsrechts vorliegen, verlangt folglich keine derart komplexen Abwägungsprozesse, dass diese Abwägung im Nachhinein nicht mehr nachvollzogen und kontrolliert werden könnte.

Gegen dieses Ergebnis lässt sich auch nicht die Rechtsprechung der Berliner Ge- **231** richte zu anderen unbestimmten Rechtsbegriffen einwenden. Der Begriff *der "au-ßergewöhnlichen stadtpolitischen Bedeutung"* in § 9 Abs. 1 Nr. 1 AGBauGB ist vom Oberverwaltungsgericht nur hinsichtlich des Teils "stadtpolitisch" für nicht justiziabel erklärt worden[55]. Dies ist unmittelbar einsichtig, da es im Unterschied zu § 13a AZG ausdrücklich um politische Wertungen geht. Der Verfassungsgerichtshof hat ferner dem Gesetzgeber bei der Beurteilung der *"gesamtstädtischen Bedeutung"* in Art. 51 VvB a.F. zwar einen Spielraum eingeräumt[56]. Jedoch ist das Verhältnis des Gesetzgebers zur Verfassungsgerichtsbarkeit ein anderes als das der Verwaltung zur Verwaltungsgerichtsbarkeit. Insoweit verbieten sich Rückschlüsse für das vorliegende Bewertungsproblem.

Da mithin kein von der Rechtsprechung anerkannter Ausnahmefall vorliegt, ist die Auslegung des Begriffs der "dringenden Gesamtinteressen Berlins" durch die Senatsmitglieder *gerichtlich uneingeschränkt überprüfbar.*

(3) Beeinträchtigung

Die dringenden Gesamtinteressen Berlins müssen durch das bezirkliche Handeln **232** oder Unterlassen beeinträchtigt werden. Dies setzt eine *bereits eingetretene* Beeinträchtigung voraus. Allerdings wird man nach dem Sinn und Zweck des Eingriffsrechts, die Gesamtinteressen vor Schäden zu schützen, folgern können, dass

---

[53] BVerfGE 84, 34, 50.
[54] Vgl. *Maurer* (Fn. 52), Rz. 37.
[55] OVG Berlin, LKV 2000, S. 453 ff.
[56] BerlVerfGH, LVerfGE 3, 28, 31.

auch die Gefahr einer Beeinträchtigung ausreichend ist, wenn diese unmittelbar bevorsteht oder mit Sicherheit zu erwarten ist[57]. Insoweit besteht auch ein Zusammenhang mit der Notwendigkeit eines Handelns oder Unterlassens des Bezirksamts, welches grundsätzlich bereits erfolgt sein muss. Wie ausgeführt reicht jedoch ein bevorstehendes Handeln, wenn irreparable Beeinträchtigungen dringender Gesamtinteressen drohen[58].

(4) Kein Verstoß gegen Rechts- und Verwaltungsvorschriften

233 Wie bereits oben dargestellt[59], ergänzt das Eingriffsrecht die Bezirksaufsicht. Es soll grundsätzlich nur zum Zuge kommen, wenn die Voraussetzungen für Bezirksaufsichtsmaßnahmen, also ein Verstoß gegen Rechts- und Verwaltungsvorschriften, *nicht* vorliegen. Die dringenden Gesamtinteressen müssen also *Zweckmäßigkeitsgründe* betreffen. Der Verstoß gegen dringende Gesamtinteressen Berlins darf keinen Verstoß gegen Rechts- und Verwaltungsvorschriften begründen. Etwas anderes gilt nur in *Eilfällen* (§ 13a Abs. 2 AZG)[60]. Wenn also solche Interessen in Gesetzen oder Verwaltungsvorschriften zu Norminhalten verfestigt sind, kann ihre Beeinträchtigung grundsätzlich nicht Anlass für einen Eingriff sein. Diese Konsequenz erscheint widersinnig. Liegt ein rechtswidriges Handeln des Bezirksamts vor, greift nur die Bezirksaufsicht, die, wie oben dargestellt, recht schwerfällig zu handhaben ist. Liegt dagegen kein Rechtsverstoß vor, kommt das Eingriffsrecht zum Zuge. Bei der allgemeinen Fachaufsicht ist dies anders, da sie stets neben der Zweckmäßigkeits- auch die Rechtmäßigkeitskontrolle umfasst. Diese Art der Aufsicht liegt also in einer Hand und umfasst die gleichen Mittel, egal, ob aus Recht- oder Zweckmäßggründen vorgegangen wird.

234 Problematisch sind deshalb Fälle, in denen eine bezirkliche Entscheidung auf einer gesetzlichen Ermessensregelung beruht. Wenn hierfür eine Aufsichtsmaßnahme in Betracht kommt, muss zunächst geprüft werden, ob das Ermessen rechtswidrig ausgeübt wurde (dann kommt die Bezirksaufsicht mit deren Mitteln zum Zuge) oder ob lediglich aus Zweckmäßigkeitsüberlegungen, die ein dringendes Gesamtinteresse Berlins begründen, eine andere Entscheidung angebracht ist (dann besteht ein Eingriffsrecht der Fachverwaltung).

(5) Vergeblicher Verständigungsversuch mit dem Bezirksamt

235 Die zuständige Senatsverwaltung muss vor Ausübung des Eingriffsrechts versuchen, mit dem Bezirksamt eine Verständigung zu erzielen. Der Verständigungsversuch muss erfolglos geblieben sein.

Der Verständigungsversuch ist mehr als eine bloße Anhörung. Verständigung suchen heißt, dass die Senatsverwaltung auch bezirkliche Interessen beachten und

---

[57] Ebenso *Zivier* (Fn. 1), Rz. 73.6.2.1.
[58] Siehe Rz. 219.
[59] Siehe Rz. 207
[60] Siehe Rz. 240 f.

kompromissbereit sein muss[61]. Durch diese Notwendigkeit wird auch sichergestellt, dass ggf. die Billigung der bezirklichen Entscheidung durch das Bezirksamt
bzw. das zuständige Bezirksamtsmitglied feststeht. Für Eilfälle ist keine Entbehr-
lichkeit eines Verständigungsversuchs vorgesehen. Er muss deshalb auch in diesen
Fällen erfolgen, beispielsweise telefonisch.

bb) Die Rechtsfolge des Eingriffsrechts

Die Ausübung des Eingriffsrechts steht im *Ermessen* der zuständigen Behörde. Es **236**
besteht also keine Verpflichtung, Maßnahmen zu ergreifen. Das Eingriffsrecht
ermöglicht es, die Befugnisse nach § 8 Abs. 3 AZG auszuüben. Dies sind, wie bereits oben dargestellt[62], die Mittel der Fachaufsicht des Senats gegenüber den
nachgeordneten Sonderbehörden und nichtrechtsfähigen Anstalten. Im Vordergrund steht das *Einzelweisungsrecht* und für den Fall, dass eine Einzelweisung
nicht befolgt wird, das *Eintrittsrecht*. Mit dem Eintrittsrecht kann die zuständige
Senatsverwaltung in die bezirkliche Zuständigkeit eintreten und den Einzelfall
selbst entscheiden. Adressat des Eingriffs ist stets das Bezirksamt. Direkte Weisungen an Bezirksamtsmitglieder oder gar einzelne Mitarbeiter der Bezirksverwaltung sind nicht statthaft.

cc) Zuständigkeit für das Eingriffsrecht und Verfahren

Die Zuständigkeit für die Ausübung des Eingriffsrechts liegt bei dem für die be- **237**
troffene Sach- bzw. Rechtsmaterie *fachlich zuständigen Senatsmitglied*. Eine Eingriffsentscheidung bedarf also stets der Billigung des Senatsmitglieds, im Vertre-
tungsfall seines Staatssekretärs[63]. Eine Ausnahme besteht für bezirkliche
Ordnungsaufgaben des Einwohnerwesens (Nr. 22a ZustKatOrd). Für diese Aufgaben kann auch das Landeseinwohneramt einen Eingriff vornehmen (§ 9 Abs. 4
ASOG)[64].

Nach § 13a Abs. 3 AZG bedarf der Eingriff in einem Fall von grundsätzlicher Be- **238**
deutung sogar eines *Senatsbeschlusses*. Von grundsätzlicher Bedeutung ist der
Fall dann, wenn damit zu rechnen ist, dass die Eingriffsentscheidung für eine Reihe weiterer bezirklicher Entscheidungen gleicher Art, ggf. auch anderer Bezirke,
von Bedeutung ist, so dass ihr *Präzedenzwirkung* zukommt. In Eilfällen kann das
Senatsmitglied zunächst handeln und den Senatsbeschluss nachträglich einholen
(§ 13a Abs. 3 S. 2 AZG). Ein Eilfall liegt vor, wenn der Eingriff zwingend keinen
Aufschub verträgt, weil anderenfalls eine Folge eintritt, die irreversibel ist. Problematisch ist der Fall, wenn der Senat nicht nachträglich zustimmt. Dann ist die
Eingriffsentscheidung ex tunc unwirksam, da sie von Anfang an unter dem Vor-

---

[61] *Zivier* (Fn. 1), Rz. 73.6.3.2.

[62] Siehe Rz. 203.

[63] Diese Billigung sollte in der Regel durch eine Schlusszeichnung der Eingriffsentscheidung nach außen dokumentiert werden, vgl. § 54 Abs. 1 Nr. 13 GGO I.

[64] Diese Ausnahme folgt daraus, dass das Landeseinwohneramt zentral das Melderegister
führt und insoweit eine sog. Kopfstellenfunktion für die Bezirke ausübt.

behalt der Zustimmung des Senats steht. Etwa getroffene Maßnahmen sind rückgängig zu machen. Bereits entstandene Rechte Dritter bleiben jedoch unberührt
(§ 13a Abs. 3 S. 3 AZG). Dies kann z.b. der Fall sein, wenn aufgrund eines Eingriffs einem Dritten bereits eine Genehmigung erteilt wurde.

239 Vor der Ausübung des Eingriffsrechts muss die *Senatsverwaltung für Inneres*
hiervon informiert werden. Sie muss dem Eingriff nicht zustimmen. Es soll ihr
aber Gelegenheit gegeben werden, dafür zu sorgen, dass die Mitwirkung der Bezirke an der Verwaltung gefördert und geschützt sowie die Entschlusskraft und
Verantwortungsfreudigkeit der bezirklichen Organe nicht beeinträchtigt wird
(§ 13a Abs. 4 AZG)[65]. Dies erfolgt z.b. dadurch, dass sie Argumente gegen die
Ausübung des Eingriffsrechts vorträgt, auf Verfahrensfehler hinweist und ggf. auf
einen Senatsbeschluss hinwirkt.

Über die Eingriffsentscheidung ist der *Rat der Bürgermeister* nachträglich zu unterrichten (§ 14 Abs. 3 AZG). Dieser kann ein Verlangen nach § 16a Abs. 1 AZG
stellen.

dd) Das Eingriffsrecht der Bezirksaufsicht
240 Nach § 13a Abs. 2 AZG kann in Eilfällen auch die *Bezirksaufsichtsbehörde* einen
Eingriff vornehmen. Ein Eilfall liegt vor, wenn dringend gebotene Maßnahmen
der Bezirksaufsicht nicht rechtzeitig wirksam würden. Dies ist insbesondere der
Fall, wenn die Zeit nicht ausreicht, um den für die Bezirksaufsichtsmaßnahmen
nach den §§ 11 bis 13 AZG erforderlichen Senatsbeschluss herbeizuführen. Die
Vornahme eines Eingriffs kommt in einem solchen Fall aber lediglich als Ausnahme in Betracht, zumal ein Senatsbeschluss ausnahmsweise auch im Umlauf-
verfahren herbeigeführt werden kann.

241 Bei der Verweisung auf § 13a Abs. 1 AZG handelt es sich um eine *Rechtsfolgen-
verweisung*. Der Eingriff kann also erfolgen, ohne dass dringende Gesamtinteressen Berlins beeinträchtigt sind. Es müssen aber die Voraussetzungen für eine Be-
zirksaufsichtsmaßnahme vorliegen, also ein Verstoß gegen Rechts- oder Verwaltungsvorschriften.

d) Dienstaufsicht

242 Eine Dienstaufsicht[66] des Senats, wie sie gegenüber den nachgeordneten Sonderbehörden und nicht rechtsfähigen Anstalten besteht, ist gegenüber den Bezirken
nicht gegeben. Aufsichtsmaßnahmen sind im Bereich der durch eine Dienstaufsicht betroffenen Aufgaben somit nur im Rahmen der Bezirksaufsicht möglich,
wenn der Bezirk gegen Rechtsvorschriften oder verbindliche Vorgaben in Ver-

---

[65] Siehe Rz. 214 f.
[66] Siehe Rz. 204.

waltungsvorschriften verstößt[67]. Hinsichtlich *Personalangelegenheiten* besteht lediglich eine Zuständigkeit der Senatsverwaltung für Inneres als oberste Dienstbehörde (§ 3 Abs. 1 Nr. 5 LBG) und soweit nach Nr. 4 Abs. 3 und 4 ZustKatAZG der Hauptverwaltung Zuständigkeiten vorbehalten sind[68].

Der *Bezirksbürgermeister* untersteht der Dienstaufsicht des Regierenden Bürger- **243** meisters (Art. 75 Abs. 2 S. 1 VvB). Es geht insoweit aber nur um die persönlichen Dienstpflichten des Bezirksbürgermeisters. Bei deren Verletzung kann der Regierende Bürgermeister ein Disziplinarverfahren einleiten. Die politische Verantwortlichkeit des Bezirksbürgermeisters darf hierdurch nicht berührt werden (§ 1 Abs. 2 S. 4 BAMG). Weisungen können nicht erteilt werden.

3. Die Staatsaufsicht

Die Staatsaufsicht über die landesunmittelbaren Körperschaften, rechtsfähigen **244** Anstalten und rechtsfähigen Stiftungen ist *Rechtsaufsicht* (§ 28 Abs. 3 AZG). Dementsprechend kann sich die Aufsichtsbehörde der Aufsichtsmittel der Bezirksaufsicht nach den §§ 10 bis 13 AZG bedienen, nicht jedoch des Eingriffsrechts nach § 13a AZG (§ 28 Abs. 4 S. 2 AZG). Zusätzlich besteht nach § 28 Abs. 5 AZG die Möglichkeit, *Beauftragte* zu *bestellen*, die einzelne oder alle Befugnisse der Organe der juristischen Person ausüben können. Aufsichtsbehörde ist die jeweils fachlich zuständige Senatsverwaltung, es sei denn, in einem Gesetz ist ein Bezirksamt hierzu bestimmt (§ 28 Abs. 4 S. 1 AZG). Im Gegensatz zur Bezirksaufsicht bedarf es für die einzelnen Maßnahmen keines Senatsbeschlusses.

Teilweise sind die Aufsichtsmittel in spezialgesetzlichen Regelungen modifiziert **245** (vgl. § 28 Abs. 6 AZG). So besteht z.B. nach § 115 Abs. 2 HandwO die Möglichkeit der *Auflösung der Vollversammlung der Handwerkskammer* durch die Aufsichtsbehörde. Für die rechtsfähigen Anstalten des öffentlichen Rechts nach dem Berliner Betriebegesetz gilt ein besonderes *Beanstandungsrecht* des Senats für Beschlüsse des Aufsichtsrats (§ 11 BerlBG). Ferner bedürfen Satzungen der *Bestätigung* durch den Senat[69].

Ist spezialgesetzlich ausnahmsweise eine Fachaufsicht für bestimmte Aufgaben **246** vorgesehen, findet § 8 Abs. 2 und 3 AZG entsprechende Anwendung (§ 28 Abs. 7 AZG). Dies gilt z.B. bei den Hochschulen aufgrund bundesrechtlicher Vorgaben durch das Hochschulrahmengesetz[70] für die als staatlich qualifizierten Aufgaben der Personalverwaltung, der Wirtschaftsverwaltung, der Haushalts- und Finanzverwaltung, der Gebührenerhebung und der Krankenversorgung[71]. Insoweit unter-

---

[67] *Zivier* (Fn. 1), Rz. 77.1.1; siehe auch Rz. 210 ff.
[68] *Zivier* (Fn. 1), Rz. 77.1.1.
[69] Z.B. § 90 Abs. 1 BerlHG, § 12 Abs. 1 Studentenwerksgesetz.
[70] §§ 58 f. HRG.
[71] Siehe § 2 Abs. 3 BerlHG.

stehen die Hochschulen der Fachaufsicht der zuständigen Senatsverwaltung[72]. Auch dem Studentenwerk wurden zusätzliche Aufgaben übertragen, für die eine Fachaufsicht besteht[73].

247 Eine *Dienstaufsicht* des Senats besteht nicht. Die Einrichtungen der mittelbaren Landesverwaltung haben in Berlin häufig Dienstherrenfähigkeit und sind selbst Arbeitgeber. Beamte der Einrichtungen sind mittelbare Landesbeamte (§ 2 Abs. 2 S. 2 LBG). Dienstbehörde und Oberste Dienstbehörde ist jeweils das hierfür bestimmte Organ (§§ 3 Abs. 1 Nr. 6, 4 Abs. 5 LBG). Für die Hochschulen ist dies z.B. das Kuratorium (§ 67 Abs. 1 BerlHG). Hierin sind allerdings Senatsmitglieder vertreten.

248 Im Rahmen der Staatsaufsicht getroffene Maßnahmen können, soweit keine Fachaufsicht besteht, je nach deren Art Verwaltungsakte sein, da sich zwei Rechtsträger gegenüberstehen und den Maßnahmen Außenwirkung zukommt. Gegen Aufsichtsmaßnahmen kann Klage vor dem Verwaltungsgericht erhoben werden.

Fall 4: Die fehlerhafte Bezirksbürgermeisterwahl

249 Nach der Wahl zum Abgeordnetenhaus und zu den Bezirksverordnetenversammlungen am 21. Oktober 2001 hat die Bezirksverordnetenversammlung des Bezirks X folgende Zusammensetzung: Auf die PDS entfallen 26 Sitze, auf die SPD 19 und auf die CDU 10 Sitze. SPD und CDU entschließen sich, bei der Wahl des Bezirksbürgermeisters am 15. Dezember in der Bezirksverordnetenversammlung eine Zählgemeinschaft zu bilden. Die PDS möchte dies nicht hinnehmen und erreicht, dass am 8. Dezember in der Bezirksverordnetenversammlung folgender Beschluss gefasst wird:

"Die Wahl des Bezirksbürgermeisters wird bei Bestehen einer Zählgemeinschaft mit konkurrierenden Kandidaten durchgeführt."

Bei der Wahl wurden je zwei Stimmzettel an die Bezirksverordneten ausgegeben, die jeweils die Möglichkeit zur Zustimmung, Ablehnung und Enthaltung für je einen der beiden Kandidaten enthielten. Der Kandidat der Zählgemeinschaft erhielt 27 Ja- und 28 Nein-Stimmen, der Kandidat der PDS 28 Ja- und 27 Nein-Stimmen. Daraufhin wurde die Wahl des PDS-Kandidaten zum Bezirksbürgermeister festgestellt.

---

[72] Siehe § 89 Abs. 2 BerlHG.

[73] § 2 Abs. 3 Studentenwerksgesetz i.V.m. § 2 der Verordnung zur Durchführung des Bundesausbildungsförderungsgesetzes.

Durch Senatsbeschluss vom 20. Januar 2002 wurden der Beschluss der Bezirksverordnetenversammlung vom 8. Dezember sowie die Wahl des PDS-Kandidaten
zum Bezirksbürgermeister aufgehoben. Zur Begründung wird ausgeführt, aufgrund der Bestimmungen von VvB und BezVG hätte nur ein Kandidat aufgestellt
werden dürfen. Eine konkurrierende Wahl sei nicht zulässig. Deshalb seien Maßnahmen der Bezirksaufsicht erforderlich. In der Folge wurde der von der Zählgemeinschaft nominierte Kandidat gewählt und zum Bezirksbürgermeister ernannt.

Die Bezirksverordnetenversammlung erstrebt mit ihrer am 30. Januar erhobenen
Klage die Feststellung, dass die Aufhebung des Beschlusses vom 8. Dezember
sowie der Wahl vom 15. Dezember durch den Senat rechtswidrig waren. Wie wird
das Verwaltungsgericht entscheiden?

Lösungsvorschlag

Das Verwaltungsgericht wird der Klage stattgeben, wenn sie zulässig und begrün-
det ist. Zu differenzieren ist zwischen dem Teil des Antrags, der sich gegen die
Aufhebung des Beschlusses richtet, und demjenigen Teil, der die Aufhebung der
Wahl zum Gegenstand hat.

1. Teil: Die Aufhebung des Beschlusses vom 8. Dezember

I. Zulässigkeit

1. Verwaltungsrechtsweg

Hinsichtlich desjenigen Teils des Antrags, der sich gegen die Aufhebung des Beschlusses vom 8.12.2001 richtet, müsste zunächst der Verwaltungsrechtsweg eröffnet sein. Da keine aufdrängende Sonderzuweisung ersichtlich ist, ist § 40 Abs.
1 VwGO anzuwenden. Da die streitentscheidenden Normen, §§ 9 ff. AZG, als
Vorschriften über die Bezirksaufsicht dem öffentlichen Recht angehören, ist auch
die Streitigkeit selbst öffentlich-rechtlicher Natur. Streitigkeiten über Aufsichtsmaßnahmen der höheren Behörde haben auch keinen verfassungsrechtlichen Charakter, da die Bezirke keine Verfassungsorgane sind und diesen auch nicht gleich-
stehen. Schließlich sind abdrängende Sonderzuweisungen nicht einschlägig. Der
Verwaltungsrechtsweg ist gem. § 40 Abs. 1 VwGO eröffnet.

2. Statthafte Klageart, feststellungsfähiges Rechtsverhältnis

Die statthafte Klageart richtet sich nach dem Begehren des Klägers. Vorliegend
hat die Bezirksverordnetenversammlung einen Antrag auf Feststellung erhoben,
dass der Senatsbeschluss rechtswidrig gewesen sei. Eine Feststellungsklage ist
statthaft. Mit dem Antrag wird die Feststellung eines hinreichend konkreten
Rechtsverhältnisses begehrt, da es um einen einzelnen Senatsbeschluss und die

Befugnis des Senats, den Beschluss der Bezirksverordnetenversammlung aufzuheben, geht.

3. Subsidiarität

Jedoch ist die Subsidiaritätsklausel des § 43 Abs. 2 S. 1 VwGO zu beachten. Danach kann die Feststellungsklage nicht erhoben werden, wenn Gestaltungs- oder Leistungsklage rechtsschutzintensiver sind. Eine Anfechtungsklage kommt indes bereits deshalb nicht in Betracht, weil der Senatsbeschluss mangels Außenwirkung kein Verwaltungsakt ist. Da die Bezirke keine Rechtspersönlichkeit besitzen (vgl. § 2 Abs. 1 BezVG), verlässt eine Aufsichtsmaßnahme niemals den Rechtskreis des Landes Berlin[74]. Auch die Möglichkeit der Erhebung einer Leistungsklage steht der Zulässigkeit nicht entgegen, da sie nicht rechtsschutzintensiver wäre. Die Beurteilung der Rechtmäßigkeit der Aufsichtsmaßnahme lässt sich abschließend mit der Feststellungsklage klären. Somit ist im Ergebnis die Feststellungsklage die statthafte Klageart.

4. Feststellungsinteresse und Klagebefugnis

Voraussetzung für die Erhebung einer Feststellungsklage ist gem. § 43 Abs. 1 VwGO, dass die Bezirksverordnetenversammlung ein berechtigtes Interesse an der baldigen Feststellung der Rechtswidrigkeit des Beschlusses hat. Ein berechtigtes Interesse ist jedes nach der Sachlage anzuerkennende schutzwürdige Interesse rechtlicher, wirtschaftlicher oder ideeller Art. Ein Interesse an baldiger Feststellung ist zu bejahen, wenn eine Gefährdung der Rechtsstellung des Klägers zu besorgen ist. Vom Bundesverwaltungsgericht wird über das berechtigte Interesse hinaus gefordert, dem Kläger müsse auch im Rahmen der Feststellungsklage die Klagebefugnis analog § 42 Abs. 2 VwGO zustehen[75]. Nur subjektiv-öffentliche Rechte können die Klagebefugnis begründen. Andere halten die Übertragung von § 42 Abs. 2 VwGO auf die Feststellungsklage für überflüssig[76].

Eine Entscheidung der Frage kann indes unterbleiben, wenn die Bezirksverordnetenversammlung ein subjektiv-öffentliches Recht geltend machen kann, mithin sowohl ein berechtigtes Interesse als auch die Klagebefugnis zu bejahen sind. Ein subjektiv-öffentliches Recht wird nicht bereits dadurch ausgeschlossen, dass der Bezirk keine Rechtspersönlichkeit besitzt (§ 2 Abs. 1 BezVG), es sich in der vorliegenden Konstellation also um einen sogenannten Insichprozess innerhalb eines Verwaltungsträgers handelt. Einen solchen Insichprozess lässt die Rechtsprechung zu, wenn entweder der Gesetzgeber ihn ausdrücklich normiert hat oder im Wege der Auslegung der einschlägigen Bestimmungen ermittelt werden kann, dass eine Rechtsverletzung des Rechtsträgers oder der Behörde durch die angegriffene Ent-

---

[74] So auch VG Berlin, Urt. v. 8.6.1998, VG 26 A 43.96, S. 6 f.

[75] BVerwGE 74, 1, 4; 99, 64, 66.

[76] So *Hufen,* Verwaltungsprozessrecht, Rz. 26 ff.

scheidung möglich ist, weil den entsprechenden Wahrnehmungskompetenzen Wehrfähigkeit zukommt[77].

Fraglich ist demnach, ob sich durch Auslegung ermitteln lässt, dass vorliegend wehrfähige Rechtspositionen der Bezirksverordnetenversammlung bestehen. Dies ist dann der Fall, wenn ihr die Kompetenz zur Wahl des Bezirksbürgermeisters nicht bloß im Interesse der Arbeitsteilung, sondern als Kontrastorgan zur Schaffung einer verwaltungsinternen Machtbalance verliehen wurde[78]. Nach Art. 69 S. 2 VvB und § 35 Abs. 1 BezVG ist es die Befugnis der Bezirksverordnetenversammlungen, den Bezirksbürgermeister zu wählen. Art. 72 VvB erklärt die Bezirksverordnetenversammlung zum Organ bezirklicher Selbstverwaltung. Die Verfassung und das einfache Gesetz geben also zu erkennen, dass mit dem Recht zur Wahl des Bezirksbürgermeisters ein Teilhaberecht eines Organs bezirklicher Selbstverwaltung und der darin repräsentierten Bezirkseinwohnerschaft an der personellen Bestimmung der Bezirksamtsmitglieder begründet werden soll. Dieses Teilhaberecht kann insbesondere verletzt sein, wenn es darum geht, welche Wahlmöglichkeiten aufgrund der genannten Vorschriften zur Verfügung stehen. Genau um den Umfang des Wahlrechts geht es aber in dem vorliegenden Streit. Mithin erscheint es möglich, dass durch die Aufhebung des Beschlusses der Bezirksverordnetenversammlung, der das Wahlprozedere festlegte, deren subjektiv-öffentliches Recht auf die Wahl der Bezirksamtsmitglieder verletzt wurde. Damit ließe sich unter dem Aspekt des subjektiven Rechts sowohl ein berechtigtes Interesse als auch eine Klagebefugnis bejahen.

Problematisch könnte aber noch sein, dass durch die Wahl eines neuen Bürgermeisters der Senatsbeschluss möglicherweise erledigt ist. Erledigung tritt dann ein, wenn die Beschwer des Klägers, die von dem angegriffenen Akt ausgeht, wegfällt. Jedoch ist anerkannt, das eine Erledigung nicht per se das berechtigte Interesse des Klägers wegfallen lässt. Insbesondere in Fällen der Wiederholungsgefahr, des Rehabilitationsinteresses und der Präjudizität kann ein berechtigtes Interesse auch über die Erledigung hinaus fortbestehen. Vorliegend erscheint es möglich, dass sich die im Streit stehende Konstellation jederzeit wiederholt. Mithin kann offenbleiben, ob sich der Senatsbeschluss durch die Neuwahl tatsächlich erledigt hat. Jedenfalls bestünde das berechtigte Interesse wegen Wiederholungsgefahr fort[79].

Im Ergebnis sind somit sowohl die Klagebefugnis analog § 42 Abs. 2 VwGO als auch ein berechtigtes Interesse gem. § 43 Abs. 1 VwGO gegeben.

---

[77] BVerwGE 45, 207, 209 f.
[78] Siehe Rz. 371.
[79] Ebenso VG Berlin (Fn. 74), S. 7.

5. Beteiligte des Rechtsstreits

Die Bezirksverordnetenversammlung ist zwar keine Vereinigung gem. § 61 Nr. 2 VwGO, denn § 61 VwGO gilt nur für Außenrechtsberechtigte unmittelbar[80]. Jedoch muss sie, um ihre Rechte geltend machen zu können, analog dieser Bestimmung beteiligtenfähig sein können, soweit ihr ein Recht zustehen kann. Dies ist, wie gesehen, der Fall. Beklagter ist in Abweichung vom Rechtsträgerprinzip der Senat von Berlin, da ihm gegenüber die beanspruchte Innenrechtsposition bestehen soll. Er ist ebenfalls analog § 61 Nr. 2 VwGO beteiligtenfähig.

6. Ergebnis

Die Feststellungsklage ist zulässig.

II. Begründetheit

Die Klage ist begründet, wenn der Teil des Senatsbeschlusses vom 20. Januar 2002, durch den der Bezirksamtsbeschluss vom 8. Dezember 2001 aufgehoben wurde, rechtswidrig war.

1. Rechtsgrundlage

Rechtsgrundlage für die Aufhebung des Beschlusses der Bezirksverordnetenversammlung sind die §§ 9 Abs. 1, 11 AZG.

2. Formelle Rechtmäßigkeit

Der Sachverhalt gibt keinen Anlass zu Zweifeln an der formellen Rechtmäßigkeit des Senatsbeschlusses. Insbesondere musste gem. § 11 AZG der Senat als Kollegialorgan handeln, um den Beschluss aufzuheben. Dies hat er vorliegend getan.

3. Materielle Rechtmäßigkeit

Gem. § 11 S. 1 AZG kann der Senat Beschlüsse bezirklicher Organe, die das geltende Recht verletzen, aufheben. Fraglich ist demnach, ob der Beschluss der Bezirksverordnetenversammlung vom 8. Dezember 2001 seinerseits rechtmäßig war. Dies wäre dann der Fall, wenn die VvB und das BezVG konkurrierende Wahlvorschläge bei der Wahl des Bezirksbürgermeisters zulassen.

In dem dem vorliegenden Fall zugrundeliegenden Verfahren ist von der Bezirksverordnetenversammlung des betroffenen Bezirks vertreten worden, durch § 35 Abs. 2 S. 2 BezVG werde für die Wahl des Bezirksbürgermeisters ein gegenüber den übrigen Bezirksamtsmitgliedern abweichendes Wahlverfahren normiert. Zwar

---

[80] Siehe Rz. 375.

seien konkurrierende Kandidaten durch die Formulierung in § 35 Abs. 2 S. 1 BezVG für "normale" Bezirksamtsmitglieder ausgeschlossen. Satz 1 sei jedoch nicht auf den Bezirksbürgermeister anzuwenden, da insoweit die Sonderregelung des Satzes 2 gelte. Dieser verbiete konkurrierende Kandidaten nicht. Im Gegenteil sei eine sogenannte Teilpolitisierung des Bezirksamts seinerzeit bei der Neuregelung des Wahlverfahrens ausdrücklich angestrebt worden. Dem trage eine konkurrierende Kandidatur besser Rechnung als eine Bestimmung des Bürgermeisters nach dem Höchstzahlverfahren[81].

Dieser Argumentation ist das VG Berlin nicht gefolgt[82]. Es führt aus, der Wortlaut und die Systematik des § 35 Abs. 2 BezVG sprächen dafür, dass die Wahl der Bezirksamtsmitglieder einheitlich durchzuführen seien. Einzige Ausnahme sei die in Satz 2 zugelassene Bildung von Zählgemeinschaften. Im Übrigen unterscheide sich die Bürgermeisterwahl aber nicht von der Wahl der übrigen Bezirksamtsmitglieder.

Der Argumentation des VG ist zuzustimmen. Die Einbindung der Zulassung von Zählgemeinschaften in die Gesamtnormierung von § 35 Abs. 2 BezVG spricht dagegen, dass die Wahl der Bezirksbürgermeister eine vollständig andersartige Regelung als die sonstige Wahl erfahren sollte. Eine solche Systemdifferenz hätte der Gesetzgeber etwa durch eine Trennung von Absätzen deutlich machen müssen. Dem Ziel der Teilpolitisierung wird bereits durch die Zulassung von Zählgemeinschaften selbst Rechnung getragen. Gilt demnach § 35 Abs. 2 S. 1 BezVG auch für die Wahl zum Bezirksbürgermeister, so steht einer Zählgemeinschaft das Nominierungsrecht für die Bezirksbürgermeister-Wahl zu. Konkurrierende Kandidaturen sind also auch bei dieser Wahl unzulässig.

Mithin war der Beschluss der Bezirksverordnetenversammlung vom 8. Dezember rechtswidrig, da er gegen § 35 Abs. 2 S. 1 BezVG verstieß. Der Senat durfte ihn gem. § 11 S. 1 AZG aufheben. Ermessensfehler bei der Aufhebungsentscheidung sind nicht ersichtlich. Der Beschluss stellt sich in seinem ersten Teil als rechtmäßig dar.

4. Ergebnis

Die Klage der Bezirksverordnetenversammlung ist hinsichtlich des ersten Teils zwar zulässig, aber unbegründet.

---

[81] Bezirksverordnetenversammlung Prenzlauer Berg in VG Berlin (Fn. 74), S. 3 f.
[82] VG Berlin (Fn. 74), S. 7 ff.

2. Teil: Die Aufhebung der Wahl zum Bezirksbürgermeister

I. Zulässigkeit

Der Verwaltungsrechtsweg ist auch für den zweiten Teil der Klage eröffnet. Auch ist die Feststellungsklage insoweit die statthafte Klageart. Fraglich ist jedoch, ob die Bezirksverordnetenversammlung mit Blick auf die Aufhebung der Bezirksbürgermeisterwahl ein berechtigtes Interesse gem. § 43 Abs. 1 VwGO geltend machen kann. Unter dem Gesichtspunkt der Wiederholungsgefahr besteht ein solches Interesse nicht, da nicht die Gefahr besteht, dass sich der konkrete Wahlakt in dieser Form noch einmal wiederholt. Weiterhin spricht gegen die Annahme eines berechtigten Interesses, dass durch die Wahl des neuen Bürgermeisters, der der Zählgemeinschaft angehört, die Stelle des Bürgermeisters für die laufende Wahlperiode endgültig besetzt ist. Daran würde auch die Feststellung der Rechtswidrigkeit der Wahlaufhebung nichts ändern. Diese hätte nämlich nicht die Wirkung, dass nunmehr die zweite Wahl ungültig würde. Vielmehr ist diese nach der Aufhebung der ersten Wahl durch den Senatsbeschluss ordnungsgemäß zustande gekommen[83]. Mithin lässt sich unter keinem Gesichtspunkt ein berechtigtes Interesse bejahen.

II. Ergebnis

Der zweite Teil der Klage, der sich auf die Aufhebung der Wahl des Bezirksbürgermeisters am 15. Dezember bezieht, ist bereits unzulässig.

Fall 5: Hi-Flyer

250 Die A-GmbH organisiert gewerbsmäßig Publikumsveranstaltungen mit Bezug zum Luftraum im weitesten Sinne. So veranstaltet sie Bungee-Springen, Ballonfahrten, Fallschirmsprünge und Ähnliches. Als neuestes Projekt möchte sie in Zusammenarbeit mit einem großen Fernsehsender auf einem Grundstück unweit des Potsdamer Platzes einen ortsfesten Heißluftballon, genannt Hi-Flyer, stationieren, der das Emblem des Senders trägt. Der Ballon mit einem Durchmesser von ca. 30 m soll in regelmäßigen Abständen bis auf eine Höhe von 200 m aufsteigen und jedesmal bis zu 50 Touristen mit in den Himmel über Berlin nehmen. Neben dem Heißluftballon sollen auf dem Grundstück Wartehallen und Räume für Souvenirs sowie den Kassenbereich errichtet werden.

Um die geschilderte Anlage errichten zu können, braucht die A-GmbH eine Baugenehmigung des Bezirksamts Mitte von Berlin. Dort ist man der Ansicht, zwar erfülle das Vorhaben alle Anforderungen der Bausicherheit nach der Bauordnung,

---

[83] Ebenso VG Berlin (Fn.), S. 10.

jedoch stelle es eine Verunstaltung der Umgebung im Sinne von § 10 Abs. 2 BauO[84] dar und füge sich deshalb auch nicht gem. § 34 Abs. 1 BauGB in die vorhandene Bebauung ein. Eine Befreiung von den genannten Vorschriften nach § 61 Abs. 2 BauO bzw. § 31 Abs. 2 BauGB komme nicht in Betracht. Es ist davon auszugehen, dass dem Bezirksamt bei der Ablehnung der Erteilung einer Befreiung keine Fehler unterlaufen sind. Der Bauantrag wird mit entsprechender Begründung abgelehnt.

Der Senator für Stadtentwicklung hält die bezirkliche Entscheidung für falsch. Er ist der Meinung, eine solche Touristenattraktion wie den Heißluftballon könne sich Berlin nicht entgehen lassen. Das Grundstück liege überdies in einem Bereich, in dem sich die in der Tat vorhandene Verunstaltung nicht schwerwiegend auswirke, da die angrenzende Bebauung erst im Entstehen sei. Deshalb weist er nach fehlgeschlagenem Einigungsversuch mit dem Bezirksamt Mitte und nach Information der Senatsverwaltung für Inneres das Bezirksamt Mitte an, die Baugenehmigung zu erteilen. Als dieses sich weiter weigert, erteilt er selbst die Genehmigung. Zur Begründung führt er aus, das Vorhaben sei eine besondere Attraktion. Es sei deshalb an einem so zentralen Punkt der Stadt für den Tourismus und das überregionale Ansehen der Hauptstadt von so großer Bedeutung, dass sein Handeln erforderlich gewesen sei. Er mache deshalb von seinem Eingriffsrecht Gebrauch.

Das Bezirksamt Mitte fühlt sich durch die Entscheidung des Senators "überrollt" und möchte eine gerichtliche Entscheidung herbeiführen, damit in vergleichbaren zukünftigen Fällen die Rechtslage geklärt ist. Es ist der Ansicht, die Voraussetzungen eines Eingriffs lägen nicht vor und die erteilte Baugenehmigung sei rechtswidrig. Prüfen Sie die Erfolgsaussichten einer Klage vor dem Verwaltungsgericht.

Lösungsvorschlag

Die Klage hat Aussicht auf Erfolg, wenn sie zulässig und begründet ist.

I. Zulässigkeit

1. Verwaltungsrechtsweg

Der Verwaltungsrechtsweg ist mangels abdrängender Sonderzuweisung gem. § 40 Abs. 1 VwGO in allen öffentlich-rechtlichen Streitigkeiten nichtverfassungsrechtlicher Art gegeben. Die vorliegende Streitigkeit über die Rechtmäßigkeit einer Aufsichtsmaßnahme nach § 13a AZG fällt unter § 40 Abs. 1 VwGO.

---

[84] Bauordnung für Berlin i.d.F. v. 3.9.1997, GVBl. S. 421, 512, zul. geänd. d. G. v. 14.6.2001, GVBl. S. 185.

2. Statthafte Klageart

Die Klageart richtet sich nach dem Begehren des Klägers. Zu beachten ist, dass sich vorliegend ein Bezirk gegen eine Aufsichtsmaßnahme eines Senatsmitglieds zur Wehr setzen will. Es handelt sich um einen sogenannten Insichprozess, denn sowohl das Bezirksamt als auch der Senator sind Organe der juristischen Person Land Berlin. Die Maßnahme hat somit keine Außenwirkung und stellt keinen Verwaltungsakt im Sinne von § 35 VwVfG dar, so dass Anfechtungs- und Verpflichtungsklage von vornherein ausscheiden. Weiterhin hat der Senator die umstrittene Baugenehmigung bereits erteilt, so dass der zugrundeliegende Eingriff in die bezirkliche Zuständigkeit nicht mehr rückgängig gemacht werden kann. Er hat sich damit erledigt. Auch eine allgemeine Leistungsklage in Form der Unterlassungsklage scheidet mithin aus. Statthaft ist die Feststellungsklage gem. § 43 VwGO.

3. Feststellungsfähiges Rechtsverhältnis

Vorliegend geht es um die Frage, ob der Senator zu Recht von seinem Eingriffsrecht Gebrauch gemacht und über den Bauantrag selbst entschieden hat. Dabei handelt es sich um ein hinreichend konkretes feststellungsfähiges Rechtsverhältnis.

4. Subsidiarität

Die Subsidiarität der Feststellungsklage gem. § 43 Abs. 2 VwGO steht nicht entgegen, da keine andere Klageart zur Verfügung steht.

5. Feststellungsinteresse, Klagebefugnis

Fraglich ist aber, ob der Bezirk ein Feststellungsinteresse bzw. noch weitergehend eine Klagebefugnis analog § 42 Abs. 2 VwGO geltend machen kann. Grundsätzlich haben Teile der Verwaltung nämlich nur Wahrnehmungskompetenzen, die keine Klagemöglichkeit vor dem Verwaltungsgericht begründen. Nur wenn die Kompetenz zu dem Zweck der Schaffung eines Kontrastorgans, das der innerkörperschaftlichen Machtbalance dient, verliehen wurde, kann von einer wehrfähigen Rechtsposition ausgegangen werden[85]. Der Bezirk möchte sich vorliegend dagegen wehren, dass der Senator einen Eingriff gem. § 13a AZG vorgenommen und die Baugenehmigung an seiner Stelle erteilt hat. Denkbar sind zwei Rügen: Zum einen kann moniert werden, dass bereits die Voraussetzungen eines Eingriffs nicht vorgelegen hätten, zum anderen kann aber auch die inhaltliche Richtigkeit der nachfolgenden Genehmigungsentscheidung angezweifelt werden.

Hinsichtlich der ersten denkbaren Rüge muss eine bezirkliche Klagebefugnis bejaht werden. Die Bezirke haben ein verfassungskräftiges Recht darauf, dass die

---

[85] Siehe Rz. 371.

gesetzlich vorgesehene Zuständigkeitsabgrenzung beachtet wird (vgl. Art. 84 Abs. 2 Nr. 3 VvB). Das Eingriffsrecht ermöglicht es der Hauptverwaltung, in allen Aufgabenbereichen, für die die Bezirke zuständig sind, auf bezirkliche Entscheidungen Einfluss zu nehmen. Um die Bezirke vor einer zu weitreichenden Beeinflussung durch die Hauptverwaltung zu schützen, hängt das Eingriffsrecht von einschränkenden Voraussetzungen ab. Damit diese ihre Schutzwirkung entfalten können, muss ihre Handhabung durch die eingreifenden Senatsmitglieder gerichtlicher Überprüfung zugänglich sein. Die Bezirke müssen zumindest überprüfen lassen können, ob die Voraussetzungen eines Eingriffs vorlagen[86].

Demgegenüber besitzen die Bezirke bei der Erteilung von Baugenehmigungen keine verselbständigte Stellung. Sie sind lediglich zum Zwecke der Arbeitsteilung für diese Aufgabe zuständig. Die inhaltliche Richtigkeit der Genehmigung können die Bezirke nicht gerichtlich überprüfen lassen. Im Ergebnis besteht eine Klagebefugnis und damit auch ein Feststellungsinteresse nur hinsichtlich der Voraussetzungen eines Eingriffs gem. § 13a AZG.

Wegen der Wiederholungsgefahr steht die Erledigung der Maßnahme dem Feststellungsinteresse nicht entgegen.

6. Beteiligte des Rechtsstreits

§ 61 VwGO gilt für Außenrechtsstreitigkeiten, nicht aber unmittelbar bei Innenrechtsstreitigkeiten[87]. Jedoch besteht Einigkeit, dass zur Durchsetzung wehrfähiger Rechtspositionen auch die Möglichkeit einer Beteiligung an einem Rechtsstreit bestehen muss. Analog § 61 Nr. 2 VwGO ist damit der Bezirk als Kläger beteiligtenfähig[88]. Der Senator für Stadtentwicklung handelte hier nicht als Person, sondern als Organ. Seine Beteiligtenfähigkeit ergibt sich deshalb aus § 61 Nr. 1 VwGO analog.

7. Ergebnis

Die Klage des Bezirks Mitte ist teilweise zulässig.

II. Begründetheit

Die Klage ist begründet, wenn im Falle der Baugenehmigung für den Hi-Flyer die Voraussetzungen für einen Eingriff gem. § 13a AZG nicht vorlagen.

---

[86] Siehe Rz. 395 f.
[87] Siehe Rz. 375.
[88] Siehe Rz. 375.

1. Rechtsgrundlage

Die Anwendung von § 17 AGBauGB kommt nicht in Betracht, da der Hi-Flyer nicht von der Aufzählung der Nr. 1 bis 4 erfasst wird. Rechtsgrundlage für einen Eingriff ist somit § 13a Abs. 1 AZG. Danach darf das zuständige Senatsmitglied einen Eingriff nur dann vornehmen, wenn es zuvor die Senatsverwaltung für Inneres informiert hat und ein Verständigungsversuch mit dem Bezirksamt fehlgeschlagen ist. In materieller Hinsicht darf kein Fall der Bezirksaufsicht vorliegen und es müssen dringende Gesamtinteressen Berlins beeinträchtigt sein. Ein Eingriffsrecht besteht mithin nur dort, wo Ermessen eröffnet ist und aus übergeordneten Gründen ein Abweichen von der bezirklichen Entscheidung erforderlich ist.

2. Formelle Rechtmäßigkeit

Gem. § 13a Abs. 1 S. 1 AZG muss das zuständige Senatsmitglied gehandelt haben. Die Senatsverwaltung für Stadtentwicklung ist nach Abschnitt VII der Geschäftsverteilung des Senats[89] auch für das Bauwesen zuständig.

Die Senatsverwaltung für Inneres wurde informiert und ein Einigungsversuch mit dem Bezirksamt Mitte ist gescheitert. Damit lagen die Verfahrensvoraussetzungen des § 13a AZG für einen Eingriff vor. Im Laufe des weiteren Verfahrens hat der Senator zunächst eine Einzelweisung gem. § 8 Abs. 3 Buchst. b AZG erteilt und war nach deren Nichtbefolgung gem. § 8 Abs. 3 Buchst. c AZG berechtigt, die Genehmigung im Wege des Eintrittsrechts selbst zu erteilen. Im Ergebnis bestehen damit keine Bedenken gegen die formelle Rechtmäßigkeit des Eingriffs.

3. Materielle Rechtmäßigkeit

In materieller Hinsicht ist erforderlich, dass die Versagung der Genehmigung durch das Bezirksamt Mitte nicht gegen Rechts- oder Verwaltungsvorschriften verstieß und dringende Gesamtinteressen Berlins beeinträchtigte.

a) Rechtmäßigkeit der bezirklichen Entscheidung

Zunächst ist also die Rechtmäßigkeit der bezirklichen Versagung zu prüfen, da entgegenstehende Verwaltungsvorschriften nicht ersichtlich sind. Rechtsgrundlage der Versagung ist § 62 Abs. 1 S. 1 BauOBln. Eine Baugenehmigung ist zu erteilen, wenn sie mit öffentlich-rechtlichen Vorschriften im Einklang steht. Dementsprechend kann sie versagt werden, wenn ihr solche Vorschriften entgegenstehen. Gegen die formelle Rechtmäßigkeit bestehen keine Bedenken. Die Anlage stellt jedoch eine Verunstaltung der Umgebung im Sinne von § 10 Abs. 2 BauOBln dar und fügt sich gem. § 34 Abs. 1 BauGB nicht in die Umgebung ein. Die Erteilung der Genehmigung war mithin nur bei gleichzeitiger Erteilung einer Befreiung gem. § 61 Abs. 2 BauOBln bzw. § 31 Abs. 2 BauGB, die im Ermessen des Bezirksamts steht, möglich. Die Erteilung einer Befreiung hat das Bezirksamt in

---

[89] Vom 17.5.2000, ABl. S. 2090.

fehlerfreier Weise abgelehnt. Mithin stellt sich die bezirkliche Entscheidung als rechtmäßig dar[90].

b) Dringende Gesamtinteressen Berlins

Es kommt mithin entscheidend darauf an, ob die Versagung der Baugenehmigung dringende Gesamtinteressen Berlins beeinträchtigt. Da die in § 13a Abs. 1 S. 2 Nr. 1 bis 3 AZG genannten Beispielsfälle nicht einschlägig sind, muss ein sonstiger Fall dringender Gesamtinteressen vorliegen. Ein Beurteilungsspielraum des Senatsmitglieds besteht insoweit nicht.

Ein Gesamtinteresse Berlins kann vorliegen, wenn durch die Maßnahme die Interessen der Gesamtstadt im Verhältnis zum Bezirksinteresse betroffen sind. Vorliegend geht es um einen zentralen Bereich der Stadt zwischen Regierungsviertel und Potsdamer Platz. In diesem Areal kommen naturgemäß bei Bauvorhaben eher Belange der Gesamtstadt zum tragen als in Außenbezirken. Die vom Senator angeführten Belange der touristischen Wirkung sowie des überregionalen Ansehens Berlins sind durchaus geeignet, ein Gesamtinteresse Berlins zu begründen. Es ist eine Frage von überörtlicher Relevanz, was mit dem fraglichen Gelände geschieht.

Fraglich ist aber, ob es sich um dringende Gesamtinteressen handelte. Der Begriff „dringend" ist nicht in zeitlicher, sondern in qualitativer Hinsicht zu verstehen. Es muss sich also um ein qualitativ gesteigertes Gesamtinteresse Berlins handeln. Hierfür lässt sich anführen, dass in einem so öffentlichkeitswirksamen und sensiblen Bereich der Innenstadt ein besonderes Interesse daran besteht, dass das geplante Projekt, welches von seiner Konzeption her tatsächlich optische Auswirkungen im gesamten Innenstadtbereich hat, durchgeführt wird. Es hat also bereits aufgrund dessen einen überörtlichen Charakter. Auch wird der genannte Fernsehsender über den Hi-Flyer überregional berichten und damit die neue Attraktion der Stadt deutschlandweit bekannt machen, was ihre Bedeutung für die Stadt erheblich erhöht. Der touristische Wert der Anlage lässt sich nur am geplanten Ort verwirklichen. Nur hier können die Touristen einerseits intensiv die neue Mitte Berlins betrachten, andererseits auch die Weite der gesamten Stadt und des Umlandes.

Im Ergebnis lassen sich dringende Gesamtinteressen bejahen. Ermessensfehler bei der Ausübung des Eingriffsrechts sind nicht ersichtlich.

---

[90] Gelangte man demgegenüber zur Rechtswidrigkeit der bezirklichen Entscheidung, so ergäbe sich die auf den ersten Blick erstaunliche Konsequenz, dass die bezirkliche Klage wegen der Rechtswidrigkeit der bezirklichen Entscheidung Erfolg hätte. Dies beruht aber darauf, dass der Senat und die zuständigen Senatsmitglieder immer die richtige Aufsichtsart - Bezirksaufsicht oder Eingriffsrecht - anwenden müssen. Die Voraussetzungen der jeweiligen Aufsichtsart müssen beachtet werden. Ein Senatsmitglied kann also vor Gericht unterliegen, auch wenn die bezirkliche Entscheidung rechtswidrig ist.

III Ergebnis

Der Eingriff des Senators war rechtmäßig. Die Klage des Bezirks ist hinsichtlich der Frage des Vorliegens der Voraussetzungen für einen Eingriff unbegründet, hinsichtlich der Frage nach der Rechtmäßigkeit der Genehmigung des Senators bereits unzulässig. Ob die Erteilung einer Befreiung und damit die erteilte Genehmigung rechtmäßig waren, bleibt im vorliegenden Verfahren offen.

7. Kapitel: Die Bezirksverfassung

Das Kapitel über die Bezirksverfassung handelt von der *inneren Organisation* der **251** Bezirke. Es geht also darum, welche Stellung und welche Aufgaben den bezirklichen Organen - Bezirksamt und Bezirksverordnetenversammlung - zukommen und welches Verhältnis sie zueinander haben. Das Organisationsrecht der kommunalen Selbstverwaltungskörperschaften wird üblicherweise als *kommunales Verfassungsrecht* bezeichnet. In Anlehnung hieran hat sich der Begriff Bezirksverfassungsrecht herausgebildet. Es sei aber klargestellt, dass es sich bei den Rechtsnormen der Bezirksverfassung grundsätzlich nicht um Verfassungsrecht, sondern um einfaches Verwaltungsrecht handelt. In Berlin haben jedoch die grundlegenden Organisationsnormen Eingang in die Verfassung gefunden und stellen damit zumindest formelles Verfassungsrecht dar (vgl. Art. 69 ff. VvB). Die einfach-gesetzlichen Regelungen finden sich im Bezirksverwaltungsgesetz (BezVG)[1].

I. Die Kommunalverfassungen in den Flächenländern

In den Flächenländern haben sich *vier Typen* von Kommunalverfassungen heraus- **252** gebildet, die einige Gemeinsamkeiten, aber auch erhebliche Abweichungen aufweisen. Im Einzelnen sind dies die *süddeutsche Ratsverfassung*, die *norddeutsche Ratsverfassung*, die *Bürgermeisterverfassung* sowie die *Magistratsverfassung*. Den Kommunalverfassungen ist gemeinsam, dass sie alle zumindest zwei Hauptorgane kennen: zum einen den *Rat* als Beschlussorgan und zum anderen ein Verwaltungsorgan, zumeist den *Bürgermeister*. Das hauptsächliche Unterscheidungskriterium zwischen des genannten Verfassungstypen ist die Frage, welche Stellung das Verwaltungsorgan neben der Volksvertretung hat, die aufgrund der Vorgabe aus Art. 28 Abs. 1 S. 2 GG in allen Kommunen vorhanden sein und eine dominante Stellung haben muss.

1. Die süddeutsche Ratsverfassung

Der mittlerweile am weitesten verbreitete Kommunalverfassungstyp ist die süd- **253** deutsche Ratsverfassung. Sie hat sich im Laufe des 19. Jahrhunderts in Bayern, Württemberg und Baden entwickelt. Die Kompetenzzuordnung ist *dualistisch* ge-

---

[1] I.d.F. v. 28.2.2001, zul. geänd. d. G. v. 27.9.2001, GVBl. S. 521.

prägt, das heißt, die kommunalen Erstzuständigkeiten sind auf zwei Gemeindeorgane verteilt. Das Hauptorgan ist der Gemeinderat. Daneben besitzt aber auch der Bürgermeister, der aus einer Direktwahl hervorgeht und somit unmittelbar demokratisch legitimiert ist, eine starke Stellung. Der Gemeinderat besitzt die Beschlusszuständigkeiten, während der Bürgermeister Vollzugs- und Vertretungsorgan sowie Leiter der Gemeindeverwaltung ist. Die süddeutsche Ratsverfassung gilt seit jeher in *Bayern* und *Baden-Württemberg*. Seit Mitte der neunziger Jahre haben aber auch die meisten übrigen Bundesländer dieses Verfassungssystem übernommen, so *Sachsen, Saarland, Nordrhein-Westfalen, Niedersachsen, Schleswig-Holstein* und mit Abwandlungen *Sachsen-Anhalt, Thüringen, Mecklenburg-Vorpommern* und *Rheinland-Pfalz*[2]. *Brandenburg* hat sich für eine Mischform aus verschiedenen Kommunalverfassungen entschieden[3].

2. Die norddeutsche Ratsverfassung

254   Die Norddeutsche Ratsverfassung[4] geht auf die Rechtsvorstellungen der Alliierten, insbesondere der britischen Besatzungsmacht zurück. Sie ist im Grundansatz *monistisch* geprägt, das heißt, die Gemeindevertretung ist das zentrale Organ. Der Bürgermeister, der von der Gemeindevertretung gewählt wird, ist lediglich ehrenamtlich tätig. Er sitzt dem Gemeinderat vor und vertritt die Gemeinde nach außen. Weitere Kompetenzen besitzt er nicht. Die Verwaltung wird von einem *Gemeinde- bzw. Stadtdirektor*, einem Wahlbeamten auf Zeit, geführt, allerdings nicht aus eigener Kompetenz, sondern immer nur in Vertretung des Rates. Dieses Modell galt bis 1994 in *Nordrhein-Westfalen*, bis 1996 in *Niedersachsen*, allerdings mit zahlreichen Modifikationen. Heute ist es in keinem Bundesland mehr vertreten.

3. Die Bürgermeisterverfassung

255   Die Bürgermeisterverfassung[5] folgt teils französischer, teils rheinischer Tradition. Hier besitzt wiederum der Bürgermeister neben dem Gemeinderat eine eigenständige Stellung, da er mit zahlreichen eigenen Kompetenzen ausgestattet ist. Es handelt sich demnach um ein *dualistisches* Modell. Der Unterschied zur süddeutschen Ratsverfassung besteht darin, dass der Bürgermeister nicht vom Volk, sondern vom Gemeinderat gewählt wird. Von echter Bürgermeisterverfassung spricht man, wenn der Bürgermeister Stimmrecht im Gemeinderat hat, von unechter, wenn dies nicht der Fall ist. Die Bürgermeisterverfassung galt bis in die Neunziger Jahre - zumindest teilweise - in *Rheinland-Pfalz*, im *Saarland* und in *Schleswig-Holstein*. Zur Zeit folgt kein Bundesland diesem Modell.

---

[2] *Gern*, Deutsches Kommunalrecht, Rz. 40.
[3] *Gern* (Fn. 2), Rz. 44.
[4] *Stober*, Kommunalrecht, § 4 II 1.
[5] *Gern* (Fn. 2), Rz. 41.

4. Die Magistratsverfassung

Die Magistratsverfassung[6], die ebenfalls *dualistisch* geprägt ist, hat ihren Ur- **256** sprung in der preußischen Städteordnung. Als Haupt- und Beschlussorgan fungiert wiederum die Gemeindevertretung. Von dieser wird ein *Magistrat* gewählt, der aus dem Bürgermeister und weiteren Mitgliedern, sogenannten Gemeinde- oder Stadträten, besteht. Der Magistrat erledigt in eigener Kompetenz die Verwaltungs- und Vertretungsaufgaben. Daneben besitzt aber auch der Bürgermeister einzelne eigene Kompetenzen, weshalb die Magistratsverfassung in gewissem Umfang trialistische Züge trägt. Der Bürgermeister ist Vorsitzender des Magistrats, nicht aber der Gemeindevertretung. Dieser sitzt ein ehrenamtlicher Vorsteher vor. Bei der echten Magistratsverfassung bedürfen Beschlüsse der Gemeindevertretung der Zustimmung des Magistrats. Deshalb verstößt diese gegen Art. 28 Abs. 1 S. 2 GG, der eine unabhängige Stellung des Vertretungsorgans fordert. Die unechte Magistratsverfassung kennt dieses Erfordernis nicht. Sie gilt heute noch in *Hessen*, allerdings mit der Einschränkung, dass der Bürgermeister direkt gewählt wird, sowie in *Bremerhaven*.

II. Die Einordnung der Bezirksverfassung

1. Grundlegende Organisationsnormen in der Verfassung von Berlin

Nachdem die vier Grundtypen der Kommunalverfassung skizziert sind, kann die **257** Bezirksverfassung einem der Typen zugeordnet werden. Grundlegende Vorschriften zur Organisation der Bezirke finden sich in den Art. 69 ff. VvB. Gem. Art. 69 S. 1 VvB wird in jedem Bezirk eine Bezirksverordnetenversammlung gewählt. Diese wählt gem. Art. 69 S. 2 VvB die Mitglieder des Bezirksamts. Die Bezirksverordnetenversammlung besteht gem. Art. 70 Abs. 2 S. 1 VvB aus 55 Mitgliedern. Sie kontrolliert gem. Art. 72 die bezirkliche Verwaltung, beschließt den Bezirkshaushaltsplan und entscheidet in den ihr zugewiesenen Angelegenheiten. Das Bezirksamt besteht gem. Art. 74 Abs. 1 VvB aus dem Bezirksbürgermeister und den Bezirksstadträten. Gem. Art. 74 Abs. 2 VvB ist das Bezirksamt die Verwaltungsbehörde des Bezirks und vertritt Berlin in Angelegenheiten des Bezirks. Der Bezirksbürgermeister übt gem. Art. 75 Abs. 2 S. 2 VvB die Dienstaufsicht über die übrigen Bezirksamtsmitglieder aus. Gem. Art. 75 Abs. 2 S. 3 VvB leitet jedes Mitglied seinen Geschäftsbereich eigenverantwortlich.

2. Einordnung als unechte Magistratsverfassung

Von der Norddeutschen Ratsverfassung unterscheidet sich die Bezirksverfassung **258** grundlegend darin, dass das Bezirksamt ein selbständiges Organ neben der Be-

---

[6] *Stober* (Fn. 4), § 4 II 3.

zirksverordnetenversammlung ist, was in der Aufgabenzuweisung des Art. 74 Abs. 2 VvB zum Ausdruck kommt. Der grundlegende Unterschied zur süddeutschen Ratsverfassung liegt in der Wahl des Bezirksamts und somit auch des Bezirksbürgermeisters durch die Bezirksverordnetenversammlung (Art. 69 S. 2 VvB). Zur Bürgermeisterverfassung besteht der Hauptunterschied darin, dass das Bezirksamt als Kollegialorgan und nicht der Bürgermeister an der Spitze der Verwaltung steht (Art. 74 Abs. 2 VvB). Aufgrund der Regelung in Art. 75 Abs. 2 VvB, die den Bürgermeister als *"primus inter pares"* erscheinen lässt, ähnelt das Bezirksamt einem Magistrat. Auch im Übrigen bestehen starke Übereinstimmungen mit dem Modell der Magistratsverfassung, so in der *dualistischen Aufgabenverteilung* und der *indirekten Wahl des Verwaltungsorgans*. Es handelt sich um eine *unechte Magistratsverfassung*, da Beschlüsse der Bezirksverordnetenversammlung nicht der Zustimmung des Bezirksamts bedürfen. Dieses Ergebnis verwundert kaum, entspringt die Magistratsverfassung doch preußischer Verwaltungstradition. Das Kollegialprinzip der Bezirksämter geht bereits auf die Stadtverfassung von 1920 zurück[7].

III. Die Bezirksverordnetenversammlung

259 Die Bezirksverordnetenversammlung entspricht dem Gemeinderat in den Gemeinden. Sie hat jedoch kein Satzungsrecht[8] und auch nur eingeschränkte Entscheidungsrechte. Ihre Hauptaufgabe liegt in der *Kontrolle des Bezirksamtes*. Im Rahmen ihrer Kontrollaufgaben besteht allerdings in verschiedenen Fällen ein sogenanntes Selbstentscheidungsrecht, das heißt, sie kann Entscheidungen des Bezirksamts aufheben und selbst in der Sache entscheiden.

260 Wenn es in Art. 72 VvB heißt, die Bezirksverordnetenversammlung sei ein Organ der bezirklichen Selbstverwaltung, folgt hieraus nicht, dass die Bezirke körperschaftlich verfasst sind[9]. Mit dieser Formulierung bringt die Verfassung lediglich zum Ausdruck, dass über die Bezirksverordnetenversammlung die Bezirkseinwohner an der Wahrnehmung der Bezirksaufgaben beteiligt sind.

Die Bezirksverordnetenversammlung gehört zur vollziehenden Gewalt, ist also *Verwaltungsorgan*. Die Bezirksverordneten gehören somit der Verwaltung an, sind aber keine Angehörigen des öffentlichen Dienstes[10].

---

[7] *Neumann* in Pfennig/Neumann, VvB, Art. 74, Rz. 1.
[8] Siehe Rz. 49, 58.
[9] Siehe Rz. 17.
[10] *Neumann* (Fn. 7), Art. 72, Rz. 1.

1. Die Wahl der Bezirksverordnetenversammlung

Die Wahlen zu den Bezirksverordnetenversammlungen finden stets zusammen mit **261** den Wahlen zum Abgeordnetenhaus statt (Art. 70 Abs. 1 S. 1 VvB). Hintergrund der *Koppelung beider Wahlen* ist wiederum die besondere Rechtsstellung der Bezirke. Gesondert durchgeführte Bezirkswahlen würden zu einer Hervorhebung der bezirklichen Interessen sowie Probleme und damit zu einer Politisierung der Bezirksebene führen. Die mit einer Politisierung einhergehende Aufwertung der Bezirksebene soll vermieden werden[11]. Um den gemeinsamen Wahltermin zu ermöglichen, ist ergänzend in Art. 71 VvB bestimmt, dass mit dem Ende der Wahlperiode des Abgeordnetenhauses auch diejenige der Bezirksverordnetenversammlungen endet, die Wahlperioden also übereinstimmen. Die Wahlperiode beträgt somit 5 Jahre (Art. 54 Abs. 1 S. 1 VvB). § 5 Abs. 1 S. 2 BezVG greift die Verfassungsregelungen auf. In § 5 Abs. 2 BezVG wird ergänzend klargestellt, dass die Koppelung der Wahlperioden auch bei einem vorzeitigen Ende der Wahlperiode des Abgeordnetenhauses durch Volksentscheid (Art. 63 Abs. 3 VvB) oder Selbstauflösung (Art. 54 Abs. 2 VvB) gilt. Auf der anderen Seite kann konsequenterweise die Bezirksverordnetenversammlung weder durch eigenen Beschluss noch durch Volksentscheid aufgelöst werden (§ 5 Abs. 2 S. 1 BezVG). Auch eine Auflösung durch die Bezirksaufsicht kann nicht erfolgen. Da nach Art. 54 Abs. 1 S. 2 VvB die neue Wahlperiode erst mit dem ersten Zusammentritt des neu gewählten Abgeordnetenhauses beginnt, dürfen sich die neugewählten Bezirksverordnetenversammlungen nach § 6 Abs. 1 BezVG erst nach diesem Zeitpunkt konstituieren.

Die Wahl zu den Bezirksverordnetenversammlungen erfolgt nach den in Bund und **262** Ländern geltenden *allgemeinen Wahlgrundsätzen* (Art. 70 Abs. 1 S. 1 VvB) als Listenwahl. Vorschlagsberechtigt sind Parteien und Wählergemeinschaften (§ 23 Abs. 1 LWahlG). Die Verteilung der Sitze erfolgt nach § 22 Abs. 1 LWahlG anders als bei der Abgeordnetenhauswahl[12] nach dem *d'Hondtschen Höchstzahlverfahren*. Hierbei besteht eine *3 %-Klausel* (Art. 70 Abs. 2 S. 2 VvB), das heißt, auf Bezirkswahlvorschläge, für die weniger als 3 % der Stimmen abgegeben werden, entfallen keine Sitze. Bis 1997 galt - wie noch heute bei der Abgeordnetenhauswahl (siehe Art. 39 Abs. 2 VvB) - eine 5 %-Klausel. In seinem Urteil vom 17.3.1997 hat der VerfGH die Verfassungswidrigkeit der seinerzeitigen Regelung in § 22 Abs. 2 LWahlG festgestellt[13]. Vor dem Hintergrund der in Art. 70 Abs. 1 VvB geregelten Wahlrechtsgleichheit und der ebenfalls landesverfassungsrechtlich verbürgten Chancengleichheit der Parteien seien zwingende Gründe erforderlich, wenn durch eine Sperrklausel eine Differenzierung des Erfolgswerts von Wählerstimmen erfolgen solle. Hierfür reiche nicht die abstrakte, theoretische Möglichkeit der Beeinträchtigung der Funktionsfähigkeit der Bezirksverordnetenversammlung durch Einzelmitglieder oder kleine Fraktionen aus; vielmehr müsse

---

[11] *Magen* in Pfennig/Neumann, VvB, Art. 70, Rz. 2 f.

[12] Hier kommt das Hare/Niemeyer-Verfahren zur Anwendung.

[13] BerlVerfGH, LVerfGE 6, 32.

die konkrete, mit einiger Wahrscheinlichkeit zu erwartende Möglichkeit einer Beeinträchtigung dargetan werden. Gesichtspunkte, die eine solche Prognose des Gesetzgebers rechtfertigen könnten, lägen in Anbetracht der begrenzten Zuständigkeiten der Bezirksverordnetenversammlungen nicht vor[14].

263   Die jetzt geltende 3 %-Klausel ist wie dargestellt im Gegensatz zur früheren Regelung unmittelbar in der Verfassung vorgesehen. Hierdurch hat sich der Maßstab für die Zulässigkeit der Sperrklausel verschoben. Sie ist deshalb unter Berücksichtigung der durch die Bezirksreform 1998 partiell gestärkten Bezirksebene als verfassungsgemäß anzusehen[15].

264   *Wahlberechtigt* ist, wer mit der *Hauptwohnung* im melderechtlichen Sinn in dem jeweiligen Bezirk gemeldet ist (§ 22 Abs. 1 i.V.m. § 1 Abs. 1 u. 2 LWahlG). Die *Wählbarkeit* setzt dagegen *keinen Wohnsitz* in dem jeweiligen Bezirk voraus. Diese Regelung ist darin begründet, dass sich in einem Stadtstaat der Ort des Wohnsitzes und des bezirkspolitischen Interesses nicht decken müssen, sondern z.B. durch berufliche Tätigkeit oder Mitgliedschaft in einer bestimmten Untergliederung einer Partei leicht auseinanderfallen können[16].

265   Wahlberechtigt und wählbar sind bei den Wahlen zur Bezirksverordnetenversammlung unter den gleichen Voraussetzungen wie Deutsche (§ 1 Abs. 1 LWahlG) auch *EU-Ausländer* (Art. 70 Abs. 1 S. 2 VvB i.V.m. § 22a LWahlG). Das in Art. 19 EG vorgesehene und durch die Richtlinie 94/80/EG des Rates vom 19.12.1994[17] konkretisierte Kommunalwahlrecht für Unionsbürger wird also auf die Bezirksverordnetenversammlungen bezogen, obwohl es sich bei den Wahlen nicht um eigenständige Kommunalwahlen handelt[18] und Art. 28 Abs. 1 S. 3 GG deshalb nicht unmittelbar für die Wahlen zu den Bezirksverordnetenversammlungen gilt.

Andere Ausländer sind nicht wahlberechtigt. Sie sind auch nicht wählbar, können aber als Bürgerdeputierte an der Arbeit der Ausschüsse der Bezirksverordnetenversammlung teilnehmen (siehe § 20 S. 2 BezVG)[19].

---

[14] BerlVerfGH (Fn. 13), S. 42.
[15] Vgl. auch Beschluss des VerfGH 121/99 v. 21.2.2000, Leitsatz in LKV 2001, S. 123, obwohl hier die Zulässigkeit der Sperrklausel nicht entscheidungserheblich war. Zweifel an der Verfassungsmäßigkeit haben weiterhin *Magen* (Fn. 11), Rz. 9; *Zivier*, Verfassung und Verwaltung von Berlin, Rz. 86.1.4.2.
[16] *Magen* (Fn. 11), Rz. 7.
[17] ABlEG L 368/38.
[18] Ausführlich *Scholz* in Maunz/Dürig, GG, Art. 28, Rz. 41 g.
[19] Siehe Rz. 279.

2. Die Mitglieder der Bezirksverordnetenversammlung

Die Bezirksverordnetenversammlung besteht aus *55 Bezirksverordneten* (Art. 70 **266**
Abs. 2 S. 1 VvB i.V.m. § 5 Abs. 1 S. 1 BezVG). Die Bezirksverordneten sind
Mitglieder der Verwaltung, unterliegen aber nicht dem öffentlichen Dienstrecht.
Sie sind *ehrenamtlich* tätig und erhalten lediglich eine *Aufwandsentschädigung*
sowie Erstattung von Reisekosten (§ 11 Abs. 1 BezVG). Das Nähere der Entschädigung ist im Gesetz über die Entschädigung der Mitglieder der Bezirksverordnetenversammlung, der Bürgerdeputierten und sonstiger ehrenamtlich tätiger Personen[20] geregelt. Demnach erhalten sie eine Grundentschädigung, Sitzungsgelder
und eine Fahrgeldentschädigung. Die Grundentschädigung beträgt monatlich 1/10
der Abgeordnetenentschädigung, z. Zt. also 295 Euro[21]. Die Sitzungsgelder betra-
gen für Plenarsitzungen 31 Euro und für Ausschusssitzungen 20 Euro; die Fahrgeldentschädigung beträgt 41 Euro monatlich[22].

Wie in allen Gemeindeordnungen[23] besteht ein *Verbot der Entlassung* bzw. Kün- **267**
digung wegen der Tätigkeit als Bezirksverordneter (§ 10 BezVG). Dies schließt
eine Kündigung aus anderen Gründen nicht aus[24]. Ferner wird aus Art. 19 Abs. 1
VvB grundsätzlich ein Anspruch auf *Arbeitsbefreiung* für die Wahrnehmung des
Mandats hergeleitet. Nach Art. 19 Abs. 1 VvB darf niemand an der Wahrnehmung
staatsbürgerlicher Rechte oder öffentlicher Ehrenämter gehindert werden, insbesondere nicht durch sein Arbeitsverhältnis. Dieses Recht gilt jedoch nur innerhalb
der Regelungen des Arbeits- und Dienstrechts[25]. Es dürfen deshalb keine wichtigen Interessen des Arbeitgebers bzw. Dienstherren entgegenstehen. Ein Anspruch
auf Lohn- und Gehaltsfortzahlung besteht grundsätzlich nicht, es sei denn, er ist
einzel- oder tarifvertraglich geregelt[26]. Besondere Rechte wie *Immunität* und *In-
demnität* stehen den Bezirksverordneten nicht zu[27]. Sie sind *keine Parlamentarier*.

Bezirksamtsmitglieder sowie Beamte und Angestellte des Bezirksamts dürfen **268**
nicht Mitglied der Bezirksverordnetenversammlung desselben Bezirks sein (§ 26
Abs. 4 LWahlG)[28]. Die *Inkompatibilitätsregelung* dient hinsichtlich der Bezirksamtsmitglieder der Trennung von Amt und Mandat zur Vermeidung von Interes-
senkonflikten, fußt aber auch auf magistratsverfassungsrechtlichen Grundsätzen.

---

[20] Gesetz vom 29.11.1978, GVBl. S. 2214, zul. geänd. d. G. v. 15.10.2001, GVBl. S. 540.
[21] Siehe im Einzelnen § 1 des Gesetzes.
[22] Siehe §§ 2, 3 des Gesetzes.
[23] *Gern* (Fn. 2), Rz. 347.
[24] Arbeitsgericht Berlin, NZA 1992, S. 843 ff., 844.
[25] Zu Art. 19 VvB: *Zivier* (Fn. 15), Rz. 35.1.3.2; *Stöhr* in Pfennig/Neumann, VvB, Art. 19,
    Rz. 4 ff.
[26] *Mudra*, VvB, S. 71.
[27] *Neumann* (Fn. 7), Art.72, Rz. 1; vgl. § 36 StGB.
[28] Die Inkompatibilitätsregelung gilt auch für Berufsrichter, den Berliner Beauftragten für
    Datenschutz und Informationsfreiheit und seine Mitarbeiter und Prüfer des Rechnungs-
    hofs; vgl. *Magen* (Fn. 11), Rz. 12.

Eine gleichzeitige Mitgliedschaft in einer Bezirksverordnetenversammlung und im Abgeordnetenhaus ist ausgeschlossen (§§ 6 Abs. 1 Nr. 7, 22 Abs. 3 LWahlG). Nach § 11 Abs. 3 BezVG sind Bezirksverordnete unter denselben Voraussetzungen wie in Verwaltungsverfahren Tätige von der Mitwirkung an Beratungen und Entscheidungen ausgeschlossen (§§ 20 ff. VwVfG). Ein Bezirksverordneter ist also von der Mitwirkung z.B. ausgeschlossen, wenn er von einem Bebauungsplanverfahren als Eigentümer eines Grundstücks betroffen ist.

3. Die Geschäftsordnung

269   Die Bezirksverordnetenversammlung hat wie dargestellt kein Satzungsrecht[29]. Sie hat jedoch wie alle Exekutivorgane kraft ihrer Organisationsgewalt die Befugnis, intern verbindliche Festlegungen für ihre Aufgabenwahrnehmung zu treffen[30]. Diese Befugnis wird für die Bezirksverordnetenversammlung in § 8 Abs. 1 BezVG ausdrücklich bestätigt. Danach gibt sich die Bezirksverordnetenversammlung eine Geschäftsordnung. Aufgrund dieser Formulierung besteht nicht nur eine Berechtigung, sondern auch eine Verpflichtung, eine Geschäftsordnung zu erlassen. Die Geschäftsordnung hat den Charakter einer *Verwaltungsvorschrift* eigener Art, die die Bezirksverordnetenversammlung im Rahmen ihres Selbstorganisationsrechts erlassen muss, um intern verbindliche Festlegungen über das Verfahren ihrer Aufgabenwahrnehmung, aber auch die Aufgaben, Rechte und Pflichten der Bezirksverordneten, der Fraktionen und der sonstigen Organe der Bezirksverordnetenversammlung zu treffen[31]. Die Regelungsbefugnis besteht nur, soweit in der Verfassung oder dem einfachen Gesetz nichts Entgegenstehendes geregelt ist.

270   Solche gesetzlichen Regelungen über das *Verfahren in der Bezirksverordnetenversammlung* finden sich z.B. in den §§ 6 ff. BezVG. Insbesondere ist die Bezirksverordnetenversammlung nach § 6 Abs. 2 BezVG mindestens in jedem zweiten Monat einzuberufen. Sie ist nach § 6 Abs. 3 BezVG unverzüglich einzuberufen, wenn ein Fünftel der Bezirksverordneten oder das Bezirksamt es fordern. Die Bezirksverordnetenversammlung ist nach § 8 Abs. 2 BezVG beschlussfähig, wenn mehr als die Hälfte der Mitglieder anwesend ist. Die Bezirksverordnetenversammlung beschließt nach § 8 Abs. 4 BezVG grundsätzlich mit einfacher Stimmenmehrheit. Die Verhandlungen sind nach § 8 Abs. 6 BezVG grundsätzlich öffentlich, die Öffentlichkeit kann aber ausgeschlossen werden. § 11 Abs. 2 BezVG verbürgt einzelnen Bezirksverordneten das Recht, Anträge zu stellen und Anfragen an das Bezirksamt zu richten. Dieses Recht kann also in der Geschäftsordnung nicht nur Fraktionen vorbehalten werden. Kraft der Verfassung muss die Bezirksverordnetenversammlung bei den Geschäftsordnungsregelungen den Grundsatz

---

[29] Siehe Rz. 49, 58.
[30] Siehe Rz. 154.
[31] *Neumann* (Fn. 7), Art. 72, Rz. 18; *Zivier* (Fn. 15), Rz. 86.3.

der Funktionsfähigkeit der Verwaltung beachten[32]. Die Geschäftsordnungsregelungen haben also auch eine funktionssichernde Bedeutung und müssen ein geordnetes Verfahren sicherstellen. Da die Geschäftsordnung nur interne Festlegungen treffen kann, ist eine Begründung von Rechten oder Pflichten für Dritte, also auch für Bezirksamtsmitglieder oder Bezirksamtsmitarbeiter, nicht möglich[33].

Ein *Verstoß gegen die Geschäftsordnung* begründet nicht ohne weiteres die **271** Rechtswidrigkeit eines daraufhin ergangenen Beschlusses. Vielmehr muss der Verstoß *wesentlich* sein[34], darf also keine bloße Ordnungsvorschrift betreffen. Mit Blick auf Außenrechtsstreitigkeiten ist die betreffende Geschäftsordnungsvorschrift dann als wesentlich anzusehen, wenn sie subjektive Rechtspositionen gestaltet.

4. Die Organe der Bezirksverordnetenversammlung

Die Organe der Bezirksverordnetenversammlung sind der Bezirksverordnetenvor- **272** steher, sein Stellvertreter, der Vorstand, der Ältestenrat, die Ausschüsse und die Fraktionen.

a) Der Bezirksverordnetenvorsteher und der Vorstand

Der *Bezirksverordnetenvorsteher leitet die Sitzungen* der Bezirksverordnetenver- **273** sammlung, *vertritt* diese in allen Angelegenheiten und übt das *Hausrecht* in den Räumen der Bezirksverordnetenversammlung aus (§ 7 Abs. 2 S. 1 BezVG). Er wird wie sein Stellvertreter und die übrigen Mitglieder des Vorstandes von der Bezirksverordnetenversammlung aus ihrer Mitte für die Dauer der Wahlperiode gewählt (§ 7 Abs. 1 BezVG). Zwar wird traditionell in vielen Bezirken entsprechend parlamentarischen Gepflogenheiten der Vorsteher von der *stärksten Fraktion* nominiert. Es gibt jedoch keinen dahingehenden gewohnheitsrechtlichen Anspruch[35]. Auch der Bewerber einer anderen Fraktion kann zum Vorsteher gewählt werden.

Die *übrigen Vorstandsmitglieder* unterstützen den Vorsteher und seinen Stellver- **274** treter bei der Leitung der Sitzungen der Bezirksverordnetenversammlung und üben die Funktion des *Schriftführers* aus. Für die Feststellung des Verlusts des Sitzes als Bezirksverordneter bedarf es nach § 6 Abs. 3 LWahlG in bestimmten Fällen eines Beschlusses des gesamten Vorstandes.

---

[32] Grundsatz der Funktionsfähigkeit der Verwaltung als Bestandteil des Rechtsstaatsprinzips, Art. 20 Abs. 3 GG; vgl. hierzu BVerfGE 9, 268, 281; *Isensee* in HdStR III, § 57, Rz. 118.

[33] Neumann (Fn. 7), Rz. 18.

[34] Hierzu *Gern* (Fn. 2), Rz. 442.

[35] OVG Berlin, OVGE 20, 165, 168; VG Berlin, Beschl. v. 28.10.1992, VG 1 A 356.92; vgl. zum stellvertretenden Vorsteher VG Berlin, Urt. v. 29.6.1998, VG 26 A 30.96.

275 Ob der Vorsteher *abgewählt* werden kann, ist umstritten. Eine gesetzliche Regelung findet sich nicht. § 7 Abs. 1 BezVG spricht lediglich davon, dass die Wahl für die Dauer der Wahlperiode erfolge. Hieraus wird teilweise geschlossen, dass eine Abwahl nicht möglich sei[36]. Das Fehlen einer entgegenstehenden gesetzlichen Regelung spricht jedoch gerade für die Möglichkeit einer Abwahl[37]. Es kommt das *Selbstorganisationsrecht* der Bezirksverordnetenversammlung zum Zuge. Die Bezirksverordnetenversammlung kann ihre inneren Angelegenheiten selbst regeln, soweit keine gesetzlichen Vorschriften entgegenstehen. Dies gilt auch für den Fall, dass derjenige, der sie vertritt und ihre Plenarsitzungen leitet, nicht mehr ihr Vertrauen genießt. Aus der Regelung, dass die Wahl für die Dauer der Wahlperiode erfolgt, ergibt sich demnach lediglich, dass sie nicht von vornherein auf eine kürzere Amtsdauer ausgerichtet ist. Allerdings muss bei einer Abwahl der Grundsatz der Funktionsfähigkeit der Bezirksverordnetenversammlung[38] beachtet werden. Es darf nicht zu einem häufigen Wechsel im Amt des Vorstehers kommen, der die ordnungsgemäße Aufgabenerledigung durch die Bezirksverordnetenversammlung gefährdet. Darüberhinaus soll der Vorsteher sein Amt objektiv ausüben und muss deshalb vor einer permanenten Abwahlgefahr, die seine Unparteilichkeit beeinträchtigen kann, geschützt werden.

276 An eine Abwahl müssen deshalb besondere Anforderungen gestellt werden. Sie bedarf eines zwingenden Anlasses[39]. Erforderlich ist deshalb ein *wichtiger Grund.* Insoweit lässt sich der Rechtsgedanke von § 86 VwVfG heranziehen, der allerdings auf den Vorsteher nicht unmittelbar anwendbar ist[40]. Der Vorsteher muss also seine Pflichten gröblich verletzt oder sich als unwürdig erwiesen haben oder seine Tätigkeit nicht mehr ordnungsgemäß ausüben können. Die Abwahl erfolgt durch die Neuwahl eines anderen Vorstehers[41]. Erfolgt eine Neuwahl ohne wichtigen Grund, ist diese und die einhergehende Abwahl unwirksam. Der alte Vorsteher ist weiterhin im Amt. Unabhängig von der Abwahlmöglichkeit kann ein Vorsteher jederzeit von seinem Amt zurücktreten[42].

b) Der Ältestenrat

277 Die Bildung eines Ältestenrates ist in § 9 Abs. 1 BezVG vorgesehen. Er besteht üblicherweise aus dem Vorsteher, dessen Stellvertreter und weiteren von den Fraktionen benannten Mitgliedern, deren Anzahl in der Geschäftsordnung festge-

---

[36] *Neumann* (Fn. 7), Art. 72, Rz. 3 ff.

[37] Ebenso *Zivier* (Fn. 15), Rz. 86.2.1; *Machalet*, Die Berliner Bezirksverwaltung, S. 119 Fn. 127.

[38] Siehe Rz. 270.

[39] OVG Berlin, OVGE 20, 165, 166.

[40] Die Tätigkeit der Bezirksverordnetenversammlung ist kein Verwaltungsverfahren im Sinne von § 9 VwVfG.

[41] *Zivier* (Fn. 15), Rz. 86.2.1.

[42] *Neumann* (Fn. 7), Art. 72, Rz. 6.

legt wird[43]. Der Ältestenrat dient der Abstimmung der Fraktionen untereinander und der Fraktionen mit dem Vorstand sowie der Vorbereitung der Plenarsitzungen. Mit Zustimmung des Ältestenrates nimmt auch der Bezirksbürgermeister oder sein Stellvertreter an dessen Sitzungen teil[44].

c) Die Ausschüsse

In den Ausschüssen der Bezirksverordnetenversammlung, die nach Art. 73 Abs. 1   **278** VvB i.V.m. § 9 Abs. 1 BezVG zu bilden sind, wird die fachliche Hauptarbeit geleistet, auch wenn sie grundsätzlich *keine Beschlussrechte* haben. Durch sie übt die Bezirksverordnetenversammlung im Wesentlichen ihre *Kontrollfunktion* gegenüber dem Bezirksamt aus. Einem Ausschuss ist hierzu auf Verlangen vom Bezirksamt Auskunft zu erteilen und Einsicht in die Akten zu gewähren (§ 17 Abs. 1 BezVG). Die Ausschüsse können sachkundige Personen und Betroffene hinzuziehen und mit Zustimmung des Vorstehers auch Sachverständige (§ 9 Abs. 4 BezVG). Sie tagen grundsätzlich öffentlich (§ 9 Abs. 3 S. 2 BezVG) und können wie die Bezirksverordnetenversammlung die Anwesenheit der Bezirksamtsmitglieder fordern (§ 14 Abs. 2 BezVG).

Die Ausschussmitglieder werden nicht von der Bezirksverordnetenversammlung   **279** gewählt, sondern von den Fraktionen entsandt. Die *Verteilung der Sitze* auf die Fraktionen ergibt sich aus § 9 Abs. 2 S. 2 BezVG und richtet sich nach den Mehrheits- und Stärkeverhältnissen in der Bezirksverordnetenversammlung. Jeder Fraktion kommt dabei ein *Grundmandat* in jedem Ausschuss zu (§ 9 Abs. 2 S. 1 BezVG). Die Größe der Ausschüsse soll regelmäßig *13 Bezirksverordnete* nicht überschreiten (§ 9 Abs. 1 S. 3 BezVG). Die Fraktionen können die entsandten Mitglieder jederzeit austauschen[45]. In den Ausschüssen können bis zu *4 Bürgerdeputierte* mit Stimmrecht mitwirken. Dies sind sachkundige Bürger, auch Ausländer, die, ohne Mitglied der Bezirksverordnetenversammlung zu sein, von der Bezirksverordnetenversammlung in die Ausschüsse gewählt werden (Art. 73 Abs. 2 VvB, § 9 Abs. 1 S. 2 BezVG i.V.m. §§ 20 ff. BezVG)[46]. Eine solche Zuwahl ist aber nicht zwingend. Wenn sie erfolgt, soll der Ausschuss neben den Bürgerdeputierten *höchstens 11 Bezirksverordnete* umfassen. Ändern sich während der Wahlperiode die Stärkeverhältnisse der Fraktionen z.B. durch Fraktionswechsel, muss die Ausschussbesetzung angepasst werden[47]. Es ist dabei zulässig, dass eine Fraktion auf ihr Kontingent an Ausschussmitgliedern einen fraktionslosen Bezirksverordneten in einen Ausschuss als dann auch stimmberechtigtes Mitglied entsendet.

---

[43] *Zivier* (Fn. 15), Rz. 86.2.2.
[44] *Neumann* (Fn. 7), Art. 72, Rz. 24.
[45] *Neumann* (Fn. 7), Art. 73, Rz. 4.
[46] Siehe zu den Voraussetzungen für Bürgerdeputierte § 22 BezVG; *Zivier* (Fn. 15), Rz. 86.2.3.2; *Neumann* (Fn. 7), Art. 73, Rz. 8.
[47] *Zivier* (Fn. 15), Rz. 86.2.3.5.

280 An den Ausschusssitzungen kann jeder Bezirksverordnete als Gast teilnehmen (§ 9 Abs. 5 BezVG). Das gilt auch für *fraktionslose Bezirksverordnete*. Diese sind aber, da sie bei der Verteilung der Ausschusssitze nicht berücksichtigt werden, in keinem Ausschuss stimmberechtigt. In mindestens einem Ausschuss ihrer Wahl haben sie jedoch Rede- und Antragsrecht (§ 9 Abs. 6 BezVG); durch Beschluss der Bezirksverordnetenversammlung kann dieses Recht auf weitere Ausschüsse erweitert werden.

281 Wieviele Ausschüsse eingerichtet werden, entscheidet die Bezirksverordnetenversammlung. In der Regel werden für jeden Geschäftsbereich des Bezirksamtes mehrere Ausschüsse eingerichtet, so dass die Gesamtzahl *mindestens 12* beträgt. Vorgeschrieben ist ein *Ausschuss für Eingaben und Beschwerden* (§ 17 Abs. 3 BezVG). Dieser Ausschuss hat erweiterte Rechte. Er kann insbesondere Auskünfte von allen Behörden Berlins und den juristischen Personen des öffentlichen Rechts verlangen (§ 17 Abs. 3 Buchst. b BezVG). Er hat aber keine unmittelbaren Entscheidungsrechte, sondern kann dem Bezirksamt lediglich Empfehlungen geben oder Aufträge erteilen.

282 Von besonderer Bedeutung ist ferner der in § 33 BezVG vorgesehene *Jugendhilfeausschuss*. Er ist einerseits Ausschuss der Bezirksverordnetenversammlung, gleichzeitig aber auch Teil des in jedem Bezirk einzurichtenden *Jugendamtes* (§ 34 Abs. 1 AGKJHG i.V.m. § 70 Abs. 1 SGB VIII)[48]. Auf ihn sind die für alle Ausschüsse geltenden Vorschriften anzuwenden, soweit in den §§ 35 ff. AGKJHG nichts anderes bestimmt ist. Er hat demnach im Gegensatz zu den übrigen Ausschüssen insbesondere *eigene Entscheidungskompetenzen*, denn er beschließt im Rahmen der verfügbaren Haushaltsmittel und der von der Bezirksverordnetenversammlung gefassten Beschlüsse über die Angelegenheiten der Jugendhilfe (§ 35 Abs. 2 S. 2 AGKJHG i.V.m. § 71 Abs. 3 SGB VIII). Seine Zusammensetzung weicht von der der übrigen Ausschüsse ab. Ihm gehören nach § 35 Abs. 5 bis 7 AGKJHG neun Bezirksverordnete, sechs Bürgerdeputierte und verschiedene weitere beratende Mitglieder an. Für jede Fraktion besteht wie bei allen Ausschüssen nach § 9 Abs. 2 S. 1 BezVG ein Grundmandat[49]. Den Jugendhilfeausschuss können fraktionslose Bezirksverordnete nicht als Ausschuss ihrer Wahl nach § 9 Abs. 6 BezVG bestimmen.

d) Die Fraktionen

283 Eine Fraktion kann nach § 5 Abs. 3 BezVG gebildet werden aus *mindestens drei Mitgliedern* der Bezirksverordnetenversammlung, die derselben Partei oder Wählergemeinschaft angehören oder auf denselben Wahlvorschlag hin gewählt worden sind. Liegen diese Voraussetzungen nicht vor, müssen die betroffenen Bezirksver-

---

[48] Ausführungsgesetz zum Kinder- und Jugendhilfegesetz i.d.F. v. 27.4.2001, GVBl. S. 134; Achtes Buch Sozialgesetzbuch vom 8.12.1998, BGBl. I S. 3546, zul. geänd. d. G. v. 25. 6.2001, BGBl. I S. 1206, 1213.
[49] OVG Berlin, LKV 2001, S. 131 f.

ordneten als Fraktionslose tätig sein. Ändern sich die Voraussetzungen z.B. durch Parteiaustritt während der Wahlperiode und wird die erforderliche Mitgliederzahl dadurch unterschritten, ist die Fraktion aufgelöst.

Die jetzt in § 5 Abs. 3 BezVG vorgesehene Regelung schließt es im Gegensatz zur **284** früheren Regelung[50] nicht mehr aus, dass ein Parteimitglied unter Beibehaltung seiner Mitgliedschaft aus der Fraktion ausscheidet. Andererseits besteht auch die Möglichkeit eines Fraktionsausschlusses, ohne dass hierfür auch ein Parteiausschluss vorliegen muss. Insoweit sind die für Gemeindefraktionen geltenden Grundsätze anzuwenden, nach denen Fraktionen Mitglieder ausschließen dürfen[51]. Dementsprechend müssen vor dem Hintergrund der Arbeitsfähigkeit der Fraktion besondere formelle und materielle Anforderungen erfüllt sein. Insbesondere muss ein wichtiger Ausschlussgrund vorliegen[52]. Letzteres ist z.B. gegeben, wenn das Vertrauensverhältnis nachhaltig und derart gestört ist, dass den übrigen Fraktionsmitgliedern eine weitere Zusammenarbeit nicht mehr zugemutet werden kann[53].

Fraktionen haben *besondere Rechte*. Insbesondere entsenden nur sie Mitglieder in **285** die Ausschüsse und den Ältestenrat und benennen die Mitglieder des Vorstands der Bezirksverordnetenversammlung. Nur sie können Wahlvorschläge für Bezirksamtsmiglieder einreichen (§ 35 Abs. 2 BezVG). Darüberhinaus erhalten nach § 8a Abs. 1 des Gesetzes über die Entschädigung der Mitglieder der Bezirksverordnetenversammlung, der Bürgerdeputierten und sonstiger ehrenamtlich tätiger Personen[54] nur Fraktionen zur Durchführung ihrer Aufgaben Zuschüsse für den personellen und sachlichen Aufwand einschließlich der Unterhaltung von Fraktionsbüros. Zusätzlich können sie Personalmittel für die Beschäftigung von Mitarbeitern erhalten (§ 8a Abs. 3 des genannten Gesetzes).

5. Die Zuständigkeiten der Bezirksverordnetenversammlung

Die Verwaltungsbehörde des Bezirks ist das Bezirksamt. Dieses vertritt Berlin in **286** Angelegenheiten des Bezirks (Art. 74 Abs. 2 VvB). Außenzuständigkeiten und Verwaltungsbefugnisse liegen auf Bezirksebene also beim Bezirksamt. Nur dieses handelt gegenüber dem Bürger. Die Bezirksverordnetenversammlung hat primär eine *verwaltungsinterne Funktion*. Sie soll das Handeln des Bezirksamtes unter bezirkspolitischen Zweckmäßigkeitsgesichtspunkten kritisch begleiten und ggf. gegen die Führung der Geschäfte Einwendungen erheben (§ 17 Abs. 1 BezVG). Darüberhinaus kann sie Verwaltungshandeln des Bezirksamtes anregen. Entschei-

---

[50] *Zivier* (Fn. 15), Rz. 86.2.4.1.
[51] OVG Berlin, NVwZ 1998, S. 197 f., 198; vgl. OVG Saarlouis, NVwZ-RR 1996, S. 462; OVG NW, NVwZ 1993, S. 399 f.
[52] OVG Berlin (Fn. 51), S. 198.
[53] OVG Saarlouis (Fn. 51), S. 462.
[54] Siehe Rz. 266.

dungsrechte bestehen für die Bezirksverordnetenversammlung nur in den gesetzlich vorgesehenen Fällen. In der Regel bedürfen diese Entscheidungen, insbesondere wenn sie bürgerbezogen sind und die Außenvertretung berühren, noch einer Umsetzung durch das Bezirksamt. Eine generelle Mitwirkung der Bezirksverordnetenversammlung im Verwaltungsvollzug durch das Bezirksamt ist ausgeschlossen und wäre eine unzulässige Mitverwaltung. Insbesondere in bürgerbezogenen Einzelverwaltungsverfahren, in denen bezirkspolitische Zweckmäßigkeitserwägungen nicht zum Tragen kommen können, kann die Bezirksverordnetenversammlung keine Mitwirkungsrechte geltend machen. Bei ihrer Tätigkeit ist die Bezirksverordnetenversammlung wie das Bezirksamt an Rechts- und Verwaltungsvorschriften gebunden (§ 12 Abs. 1 S. 1 BezVG, § 7 Abs. 1 AZG).

287   Die Zuständigkeiten der Bezirksverordnetenversammlung sind in § 12 Abs. 1 BezVG zusammengefasst. Sie bestimmt die Grundlinien der Verwaltungspolitik des Bezirks, regt Verwaltungshandeln des Bezirksamts an, kontrolliert die Führung der Geschäfte durch das Bezirksamt, entscheidet in den ihr vorbehaltenen Angelegenheiten und führt die vorgesehenen Wahlen durch.

288   Für die Kontrolle des Bezirksamts verfügt die Bezirksverordnetenversammlung über *umfassende Informations- und Auskunftsrechte* gegenüber dem Bezirksamt (§§ 12 Abs. 1 S. 3, 15 BezVG). Auch den Ausschüssen ist Auskunft zu erteilen und darüberhinaus grundsätzlich Einsicht in die Akten zu gewähren (§ 17 Abs. 2 S. 1 BezVG). Die Bezirksverordnetenversammlung und ihre Ausschüsse können die Anwesenheit der Mitglieder des Bezirksamts fordern (§ 14 Abs. 2 BezVG).

289   Bei *Regionalisierungen*[55] soll die Kontrolle des Bezirksamts im Benehmen mit der Bezirksverordnetenversammlung des Bezirks erfolgen, dessen Einwohner von der Aufgabenwahrnehmung betroffen werden (§ 39a Abs. 1 BezVG). Vorrangig obliegt die Kontrolle aber der Bezirksverordnetenversammlung des zuständigen Bezirks.

a) Bestimmung der Grundlinien der Verwaltungspolitik des Bezirks

290   Die Kompetenz zur Bestimmung der Grundlinien der Verwaltungspolitik des Bezirks (§ 12 Abs. 1 S. 1 BezVG) entspricht der Funktion der Bezirksverordnetenversammlung als *Vertretungsorgan der Bezirkseinwohner*. Sie kann insofern ein Arbeitsprogramm für die Wahlperiode entwerfen und die Grundlinien ihrem Handeln, z.B. bei der Wahrnehmung ihrer Initiativrechte, zugrundelegen. Verbindlichkeit haben die Festlegungen gegenüber dem Bezirksamt nicht[56].

---

[55] Siehe Rz. 132 ff.
[56] *Machalet* (Fn. 37), S. 125; *Zivier* (Fn. 15), Rz. 86.4.2.

b) Empfehlungen und Ersuchen

Als Initiativrechte sind in § 13 BezVG Empfehlungen und Ersuchen vorgesehen. **291**
Hierdurch soll ein bestimmtes Verwaltungshandeln angeregt werden. Die Abgrenzung beider Anregungsformen ist nicht eindeutig. Beide haben für denjenigen,
dem die Anregung gilt, keinen verbindlichen Charakter. Ein Ersuchen betont eine
besondere Dringlichkeit und Bedeutung der Anregung[57]. In der Praxis werden an
das Bezirksamt Ersuchen gerichtet[58]. Für andere Stellen sieht § 13 Abs. 3 BezVG
die Form der Empfehlung vor. In Einzelpersonalangelegenheiten sind Empfehlungen und Ersuchen ausgeschlossen (§ 13 Abs. 1 S. 3 BezVG).

Ersuchen sind somit Anregungen der Bezirksverordnetenversammlung an das Be- **292**
zirksamt in Angelegenheiten, die in die *bezirkliche Zuständigkeit* fallen. Das Bezirksamt wird aufgefordert, in einer von ihm zu treffenden Entscheidung nach den
Vorstellungen der Bezirksverordnetenversammlung zu verfahren. Das Bezirksamt
muss unverzüglich über die getroffenen Maßnahmen berichten und ggf. die Gründe dafür mitteilen, dass dem Ersuchen nicht entsprochen wird (§ 13 Abs. 1 S. 2
BezVG). Außer in Eilfällen oder in den in § 12 Abs. 3 S. 2 BezVG genannten
Fällen[59] dürfen Maßnahmen, die dem Ersuchen nicht entsprechen, nicht vollzogen
werden, bis die Bezirksverordnetenversammlung hierüber informiert wurde. Dies
dient der Sicherung des Selbstentscheidungsrechts[60] der Bezirksverordnetenversammlung.

In Angelegenheiten, die zwar für den Bezirk von Bedeutung sind, deren Wahr- **293**
nehmung aber *nicht in die bezirkliche Zuständigkeit* fällt, kann die Bezirksverordnetenversammlung *Empfehlungen* aussprechen (§ 13 Abs. 3 BezVG). Das Bezirksamt muss sich bei den zuständigen Stellen (also z.B. Senatsverwaltungen,
Abgeordnetenhaus, Bundesministerien) für die Verwirklichung der Empfehlung
einsetzen und die Bezirksverordnetenversammlung über das Ergebnis unterrichten. Durch das Erfordernis der *"Bedeutung für den Bezirk"* wird sichergestellt,
dass die Empfehlung innerhalb der Befassungskompetenz der Bezirksverordnetenversammlung liegt. Diese besteht nur, wenn die Angelegenheit, die ja nicht in
die bezirkliche Zuständigkeit fällt, Auswirkungen auf den Bezirk hat[61]. Erforderlich ist insoweit ein *bezirklicher Anknüpfungspunkt*[62]. Diese Einschränkung folgt
aus dem *fehlenden allgemeinpolitischen Mandat* der Bezirksverordnetenversammlung[63]. Besteht kein bezirklicher Anknüpfungspunkt, darf das Bezirksamt
die Empfehlung nicht weiterleiten. Die Einschränkungen greifen ohne weiteres
auch, wenn die Bezirksverordnetenversammlung von einer konkreten Empfehlung

---

[57] *Machalet* (Fn. 37), S. 127; *Zivier* (Fn. 15), Rz. 86.4.3.1.
[58] *Mudra*, BezVG, S. 45.
[59] Siehe Rz. 296.
[60] Siehe Rz. 296 f.
[61] *Neumann* (Fn. 7), Art. 72, Rz. 14.
[62] *Srocke*, Bezirksverwaltungsgesetz, Erl. zu § 13 III BezVG.
[63] *Neumann* (Fn. 7), Art. 72, Rz. 13.

absieht und sich lediglich in Form einer *Resolution*[64] zu nicht in die bezirkliche Zuständigkeit fallenden Angelegenheiten äußert[65].

294   Ein Beispiel für eine Anregung nach § 13 Abs. 1 BezVG bildet das Ersuchen an das Bezirksamt, die Öffnungszeiten der bezirklichen Stadtbücherei an bestimmten Tagen zu erweitern. Die Festlegung der Öffnungszeiten fällt in die bezirkliche Zuständigkeit[66].

Ein Beispiel für eine Empfehlung nach § 13 Abs. 3 BezVG wäre die Aufforderung an das Bezirksamt, sich bei der zuständigen Senatsverwaltung dafür einzusetzen, dass eine bezirkliche Freifläche zu einem Landschaftsschutzgebiet erklärt wird. Solche Schutzgebiete sind nach §§ 18, 20 des Berliner Naturschutzgesetzes[67] von der Senatsverwaltung durch Rechtsverordnung festzusetzen. Da es um eine bezirkliche Fläche geht, besteht der erforderliche Anknüpfungspunkt.

Andere Beispiele sind Aufforderungen an das Bezirksamt, sich bei der BVG für die Verlängerung einer Buslinie im Bezirk einzusetzen oder beim Polizeipräsidenten als Straßenverkehrsbehörde für die Einrichtung einer Busspur auf einer im Bezirk verlaufenden Straße.

c) Entscheidungsbefugnisse

295   *Originäre Entscheidungsrechte* hat die Bezirksverordnetenversammlung nur in den in § 12 Abs. 2 BezVG aufgeführten Fällen. Dies betrifft insbesondere die Entscheidung über den Bezirkshaushaltsplan, der jedoch erst durch das Haushaltsgesetz verbindlich wird[68], sowie die Beschlussfassung über Rechtsverordnungen zur Festsetzung von Bebauungs- und Landschaftsplänen sowie anderen bauplanungs- und naturschutzrechtlichen Akten[69]. Hinzu kommen im Haushaltsbereich die Genehmigung von über- und außerplanmäßigen Ausgaben, die Verwendung von nicht titelgebundenen Sondermitteln sowie die Genehmigung der Bezirkshaushaltsrechnung nach Abschluss des Haushaltsjahres. Ferner muss die Bezirksverordnetenversammlung den Betriebssatzungen bezirklicher Eigenbetriebe sowie dem Erwerb oder der Veräußerung der vom Bezirk verwalteten Beteiligung an privatwirtschaftlichen Unternehmen zustimmen[70]. Auch die Zustimmung zu Grenzänderungen von geringer Bedeutung nach § 1 Abs. 2 S. 2 BezVG obliegt der Bezirksverordnetenversammlung. Durch besondere Rechtsvorschrift zugewiesen (vgl. § 12 Abs. 2 Nr. 8 BezVG) ist der Bezirksverordnetenversammlung z.B. die Beschlussfassung über die bezirkliche Jugendhilfeplanung nach § 41 Abs. 2

---

[64] Siehe hierzu Fall 6, Rz. 342.
[65] Zur Beanstandung von rechtswidrigen Ersuchen und Beschlüssen siehe Rz. 301.
[66] Siehe Fall 8, Rz. 344.
[67] In der Fassung vom 10.7.1999, GVBl. S. 390.
[68] Siehe Rz. 440.
[69] Siehe Rz. 171.
[70] Siehe Rz. 483 ff.

AGKJHG. Ein weiteres Beispiel ist die Zustimmung zur Vorschlagsliste für ehrenamtliche Richter beim Verwaltungsgericht nach § 28 S. 4 i.V.m. § 185 Abs. 1 VwGO.

Neben den genannten originären Entscheidungs- bzw. Mitentscheidungsrechten **296** hat die Bezirksverordnetenversammlung in bestimmten Fällen im Rahmen ihrer Kontrollfunktion ein sogenanntes *Selbstentscheidungsrecht*. Dieses ist in § 12 Abs. 3 BezVG geregelt. Es kommt in zwei Fällen zum Tragen. Entweder hat das Bezirksamt eine bestimmte Entscheidung getroffen und die Bezirksverordnetenversammlung in Ausübung der Kontrolle nach § 17 Abs. 1 BezVG gegen diese Entscheidung Einwendungen erhoben. Oder das Bezirksamt hat einem Ersuchen nicht oder nicht voll entsprochen. In beiden Fällen kann die Bezirksverordnetenversammlung die Entscheidung des Bezirksamts *aufheben und selbst entscheiden*. Das Bezirksamt ist dann verpflichtet, diese Entscheidung umzusetzen, es sei denn, sie verstößt gegen Rechts- oder Verwaltungsvorschriften[71]. *Ausgeschlossen* ist das Selbstentscheidungsrecht allerdings nach § 12 Abs. 3 S. 2 BezVG in Einzelpersonalangelegenheiten, bei Erwerb oder Veräußerung von Grundstücken, ärztlich bestimmten Tätigkeiten, bei Maßnahmen der Erfüllung der Schulpflicht und im Bereich der Ordnungsaufgaben des Bezirks. Die *Ordnungsaufgaben* sind von vornherein ausgenommen, weil es hier häufig um schnell zu treffende Entscheidungen geht. Ferner betreffen sie in der Regel Einzelfälle des Gesetzesvollzugs (z.B. Erteilung einer Baugenehmigung, Untersagungsverfügungen im Umweltbereich), die nicht Gegenstand einer bezirkspolitischen Auseinandersetzung sein sollen. Hier muss das Bezirksamt als Verwaltungsbehörde des Bezirks die Verwaltungsentscheidungen eigenverantwortlich treffen.

Ausgeschlossen vom Selbstentscheidungsrecht der Bezirksverordnetenversamm **297** lung sind ferner solche Entscheidungen des Bezirksamts, die ausschließlich ihm zugewiesen sind oder das Selbstorganisationsrecht des Bezirksamts betreffen. Hierzu gehören z.B. die Aufgaben des Bezirkswahlamts bei der Vorbereitung und Durchführung der Wahlen, die durch das Landeswahlgesetz[72] und die Landeswahlordnung[73] bestimmt sind. Das Selbstorganisationsrecht des Bezirksamts ist z.B. bei der Festlegung der Geschäftsbereiche der Stadträte betroffen (vgl. §§ 37 Abs. 6, 38 Abs. 1 BezVG). Auch die Festlegung des Abstimmungsverhaltens des Bezirksbürgermeisters im Rat der Bürgermeister[74] kann nicht im Wege des Ersuchens mit anschließender Selbstentscheidung von der Bezirksverordnetenversammlung bestimmt werden[75].

---

[71] Dann bedarf es einer Beanstandung nach § 18 BezVG, siehe Rz. 299 ff.

[72] Landeswahlgesetz vom 25.9.1987, GVBl. S. 2370, zul. geänd. d. G. v. 4.7.2001, GVBl. S. 219.

[73] Landeswahlordnung vom 8.2.1988, GVBl. S. 373, zul. geänd. d. VO v. 10.7.2001, GVBl. S. 220.

[74] Siehe Rz. 335 ff.

[75] *Magen* (Fn. 11), Art. 69, Rz. 5; *Mudra*, VvB, S. 194.

Hat die Bezirksverordnetenversammlung eine Selbstentscheidung getroffen und muss das Bezirksamt diese Entscheidung umsetzen, dann ist gegen einen insoweit zu erlassenden Verwaltungsakt ausnahmsweise *kein Widerspruch* gegeben (§ 26 Abs. 3 AZG).

d) Wahlrechte

298 Die Bezirksverordnetenversammlung wählt die in § 16 Abs. 1 BezVG genannten Personen, insbesondere die Mitglieder des Bezirksamts[76] und die Bürgerdeputierten. Auch deren Abwahl ist zulässig. Weitere Wahlbefugnisse sind spezialgesetzlich geregelt (z.B. Wahl der Schiedsperson nach § 3 des Schiedsamtsgesetzes[77]).

6. Beanstandung von Beschlüssen

299 In allen Gemeindeordnungen finden sich Vorschriften über Widerspruchsrechte gegen Beschlüsse des Gemeinderats, die teils der Verwaltungsleitung, teils dem Ratsvorsitzenden zustehen. Sie kommen dann zum Zuge, wenn Beschlüsse des Gemeinderats nach Meinung des berechtigten Organs rechtswidrig sind oder das Wohl der Gemeinde gefährden[78], und dienen mithin der außergerichtlichen innergemeindlichen Rechtskontrolle. Der Widerspruch hat aufschiebende Wirkung und der Gemeinderat hat über den Gegenstand der Beschlussfassung erneut zu befinden. Bestätigt er den Beschluss, ist die Entscheidung der Rechtsaufsichtsbehörde einzuholen[79].

300 Auch im Bezirksverwaltungsgesetz ist für Beschlüsse der Bezirksverordnetenversammlung ein vergleichbares Verfahren geregelt. Das Bezirksamt muss nach § 18 BezVG *Beschlüsse der Bezirksverordnetenversammlung beanstanden*, die gegen Rechtsvorschriften, Verwaltungsvorschriften oder gegen eine im Rahmen der Aufsicht des Senats über die Bezirke ergangene Eingriffsentscheidung nach § 13a AZG[80] verstoßen. Die Beanstandung muss binnen zwei Wochen nach der Beschlussfassung erfolgen und hat *aufschiebende Wirkung*. Gegen den Beanstandungsbeschluss des Bezirksamts kann die Bezirksverordnetenversammlung nach § 18 S. 2 BezVG binnen eines Monats die *Entscheidung der Bezirksaufsichtsbehörde* beantragen. Dies ist nach § 9 Abs. 1 S. 2 AZG die Senatsverwaltung für Inneres. Sie entscheidet nach Anhörung beider Seiten und ggf. Stellungnahme der für die umstrittene Sachmaterie zuständigen Senatsverwaltung. Die fehlende Außenvertretung der Bezirksverordnetenversammlung wird wiederum dadurch deutlich, dass selbst die Anrufung der Bezirksaufsichtsbehörde formal über das Be-

---

[76] Siehe Rz. 304.

[77] Vom 7. April 1994, GVBl. S. 109.

[78] *Gern* (Fn. 2), Rz. 506.

[79] *Gern* (Fn. 2), Rz. 506.

[80] Siehe Rz. 217 ff.

zirksamt zu leiten ist. Allerdings ist es dem Bezirksamt somit nochmals möglich, seine Beanstandung zu überprüfen und ggf. zurückzunehmen.

Wird die Beanstandung von der Bezirksaufsichtsbehörde bestätigt, ist der Beschluss der Bezirksverordnetenversammlung endgültig unwirksam. Im umgekehrten Fall ist er ex tunc wirksam.

Beschlüsse von Ausschüssen können vom Bezirksamt nicht beanstandet werden[81]. **301** Fraglich ist, ob *Ersuchen und Empfehlungen* der Bezirksverordnetenversammlung beanstandungsfähig sind. Relevant wird diese Problemstellung insbesondere, wenn die Bezirksverordnetenversammlung beim Bezirksamt ein rechtswidriges Handeln anregt oder eine Empfehlung beschließt, die außerhalb ihrer Befassungskompetenz liegt, da kein bezirklicher Anknüpfungspunkt besteht. Teilweise wird eine Beanstandungsfähigkeit generell abgelehnt, da es sich um keine Entscheidungen der Bezirksverordnetenversammlung handele, sondern nur um Anregungen[82]. Dem kann in dieser Allgemeinheit nicht zugestimmt werden. Zwar ist es richtig, dass keine Vollzugspflicht oder Bindung des Bezirksamts besteht. Dieses kann die Anregungen ignorieren bzw. braucht sie nicht an die zuständigen Stellen weiterzuleiten. Gleichwohl kann im Einzelfall eine Beanstandung eines Ersuchens im Interesse der Handlungsfähigkeit des Bezirksamts sowie aus Gründen der Rechtssicherheit notwendig sein. Beabsichtigt die Bezirksverordnetenversammlung nämlich, von ihrem Selbstentscheidungsrecht Gebrauch zu machen, falls das Bezirksamt dem Ersuchen nicht folgt, kann diesem Vorgehen durch eine Beanstandung des Ersuchens die Grundlage entzogen werden. Auch nur in diesem Fall entfällt die Verpflichtung des Bezirksamts zum Zuwarten nach § 13 Abs. 2 S. 1 BezVG.

Auch die Beanstandung einer rechtswidrigen Empfehlung kann notwendig sein, **302** obwohl das Bezirksamt die Empfehlung nicht weiterzuleiten braucht. Dies ist dann der Fall, wenn schon der Beschluss über die Empfehlung erhebliche Ausstrahlung in die Öffentlichkeit hat. Dann hat er auch ohne die Weiterleitung der Empfehlung an die zuständige Stelle eine politische Bedeutung, die einer Resolution, die außerhalb des Befassungsrechts der Bezirksverordnetenversammlung beschlossen wird, gleichkommt. Aus Gründen der Rechtssicherheit und zur Einhaltung des Kompetenzgefüges ist in beiden Fällen eine Beanstandung notwendig und zulässig.

IV. Das Bezirksamt

Das Bezirksamt ist die *Verwaltungsbehörde des Bezirks* und ihm obliegt *die Au-* **303** *ßenvertretung Berlins* in bezirklichen Angelegenheiten (Art. 74 Abs. 2 VvB). Deshalb ist dem Bezirksamt die Durchführung der bezirklichen Verwaltungsauf-

---

[81] *Neumann* (Fn. 7), Art. 72, Rz. 21.
[82] So insbesondere *Neumann* (Fn. 7), Rz. 21; *Srocke* (Fn. 62), Erl. zu § 12 Abs. 1.

gaben zugewiesen, soweit nicht ausnahmsweise die Bezirksverordnetenversammlung zuständig ist. Durch die genannte Verfassungsvorschrift ist auch festgelegt, dass das Bezirksamt eine *einheitliche Behörde* ist. Die Untergliederungen, also die Abteilungen und Ämter, sind keine eigenen Behörden[83].

304 Das Bezirksamt ist eine *kollegiale Verwaltungsbehörde*. Es besteht aus dem Bezirksbürgermeister und fünf Bezirksstadträten, von denen einer zum stellvertretenden Bezirksbürgermeister gewählt wird (Art. 74 Abs. 1 VvB i.V.m. § 34 Abs. 1 BezVG). Aus allen Organisationseinheiten des Bezirks werden vom Bezirksamt sechs Geschäftsbereiche gebildet, die den sechs Bezirksamtsmitgliedern zugeordnet werden (§ 37 Abs. 6 i.V.m. § 38 Abs. 1 BezVG). Jedes Mitglied leitet seinen Geschäftsbereich in *eigener Verantwortung*[84] im Namen des Bezirksamtes[85], soweit nicht das Bezirksamt als Kollegialorgan aufgrund gesetzlicher Regelungen entscheiden muss, sich Entscheidungen vorbehält oder Meinungsverschiedenheiten zwischen den Mitgliedern des Bezirksamts bestehen (Art. 75 Abs. 2 S. 3 u. 4 VvB, §§ 36 Abs. 3, 38 Abs. 2 BezVG).

1. Die Wahl und Abwahl der Bezirksamtsmitglieder

305 Die Bezirksamtsmitglieder werden von der Bezirksverordnetenversammlung für die Dauer der Wahlperiode gewählt (Art. 69 S. 2 VvB i.V.m. § 35 Abs. 1 BezVG). Nach Art. 99 VvB soll die Wahl aufgrund der Wahlvorschläge der Fraktionen erfolgen, wobei die Vorschlagsrechte entsprechend ihrem *Stärkeverhältnis* in der Bezirksverordnetenversammlung verteilt sind. Das Stärkeverhältnis wird auf der Grundlage der jeweiligen Sitzanzahl nach dem *d'Hondtschen Höchstzahlverfahren* ermittelt. Die Wahl erfolgt also nicht aufgrund von konkurrierenden Kandidaturen bzw. Kandidaturen frei zu bildender Koalitionen, sondern von Nominierungsrechten einzelner Fraktionen. Für jede zu besetzende Bezirksamtsposition ist jeweils nur eine Fraktion vorschlagsberechtigt. Gegenkandidaturen sind ausgeschlossen. Nur für die Wahl des Bezirksbürgermeisters können sich mehrere Fraktionen zu sogenannten *Zählgemeinschaften* zusammenschließen, so dass sie für die Berechnung des Stärkeverhältnisses wie eine Fraktion angesehen werden[86]. Auch in diesem Fall ist eine Gegenkandidatur aber unzulässig[87].

a) Verfassungsentscheidung gegen das politische Bezirksamt

306 Die Regelung des Art. 99 VvB gilt bis zum 1.1.2010. Durch sie wird in Verbindung mit der ergänzenden Regelung in § 35 Abs. 2 BezVG bis auf Weiteres das

---

[83] *Neumann* (Fn. 7), Art. 74, Rz. 1.
[84] Siehe Rz. 142.
[85] *Mudra*, VvB, S. 222.
[86] OVG Berlin, OVGE 20, 101, 106.
[87] VG Berlin, Urt. v. 8.6.1998, 26 A 43.96; siehe auch Fall 4, Rz. 249.

sogenannte *politische Bezirksamt* ausgeschlossen[88]. „Politisches Bezirksamt" bedeutet im Gegensatz zum sog. *Proporzbezirksamt*, dass Koalitionen und Gegenkandidaturen möglich sind und das Bezirksamt durch politische Mehrheiten in der
Bezirksverordnetenversammlung gewählt wird. Hierdurch würde die Bezirksebene politisiert und dadurch zumindest in der Außenwirkung in ihrer Bedeutung
aufgewertet. Es bestünde von Fall zu Fall die Gefahr einer gewissen Frontstellung
zwischen Bezirksämtern und Senat[89]. Dies wollten die die Verfassungsregelung
tragenden Fraktionen des Abgeordnetenhauses in Anbetracht des noch nicht abgeschlossenen Vereinigungsprozesses beider Stadthälften und der mittlerweile voll-
zogenen Bezirksfusion vermeiden[90].

Ein weiterer Grund war aber auch die Befürchtung einzelner Parteien, gerade in   **307**
der wichtigen Umbruchphase durch Koalitionsbildungen von der Vertretung im
Bezirksamt in einigen Bezirken ausgeschlossen zu sein. An der Besetzung des Bezirksamts sollen deshalb alle in der Bezirksverordnetenversammlung vertretenen
Fraktionen zumindest ab einer bestimmten Stärke teilhaben. Die Bezirksamtsmitglieder sind so zur Berücksichtigung aller in der Bezirksverordnetenversammlung
vertretenen Interessen gezwungen. Durch diesen *Zwang zum Konsens* sollen bei
der Aufgabenwahrnehmung auf Bezirksebene Sachgesichtspunkte im Vordergrund stehen und nicht parteipolitische. Lediglich bei der Wahl des Bezirksbürgermeisters, dem insbesondere wegen seiner Repräsentationsaufgaben besondere
Bedeutung zukommt, ist eine eingeschränkte Koalitionsbildung möglich. Derzeit
lässt sich noch nicht absehen, welche Akzente die Folgeregelung nach dem Aus-
laufen der geltenden Verfassungsvorschrift setzen wird. Jedoch gibt es aktuell
konkrete Überlegungen, das politische Bezirksamt nun doch einzuführen.

b) Das Wahlverfahren im Einzelnen

§ 35 Abs. 2 BezVG ergänzt die Verfassungsregelung und gilt ebenfalls nur bis   **308**
zum 1.1.2010. Ergeben sich bei der Berechnung des Stärkeverhältnisses aufgrund
der Fraktionssitze gleiche Höchstzahlen, ist die Berechnung auf der Grundlage der
erzielten Wählerstimmen durchzuführen. Ergeben sich wiederum gleiche Höchstzahlen, so entscheidet das Los. Ein Gestaltungsfreiraum der Bezirksverordnetenversammlung zur Abweichung von diesen Regelungen besteht nicht[91].

Die *Veränderung der Stärkeverhältnisse* der Fraktionen (z. B. durch Parteiaustrit-   **309**
te) während der Wahlperiode lässt die Zusammensetzung eines bestehenden Be-

---

[88] Die Soll-Vorschrift in § 35 Abs. 2 S. 1 BezVG ist wie eine Muss-Vorschrift anzuwenden,
     OVG Berlin, LKV 2000, S. 215 ff. , 216; *Zivier* (Fn. 15), Rz. 87.2.3; *Kuprath*, LKV
     2001, S. 341 ff., 344; vgl. zur Vorfassung OVG Berlin (Fn. 86), S. 103 f.
[89] *Neumann* (Fn. 7), Art. 99, Rz. 6.
[90] Vgl. auch OVG Berlin, LKV 2000, S. 215 ff., 216.
[91] OVG Berlin, LKV 2000, S. 215 ff., 216.

zirksamts unberührt. Relevant ist die Veränderung allerdings, wenn noch Bezirksamtsmitglieder nachzuwählen oder nach einer Abwahl neu zu wählen sind[92].

310 Die Wahl erfolgt durch *einfache Stimmenmehrheit* (§ 8 Abs. 4 BezVG). Die Bezirksverordnetenversammlung muss das *Nominierungsrecht* respektieren und hat
nur die Möglichkeit, den vorgeschlagenen Kandidaten zu wählen oder nicht. Es
kann deshalb der Fall auftreten, dass der Kandidat einer Fraktion nicht gewählt
wird. Dies lässt das Nominierungsrecht der Fraktion unberührt. Sie muss entscheiden, ob sie denselben Kandidaten nochmals zur Wahl vorschlägt. Für den Fall,
dass die Fraktion trotz mehrfacher Nichtwahl auf ihrem Kandidaten beharrt, wird
in der Literatur teilweise eine Verwirkung des Nominierungsrechts angenommen[93]. Diese Ansicht findet jedoch keine Stütze im Gesetz. Der Gesetzgeber hat
die Gefahr einer Nichtbesetzung von Bezirksamtsposten gesehen. In § 34 Abs. 1
S. 2 BezVG ist geregelt, dass die Amtszeit des neuen Bezirksamts beginnt, sobald
der Bezirksbürgermeister und mindestens drei weitere Bezirksamtsmitglieder gewählt und ernannt sind. Eine Fraktion kann also durch das Beharren auf einem
Kandidaten in der Regel nicht die Aufnahme der Geschäfte durch das Bezirksamt
verhindern. Sie muss entscheiden, ob sie einen anderen Kandidaten präsentiert,
oder nicht an der Bezirksamtsarbeit beteiligt bleibt. Es besteht allerdings eine Verpflichtung zur unverzüglichen Nachwahl. Der Gesetzgeber vertraut somit auf den
faktischen Zwang zur Einigung.

311 Anders ist die Situation, wenn die nominierungsberechtigte Fraktion nach der
Ablehnung eines Kandidaten durch die Bezirksverordnetenversammlung einen
neuen Kandidaten vorschlägt, der ebenfalls nicht gewählt wird. Zumindest wenn
die Bezirksverordnetenversammlung beharrlich unterschiedliche Kandidaten einer
Fraktion ablehnt, kann dies je nach Lage des Einzelfalls die Annahme begründen,
die Bezirksverordnetenversammlung missachte das Nominierungsrecht der Fraktion. Das wäre ein Verstoß gegen § 35 Abs. 2 S. 1 BezVG, der mit den Mitteln der
Bezirksaufsicht[94] gerügt werden könnte[95]. Die Ersetzung der Wahl durch eine Er-
satzbeschlussfassung des Senats im Rahmen der Bezirksaufsicht (§ 13 AZG)
scheidet allerdings aus, da Art. 69 S. 2 VvB eine Wahl und damit die demokratische Legitimation der Bezirksamtsmitglieder zwingend vorsieht. Möglich ist insofern nur eine verbindliche Anweisung nach § 12 AZG.

312 Für die *Wahl des Bezirksbürgermeisters* gilt Folgendes: Grundsätzlich hat die
stärkste Fraktion das Nominierungsrecht für den Bezirksbürgermeister und die
zweitstärkste dasjenige für den stellvertretenden Bezirksbürgermeister. Die stärkste Fraktion stellt auch den stellvertretenden Bürgermeister, wenn ihr ausnahmsweise nach dem Höchstzahlverfahren aufgrund ihrer Stärke auch diese Position

---

[92] VG Berlin, LKV 1995, S. 437 f., 438; *Mudra*, VvB, S. 212.

[93] *Zivier* (Fn. 15), Rz. 87.2.4; *Neumann* (Fn. 7), Art. 74, Rz. 6; *Mudra*, VvB, S. 214.

[94] Siehe Rz. 210 ff.

[95] *Zivier* (Fn. 15), Rz. 87.2.4; *Mudra*, VvB, S. 214.

zusteht[96]. Verschiedene Fraktionen können sich aufgrund der Öffnungsklausel allerdings zu Zählgemeinschaften zusammenschließen und werden rechnerisch dann wie eine Fraktion behandelt. Das Vorschlagsrecht für den Bezirksbürgermeister steht dann der Zählgemeinschaft zu, dasjenige für den stellvertretenden Bezirksbürgermeister der an sich stärksten Fraktion. Das Vorschlagsrecht der Zählgemeinschaft ist einem der Nominierungsrechte der beteiligten Fraktionen anzurechnen. An der Zählgemeinschaft können sich auch Fraktionen beteiligen, die selbst über kein Nominierungsrecht verfügen. Wenn auch häufig der von der Zählgemeinschaft Vorgeschlagene aus der stärksten der an der Zählgemeinschaft beteiligten Fraktionen stammt, so ist dies nicht zwingend. Es kann also über die Zählgemeinschaft auch eine kleine Fraktion den Bezirksbürgermeister stellen, der ohne diese nicht einmal das Nominierungsrecht für den stellvertretenden Bezirksbürgermeister zustünde.

Wird der Kandidat der Zählgemeinschaft wiederholt abgelehnt, kann dies Indiz für das Scheitern der Zählgemeinschaft sein, so dass die Nominierung wieder der stärksten Fraktion obliegt.

c) Die Abwahl von Bezirksamtsmitgliedern

Die Abwahl von Bezirksamtsmitgliedern ist zulässig. Art. 76 S. 1 VvB fordert **313** hierfür die *Zweidrittelmehrheit* der Bezirksverordneten. Nach § 35 Abs. 3 BezVG darf über die Abwahl erst nach zweimaliger Beratung abgestimmt werden. Die zweite Beratung darf frühestens zwei Wochen nach der ersten erfolgen. Die Abwahl bedarf keiner Begründung[97]. Dem Grundsatz der Funktionsfähigkeit der Verwaltung[98] wird durch die qualifizierte Mehrheit Rechnung getragen.

2. Die Rechtsstellung der Bezirksamtsmitglieder

Die Rechtsstellung der Bezirksamtsmitglieder ergibt sich aus dem Bezirksamts- **314** mitgliedergesetz[99]. Sie sind nach § 1 Abs. 1 BAMG als *Beamte auf Zeit* hauptamtlich tätig. Der Ernennungszeitraum entspricht grundsätzlich der Wahlperiode[100]. Die Mitglieder des Bezirksamts unterstehen nach Art. 75 Abs. 2 S. 2 VvB i.V.m. § 2 Abs. 1 BAMG der Dienstaufsicht des Bezirksbürgermeisters. Dieser untersteht nach Art. 75 Abs. 2 S. 1 VvB i.V.m. § 2 Abs. 1 BAMG der Dienstaufsicht des Regierenden Bürgermeisters. Wegen der politischen Stellung der Bezirksamtsmit-

---

[96] OVG Berlin, OVGE 20, 101, 105 f.; LKV 2000, S. 215 ff., 216.

[97] *Neumann* (Fn. 7), Art. 76, Rz. 2.

[98] Siehe Rz. 262.

[99] Bezirksamtsmitgliedergesetz i.d.F. v. 1.4.1985, GVBl. S. 958, geänd. d. G. v. 17.9.1999, GVBl. S. 530.

[100] § 1 Abs. 1 BAMG: Ein Zeitraum von 55 Monaten ab Beginn der Wahlperiode, ggf. verlängert sich die Amtszeit bis zum Beginn der Amtszeit des neuen Bezirksamts.

glieder ist die Dienstaufsicht allerdings von vornherein beschränkt[101]. Sie darf die politische Verantwortlichkeit nicht berühren (§ 1 Abs. 2 S. 4 BAMG). Der Regierende Bürgermeister hat gegenüber den Bezirksbürgermeistern kein Weisungsrecht.

315 In § 1 Abs. 3 BAMG sind die besonderen Wahlvoraussetzungen für Bezirksamtsmitglieder normiert. Sie stellen in der Praxis keine hohe Hürde für Bewerber dar. Gewählt werden darf nur, wer die *erforderliche Sachkunde* sowie *allgemeine Berufserfahrung* vorweist. Ferner besteht ein Mindestalter von 27 Jahren und der Bewerber darf das 57. Lebensjahr noch nicht vollendet haben, es sei denn er war schon zuvor Bezirksamtsmitglied. Maßgebend ist das Alter am Tag der Wahl.

316 Die erforderliche Sachkunde muss sich nur auf die Tätigkeit als Stadtrat allgemein beziehen, also nicht auf einen bestimmten Geschäftsbereich, denn über die Geschäftsbereiche entscheidet das Bezirksamt nach der Wahl selbst (§ 38 Abs. 1 BezVG)[102]. Unter allgemeiner Berufserfahrung ist eine berufliche Tätigkeit nach einer abgeschlossenen Ausbildung oder mit einer vergleichbaren praktischen Erfahrung zu verstehen. Es obliegt der Bezirksverordnetenversammlung, das Vorliegen dieser Voraussetzungen zu prüfen. Sie hat insoweit einen Beurteilungsspielraum, denn schon die Feststellung der Voraussetzungen unterliegt einer auch politisch bestimmten Einschätzung.

317 Da für die Bezirksamtsmitglieder beamtenrechtliche Vorschriften Anwendung finden, soweit nicht die Eigenart des Dienstverhältnisses entgegensteht (§ 1 Abs. 2 S. 2 und 3 BAMG), müssen sie auch die *allgemeinen Einstellungsvoraussetzungen* nach § 9 Abs. 1 LBG erfüllen. Bewerber müssen also insbesondere Deutsche oder EU-Ausländer sein und die Gewähr dafür bieten, jederzeit für die freiheitliche demokratische Grundordnung einzutreten.

318 Alle Überlegungen, an Bezirksamtsmitglieder strengere Anforderungen, also z.B. die Befähigung zum höheren Verwaltungsdienst, zu stellen, sind bisher ohne Ergebnis geblieben[103]. Dies erklärt sich daraus, dass oft parteipolitische Überlegungen im Vordergrund stehen. Da allerdings aufgrund von Absprachen in der Regel schon bei der Wahl feststeht, für welchen Geschäftsbereich ein Kandidat vorgesehen ist, können auch bei der geltenden Regelung fachliche Kenntnisse durchaus berücksichtigt werden. Dies stärkt letztlich die Position des Stadtrats gegenüber seiner Verwaltung, da er ihr in fachlicher Hinsicht nicht ausgeliefert ist. Erforderlich sind auch Führungsqualitäten, denn ein Stadtrat ist Vorgesetzter mehrerer hundert Beschäftigter.

---

[101] Siehe Rz. 243.
[102] *Machalet* (Fn. 37), S. 151 ; *Mudra*, BezVG, S. 62 ff.
[103] Vgl. Schlussbericht der Enquete-Kommission zur Verwaltungsreform vom 30.5.1984, S. 23, Abghs-Drs. 9/1829.

Zur rechtlichen und fachlichen Unterstützung der Bezirksamtsmitglieder ist in **319**
§ 34 Abs. 3 BezVG die beratende Teilnahme des *Leiters des Rechtsamtes* und des
Steuerungsdienstes oder von deren Stellvertretern an den Bezirksamtssitzungen
vorgesehen. Dieses Teilnahmerecht kann nicht durch Bezirksamtsbeschluss ausgeschlossen werden.

Bezirksamtsmitglieder können nicht gleichzeitig Mitglieder der Bezirksverordne- **320**
tenversammlung sein (§ 26 Abs. 3 LWahlG)[104]. Eine Ausnahme besteht nur für die
Übergangszeit zwischen dem Beginn der Wahlperiode und der Ernennung der
neuen Bezirksamtsmitglieder. Deshalb können die bei Beginn der Wahlperiode
amtierenden Bezirksamtsmitglieder an den ersten Sitzungen einer neu gewählten
Bezirksverordnetenversammlung als Bezirksverordnete teilnehmen und, wenn sie
nicht wiedergewählt werden, in der Bezirksverordnetenversammlung verbleiben.
Auch Mitglied des Abgeordnetenhauses dürfen Bezirksamtsmitglieder nicht sein
(§ 26 Abs. 1 Nr. 5 LWahlG). Wird ein Beamter, Angestellter oder Arbeiter des
Landes Berlin oder einer dem Land unterstehenden Körperschaft, Anstalt oder
Stiftung des öffentlichen Rechts als Mitglied eines Bezirksamts ernannt, ist er aus
seinem bisherigen Dienstverhältnis kraft Gesetzes entlassen (§ 3 Abs. 1 BAMG),
hat aber grundsätzlich einen Rückkehranspruch (§ 3b Abs. 1 BAMG). Ein Rück-
trittsrecht haben Bezirksamtsmitglieder nicht[105]. Als Beamte können sie nur die
Entlassung aus dem Dienst beantragen (§ 66 Abs. 1 LBG).

3. Die Aufgaben des Bezirksamts und das Beanstandungsverfahren

In § 36 Abs. 2 BezVG sind verschiedene Aufgaben des Bezirksamts aufgelistet. **321**
Da, wie bereits ausgeführt, das Bezirksamt die Verwaltungsbehörde des Bezirks
ist (§ 36 Abs. 1 S. 1 BezVG), obliegt ihm ohnehin die Wahrnehmung der Bezirksaufgaben, soweit nicht im Ausnahmefall die Bezirksverordnetenversammlung
zuständig ist, und die Außenvertretung[106]. § 36 Abs. 3 BezVG bestimmt, in welchen Fällen zwingend ein Beschluss des Kollegialorgans ergehen muss. Ein Kol-
legialbeschluss ist erforderlich für die Einbringung von Vorlagen in die Bezirksverordnetenversammlung, die Beanstandungen von Beschlüssen der Bezirksverordnetenversammlung nach § 18 BezVG, die Entscheidung über Meinungsverschiedenheiten im Bezirksamt und die Festsetzung von Bebauungsplänen, Landschaftsplänen und anderen baurechtlichen Akten durch Rechtsverordnung nach
Zustimmung der Bezirksverordnetenversammlung[107]. Zu den vom Kollegialorgan
zu beschließenden Aufgaben gehört darüber hinaus die Geschäftsverteilung im
Bezirksamt nach § 38 Abs. 1 BezVG[108]. Dem Bezirksamt obliegen ferner die Auf-

---

[104] Siehe Rz. 268.
[105] *Neumann* (Fn. 7), Art. 76, Rz. 9.
[106] Siehe Rz. 303.
[107] Siehe Rz. 171, 299 ff.
[108] *Zivier* (Fn. 15), Rz. 87.6.1.

gaben der Dienstbehörde für die Beschäftigten des Bezirks (s. auch § 4 Abs. 3 LBG).

322 Für die Durchführung seiner Aufgaben gibt sich das Bezirksamt eine *Geschäftsordnung* (§ 36 Abs. 1 S. 2 BezVG). Hierin kann es sich die Erledigung weiterer Geschäfte vorbehalten (§ 38 Abs. 2 S. 2 BezVG).

323 Bei den nicht öffentlichen Bezirksamtssitzungen führt der Bezirksbürgermeister den Vorsitz. Im Falle von Stimmengleichheit gibt seine Stimme den Ausschlag (§ 39 Abs. 1 BezVG). Die Mitglieder des Bezirksamts sind an die Beschlusslage im Bezirksamt gebunden, dürfen also nicht gegenüber der Bezirksverordnetenversammlung oder der Öffentlichkeit abweichende Auffassungen vertreten oder Meinungsverschiedenheiten austragen.

324 Auch für rechtswidrige Beschlüsse des Bezirksamts ist ein *Beanstandungsverfahren* vorgesehen. Der Bezirksbürgermeister muss nach § 39 Abs. 4 BezVG binnen zwei Wochen rechtswidrige Bezirksamtsbeschlüsse oder solche, die gegen Verwaltungsvorschriften oder eine Eingriffsentscheidung des Senats[109] verstoßen, beanstanden. Die Beanstandung hat *aufschiebende Wirkung*, d. h. der Beschluss ist zunächst schwebend unwirksam. Gegen die Beanstandung kann das Bezirksamt binnen zwei Wochen eine Entscheidung der *Bezirksaufsichtsbehörde*, also der Senatsverwaltung für Inneres (§ 9 Abs. 1 AZG), beantragen. Diese entscheidet nach Anhörung beider Seiten endgültig. Hebt sie die Beanstandung auf, ist der Bezirksamtsbeschluss ex tunc wirksam. Hinsichtlich des Beanstandungsverfahrens hat der Bezirksbürgermeister eine verobjektivierte Stellung, die die Gesetzmäßigkeit der Verwaltung sichern soll. Es kann vorkommen, dass der Bezirksbürgermeister dem beanstandeten Beschluss selbst zugestimmt hat, gleichwohl aber - nach Beratung durch das Rechtsamt - eine Beanstandung vornehmen muss[110]. Problematisch sind Fälle, in denen der Bezirksbürgermeister etwaige Bedenken seines Rechtsamtes nicht teilt und eine Beanstandung ablehnt. In solchen Fällen haben sich Rechtsamtsleiter verschiedentlich an die Bezirksaufsicht gewandt mit dem Ziel, dass diese von sich aus bezirksaufsichtliche Maßnahmen ergreift. Vereinzelt wurde auch Dienstaufsichtsbeschwerde gegen den Bezirksbürgermeister erhoben.

325 Das Bezirksamt wird nach § 14 Abs. 1 BezVG zu den *Sitzungen der Bezirksverordnetenversammlung* und ihrer Ausschüsse eingeladen. Der Bezirksbürgermeister kann vor Eintritt in die Tagesordnung das Wort ergreifen. Darüberhinaus ist jedem Mitglied des Bezirksamts auf Verlangen jederzeit zu den Tagesordnungspunkten das Wort zu erteilen (§ 14 Abs. 3 BezVG).

---

[109] Siehe Rz. 217 ff.
[110] *Neumann* (Fn. 7), Art. 75, Rz. 5.

4. Organisation der Bezirksverwaltung und die Verwaltungsreform

Die Organisation des Bezirksamts unterliegt teilweise recht detaillierten Vorga- **326**
ben. Diese finden sich in § 37 BezVG und wurden mit dem *Verwaltungsreform-
Grundsätze-Gesetz - VGG*[111] - in das BezVG eingefügt. Die Organisationsgewalt
der Bezirke ist durch diese Vorgaben erheblich eingeschränkt. Das ist nur möglich, da die Bezirke über keine Organisationshoheit verfügen, die derjenigen der
Gemeinden vergleichbar wäre. Diese gibt den Gemeinden die Befugnis, die Angelegenheiten ihrer eigenen Verwaltungsorganisation grundsätzlich nach eigenem
Ermessen zu regeln[112].

a) Verwaltungsreform

Mit dem VGG wurde die 1994 durch zahlreiche konkrete Maßnahmen begonnene **327**
und unter dem Schlagwort *"Unternehmen Verwaltung"* durchgeführte Reform der
Berliner Verwaltung auf eine gesetzliche Grundlage gestellt. Ziel der Reform ist
die Verbesserung der Wirtschaftlichkeit und der Bürgerorientierung der Berliner
Verwaltung. Wesentliches Instrument ist die schrittweise Einführung eines neuen
Führungs- und Steuerungssystems einschließlich einer betriebswirtschaftlichen
Kostenrechnung. Verzahnt ist diese Maßnahme mit der Schaffung *dezentraler Or-
ganisationseinheiten* mit *dezentraler Ergebnis- und Ressourcenverantwortung*
(§ 2 VGG), einem verbesserten Personalmanagement (§ 6 VGG) sowie einem
Qualitätsmanagement, um die Dienstleistungen der Berliner Verwaltung stärker an
den Bedürfnissen der Bürger und der Wirtschaft zu orientieren (§§ 3, 7 VGG)[113].
Das Führungs- und Steuerungssystem ist geprägt durch das von der Kommunalen
Gemeinschaftsstelle für Verwaltungsvereinfachung, einer Einrichtung der kommunalen Spitzenverbände, entworfene *Neue Steuerungsmodell*. Dieses besteht aus
drei miteinander verbundenen Elementen:

1.   dem Aufbau einer unternehmensähnlichen, dezentralen Führungs- und Orga-
     nisationsstruktur,
2.   der Output-Steuerung, d. h. Steuerung der Verwaltung von der Leistungsseite
     her sowie
3.   Wettbewerb und Kundenorientierung[114].

Führung und Steuerung setzen Information voraus, und zwar insbesondere über **328**
die von der Verwaltung erbrachten Leistungen und die von ihr verursachten Kosten. Während das bisher in der Verwaltung praktizierte *kamerale System* nur Einnahmen und Ausgaben darstellt, sollen mit einer Kostenrechnung die Kosten ver-
ursachungs- und periodengerecht den von der Verwaltung für die Bürger oder
intern für andere Verwaltungsbereiche erbrachten Leistungen zugeordnet werden.

---

[111] Vom 17.5.1999, GVBl. S. 171, geänd. d. G. v. 22.7.1999, GVBl. S. 422.

[112] *Gern* (Fn. 2), Rz. 174, siehe Rz. 56.

[113] *Zivier* (Fn. 15), Rz. 91.2.1 ff.

[114] *Blanke/vBandemer/Nullmeier/Wewer*, Handbuch zur Verwaltungsreform, S. 73.

Auf diese Weise soll feststellbar sein, was bestimmte Leistungen tatsächlich kosten[115]. Dies ist eine wesentliche Entscheidungsgrundlage für die Frage, ob die entsprechende Leistung von der Verwaltung überhaupt noch erbracht werden soll, wie sie ggf. kostengünstiger erledigt werden kann und ob sie ggf. auf Dritte, insbesondere Private übertragen werden sollte. Dabei muss allerdings die Gesetzesbindung der Verwaltung und deren Gemeinwohlorientierung beachtet werden[116]. Die Verwaltung hat auch unwirtschaftliche Leistungen zu erbringen, wenn hierzu eine gesetzliche Verpflichtung besteht. Über die Kosten- und Leistungsrechnung können aber auch insoweit zumindest Einsparpotentiale festgestellt werden. Um alle in der Berliner Verwaltung erbrachten Leistungen zusammenzufassen, wurde ein sogenannter *Kostenträgerkatalog* erstellt, in dem alle Leistungen als Kostenträger dargestellt sind[117].

329 Die Kostenrechnung soll auch für die Haushaltswirtschaft nutzbar gemacht werden. Die Haushaltsmittel sollen den Behörden nicht mehr nach bestimmten Ausgabenarten (Titeln) zugewiesen werden (Personal- und Sachmittel), sondern nach den Kosten für die jeweiligen Produkte. Es sollen also produktorientierte Budgets[118] erstellt werden (z.B. Budget für die Erteilung von Baugenehmigungen, Budget für einzelne Maßnahmen der Gefahrenabwehr). In diesen Budgets sind die Kosten für alle Ausgaben der Behörde mit enthalten. Budgetüberschreitungen müssen im Rahmen der dezentralen Ressourcenverantwortung von den Organisationseinheiten durch managementbedingte Mehreinnahmen oder Minderausgaben ausgeglichen werden. Überschüsse können, soweit dies die Haushaltslage zulässt, zumindest anteilig bei der Organisationseinheit verbleiben.

b) Einzelne Organisationseinheiten

330 Zentrale Organisationseinheit im Rahmen der Budgetierung und der dezentralen Ressourcenverantwortung sind die sogenannten *Leistungs- und Verantwortungszentren* nach § 2 Abs. 2 VGG. Auf der Ebene der Senatsverwaltungen sind dies die *Abteilungen*, auf der Bezirksebene die *Ämter* (§ 2 Abs. 1 S. 2 VGG). Insgesamt darf es grundsätzlich nicht mehr als 15 Ämter geben (§ 37 Abs. 1 BezVG). Für bestimmte Aufgabenbereiche sind eigene Ämter vorgeschrieben. Sie heißen *Kernämter* und sind in § 37 Abs. 2 BezVG im Einzelnen benannt. Hierdurch soll eine zwischen den Bezirken vergleichbare Grundstruktur der Bezirksorganisation erreicht werden, die dem Bürger die Orientierung erleichtert, egal welches Be-

---

[115] Auskunft über die Kosten für bestimmte bezirkliche Leistungen gibt die Broschüre der Senatsverwaltung für Finanzen: „Was kostet wo wieviel? Berliner Bezirke im Kostenvergleich" vom Oktober 2001; www.berlin.de/senfin.

[116] *Zivier* (Fn. 15), Rz. 91.1.2.

[117] Kostenträger sind Produkte, Projekte und sog. ministerielle Geschäftsfelder; Produkte sind zählbare, sich wiederholende Leistungen; Projekte sind zählbare einmalige Leistungen; ministerielle Geschäftsfelder sind sich wiederholende, aber nicht zählbare Leistungen im politisch-administrativen Bereich der Senatsverwaltungen.

[118] Siehe hierzu *Korbmacher* in Driehaus, VvB, Art. 85, Rz. 17.

zirksamt er in Anspruch nimmt[119]. Auch ein Qualitäts- und Kostenvergleich wird ermöglicht (vgl. § 4 Abs. 1 VGG). Allerdings können auch diese Kernämter im Ausnahmefall geteilt oder um weitere Aufgabenbereiche ergänzt werden.

Zwingend ist nach § 37 Abs. 4 BezVG die Einrichtung einer *Organisationseinheit* **331** *für Wirtschaftsberatung und -förderung*. Sie ist Anlauf- und Beratungsstelle für Unternehmen und Existenzgründer und soll die Bearbeitung von bezirklichen Genehmigungs- und Bewilligungsverfahren koordinieren. Darüberhinaus soll sie deren zügige Bearbeitung fördern. Ferner muss als zentrale Anlaufstelle ein *Bürgeramt* eingerichtet werden, in dem die hauptsächlichen bürgerbezogenen Verwaltungsleistungen des Bezirksamts zur Vermeidung zusätzlicher Behördengänge zusammengefasst werden sollen[120]. In dieses Bürgeramt sollen in Zukunft auch die den Bezirken mit dem Gesetz zur Neuregelung der Zuständigkeiten des Landeseinwohneramtes[121] auf den Gebieten des Melde-, Pass-, Ausweis- und Verkehrswesens übertragenen Aufgaben integriert werden. Ziel ist es, dass der Bürger insbesondere die Verwaltungsleistungen des Massengeschäfts aus einer Hand erhält, also z.B. gleichzeitig Ummeldungen vornehmen sowie einen internationalen Führerschein und auch Wohngeld beantragen kann.

Den Ämtern als Leistungs- und Verantwortungszentren werden die personellen und sächlichen Mittel zur Aufgabenerfüllung zugeordnet. Sie sind für den wirksamen und wirtschaftlichen Einsatz der Mittel selbst verantwortlich und werden an den positiven und negativen Ergebnissen ihres Handelns beteiligt.

Neben den Ämtern als Leistungs- und Verantwortungszentren können bis zu sechs **332** *Serviceeinheiten* eingerichtet werden. Serviceeinheiten erfüllen Aufgaben des internen Dienstbetriebs und unterstützen insbesondere die Leistungs- und Verantwortungszentren (§ 2 Abs. 3 VVG). Hierbei geht es insbesondere um die Personalverwaltung, die Haushaltswirtschaft und die Gebäude- und Grundstücksverwaltung. Serviceeinheiten sollen sich durch ihre Leistungen selbst finanzieren und berlinweit im Wettbewerb stehen. Leistungs- und Verantwortungszentren haben nach § 2 Abs. 3 VGG deshalb die Möglichkeit, sich der Serviceeinheiten anderer Behörden zu bedienen. Das kommt insbesondere in Betracht, wenn diese kostengünstiger oder effizienter arbeiten.

Als *Stabstelle* beim Bezirksbürgermeister fungieren der *Steuerungsdienst* und das **333** *Rechtsamt* (vgl. § 37 Abs. 1 S. 1, Abs. 6 S. 3 BezVG). Der Steuerungsdienst nimmt nach § 2 Abs. 4 VGG insbesondere Controlling-Aufgaben wahr. Er stellt Abweichungen von den festgelegten Leistungs- und Finanzzielen fest und erarbeitet Vorschläge für deren Einhaltung. Im Rahmen eines umfassenden Berichtswesens werden vom Steuerungsdienst aussagefähige Zahlen aufbereitet, um der Behördenleitung Entscheidungsgrundlagen für kurzfristige Steuerungsmaßnahmen

---

[119] *Kuprath* (Fn. 88), S. 345.
[120] *Kuprath* (Fn. 88), S. 344.
[121] Vom 8.12.2000, GVBl. S. 515.

oder auch längerfristige Grundsatzentscheidungen zu liefern. Das Rechtsamt berät die Bezirksamtsmitglieder in rechtlicher Hinsicht. Die Teilnahme der Leiter des Rechtsamts und des Steuerungsdienstes an den Bezirksamtssitzungen ist zwingend[122].

334   Aus den Ämtern, Serviceeinheiten und sonstigen Organisationseinheiten werden durch Bezirksamtsbeschluss *sechs Geschäftsbereiche* gebildet, die als Abteilung eingerichtet sind (§ 37 Abs. 6 BezVG). Jedes Bezirksamtsmitglied fungiert als Leiter einer Abteilung (§ 38 Abs. 1 BezVG).

V. Der Rat der Bürgermeister

335   Art. 68 Abs. 1 VvB sieht vor, dass den Bezirken die Möglichkeit zu geben ist, zu den grundsätzlichen Fragen der Verwaltung und Gesetzgebung Stellung zu nehmen. Hierzu besteht der Rat der Bürgermeister, in dem der Regierende Bürgermeister und einer der Bürgermeister (Art. 55 Abs. 2 VvB) als Vertreter des Senats sowie die Bezirksbürgermeister als Vertreter der Bezirke mindestens einmal monatlich gemeinsame Besprechungen abhalten (Art. 68 Abs. 2 VvB).

336   Es handelt sich grundsätzlich nur um ein *Konsultationsorgan mit beratender Funktion*[123]. Das Gremium dient der Geltendmachung bezirklicher Interessen und der Nutzbarmachung der Verwaltungserfahrung der Bezirksverwaltungen bei grundlegenden Entscheidungen des Senats wie z.B. Beschlussfassungen über Rechtsverordnungen oder Gesetzentwürfe. Aus der Funktion des Rats der Bürgermeister folgt, dass es sich dabei aber um Entscheidungen handeln muss, die Bezirksinteressen berühren. Besondere Bedeutung hat ein mit Dreiviertelmehrheit zustandegekommener Beschluss des Rats der Bürgermeister, mit dem dieser der Feststellung des Senats nach § 9 Abs. 1 AGBauGB, ein Gebiet sei von außergewöhnlicher stadtpolitischer Bedeutung , widerspricht[124]. Dann bedarf der Senatsbeschluss der Zustimmung des Abgeordnetenhauses.

Der Regierende Bürgermeister und der Bürgermeister sind zwar Mitglieder im Rat der Bürgermeister. Sie haben als Vertreter des Senats dort allerdings kein Stimmrecht, weil dies der Funktion, bezirkliche Interessen geltend zu machen, zuwiderliefe[125].

337   Die Einbindung des Rats der Bürgermeister in Senatsbeschlüsse erfolgt, indem der Senat seinen jeweiligen Beschluss erst fasst, nachdem der Rat der Bürgermeister

---

[122] Siehe Rz. 319.

[123] *Zivier* (Fn. 7), Rz. 47.1.

[124] Siehe Rz. 164.

[125] § 7 Abs. 3 GORdB, DBl. I 1993, S. 223; vgl. Amtliche Begründung zum Entwurf des AZG (Kap. 1, Fn. 4), S. 18.

die Möglichkeit der Stellungnahme zu der Beschlussvorlage hatte. Darüberhinaus können in bestimmten Fällen nach § 16 a Abs. 1 AZG Beauftragte des Rats der Bürgermeister an der Senatssitzung teilnehmen. Ggf. kann auch eine gemeinsame Sitzung beider Organe gefordert werden. Ferner kann der Rat der Bürgermeister dem Senat selbst Vorschläge für Rechts- und Verwaltungsvorschriften unterbreiten, die den Aufgabenbereich der Bezirksverwaltungen betreffen (§ 14 Abs. 2 AZG). Vorschläge und Stellungnahmen des Rats der Bürgermeister sind für den Senat nicht verbindlich. In der Praxis werden Änderungsvorschläge oder Anregungen vom Senat nicht immer aufgegriffen.

Gegenüber dem Abgeordnetenhaus werden die Interessen des Rats der Bürgermeister dadurch geltend gemacht, dass seine Stellungnahmen nach § 16a Abs. 2 AZG den Beschlussvorlagen des Senats an das Abgeordnetenhaus beizufügen sind. So wird das Abgeordnetenhaus über bezirkliche Bedenken informiert. Darüberhinaus hat das Abgeordnetenhaus in seiner Geschäftsordnung dem Rat der Bürgermeister das Recht eingeräumt, Beauftragte zu Ausschusssitzungen, in denen Themen mit bezirklicher Bedeutung behandelt werden, zu entsenden[126]. Auf Verlangen des Abgeordnetenhauses haben diese die Pflicht zur Teilnahme. **338**

VI. Bürgerbegehren auf Bezirksebene

Innerhalb des Befassungsrechts der Bezirksverordnetenversammlung können die Wahlberechtigten eines Bezirks ein *bezirkliches Bürgerbegehren* initiieren (§ 40 BezVG). Nach einem quotierten Antrag (§ 41 Abs. 1 S. 1 BezVG) kommt es zustande, wenn es von mindestens 10 % der bei der letzten Wahl zur Bezirksverordnetenversammlung Wahlberechtigten unterschrieben ist. **339**

Das Bürgerbegehren hat nur *empfehlenden Charakter*. Die Bezirksverordnetenversammlung hat nach § 41 Abs. 5 S. 1 BezVG eine *Befassungspflicht* und muss entscheiden, ob sie die Empfehlung aufgreift und entsprechend beschließt[127]. In den in § 42 BezVG genannten Fällen ist ein bezirkliches Bürgerbegehren ausgeschlossen. Dies betrifft insbesondere Wahl-, Personal- und Ordnungsangelegenheiten. **340**

Die Bedeutung des bezirklichen Bürgerbegehrens ist insbesondere wegen der Möglichkeit, landesweite Volksinitiativen nach Art. 61 VvB oder Volksbegehren nach Art. 62 VvB durchzuführen, gering[128]. Derzeit gibt es Überlegungen zum Ausbau der Bürgerbeteiligung auf Bezirksebene. Insbesondere soll ein *verbindlicher Bürgerentscheid* eingeführt werden. Hierfür wäre jedoch eine Verfassungsänderung erforderlich, weil die Regelungen der VvB über den Volksentscheid (Art. 63 VvB) abschließend sind und auch die Regelungen in Abschnitt VI **341**

---

[126] § 25 Abs. 5 GOAbghs i.d.F.v. 18.6.1998, GVBl. S. 154; vgl. § 16 a Abs. 3 AZG.

[127] *Zivier* (Fn. 15), Rz. 61.

[128] *Ziekow*, LKV 1999, S. 89 ff., 94.

VvB einen bezirklichen Bürgerentscheid nicht vorsehen (siehe Art. 2 S. 2, 3, 66 ff. VvB).

Fall 6: Die bezirkliche Resolution

342   Der Bezirk A unterhält seit Jahren eine Städtepartnerschaft mit der nordspanischen Stadt B. Diese liegt im französisch-spanischen Grenzgebiet und hat einen baskischen Bevölkerungsanteil von etwa 30 %. In der Vergangenheit hat es rege gegenseitige Aktivitäten wie Schüleraustausch, Verschwisterungsreisen, gegenseitige Besuche der Bürgermeister auf Volksfesten, deutsche bzw. spanische Wochen u.ä. gegeben. In jüngster Zeit häufen sich Anschläge der separatistischen baskischen Untergrundbewegung ETA, bei der bereits mehrere Polizisten und hochrangige Kommunalpolitiker getötet wurden. Bei dem letzten Bombenanschlag wird der im Bezirk A gut bekannte Bürgermeister der Stadt B ermordet. Schwer betroffen entschließt sich die Bezirksverordnetenversammlung des Bezirks A, folgende Resolution zu beschließen und über die Medien zu verbreiten:

"Die Gewalt der terroristischen ETA wird von den Bürgern des Berliner Bezirks A auf das schärfste verurteilt. Die Bezirksverordnetenversammlung von A fordert die Terroristen auf, ihre Waffen endlich abzugeben und ihre politischen Ziele auf friedliche Art zu verfolgen."

Der für die Bezirksaufsicht zuständige Sachbearbeiter bei der Senatsverwaltung für Inneres überlegt, nachdem die Resolution verabschiedet ist, ob gegen diese einzuschreiten sei und was ggf. zu veranlassen wäre. Angenommen, die Resolution wurde bereits an alle Presseagenturen, die einschlägigen Zeitungen und Rundfunksender versandt sowie in das Internet eingestellt. Können nach einer etwaigen Aufhebung der Resolution auch diese Folgemaßnahmen beseitigt werden?

Lösungsvorschlag

Der Sachbearbeiter muss, bevor er sich über die verfahrensrechtlichen Instrumentarien eines Einschreitens Gedanken macht, zunächst die materielle Rechtslage prüfen, da er gem. § 9 Abs. 3 S. 1 AZG nur im Falle eines Verstoßes gegen Rechts- oder Verwaltungsvorschriften tätig werden darf.

I. Rechtmäßigkeit der Resolution

1. Zuständigkeit des Bezirks

a) Wahrnehmungskompetenz des Bezirks
Bereits fraglich ist, ob die Bezirksverordnetenversammlung als Organ des Bezirks A die Zuständigkeit zum Erlass der fraglichen Resolution besitzt. Dazu müsste die

Resolution in Erfüllung einer Bezirksaufgabe beschlossen worden sein. Die Bezirksaufgaben ergeben sich aus § 4 AZG. Da es nicht um eine Ordnungsaufgabe geht, ist § 4 Abs. 1 AZG maßgebend. Demnach handelt es sich bei der Eingehung und Pflege von Städtepartnerschaften nach § 4 Abs. 1 S. 2 AZG um eine Bezirksaufgabe, wenn diese Aufgabe nicht im ZustKatAZG als Aufgabe der Hauptverwaltung vorgesehen ist. Grundvoraussetzung dafür, dass diese Zuständigkeitsverteilung überhaupt zum Tragen kommen kann, ist aber, dass die Verbandskompetenz für die in Rede stehende Frage beim Land Berlin liegt. Vorliegend könnte nämlich auch die Kompetenz des Bundes tangiert sein.

Grundsätzlich lässt sich sagen. dass sich Städtepartnerschaften von Kommunen zu ausländischen Städten und Gemeinden, auch als kommunale Außenpolitik bezeichnet, im Spannungsfeld zwischen Angelegenheiten der örtlichen Gemeinschaft und der außenpolitischen Kompetenz des Bundes bewegen[129]. Art. 32 Abs. 1 GG bestimmt nämlich insoweit, dass die Pflege der auswärtigen Beziehungen dem Bund obliegt. Auch die Art. 59, 73 Nr. 1, 87 GG machen deutlich, dass der Bund hier ausschließlich zuständig ist. Die Kompetenz der Kommunen und auch der Berliner Bezirke[130] ist daher im Bereich der Städtepartnerschaften durch die Bundeskompetenz überlagert. Die Zuständigkeitsregelung im AZG kann daher erst zum Tragen kommen, wenn die Resolution keiner Bundeskompetenz unterliegt.

Die Frage der Zuständigkeitsabgrenzung zwischen Bund und Kommunen bzw. Bezirken ist im Falle von Städtepartnerschaften differenzierend zu beantworten. Soweit es im Rahmen der Städtepartnerschaft um die Wahrnehmung örtlicher Angelegenheiten geht, ist die Bundeskompetenz nicht tangiert. Nach der Rechtsprechung des Bundesverwaltungsgerichts fordert die Bindung kommunaler Aufgaben an die örtliche Gemeinschaft keine geographische Beschränkung der Reichweite kommunalen Handelns auf das Gemeindegebiet[131]. Werden also beispielsweise die Grenzen des Kultur- oder Schüleraustausches nicht verlassen, so liegt keine Kompetenzverletzung vor. Sind durch kommunales Handeln jedoch Gegenstände betroffen, die inhaltlich zu den Bundesaufgaben im Rahmen der Pflege der auswärtigen Beziehungen zählen, so ist die kommunale sowie die bezirkliche Tätigkeit unzulässig.

Die Resolution hat insoweit einen örtlichen Bezug, als sie durch den Tod des Bürgermeisters der Stadt B veranlasst wurde. Jedoch verlässt sie inhaltlich den örtlichen Rahmen. So wird ganz allgemein die Tätigkeit der ETA angeprangert sowie die ETA in ihrer Gesamtheit zur Abkehr vom Terrorismus aufgefordert. Damit besteht von vornherein kein unmittelbarer Bezug zur Städtepartnerschaft des Bezirks. Bei der Frage des Umgangs Spaniens mit der ETA handelt es sich um eine

---

[129] Siehe auch *Gern*, Deutsches Kommunalrecht, Rz. 72.

[130] Da die Zuständigkeitsabgrenzung zum Bund bei Kommunen und Berliner Bezirken in gleicher Weise vorzunehmen ist, können beide zusammen betrachtet werden.

[131] BVerwG, NVwZ 1991, S. 685 f.

innere Angelegenheit dieses Staates. Es läge allein in der Entscheidungskompetenz des Bundes, ob und wie zu diesem Problem Stellung zu beziehen ist. Insoweit besitzt nur der Bund und nicht seine Untergliederungen, schon gar nicht die Kommunen oder Bezirke, ein außenpolitisches Mandat. Mithin besteht für die Resolution des vorliegenden Inhalts keine bezirkliche, sondern eine Bundeskompetenz.

b) Empfehlung nach § 13 Abs. 3 BezVG?
Es erscheint noch denkbar, dass die Resolution von der Kompetenz der Bezirksverordnetenversammlung zur Äußerung von Empfehlungen aus § 13 Abs. 3 BezVG gedeckt ist. Jedoch handelt es sich bei der Resolution schon begrifflich nicht um eine Empfehlung. Adressat einer Empfehlung muss immer ein anderes Verwaltungs- oder sonstiges Staatsorgan sein, das in einer bestimmten Angelegenheit tätig werden soll. Die Resolution will aber lediglich die Meinung der Bezirksverordnetenversammlung öffentlich machen und kein weiteres staatliches Handeln anregen. Im Übrigen bedarf es eines bezirklichen Anknüpfungspunktes. Dieser ist hinsichtlich der Resolution, so wie sie gefasst ist, nicht gegeben. Sie bezieht sich auf den Kampf der ETA und den Terrorismus im Allgemeinen und hat keinen unmittelbaren Bezug zur Städtepartnerschaft mit der Stadt B.

2. Ergebnis

Mithin ist die Resolution rechtswidrig, da der Bezirk keine Kompetenz zu ihrer Verabschiedung besaß.

II. Möglichkeiten des Einschreitens gegen die Resolution

1. Vorgehen gegen die Resolution als solche

Zunächst ist fraglich, wie gegen die Resolution als solche vorgegangen werden kann. In Betracht kommt eine Maßnahme der Bezirksaufsicht gem. §§ 9 ff. AZG. Konkret ist an die Aufhebung der Resolution durch den Senat gem. § 11 S. 1 1. Alt. AZG zu denken. Formelle Voraussetzung ist, dass der Senat als Kollegialorgan einen dementsprechenden Beschluss fasst. In materieller Hinsicht muss die bezirkliche Resolution rechtswidrig sein. Dies ist, wie gesehen, der Fall.

2. Vorgehen gegen die Verbreitung der Resolution

Mit der Aufhebung der Resolution ist es vorliegend jedoch nicht getan. Der Bezirk hat nämlich bereits für die Verbreitung des Resolutionstextes über die Medien gesorgt. Hier kann der Senat gem. § 11 S. 1 2. Alt. AZG gleichzeitig mit der Aufhebung der Resolution verlangen, dass die getroffenen Verbreitungsmaßnahmen rückgängig gemacht werden. Dies umfasst das Zurückziehen des Textes gegenüber Print- und Rundfunkmedien sowie das Herausnehmen aus dem Internet. Auch etwa erforderliche Gegendarstellungen können verlangt werden.

Kommt der Bezirk dieser Aufforderung gem. § 11 S. 1 2. Alt. AZG nicht nach, kann der Senat gem. § 13 1. Alt. AZG die erforderlichen Maßnahmen selbst treffen. Er kann etwa die Rückgängigmachung der bezirklichen Maßnahmen anordnen und diese ggf. durch einen Beauftragten durchführen lassen. Insoweit handelt er dann anstelle des betroffenen Bezirks.

Fall 7: Rauchverbot

B ist Bezirksverordneter im Bezirk X. Als leidenschaftlicher Raucher hat er schon **343** mehrfach während der Sitzungen der Bezirksverordnetenversammlung im Bezirksverordnetenversammlungssaal geraucht. Mehrere Bezirksverordnete verschiedener Fraktionen haben sich bereits wegen Beeinträchtigung ihrer Konzentrationsfähigkeit beim Vorsteher beschwert. Auf der Sitzung der Bezirksverordnetenversammlung am 17.1.2002 kommt es zum Eklat. Als B sich wiederum eine Zigarette angezündet hat, fordert ihn der Vorsteher auf, das Rauchen einzustellen. B lehnt dies ab, da er sich nur so auf seine Aufgaben als Bezirksverordneter konzentieren könne. Der Vorsteher fordert B daraufhin auf, den Bezirksverordnetenversammlungssaal während des Rauchens zu verlassen. Nach einigem Hin und Her verlässt B den Saal, ist jedoch empört. Er fühlt sich in seinem freien Mandat und in seinem Grundrecht auf freie Entfaltung der Persönlichkeit beeinträchtigt. Obwohl er nach einigen Minuten wieder an der Sitzung teilnimmt, will er sich gegen die Maßnahme des Vorstehers zur Wehr setzen, da er in zukünftigen Fällen mit weiteren Maßnahmen rechnet. In der Geschäftsordnung der Bezirksverordnetenversammlung finden sich zum Thema Rauchen keine Regelungen.

Abwandlung

Zuhörer Z wird vom Vorsteher V aus dem Saal der Bezirksverordnetenversammlung verwiesen, weil er während der Sitzung auf der Besuchertribüne raucht. Da Z regelmäßig an Sitzungen der Bezirksverordnetenversammlung teilnimmt und in Zukunft mit ähnlichen Maßnahmen rechnet, begehrt er Rechtsschutz. Er hält das Vorgehen für unverhältnismäßig, zumal sich niemand über den Rauch beklagt hat.

Lösungsvorschlag

Ausgangsfall

Eine Klage des B vor dem Verwaltungsgericht hat Aussicht auf Erfolg, wenn sie zulässig und begründet ist.

I. Zulässigkeit

1. Verwaltungsrechtsweg

Der Verwaltungsrechtsweg gem. § 40 Abs. 1 VwGO muss eröffnet sein. Kommunalverfassungsrecht zählt zum spezifisch öffentlichen Recht, denn es betrifft als Sonderrecht die Struktur von Entscheidungsträgern, wie sie im Privatrecht gerade nicht vorkommen. Für das Bezirksverfassungsrecht gilt nichts anderes. Vorliegend handelt es sich um einen bezirksverfassungsrechtlichen Streit, denn mit B als Bezirksverordnetem und dem Vorsteher streiten zwei Bezirksorgane um ihre Rechte und Pflichten. Da es sich bei Organstreitigkeiten im bezirklichen Bereich auch nicht um verfassungsrechtliche Streitigkeiten im Sinne von § 40 Abs. 1 VwGO handelt[132], ist der Verwaltungsrechtsweg eröffnet.

2. Statthafte Klageart

Die Zulässigkeit der gegen den Bezirksverordnetenvorsteher gerichteten Klage beurteilt sich nach den von der Rechtsprechung entwickelten Grundsätzen des kommunalverfassungsrechtlichen Organstreits[133]. Dieser betrifft ausschließlich die aus dem kommunalen Organisationsrecht folgenden und den organschaftlichen Funktionsablauf bestimmenden Befugnisse und Pflichten kommunaler Organe untereinander (Interorganstreit) oder - wie hier - innerhalb eines kommunalen Organes (Intraorganstreit) und damit allein die Innenrechtsbeziehungen.

Fraglich ist in diesem Zusammenhang die statthafte Klageart. Verwaltungsgerichtliche Organklagen stellen keine eigene Klageart dar[134]. Sie sind vielmehr in das System der üblichen Klagearten einzuordnen[135]. Maßgebend für die Klageart ist das Begehren des Klägers. Vorliegend möchte B das Handeln des Vorstehers gerichtlich überprüfen lassen. Um die richtige Klageart bestimmen zu können, ist zunächst die Rechtsnatur dieses Handelns zu ermitteln.

Die Maßnahme des Vorstehers ist als Verhängung eines Rauchverbots gegen B anzusehen. Zwar wurde B aufgefordert, den Saal zu verlassen. Dies bezog sich jedoch nur auf die Fortsetzung des Rauchens. B hätte also im Saal bleiben können, wenn er sofort das Rauchen eingestellt hätte. Es handelte sich also nicht um einen Sitzungsausschluss.

Bei der Verhängung eines Rauchverbotes an B handelte es sich um eine sogenannte sitzungsleitende Ordnungsmaßnahme. Die hierfür erforderliche Ordnungsgewalt des Vorstehers leitet sich wie auch beim Gemeinderatsvorsitzenden aus dessen öffentlich-rechtlicher Funktion als Vorsitzender der Bezirksverordneten-

---

[132] Siehe Rz. 366.
[133] Siehe Rz. 364 ff.
[134] *Schoch*, JuS 1987, S. 783 ff., 787.
[135] OVG Berlin, OVGE 17, 12, 13.

versammlung ab, der für einen reibungslosen, geordneten und störungsfreien Ablauf der Sitzung Sorge zu tragen hat[136]. Diese Ordnungsgewalt ist von dem Hausrecht zu unterscheiden, das nach § 7 Abs. 2 S. 1 BezVG ebenfalls dem Vorsteher obliegt[137]. Die Ordnungsgewalt ist nach innen gerichtet. Erfasst werden nur Personen, die dem Vertretungsorgan angehören und die dessen Selbstorganisationsrecht und damit insbesondere der Geschäftsordnung unterfallen. Das Hausrecht dient demgegenüber der Abwehr von Störungen, die von Außenstehenden, also z.B. von Zuhörern, verursacht werden[138].

Eine solche sitzungsleitende Maßnahme ist in der Regel in ihrem Regelungsgehalt auf den organinternen Rechtskreis begrenzt und nicht auf unmittelbare Wirkung nach außen gerichtet, denn sie betrifft lediglich die Mitgliedschaftsrechte des Betroffenen. Etwas anderes gilt nur, wenn subjektive Außenrechte betroffen werden. Dies ist jedoch beim Rauchverbot gegenüber einem Ratsmitglied nicht der Fall. Zwar mag das Recht zu rauchen nicht unmittelbar Teil der Mitgliedschaftsrechte sein. Das Rauchverbot und der sich hieraus ergebende Zwang, zum Rauchen den Saal zu verlassen, gestaltet jedoch unmittelbar die Wahrnehmung des Mitgliedschaftsrechts. Das Rauchverbot ist somit kein Verwaltungsakt, sondern schlichtes Verwaltungshandeln[139].

Weiterhin ist zu beachten, dass die Sitzung, in der das Rauchverbot verhängt wurde, bereits beendet ist. Von dem Rauchverbot gehen keinerlei Rechtswirkungen für B mehr aus, so dass es sich bereits erledigt hat. Vor dem Hintergrund der Erledigung kommt somit nur die Feststellungsklage nach § 43 VwGO als zulässige Klageart in Betracht.

3. Feststellungsfähiges Rechtsverhältnis

Der Rechtsstreit betrifft die Reichweite der Mitgliedschaftsrechte und -pflichten des B. Es geht um die Frage, ob die Mitgliedschaftsrechte das Recht umfassen, während der Sitzung in der Bezirksverordnetenversammlung zu rauchen, oder ob eine Pflicht besteht, auf andere Bezirksverordnete Rücksicht zu nehmen, welche der Vorsteher durch eine sitzungsleitende Maßnahme durchsetzen kann. Der Streit betrifft somit das organschaftliche Verhältnis von B zu den anderen Bezirksverordneten und dem Vorsteher und damit ein feststellungsfähiges Rechtsverhältnis. Dieses ist auch hinreichend konkret, da die dargestellten Rechtsfragen sich anlässlich eines einzelnen Vorfalles in der Bezirksverordnetenversammlung stellen.

---

[136] *Gern* (Fn. 129), Rz. 476; *Rothe*, NVwZ 1992, S. 529 ff., 533.

[137] *Neumann* in Pfennig/Neumann, VvB, Art. 72, Rz. 9.

[138] Gern (Fn. 129), Rz. 476; Rothe (Fn. 136), S. 535: Nach Rothe kann im Ausnahmefall das Hausrecht auch gegenüber einem Mitglied des Vertretungsorgans greifen, wenn dieses als Ordnungsmaßnahme mit einem Sitzungsausschluss belegt wurde, sich aber weigert, den Saal zu verlassen.

[139] So auch OVG Münster, JZ 1983, S. 25; *Rothe* (Fn. 136), S. 534; a.A. *Gern* (Fn. 129), Rz. 477; vgl. auch *Neumann* (Fn.), Art. 72, Rz. 10.

4. Subsidiarität

Gem. § 43 Abs. 2 VwGO kann die Feststellung des Bestehens oder Nichtbestehens eines Rechtsverhältnisses nicht begehrt werden, soweit der Kläger seine Rechte durch Gestaltungs- oder Leistungsklage verfolgen kann oder hätte verfolgen können. Diese Subsidiaritätsbestimmung dient in erster Linie dazu, die Umgehung der besonderen Sachentscheidungsvoraussetzungen von Anfechtungs- und Verpflichtungsklage zu verhindern. Solche Klagen kommen aber vorliegend gar nicht in Betracht, da die Maßnahme des Vorstehers nicht als Verwaltungsakt zu qualifizieren ist. Wegen der Erledigung der Maßnahme kommt auch keine Leistungsklage in Form der Unterlassungsklage in Betracht.

5. Klagebefugnis

Auch bei der Feststellungsklage wird überwiegend eine Klagebefugnis analog § 42 Abs. 2 VwGO verlangt[140]. Diese ist unproblematisch gegeben, da B geltend machen kann, durch die Maßnahme des Vorstehers in seinen Mitgliedschaftsrechten verletzt zu sein. Mitgliedschaftsrechte sind nach den Grundsätzen des kommunalen Organstreits als wehrfähig anerkannt[141].

6. Feststellungsinteresse

B muss ein berechtigtes Interesse an der begehrten Feststellung geltend machen (§ 43 Abs. 1 VwGO). Da er auch bei zukünftigen Sitzungen der Bezirksverordnetenversammlung mit entsprechenden Maßnahmen des Vorstehers rechnen muss, besteht bei B ein berechtigtes Interesse, die Befugnis des Vorstehers zur Verhängung eines solchen Rauchverbots zu klären.

7. Beteiligte des Rechtsstreits

Die Beteiligtenfähigkeit im bezirksverfassungsrechtlichen Organstreit ist wie auch beim kommunalverfassungsrechtlichen Organstreit problematisch. Die Organe führen dabei einen Rechtsstreit um ihre Innenrechtsbeziehungen. Die Regelung der Beteiligtenfähigkeit in § 61 VwGO ist hierauf nicht zugeschnitten, denn diese geht von Außenrechtsbeziehungen aus[142]. Selbst für natürliche Personen wird insofern § 61 Nr. 1 VwGO für nicht unmittelbar anwendbar gehalten, soweit es um ihre Mitgliedschaftsrechte geht und nicht um Rechte und Pflichten, die jedermann zustehen[143]. Es besteht aber im Ergebnis Einigkeit, dass die Beteiligtenfähigkeit bestehen muss, um die nach den Grundsätzen des zulässigen In-sich-Prozesses wehrfähigen Innenrechte in den gerichtlichen Rechtsschutz einzubeziehen.

---

[140] BVerwGE 100, 262, 271.
[141] *Gern* (Fn. 129), Rz. 791; siehe Rz. 372 f.
[142] Siehe Rz. 371 ff.
[143] *Gern* (Fn. 129), Rz. 795; *Kopp/Schenke*, VwGO, § 61, Rz. 11.

Obwohl also weder die Bezirksverordnetenversammlung noch der Bezirk Rechtsfähigkeit besitzen und sich Streitigkeiten bezirklicher Organe mithin innerhalb der juristischen Person Land Berlin abspielen, können bezirkliche Organe bzw. Organteile somit nach den Grundsätzen des Kommunalverfassungsstreits beteiligtenfähig sein. Je nachdem ob es sich um Einzelpersonen (z.B. Bezirksverordneter, Vorsteher) handelt oder Personenmehrheiten (z.B. die Bezirksverordnetenversammlung oder deren Fraktionen) ist § 61 Nr. 1 oder 2 VwGO analog anzuwenden[144]. Sowohl B als auch der Vorsteher sind somit nach § 61 Nr. 1 VwGO analog fähig, am vorliegenden Verfahren beteiligt zu sein.

8. Ergebnis

Die Klage des B ist zulässig.

II. Begründetheit

Die Klage ist begründet, wenn der Vorsteher Mitgliedschaftsrechte des B verletzt hat. Dies ist der Fall, wenn das Verhalten des B keinen Anlass zu der vom Vorsteher ergriffenen Maßnahme gab.

Der Vorsteher hat den ordnungsmäßigen Ablauf der Sitzung sicherzustellen und Störungen zu unterbinden. Die Maßnahme des Vorstehers wäre mithin rechtmäßig, wenn B durch sein Rauchen eine Störung verursacht hat und sich das Rauchverbot als angemessene Maßnahme zur Sicherstellung eines ordnungsgemäßen Ablaufs der Sitzung darstellt.

1. Störung der Ordnung

Eine rechtserhebliche Störung könnte darin zu sehen sein, daß das Rauchen während der Sitzungen, sofern sich auch nur ein Bezirksverordneter dadurch belästigt fühlt, gegen die Sitzungsordnung verstößt, deren Einhaltung der Vorsteher im Rahmen seiner Leitungs- und Ordnungsgewalt im Interesse eines ordnungsgemäßen Sitzungsablaufs zu gewährleisten hat. Der Begriff der "Ordnung" umfasst auch die innerorganisatorischen Verhaltensregeln, die für einen reibungslosen Geschäftsablauf notwendig sind. Derartige auch auf die Leitungspflicht des Vorstehers einwirkende Verhaltensregeln beruhen darauf, dass ein kollegiales Gremium, in dem viele einzelne Interessen zu einem organschaftlichen Gesamtwillen zusammengefasst werden sollen, nicht ohne eine selbstorganisierte Ordnung von Rechten und Pflichten seiner Mitglieder auskommen kann[145]. Zum unabdingbaren

---

[144] *Gern* (Fn. 129), Rz. 795; a.A. OVG Münster (Fn. 139), S. 25; *Kopp/Schenke* (Fn. 143), Rz.11: auch bei Einzelpersonen § 61 Nr. 2 VwGO analog. In VG Berlin, LKV 1995, S. 437 wird eine unmittelbare Anwendbarkeit von § 61 Nr. 1 und 2 VwGO angenommen, ebenso in OVG Berlin, OVGE 17, 12, 14.

[145] OVG Münster (Fn. 139), S. 26.

Bestand dieser Verhaltensregeln gehört u.a. das Gebot der gegenseitigen Rücksichtnahme, um die schutzwürdigen Funktionsinteressen der Bezirksverordneten untereinander auszugleichen und Kollisionen auszuschließen.

2. Gebot der Rücksichtnahme

Für die Feststellung, ob ein Verstoß gegen das Gebot der Rücksichtnahme vorliegt, kommt es auf die Abwägung dessen an, was einerseits dem Begünstigten und andererseits dem Belasteten nach Lage der Dinge billigerweise zugemutet werden kann[146]. Fest steht, daß sich Nichtraucher durch das Rauchen in geschlossenen Räumen belästigt fühlen können, wobei die Belästigung bis hin zu gesundheitlichen Beeinträchtigungen reichen kann. Schon die bloße Belästigung ist dabei stets rechtserheblich, da die daraus resultierende mögliche Minderung der Konzentrationsfähigkeit und des Leistungsvermögens einzelner Bezirksverordneter das Funktionsinteresse der Bezirksverordnetenversammlung insgesamt gefährdet. Demgegenüber sind die Bedürfnisse der Raucher nicht durch das Funktionsinteresse der Bezirksverordnetenversammlung gedeckt. Dabei ist davon auszugehen, dass der – auf die Sitzungslänge befristete – Nikotinverzicht nicht das individuelle Leistungsvermögen der rauchenden Abgeordneten beeinträchtigt, was durch die ständige Praxis u.a. in Bundestag und Landtagen, in denen nicht geraucht werden darf, bestätigt wird. Anders als der Nichtraucher, der sich in der Sitzung dem als lästig empfundenen Rauch nicht entziehen kann, kann der Raucher zudem seinem Bedürfnis außerhalb der Sitzung, gegebenenfalls in den Pausen, hinreichend nachkommen. Die Abwägung führt mithin dazu, dass im Hinblick auf das Funktionsinteresse der Bezirksverordnetenversammlung dem schutzwürdigen Wunsch eines Bezirksverordneten, rauchfrei "zu sitzen", grundsätzlich der Vorrang einzuräumen ist. Mit der Verletzung des Gebots der Rücksichtnahme geht zugleich ein Verstoß gegen die Sitzungsordnung einher[147].

Da sich andere Bezirksverordnete bereits beschwert haben, lag eine Belästigung anderer vor. Damit wurde von B gegen das Gebot der Rücksichtnahme verstoßen. Die Sitzungsordnung war damit gestört. Hieraus folgte für den Vorsteher eine Reaktionspflicht, um die mitgliedschaftsrechtliche Position der belästigten Bezirksverordneten zu schützen.

3. Verhältnismäßigkeit der Maßnahme

Fraglich ist, ob das vom Vorsteher verhängte Rauchverbot dem Grundsatz der Verhältnismäßigkeit entsprach. Es war geeignet, die Belästigung der anderen Bezirksverordneten zu unterbinden. Die Maßnahme war auch erforderlich. Eine regelmäßige mehrfache Unterbrechung der Sitzung für eine Rauchpause würde B zwar das Rauchen und die dauernde Teilnahme an der Sitzung ermöglichen und die Belästigung anderer ausschließen. Mehrfache Unterbrechungen der Sitzung

---

[146] OVG Münster, NVwZ-RR 1991, S. 260 ff., 261.
[147] OVG Münster, JZ 1983, S. 25 ff., 26.

beeinträchtigen jedoch deren Ablauf und den Fortgang der Diskussionen. Sie führen darüberhinaus zu einer unnötigen Verlängerung der Gesamtdauer der Sitzung.

Schließlich ist zu prüfen, ob unangemessen in die Rechtsposition des B eingegriffen wurde. Im Hinblick auf die verletzungsfähige Rechtsposition ist beim Kommunalverfassungsstreit streitig, ob sich Ratsmitglieder im Rahmen ihrer organinternen Amtsausübung auch auf Grundrechte - hier also Art. 2 Abs. 1 GG für die Raucher und Art. 2 Abs. 2 GG für die Nichtraucher - berufen können. Teilweise wird dies verneint, da sie im Hinblick auf die Modalitäten ihrer organinternen Amtsausübung nicht grundrechtsfähig seien[148]. Da der aus Art. 2 Abs. 1 GG folgende Grundrechtsschutz jedenfalls nicht weitergeht als die Mitgliedschaftsrechte des B, bedarf diese Rechtsfrage keiner Entscheidung.

Die Beeinträchtigung des B durch das Rauchverbot ist vergleichsweise gering. Er hat im Einzelfall die Wahl, sein Rauchen zu unterlassen und der Sitzung zu folgen oder für die Zeit des Rauchens den Saal zu verlassen. Demgegenüber sind die schutzwürdigen Interessen der zwangsweisen Passivraucher höherrangig. Vor diesem Hintergrund stellt sich das Rauchverbot als angemessen dar.

III. Ergebnis

Die Maßnahme des Vorstehers gegenüber B in der Sitzung der Bezirksverordnetenversammlung am 17. 1.2002 war wegen der sich aus dem Rauchen ergebenden Belästigungen anderer Bezirksverordneter rechtmäßig und hat Mitgliedschaftsrechte des B nicht verletzt. Eine Feststellungsklage des B wäre somit unbegründet und hätte keine Aussicht auf Erfolg.

Abwandlung

Eine Klage des Z hat Aussicht auf Erfolg, wenn sie zulässig und begründet ist.

I. Zulässigkeit

1. Verwaltungsrechtsweg

Der Verwaltungsrechtsweg ist nach § 40 Abs. 1 VwGO eröffnet, wenn es sich um eine öffentlich-rechtliche Streitigkeit handelt. Die Maßnahme des Vorstehers diente der Abwehr einer von außen verursachten Störung. Insoweit kommt das

---

[148] OVG Münster (Fn. 139), S. 27; NVwZ-RR 1991, S. 260 ff., 261; zweifelnd *Knemeyer*, Bayerisches Kommunalrecht, Rz. 768; *Gern* (Fn. 129), Rz. 477 geht ohnehin beim Rauchverbot von einer Außenrechtsbeziehung aus, bejaht einen Verwaltungsakt und dürfte insoweit keine Zweifel an einer Grundrechtsbindung haben.

dem Vorsteher obliegende Hausrecht zum Tragen (§ 7 Abs. 2 S. 1 BezVG)[149]. Das Hausrecht in öffentlichen Gebäuden steht im Zusammenhang mit privatrechtlichen Besitz- und Eigentumsrechten, aber auch mit der Durchführung der Verwaltungs-aufgaben, die in dem betreffenden Verwaltungsgebäude durchgeführt werden. Streitigkeiten um die Ausübung des Hausrechts durch ein Hausverbot können des-halb privatrechtlichen oder öffentlich-rechtlichen Charakter haben. Teilweise wird auf den Zweck des Besuchs des Betroffenen abgestellt, der durch das Hausverbot unterbunden werden soll (z.B. Besuch zwecks Antragstellung öffentlich-rechtlich; Besichtigung des Gebäudes privatrechtlich)[150]. Nach anderer Ansicht kommt es auf den Zweck der Maßnahme des Hausrechtsinhabers an[151]. Danach haben Strei-tigkeiten um das Hausrecht überwiegend öffentlich-rechtlichen Charakter, weil die Maßnahmen in der Regel der Unterbindung oder Beseitigung von Störungen der Verwaltungsfunktion dienen. Etwas anderes kann beispielsweise gelten, wenn je-mand am Wochenende illegal in das Gebäude eindringt.

Hinsichtlich des Hausrechts des Vorsitzenden der Gemeindevertretung kann dieser Meinungsstreit aber dahinstehen. Dieses Hausrecht ist in den Gemeindeordnungen als Sonderrecht öffentlich-rechtlicher Natur, denn es ist nicht als Ausfluss der Ei-gentumsrechte am Gebäude geregelt, sondern dient nur der Abwehr von Störun-gen des ordnungsgemäßen Ablaufs der Gemeindeversammlung, unabhängig da-von, aus welchem Grund der Besuch des Betroffenen erfolgt[152]. Gleiches gilt für die Bezirksverordnetenversammlung. Die Maßnahme des Vorstehers gegenüber Z hatte also als Maßnahme des besonderen Hausrechts nach § 7 Abs. 2 S. 1 BezVG öffentlich-rechtlichen Charakter. Eine öffentlich-rechtliche Streitigkeit liegt damit vor. Der Verwaltungsrechtsweg ist gegeben.

2. Statthafte Klageart

Das Hausrecht umfasst das Recht, über den Zutritt und das Verweilen von Perso-nen im Sitzungssaal bestimmen zu können, um die aufgabenmäßige Verwal-tungstätigkeit der Bezirksverordnetenversammlung gegen Außenstörungen schüt-zen zu können[153]. Die Ausübung des Hausrechts durch den Vorsteher betrifft den Außenrechtskreis des Bezirks, hat also Außenwirkung. Damit stellt sich die Maß-nahme des Vorstehers als ein Verwaltungsakt dar, der sich jedoch mit dem Ende der Sitzung der Bezirksverordnetenversammlung erledigt hat. Für den hier vorlie-genden Fall der Erledigung vor Klageerhebung wendet die noch herrschende Mei-nung § 113 Abs. 1 S. 4 VwGO analog an und hält eine Fortsetzungsfeststellungs-klage für statthaft. Demgegenüber tendiert das Bundesverwaltungsgericht neuer-dings zur Feststellungsklage gem. § 43 VwGO[154]. Der Streit bleibt in der Praxis

---

[149] Siehe Rz. 273.
[150] BGHZ 33, 230, 232; OVG Münster, NJW 1998, S. 1425.
[151] VG Berlin, NVwZ 1982, S. 326 f., 327; *Kopp/Schenke* (Fn. 143), § 40, Rz. 22.
[152] *Gern* (Fn. 129), Rz. 476.
[153] *Rothe* (Fn. 136), S. 535.
[154] BVerwG, DVBl. 1999, S. 1660 ff., 1661 = BVerwGE 109, 203, 208 f.

weitgehend ohne Folgen, so dass er hier auf sich beruhen kann. Im Folgenden werden die Voraussetzungen der Fortsetzungsfeststellungsklage geprüft.

3. Klagebefugnis

Auch bei der Fortsetzungsfeststellungsklage bedarf es einer Klagebefugnis nach § 42 Abs. 2 VwGO, da sie die Fortführung einer Anfechtungsklage ist. Ein subjektives Recht des Z, welches verletzt sein könnte, kann sich zunächst aus dem Grundsatz der Öffentlichkeit der Sitzungen der Bezirksverordnetenversammlung nach § 8 Abs. 6 S. 1 BezVG ergeben. Fraglich ist, ob dieser Grundsatz ein Recht auf Teilnahme begründet. Der Grundsatz der Öffentlichkeit der Sitzungen der kommunalen Vertretungskörperschaften ist verfassungsrechtlich im Demokratieprinzip nach Art. 20 Abs. 2 GG verortet. Die Bevölkerung soll die Möglichkeit erhalten, die kommunalen Willensbildungsprozesse persönlich mitzuverfolgen. Nur so kann die Tätigkeit der Gemeindevertretung einer öffentlichen Kontrolle unterzogen werden. Der Grundsatz der Öffentlichkeit hat somit nicht nur eine objektivrechtliche Bedeutung, sondern begründet grundsätzlich ein subjektives Recht auf Teilnahme an den Sitzungen als Zuhörer[155]. Auch § 8 Abs. 6 S. 1 BezVG begründet somit ein subjektives Teilnahmerecht. Durch die Maßnahme des Vorstehers könnte Z in diesem Recht verletzt sein. Darüberhinaus könnte er auch in seinem Grundrecht aus Art. 2 Abs. 1 GG verletzt sein.

4. Vorverfahren, Klagefrist

Bei Erledigung eines Verwaltungsaktes vor Eintritt der Bestandskraft ist die Notwendigkeit eines Vorverfahrens nach den §§ 68 ff. VwGO umstritten. In der Literatur wird die Durchführung eines Vorverfahrens auch in diesen Fällen befürwortet[156]. Dieser Streit kann jedoch dahinstehen, da es nach § 26 Abs. 3 S. 1 AZG bei anfechtbaren Maßnahmen des Vorstehers nie eines Vorverfahrens bedarf.

Die Einhaltung einer Klagefrist nach § 74 Abs. 1 S. 1 VwGO ist bei der Erledigung vor Eintritt der Bestandskraft ebenfalls umstritten[157]. Das BVerwG hält einen Kläger in diesen Fällen für nicht an die Klagefrist gebunden[158]. Vorliegend betrüge die Frist mangels Belehrung nach § 58 Abs. 2 S. 1 VwGO ohnehin ein Jahr.

5. Fortsetzungsfeststellungsinteresse

Z kann sich für das nach § 113 Abs. 1 S. 4 VwGO analog erforderliche Fortsetzungsfeststellungsinteresse auf die Wiederholungsgefahr berufen. Da Z auch in

---

[155] *Gern* (Fn. 129), Rz. 469; Begrenzungen ergeben sich aus den vorhanden Sitzplätzen.

[156] Sog. Fortsetzungsfeststellungswiderspruchsbescheid, vgl. *Kopp/Schenke* (Fn. 143), Vor § 68, Rz. 2.

[157] *Kopp/Schenke* (Fn. 143), § 74, Rz. 2.

[158] BVerwGE 109, 203, 206 f. Dies folgt schon daraus, dass es in diesen Fällen die Sachurteilsvoraussetzungen der Feststellungsklage anwendet.

Zukunft an Sitzungen der Bezirksverordnetenversammlung teilnehmen will, muss er auch in Zukunft damit rechnen, vom Vorsteher des Saales verwiesen zu werden, wenn er raucht.

6. Beteiligte des Rechtsstreits

Z ist als natürliche Person beteiligtenfähig (§ 61 Nr. 1 VwGO). Da Z nicht Mitglied der Bezirksverordnetenversammlung ist, geht es nicht um die Innenrechtsbeziehungen innerhalb des Organs. Für den Beklagten ist deshalb auf die juristische Person abzustellen, für die der Vorsteher gehandelt hat. Weder die Bezirksverordnetenversammlung noch der Bezirk sind rechtsfähig (vgl. § 2 Abs. 1 BezVG). Abzustellen ist deshalb auf das Land Berlin, welches als juristische Person beteiligtenfähig ist (§ 61 Nr. 1 VwGO). Es wird vertreten durch die Bezirksverordnetenversammlung als betroffenem Organ des Bezirks. Diese wird wiederum durch den Vorsteher vertreten (§ 7 Abs. 2 S. 1 BezVG i.V.m. § 62 Abs. 1 Nr. 1 VwGO).

7. Ergebnis

Die Klage des Z ist zulässig.

II. Begründetheit

Die Klage ist begründet, wenn der Vorsteher rechtswidrig gehandelt hat und Z dadurch in seinen Rechten verletzt wurde (§ 113 Abs. 1 S. 1 VwGO).

1. Rechtsgrundlage

Als Rechtsgrundlage für die Maßnahme des Vorstehers kommt § 7 Abs. 2 S. 1 BezVG in Betracht.

2. Formelle Rechtmäßigkeit

Hinsichtlich der formellen Rechtmäßigkeit der Maßnahme bestehen keine Bedenken, insbesondere war der Vorsteher gem. § 7 Abs. 2 S. 1 BezVG zur Ausübung des Hausrechts zuständig.

3. Materielle Rechtmäßigkeit

Die Maßnahme des Vorstehers war rechtswidrig, wenn sie nicht vom Hausrecht gedeckt war. Das Hausrecht dient der Abwehr von Störungen der Sitzung, die durch nicht der Ordnungsgewalt des Vorstehers unterliegende Personen erfolgen. Es ist räumlich auf den Sitzungssaal und zeitlich auf die Dauer der Sitzung beschränkt.

Fraglich ist insoweit lediglich, ob Z die Sitzung der Bezirksverordnetenversammlung gestört hat. Ein Verstoß gegen das Gebot der Rücksichtnahme kommt vorliegend nicht in Betracht, da dieses nur die Verhaltensregeln der Mitglieder der Bezirksverordnetenversammlung untereinander betrifft. Eine Störung kann aber ungeachtet dessen aus Belästigungen bis hin zu Gesundheitsgefahren für die Bezirksverordneten oder auch Zuhörer durch das Passivrauchen folgen. Hinsichtlich des Rauchens des Z ist aber zu beachten, dass sich niemand über Störungen beklagt hat. Dies hat Bedeutung für die Annahme von Belästigungen, denn dieses Merkmal hat einen subjektiven Einschlag[159]. Eine zu beachtende Beeinträchtigung anderer liegt somit nur vor, wenn sie vom Betroffenen geltend gemacht wird. Für den Vorsteher ist wegen der individuell sehr unterschiedlichen und von vielfältigen äußeren Umständen abhängigen Auswirkungen des Rauchens auf Nichtraucher nicht von vornherein anhand objektiver Kriterien erkennbar, ob das Rauchen tatsächlich belästigend wirkt[160]. Etwas anderes würde nur gelten, wenn die Bezirksverordnetenversammlung aufgrund einer abstrakten Abwägung in ihrer Geschäftsordnung ein Rauchverbot im Saal der Bezirksverordnetenversammlung festgelegt hätte. Dann würde schon aus dem Verstoß gegen die Geschäftsordnungsregelung die Störung der Sitzung resultieren, ohne dass es auf den Einzelfall ankäme. Dieses beträfe auch Zuhörer, obwohl diese als Dritte nicht dem Selbstorganisationsrecht der Bezirksverordnetenversammlung unterliegen. Es handelte sich insoweit um eine Regelung im Rahmen des Hausrechts und der Hausordnung während der Sitzungen der Bezirksverordnetenversammlung.

Da sich niemand über das Rauchen von Z beklagt hat, konnte der Vorsteher nicht ohne weiteres von einer Störung der Sitzung ausgehen. Der Tatbestand für eine Maßnahme des Hausrechtes lag somit nicht vor. Hierfür wäre es gerade im Hinblick auf das Teilnahmerecht erforderlich gewesen, die Teilnehmer der Sitzung zunächst zu fragen, ob sie sich beeinträchtigt fühlen und ein Unterbinden des Rauchens auf der Besuchertribüne fordern.

III. Ergebnis

Die Maßnahme des Vorstehers war somit rechtswidrig. Eine Verletzung des Teilnahmerechts des Z liegt vor. Die Klage des Z wäre somit begründet.

Fall 8: Streit um die Stadtbücherei

Bei der Senatsverwaltung für Wissenschaft, Forschung und Kultur gehen Beschwerden von Bürgern ein, dass die bezirklichen Stadtbüchereien zu selten in den Abendstunden geöffnet hätten. Berufstätigen sei es nur an wenigen Tagen mög-   **344**

---

[159] OVG Münster (Fn. 139), S. 26.
[160] OVG Münster (Fn. 139), S. 26.

lich, die Büchereien noch nach 18.00 Uhr zu benutzen. Die Senatsverwaltung richtet deshalb ein Schreiben an alle Bezirke, in dem es heißt, die Büchereien sollten an mindestens drei Tagen in der Woche bis 20.00 Uhr geöffnet sein. Aufgrund dieses Schreibens beschließt das Bezirksamt des Bezirks X, in dem es bisher nur zwei Spätöffnungen gibt, am 15. Januar 2002, dass die bezirkliche Stadtbücherei mittwochs statt bis 18.00 Uhr zusätzlich bis 20.00 geöffnet bleiben soll.

Im Ausschuss für Bildungsangelegenheiten der Bezirksverordnetenversammlung wird dieser Beschluss am 23. Januar 2002 beraten. Dabei berichtet Bezirksverordneter B, dass sich die Mitarbeiter der Bücherei über den Bezirksamtsbeschluss beklagt hätten. Ihnen sei nicht zuzumuten, nun auch noch mittwochs länger zu arbeiten. Im Übrigen sei die Benutzung ihrer Bücherei nach 18.00 Uhr ihrer Erfahrung nach nicht besonders stark. Der Ausschuss empfiehlt daraufhin der Bezirksverordnetenversammlung, gegen den Bezirksamtsbeschluss Einwendungen zu erheben und es bei den alten Öffnungszeiten zu belassen. Die Bezirksverordnetenversammlung folgt dem und beschließt nach eingehender Diskussion auf ihrer Sitzung am 31. Januar 2002.

„Der Beschluss des Bezirksamts vom 15. Januar 2002 über eine zusätzliche Spätöffnungszeit wird aufgehoben. Es verbleibt bei den bisherigen Spätöffnungszeiten.“

1. Kann das Bezirksamt mit Erfolg gegen den Beschluss der Bezirksverordnetenversammlung vom 31. Januar 2002 vorgehen?
2. Kann die Senatsverwaltung für Wissenschaft, Forschung und Kultur im Bezirk X eine zusätzliche Spätöffnung durchsetzen?

Lösungsvorschlag

Frage 1

In Betracht kommt eine Beanstandung des Beschlusses vom 31.1.2002 durch das Bezirksamt nach § 18 S. 1 BezVG. Eine solche Beanstandung muss binnen zwei Wochen erfolgen, wenn ein Beschluss der Bezirksverordnetenversammlung gegen Rechts- oder Verwaltungsvorschriften oder gegen eine Eingriffsentscheidung nach § 13a AZG verstößt.

I. Verstoß gegen Rechts- oder Verwaltungsvorschriften

Zu prüfen ist somit zunächst, ob die Bezirksverordnetenversammlung gegen Rechts- oder Verwaltungsvorschriften verstoßen hat.

1. Formelle Rechtmäßigkeit

Die Bezirksverordnetenversammlung müsste für den Beschluss über die Öffnungszeit der Stadtbücherei zuständig sein. Hierfür ist unabhängig von den innerbezirklichen Zuständigkeiten zunächst erforderlich, dass der Bezirk selbst zuständig ist. Bei der Festlegung der Öffnungszeiten der Stadtbücherei muss es sich also um eine Bezirksaufgabe handeln. Andernfalls wäre der Beschluss der Bezirksverordnetenversammlung, aber auch der Bezirksamtsbeschluss vom 15. Januar 2002 rechtswidrig.

Welche Aufgaben Bezirksaufgaben sind, bestimmt das AZG (§ 3 Abs. 2 Buchst. a BezVG). Maßgeblich ist § 4 AZG. § 4 Abs. 1 AZG betrifft allgemeine Verwaltungsaufgaben. § 4 Abs. 2 AZG verweist für Polizei- und Ordnungaufgaben auf das ASOG und den ZustKatOrd. Da es sich bei den Aufgaben im Zusammenhang mit den Stadtbüchereien um allgemeine Verwaltungsaufgaben handelt, ist § 4 Abs. 1 AZG anzuwenden. Nach § 4 Abs. 1 S. 2 AZG sind alle nicht im ZustKatAZG aufgeführten Aufgaben Bezirksaufgaben.

Büchereien und Bibliotheken gehören zum Aufgabenbereich Nr. 17 ZustKatAZG, der unter anderem Wissenschaft, Forschung, Kunst und Kultur betrifft. In Nr. 17 Abs. 1 ZustKatAZG sind nur die Landesbibliotheken, also z.B. die Senatsbibliothek, angesprochen, nicht jedoch die bezirklichen Stadtbüchereien. Damit gehören diese nicht zur Hauptverwaltung, sondern zur Bezirksverwaltung und die mit ihnen im Zusammenhang stehenden Verwaltungsaufgaben sind nach § 4 Abs. 1 S. 2 AZG Bezirksaufgaben. Dies betrifft auch die Festlegung der Öffnungszeiten. Der Bezirk ist also zuständig.

Eine originäre Zuständigkeit der Bezirksverordnetenversammlung für die Bestimmung der Öffnungszeiten von bezirklichen Einrichtungen besteht nach § 12 Abs. 2 BezVG nicht. Hierfür ist das Bezirksamt als Verwaltungsbehörde des Bezirks (§ 36 Abs. 1 S. 1 BezVG) zuständig. Die Bezirksverordnetenversammlung könnte aber von ihrem Selbstentscheidungsrecht nach § 12 Abs. 3 S. 1 BezVG Gebrauch gemacht haben. Hierdurch kann sie Entscheidungen des Bezirksamts aufheben und selbst entscheiden. Eine Entscheidung des Bezirksamts lag durch den Beschluss vom 15. Januar 2002 vor. Dieser ist im Rahmen der Sitzung des Ausschusses für Bildungsangelegenheiten am 23. Januar 2002 und in der Sitzung der Bezirksverordnetenversammlung am 31. Januar 2002 beraten und damit einer Kontrolle nach § 17 BezVG unterzogen worden, so dass die Verfahrensvoraussetzungen für ein Selbstentscheidungsrecht vorlagen. Da die Festlegung der Öffnungszeiten der Stadtbücherei nicht zu den nach § 12 Abs. 3 S. 2 BezVG vom Selbstentscheidungsrecht ausgenommenen Aufgaben gehört, konnte die Bezirksverordnetenversammlung eine Selbstentscheidung vornehmen und war somit für den Beschluss vom 31.1.2002 zuständig. Sonstige Bedenken gegen die formelle Rechtmäßigkeit ergeben sich nicht.

2. Materielle Rechtmäßigkeit

Der Beschluss ist rechtmäßig, wenn er nicht gegen Rechts- oder Verwaltungsvorschriften verstößt. Eine gesetzliche Regelung über die Öffnungszeiten von Verwaltungsbehörden Berlins findet sich lediglich in § 3 Abs. 3 VGG. Demnach werden die Öffnungs- und Sprechzeiten unter Beachtung der Wirtschaftlichkeit an den Bedürfnissen der Adressaten des Verwaltungshandelns ausgerichtet. An mindestens einem Tag, regelmäßig donnerstags, sind in Behörden mit unmittelbarem Dienst für den Bürger Sprechstunden und damit Öffnungszeiten bis mindestens 18.00 Uhr vorgesehen.

Im Bezirk X ist die Bücherei bereits an zwei Abenden bis 20.00 Uhr geöffnet. Damit ist der in § 3 Abs. 3 VGG geforderte Mindeststandard der Öffnungszeiten erfüllt. Von Gesetzes wegen ist eine dritte Spätöffnung der Stadtbücherei im Bezirk X nicht zwingend. Die Gestaltung der Öffnungszeiten steht somit im Ermessen des Bezirks. Auch Verwaltungsvorschriften über die Öffnungszeiten sind nicht erlassen worden. Die Festlegung einer zusätzlichen Spätöffnungzeit oblag mithin einer freien bezirkspolitischen Entscheidung. Der Beschluss der Bezirksverordnetenversammlung hat weder gegen Rechts- noch Verwaltungsvorschriften verstoßen.

II. Verstoß gegen eine Eingriffsentscheidung

Eine Beanstandung könnte somit nur dann erfolgen, wenn der Beschluss der Bezirksverordnetenversammlung gegen eine Eingriffsentscheidung nach § 13a AZG verstößt. Mit einem Eingriff nach § 13a Abs. 1 AZG kann das zuständige Mitglied des Senats in eine bezirkliche Zuständigkeit eingreifen und fachaufsichtliche Befugnisse nach § 8 Abs. 3 AZG ausüben, insbesondere also eine Weisung erteilen. Voraussetzung hierfür ist, dass das bezirkliche Handeln dringende Gesamtinteressen Berlins beeinträchtigt. Das Eingriffsrecht ist allerdings einzelfallbezogen, muss sich also auf eine konkrete Maßnahme des Bezirks beziehen. Das Schreiben der Senatsverwaltung für Wissenschaft, Forschung und Kultur kann von vornherein kein Eingriff im Sinne von § 13a AZG sein, da es nicht auf eine konkrete Einzelbeschwerde bezogen und an alle Bezirke gerichtet war. Es ist im Übrigen auch nicht ersichtlich, inwiefern wegen der Öffnungszeiten der Stadtbüchereien dringende Gesamtinteressen beeinträchtigt sein sollten. Zwar mögen sich verschiedene Bürger bei der Senatsverwaltung beschwert haben. Hieraus kann jedoch auf eine Beeinträchtigung wichtiger Interessen der Stadt[161] nicht geschlossen werden. Die Gestaltung der Öffnungszeiten bezirklicher Einrichtungen ist eine typisch bezirkliche Aufgabe, die nicht die Gesamtstadt betrifft. Unterschiedliche Öffnungszeiten können im Bürgerinteresse, aber auch aufgrund spezifisch bezirklicher Gegebenheiten denkbar und auch wünschenswert sein. Dass sich Bürger von Fall zu Fall auch bei Senatsverwaltungen über bezirkliche Vorgänge beschweren, kommt vor,

---

[161] Zur Auslegung des Begriffs der dringenden Gesamtinteressen siehe Rz. 220 ff.

kann aber nicht dazu führen, dass die Senatsverwaltung sich daraufhin ohne weiteres in die bezirkliche Zuständigkeit einmischt. Etwas anderes gilt nur für die Bezirksaufsicht, wenn der Bezirk gegen Rechts- oder Verwaltungsvorschriften verstoßen hat (§ 7 Abs. 1 AZG).

Bei dem Schreiben handelte es sich somit lediglich um ein Rundschreiben an alle Bezirke, welches keine unmittelbaren Rechtswirkungen erzielen kann, selbst wenn diese beabsichtigt gewesen wären. Ein solches Rundschreiben kann nur empfehlenden Charakter haben. Dass die Senatsverwaltung solche Hinweise oder Empfehlungen geben kann, folgt aus ihrer Zuständigkeit für ministerielle Leitungsaufgaben wie Grundsatzangelegenheiten und Steuerung (§ 3 Abs. 1 S. 2 Nr. 1 AZG), die sich auch auf Bezirksaufgaben bezieht. Die Bezirksverordnetenversammlung hat somit nicht gegen eine Eingriffsentscheidung nach § 13a AZG verstoßen.

III. Ergebnis

Die Bezirksverordnetenversammlung hat mit ihrem Beschluss vom 31. Januar 2002 von ihrem Selbstentscheidungsrecht nach § 12 Abs. 3 S. 1 BezVG Gebrauch gemacht. Ein Verstoß gegen Rechts- oder Verwaltungsvorschriften oder eine Eingriffsentscheidung erfolgte dabei nicht. Eine Beanstandung des Bezirksamts nach § 18 BezVG ist deshalb nicht zu erheben. Das Bezirksamt ist an den Beschluss der Bezirksverordnetenversammlung gebunden; die Öffnungszeiten der Stadtbücherei im Bezirk X bleiben unverändert.

Frage 2

I. Durchsetzungsmöglichkeit im Rahmen einer Einzelfallmaßnahme

Zur Zeit kann die Senatsverwaltung für Wissenschaft, Forschung und Kultur eine zusätzliche Öffnungszeit der Stadtbücherei im Bezirk X nicht durchsetzen. Wie bei Frage 1 dargestellt, handelt es sich um eine Bezirksaufgabe. Dabei sind die Bezirke nur an Rechts- und Verwaltungsvorschriften gebunden (§ 7 Abs. 1 AZG). Ein Rechtsverstoß liegt nicht vor, da es keine gesetzliche Regelung gibt, die den Bezirken drei Spätöffnungszeiten der Stadtbücherei vorschreibt. Auch eine Verwaltungsvorschrift mit einer entsprechenden Regelung wurde nicht erlassen. Darüberhinaus kommt auch ein Eingriff der Senatsverwaltung nach § 13a AZG nicht in Betracht, da die Öffnungszeiten der Stadtbücherei keine dringenden Gesamtinteressen beeinträchtigen können, selbst wenn sich Bürger hierüber beschweren.

II. Möglichkeit zum Erlass von Verwaltungsvorschriften

Wenn die Senatsverwaltung aufgrund zahlreicher Beschwerden ein Bedürfnis für eine Vereinheitlichung oder Ausweitung der Öffnungszeiten bezirklicher Einrichtungen sehen würde, könnte sie überlegen, die Öffnungszeiten durch Verwaltungsvorschriften festzulegen. Es gibt bereits eine Verwaltungsvorschrift, die Einzelheiten der Stadtbüchereien regelt. Darin finden sich bisher keine Regelungen über die Öffnungszeiten[162]. An diese Verwaltungsvorschriften sind die Bezirke gebunden (§ 7 Abs. 1 AZG). Für deren Erlass ist nach § 6 Abs. 1 AZG grundsätzlich der Senat zuständig, es sei denn sie halten sich im Rahmen des § 6 Abs. 2 Buchst. c AZG und regeln im wesentlichen nur Verfahrensabläufe oder technische Einzelheiten. Die Befugnis des Senats folgt aus Art. 67 Abs. 2 S. 2 VvB[163].

Fraglich wäre jedoch, ob die Voraussetzungen nach § 6 Abs. 3 und 4 AZG vorliegen. Nach § 6 Abs. 3 AZG sind Verwaltungsvorschriften auf das zwingend gebotene Mindestmaß zu beschränken. Sie sollen nur erlassen werden, soweit sich die Beteiligten nicht auf den wesentlichen Regelungsgehalt einigen können. Sie dürfen die ausführende Stelle nicht hindern, im Rahmen der geltenden Rechtsvorschriften der Lebenswirklichkeit in den unterschiedlichsten Einzelfällen gerecht zu werden. Darüberhinaus dürfen Verwaltungsvorschriften mit Wirkung auf die Bezirke nach § 6 Abs. 4 AZG die Entschlusskraft und Verantwortungsfreudigkeit der bezirklichen Organe nicht beeinträchtigen.

Die Öffnungszeiten bezirklicher Einrichtungen wie diejenigen der Stadtbüchereien dürften von vornherein einer gänzlichen Vereinheitlichung nicht zugänglich sein, da bezirkliche Bedürfnisse und Besonderheiten bei der Gestaltung der Öffnungszeiten zu berücksichtigen sind. Die Bezirke wären dann nicht in der Lage, wie es in § 6 Abs. 3 AZG heißt, der Lebenswirklichkeit gerecht zu werden. Dabei ist auch zu beachten, dass der Senat nach Art. 67 Abs. 2 S. 2 VvB nur befugt ist, Grundsätze und allgemeine Verwaltungsvorschriften zu erlassen, so dass Verwaltungsvorschriften ausscheiden, die sich im Ergebnis als Einzelfallregelung auswirken. Die Festlegung der Öffnungszeiten im Einzelnen muss also der Entschlusskraft und Verantwortungsfreudigkeit der Bezirke überlassen bleiben.

Eine Regelung des Senats über die Öffnungszeiten könnte somit lediglich allgemeine Vorgaben enthalten. Solche finden sich aber bereits in der gesetzlichen Regelung des § 3 Abs. 3 VGG. Damit hat der Gesetzgeber die Anforderungen an die Öffnungszeiten von Behörden geregelt und Mindestanforderungen für eine Spätöffnung aufgestellt. An diese gesetzliche Regelung ist auch der Senat gebunden. Darüber hinausgehende Verpflichtungen für die Bezirke kann er durch Verwaltungsvorschrift somit nicht begründen.

III. Ergebnis

Die Senatsverwaltung kann ihr Anliegen nicht durchsetzen.

---

[162] Benutzungsbedingungen für die Öffentlichen Bibliotheken vom 2.10.2001, Abl. S. 4766.
[163] Siehe Rz. 156.

8. Kapitel: Rechtsschutz der Bezirke

In den vorangegangenen Kapiteln hat sich immer wieder die Frage gestellt, ob und **345**
ggf. wie sich die Bezirke gegen sie betreffende Maßnahmen sei es des Senats oder
des Abgeordnetenhauses gerichtlich zur Wehr setzen können. Im Folgenden sollen
die Möglichkeiten bezirklichen Rechtsschutzes dargestellt werden. Zum einen
geht es hierbei um verfassungsgerichtlichen Rechtsschutz, zum anderen um solchen vor den Verwaltungsgerichten.

Einen weiteren Themenbereich stellen die innerbezirklichen Auseinandersetzungen dar. Diese können als sogenannte Bezirksverfassungsstreitigkeiten vor den
Verwaltungsgerichten ausgetragen werden. Der Bezirksverfassungsstreit ist vor
dem verwaltungsgerichtlichen Rechtsschutz der Bezirke gegen Maßnahmen des
Senats darzustellen, da die seit langem anerkannten Grundsätze des Bezirksverfas-
sungsstreits auch auf Streitigkeiten mit dem Senat übertragen werden können.
Zum besseren Verständnis wird zunächst aber die Rechtslage in den Flächenländern skizziert.

I. Der Rechtsschutz in den Flächenländern

1. Verfassungsgerichtlicher Rechtsschutz

Gem. Art. 93 Abs. 1 Nr. 4 b GG, §§ 13 Nr. 8a, 90 ff. BVerfGG besteht für die **346**
Gemeinden und Gemeindeverbände die Möglichkeit, eine sogenannte *kommunale
Verfassungsbeschwerde* gegen ein Gesetz vor dem Bundesverfassungsgericht zu
erheben. Es kann geltend gemacht werden, das Gesetz verletze die Kommune in
ihrem Selbstverwaltungsrecht aus Art. 28 Abs. 2 GG. Dieses besondere Verfahren
wurde in das Grundgesetz eingefügt, da die Kommunen *nicht grundrechtsfähig*
sind und ihnen somit die Verfassungsbeschwerde gem. Art. 93 Abs. 1 Nr. 4 a GG
nicht zur Verfügung steht[1]. Die kommunale Verfassungsbeschwerde ähnelt von
ihrer Ausgestaltung her eher einem Normenkontrollverfahren denn einer Verfassungsbeschwerde und dient dem Schutz der insitutionellen Garantie der kommunalen Selbstverwaltung[2]. Sie hat indes nur geringe praktische Bedeutung, da sie

---

[1] *Voßkuhle* in vMangoldt/Klein/Starck, GG, Art. 93, Rz. 173, 196.
[2] *Voßkuhle* (Fn. 1), Rz. 196.

bei Landesgesetzen gegenüber den spezielleren Antragsverfahren der Landesverfassungen subsidiär ist (vgl. Art. 93 Abs. 1 Nr. 4 b a.E. GG).

347 Außer in Hessen und Schleswig-Holstein besteht in allen Flächenländern die Möglichkeit für die Kommunen, gegen Verletzungen ihres Selbstverwaltungsrechts Rechtsschutz vor dem *Landesverfassungsgericht* zu suchen. Die Regelungen sind im Einzelnen sehr heterogen. Meist kann auf Landesebene eine kommunale Verfassungsbeschwerde erhoben werden, mit der Landesgesetze angegriffen werden können[3].

2. Verwaltungsgerichtlicher Rechtsschutz

348 Der Verwaltungsrechtsweg steht den Gemeinden gem. § 40 Abs. 1 VwGO grundsätzlich in allen öffentlich-rechtlichen Streitigkeiten nichtverfassungsrechtlicher Art offen. Besonderes Augenmerk verdient hierbei immer die Sachentscheidungsvoraussetzung der *Klagebefugnis*. Es muss gem. § 42 Abs. 2 VwGO die Möglichkeit bestehen, dass die Gemeinde durch den angegriffenen Akt in ihren eigenen subjektiv-öffentlichen Rechten verletzt ist.

349 In diesem Zusammenhang gewinnt Art. 28 Abs. 2 GG wiederum entscheidende Bedeutung. Ist das *Selbstverwaltungsrecht* einer Gemeinde durch einen Hoheitsakt berührt, so kann diese hiergegen verwaltungsgerichtlich vorgehen. Dies gilt auch bei einem Verstoß gegen Verfassungsrechtsnormen, die das *Bild der Selbstverwaltung mitbestimmen*[4]. Daneben kann auch die Verletzung einfachen Rechts gerügt werden, sofern dieses zumindest auch den Schutz der Gemeinden bezweckt. Die Grundrechte vermitteln den Gemeinden demgegenüber keine subjektiv-öffentlichen Rechte, und zwar auch dann nicht, wenn sie in ihrer Eigenschaft als privater Eigentümer auftreten oder Rechte ihrer Bürger geltend machen wollen[5]. Letzteres ist den Gemeinden nicht erlaubt. Anlass für verwaltungsgerichtliche Streitigkeiten bilden oft staatliche Aufsichtsmaßnahmen, so dass diese im Folgenden näher zu behandeln sind.

a) Rechtsschutz gegen Maßnahmen der Rechtsaufsicht

350 Wie bereits dargestellt, stellen Verfügungen der Aufsichtsbehörde im Rahmen der Rechtsaufsicht in der Regel Verwaltungsakte dar[6]. Es ist daher insbesondere die Anfechtungsklage statthaft. Die gem. § 42 Abs. 2 VwGO erforderliche Klagebefugnis ergibt sich aus Art. 28 Abs. 2 GG und den entsprechenden Bestimmungen der Landesverfassungen, da die Rechtsaufsicht immer nur im Bereich der Selbst-

---

[3] Siehe die Übersicht bei *Gern*, Deutsches Kommunalrecht, Rz. 840 ff.

[4] So etwa Art. 120 GG, vgl. BVerfGE 1, 181; 56, 398.

[5] So die ganz h.M., siehe nur *Gern* (Fn. 3), Rz. 831, m.w.N.; a.A. für die bayerische Verfassung BayVerfGH, NVwZ-RR 1993, S. 422.

[6] Siehe Rz. 198.

verwaltungsaufgaben zum Tragen kommt. Ein Vorverfahren ist nach manchen Gemeindeordnungen erforderlich, nach anderen ist es demgegenüber entbehrlich[7].

b) Rechtsschutz gegen Maßnahmen der Fachaufsicht

Nach der Rechtsprechung können Maßnahmen der Fachaufsicht von den Gemeinden in der Regel nicht gerichtlich angefochten werden, da durch sie nicht in gemeindliche Rechtspositionen eingegriffen werde[8]. Auf der Grundlage des dualistischen Konzepts gemeindlicher Aufgabenwahrnehmung (staatliche Aufgaben einerseits und Selbstverwaltungsaufgaben andererseits) verneinen die Gerichte für den Regelfall eine gemeindliche Klagebefugnis. Auch fehlt es nach dieser Auffassung Maßnahmen der Fachaufsicht grundsätzlich an der Außenwirkung, so dass diese keine Verwaltungsaktqualität besitzen[9]. Lediglich für den Ausnahmefall, dass eine fachaufsichtliche Maßnahme *in den Selbstverwaltungsbereich übergreift*, wird den Gemeinden ein Klagerecht zugestanden. Nach richtiger Ansicht des Bundesverwaltungsgerichts[10] liegt in einem solchen Fall auch ein mit der Anfechtungsklage anzugreifender Verwaltungsakt vor, da Maßnahmen, die in den Selbstverwaltungsbereich eingreifen, stets Außenwirkung besitzen. **351**

Die Gegenauffassung[11], die auf der Grundlage des Monismus argumentiert (und damit alle Aufgaben als gemeindliche Aufgaben ansieht), bejaht hingegen auch gegenüber Maßnahmen der Fachaufsicht ein *uneingeschränktes Klagerecht*. Insbesondere Weisungen beträfen die Gemeinden immer als Träger eigener Rechte und Pflichten und besäßen damit auch interpersonale Wirkung. Folglich sei die Anfechtungsklage generell die richtige Klageart[12]. **352**

3. Der Kommunalverfassungsstreit

Eine weitere Gruppe von Streitigkeiten, an denen gemeindliche Organe beteiligt sind, stellen die sogenannten Kommunalverfassungsstreitverfahren dar. Hier geht es um Meinungsverschiedenheiten zwischen verschiedenen Organen innerhalb ein und derselben Gemeinde, die diese gerichtlich austragen können müssen. Der Kommunalverfassungsstreit wird dementsprechend definiert als eine Streitigkeit zwischen Organen, Organvertretern oder Organteilen kommunaler Gebietskörperschaften wegen einer möglichen Verletzung der ihnen als kommunales Verfassungsorgan bzw. Organteil zustehenden Einzelrechte oder Gruppenrechte im In- **353**

---

[7] Siehe die Übersicht bei *Gern* (Fn. 3), Rz. 834; vgl. § 73 Abs. 1 Nr. 3 VwGO.

[8] BVerwG, DVBl. 1995, S. 744; NVwZ 1983, S. 610 ff., 611.

[9] *Gern* (Fn. 3), Rz. 837.

[10] BVerwG, DVBl. 1995, S. 744.

[11] *Knemeyer*, HkWP, Bd. 1, S. 279; *Erichsen*, Kommunalrecht des Landes Nordrhein-Westfalen, S. 357, m.w.N.

[12] Erichsen (Fn. 11), S. 357.

nenrechtsverhältnis[13]. Zur Verfügung steht hier der Verwaltungsrechtsweg gem. § 40 Abs. 1 VwGO. Das Kommunalverfassungsstreitverfahren stellt als *Insichprozess* einen Sonderfall innerhalb des Verwaltungsprozessrechts dar. Seine Besonderheiten werden anhand der Darstellung der Berliner Rechtslage beim Bezirksverfassungsstreit erörtert.

II. Rechtsschutz der Bezirke, Bezirksverfassungsstreit

1. Verfassungsgerichtlicher Rechtsschutz der Bezirke

354 Die Berliner Bezirke haben nicht die Möglichkeit, Rechtsschutz vor dem Bundesverfassungsgericht zu suchen. Es steht kein Verfahren zur Verfügung, in dem sie beteiligtenfähig wären. Insbesondere haben sie nicht die Möglichkeit der Kommunalen Verfassungsbeschwerde, da sie nicht geltend machen können, in einem Recht aus Art. 28 Abs. 2 GG verletzt zu sein[14]. Damit ist das Augenmerk auf den Rechtsschutz vor dem Berliner Verfassungsgerichtshof zu richten.

a) Keine Verfassungsbeschwerde für die Bezirke

355 In Betracht kommt zunächst eine Verfassungsbeschwerde der Bezirke oder bezirklicher Organe vor dem Verfassungsgerichtshof gem. Art. 84 Abs. 2 Nr. 5 VvB i.V.m. §§ 14 Nr. 6, 49 ff. VerfGHG[15]. Legt man das grundgesetzliche Verständnis der Verfassungsbeschwerde zugrunde, so muss man von vornherein eine *Beteiligtenfähigkeit der Bezirke* oder ihrer Organe im Verfassungsbeschwerdeverfahren verneinen[16]. Organen der unmittelbaren Staatsverwaltung stehen Grundrechte oder grundrechtsgleiche Rechte nicht zu. Jedoch ist zu bedenken, dass der Verfassungsgerichtshof in einer seiner ersten Entscheidungen die Verfassungsbeschwerde einer Fraktion einer Bezirksverordnetenversammlung für zulässig erachtet hat[17]. Dies könnte die Annahme begründen, das Verfassungsbeschwerdeverfahren nach Berliner Landesrecht stehe einem weiteren Beteiligtenkreis offen als das grundgesetzliche und damit möglicherweise auch den Bezirken und ihren Organen. Dabei ist zu berücksichtigen, dass weder Art. 84 Abs. 2 Nr. 5 VvB noch § 49 Abs. 1 VerfGHG - anders als die bundesrechtliche Regelung in Art. 93 Abs. 1 Nr. 4a GG, § 90 Abs. 1 BVerfGG - die Zulässigkeit einer Verfassungsbeschwerde vom Wortlaut her auf das Geltendmachen der Verletzung von Grundrechten oder grundrechtsgleichen Rechten beschränkt.

---

[13] *Gern* (Fn. 3), Rz. 785.

[14] Siehe Rz. 31.

[15] Gesetz über den Verfassungsgerichtshof v. 8.11.1990, GVBl. S. 2246, zul. geänd. d. G. v. 15.10.2001, GVBl. S. 540.

[16] So vier Richter des BerlVerfGH, Beschl. v. 15.6.2000, VerfGH 47/99, n.v., S. 8.

[17] BerlVerfGH, LVerfGE 1, 9.

Der Gerichtshof begründete seine Entscheidung damit, dass *"Jedermann"* im Sin-   **356**
ne von § 49 Abs. 1 VerfGHG auch eine Fraktion der Bezirksverordnetenversammlung sein könne. Diese könne das Grundrecht auf Chancengleichheit der von ihr
repräsentierten Partei geltend machen. Insoweit wird auf den Wortlaut von § 49
Abs. 1 VerfGHG verwiesen, wonach die Verletzung jedes in der Verfassung von
Berlin enthaltenen Rechtes gerügt werden könne. Hierzu gehöre auch das genannte Recht einer Partei. Die Fraktion könne in diesem Zusammenhang mit einer Partei gleichgesetzt werden.

Diese Auffassung ist jedoch abzulehnen[18]. Insbesondere kann eine Fraktion einer   **357**
Bezirksverordnetenversammlung nicht mit der sie tragenden Partei gleichgesetzt
werden. Während die Partei als juristische Person des Privatrechts Grund-
rechtsträger ist, stellt die Fraktion einen Teil eines Verwaltungsorgans, also einer
staatlichen Einrichtung dar. Als solcher kann sie nicht Träger staatsgerichteter
Grundrechte sein. Beachtet man die gebotene rechtliche Trennung von Partei und
Fraktion, so kann letztere auch nicht Trägerin des Rechts auf Chancengleichheit
der Parteien sein. Insoweit ist festzustellen, dass das Urteil eher auf einer nicht
nachvollziehbaren Ausweitung des rechtlichen Status einer Fraktion beruht[19] als
auf einer erweiterten Auslegung des Verfassungsbeschwerdeverfahrens.

Die Verfassungsbeschwerde gem. Art. 84 Abs. 2 Nr. 5 VvB, §§ 14 Nr. 6, 49 ff.   **358**
VerfGHG hat vielmehr einen mit der grundgesetzlichen Verfassungsbeschwerde
vergleichbaren Anwendungsbereich[20]. Allein die Tatsache, dass § 49 Abs. 1 VvB
keine Benennung der rügefähigen Rechte enthält, spricht nicht für eine erweiterte
Auslegung dieser Bestimmung[21]. Vielmehr deutet die Tatsache, dass der Begriff
"Verfassungsbeschwerde" verwandt und in § 49 Abs. 1 VerfGHG ausdrücklich
auf "Jedermann" verwiesen wird, darauf hin, dass das Berliner Landesrecht sich
an das Grundgesetz anlehnt und deshalb auch nur Grundrechte oder grundrechtsgleiche Rechte von deren Trägern geltend gemacht werden können[22]. Die Bezirke
und ihre Organe können demnach *keine Beteiligten* eines Verfassungsbeschwerdeverfahrens vor dem Verfassungsgerichtshof sein.

b) Keine Beteiligtenfähigkeit der Bezirke im Organstreitverfahren

Auch im Organstreitverfahren gem. Art. 84 Abs. 2 Nr. 1 VvB, §§ 14 Nr. 1, 36 ff.   **359**
VerfGHG sind die Bezirke nach richtiger Auffassung des Verfassungsgerichtshofs

---

[18] Ebenso *Kunig* und *Dittrich*, Sondervoten zu LVerfGE 1, 9, 25; *Uerpmann*, LKV 1996,
S 225 ff., 228; *Michaelis-Merzbach*, Rechtspflege und Verfassung von Berlin, S. 190.

[19] Ebenso *Kunig* (Fn. 18), S. 27 ff.

[20] Ebenso vier Richter des BerlVerfGH, Beschl. v. 15.6.2000, VerfGH 47/99, n.v., S. 8, das
Gericht als Ganzes hat die Frage ausdrücklich offengelassen; ausdrücklich offengelassen
auch in BerlVerfGH, Beschl. v. 8.10.2001, VerfGH 131 A/01, 131/01, n.v., S. 5.

[21] Anders *Böckstiegel*, LKV 1994, S. 355 ff., 357, allerdings zur Rechtslage vor der Verfas-
sungsnovelle.

[22] *Kunig* (Fn. 18), S. 26 f.

nicht beteiligtenfähig[23]. Zwar erwähnt Art. 84 Abs. 2 Nr. 1 auch "andere Beteiligte", die in der Verfassung mit eigenen Rechten ausgestattet sind. Jedoch hat der Verfassungsgerichtshof festgestellt, dass damit nur solche Beteiligten gemeint sein könnten, die den obersten Verfassungsorganen in Rang und Funktion dadurch gleichkommen, dass sie materiell Träger vergleichbarer Rechte sind[24]. Zunächst wurde für die Bezirksverordnetenversammlung[25] und ihre Fraktionen[26] eine solche vergleichbare Stellung ausdrücklich abgelehnt. Diese Aussage hat der Verfassungsgerichtshof nunmehr verallgemeinert und auf generell auf die Bezirke erstreckt[27]. Sie besitzen auf Landesebene nicht den Rang oberster Verfassungsorgane, sondern sind als untere Ebene in die Verwaltungshierarchie eingegliedert.

c) Die Normenkontrolle der Zuständigkeitsabgrenzung

360   Die einzige Verfahrensart, die den Bezirken vor dem Verfassungsgerichtshof zur Verfügung steht, ist die sogenannte Normenkontrolle der Zuständigkeitsabgrenzung gem. Art. 84 Abs. 2 Nr. 3 VvB, §§ 14 Nr. 8, 57 VerfGHG. Sie wurde im Zuge der Verwaltungsreform 1994 in die VvB aufgenommen, um die Rechtsstellung der Bezirke zu stärken[28]. Antragsberechtigt sind *ausschließlich die Bezirke* (vgl. § 57 Abs. 1 VerfGHG). Streitgegenstand kann nur ein förmliches Landesgesetz sein, das die *Zuständigkeitsverteilung zwischen Haupt- und Bezirksverwaltung* regelt.

361   Der betroffene Bezirk muss weiterhin *antragsbefugt* sein[29]. Dies ergibt sich aus § 57 Abs. 1 VerfGHG, wonach der Bezirk die Zuständigkeitsabgrenzung nicht nur für nichtig halten, sondern zusätzlich geltend machen muss, dadurch in seinen Rechten aus Art. 51 (jetzt Art. 67) VvB verletzt zu sein. § 57 Abs. 1 VerfGHG enthält also gegenüber dem Text von Art. 84 Abs. 2 Nr. 3 VvB eine zusätzliche Voraussetzung. Man wird jedoch nach dem Sinn und Zweck des Verfahrens als *Rechtsschutzverfahren* für die Bezirke diese Voraussetzung als dem Verfassungstext immanent ansehen müssen. Durch das Erfordernis der Geltendmachung einer Rechtsverletzung wird das Normenkontrollverfahren nach Art. 84 Abs. 2 Nr. 3 VvB zu einem subjektiven Rechtsschutzverfahren im Unterschied zur abstrakten Normenkontrolle gem. Art. 84 Abs. 2 Nr. 2 VvB, die lediglich ein objektives Beanstandungsverfahren darstellt. Aufgrund dieses Umstandes wird deutlich, dass das Verfahren nach Art. 84 Abs. 2 Nr. 3 VvB nicht so sehr in der abstrakten Nor-

---

[23] BerlVerfGH, Beschl. v. 15.6.2000, VerfGH 47/99, n.v., S. 6; Beschl. v. 8.10.2001, VerfGH 144 A/01, 144/01, n.v., S. 5.

[24] BerlVerfGH, LVerfGE 1, 40, 41.

[25] BerlVerfGH, LKV 1999, S. 102.

[26] BerlVerfGH, LVerfGE 1, 40.

[27] BerlVerfGH, Beschl. v. 15.6.2000, VerfGH 47/99, n.v., S. 6; ebenso *Neumann* in Pfennig/Neumann, VvB, Art. 66/67, Rz. 23; vgl. *Wille*, Der Berliner Verfassungsgerichtshof, S. 135.

[28] *Von Lampe* in Pfennig/Neumann, VvB, Art. 84, Rz. 80.

[29] *Von Lampe* (Fn. 28), Rz. 81.

menkontrolle, sondern vielmehr in der *kommunalen Verfassungsbeschwerde* ihr Vorbild hat. Auch dort geht es um die Prüfung, ob ein Gesetz wegen der Verletzung gemeindlicher Rechte nichtig ist. Nicht zu verkennen ist allerdings, dass die Normenkontrolle der Zuständigkeitsabgrenzung mit der Beschränkung des Prüfungsmaßstabes auf Art. 67 VvB nur einen Teilausschnitt der kommunalen Verfassungsbeschwerde abdeckt. Relevant wird das Erfordernis einer subjektiven Rechtsverletzung in Fällen, in denen die Aufgabenabgrenzung zwar gegen Art. 67 VvB verstößt, aber keine bezirklichen Rechte verletzen kann. Dies kann etwa der Fall sein, wenn die Zuständigkeitsabgrenzung zu Lasten des Senats vorgenommen wird.

Als letzte Voraussetzung statuiert § 57 Abs. 2 VerfGHG eine *Sechs-Monats-Frist* **362** seit dem Inkrafttreten des angegriffenen Gesetzes. Die für die abstrakte Normenkontrolle geltenden Vorschriften der §§ 44, 45 VerfGHG sind gem. § 57 Abs. 3 VerfGHG entsprechend anwendbar.

Prüfungsmaßstab des Normenkontrollverfahrens ist als zentrale die Zuständig- **363** keitsabgrenzung regelnde Norm Art. 67 VvB. Der Verfassungsgerichtshof hat eine Erweiterung dahingehend vorgenommen, dass als Maßstabsnormen auch solche anderen Verfassungsbestimmungen in Betracht kommen, die ihrem Inhalt nach die Aufgabenverteilung in Art. 67 VvB mitbestimmen[30]. Zu denken ist hier insbesondere an Art. 66 Abs. 2 VvB. In dem bisher einzigen zu entscheidenden Fall einer Normenkontrolle der Zuständigkeitsabgrenzung, der sogenannten *Landesschulamts-Entscheidung*, blieb der Antrag der Bezirke erfolglos[31].

2. Das Bezirksverfassungsstreitverfahren

Bevor auf den verwaltungsgerichtlichen Rechtsschutz der Bezirke - insbesondere **364** im Zusammenhang mit Aufsichtsmaßnahmen des Senats - eingegangen werden kann, soll zunächst das Bezirksverfassungsstreitverfahren dargestellt werden. Dessen Grundsätze lassen sich nämlich teilweise auf den bezirklichen Rechtsschutz übertragen. In beiden Fällen handelt es sich um Innenrechtsstreitigkeiten, sogenannte *Insichprozesse*.

Im Rahmen des Bezirksverfassungsstreitverfahrens geht es um Streitigkeiten zwischen Organen, Organteilen und einzelnen Vertretern innerhalb eines Bezirks über den Inhalt und den Umfang der ihnen jeweils zugeordneten Rechtskreise. In der Praxis handelt es sich meist um Streitigkeiten zwischen Mitgliedern und Organen der *Bezirksverordnetenversammlung*. Insoweit unterscheidet sich das Bezirksverfassungsstreitverfahren nicht vom Kommunalverfassungsstreitverfahren[32]. Problematisch sind die genannten Streitigkeiten deshalb, weil die VwGO nicht auf sie

---

[30] BerlVerfGH, LVerfGE 3, 28, 31.
[31] BerlVerfGH, LVerfGE 3, 28; siehe Fall 2, Rz. 147.
[32] Zu dessen Definition siehe Rz. 353.

zugeschnitten ist und sich infolgedessen Anwendungsprobleme stellen. So steht eine spezielle Klageart für Innenrechtsstreitigkeiten nicht zur Verfügung. Auch erkennt die Verwaltungsgerichtsordnung im Rahmen der Klagebefugnis nur subjektiv-öffentliche Rechte an, die im Außenverhältnis wirksam sind. Schließlich sind die Vorschriften über die Beteiligten- und Prozessfähigkeit nicht ohne weiteres anwendbar. Im Ergebnis besteht aber Einigkeit, dass Kommunalverfassungsstreitverfahren und damit auch Bezirksverfassungsstreitverfahren zulässigerweise vor den Verwaltungsgerichten ausgetragen werden können[33]. Der Bezirksverfassungsstreit ist seit langem in Rechtsprechung[34] und Literatur[35] allgemein anerkannt.

a) Verwaltungsrechtsweg

365 Der Verwaltungsrechtsweg ist gem. § 40 Abs. 1 VwGO für Bezirksverfassungsstreitigkeiten eröffnet. Streitigkeiten innerhalb eines Verwaltungsträgers können nur aufgrund von Normen des öffentlichen Rechts gelöst werden. In Bezirksverfassungsstreitigkeiten wird in der Regel das *Bezirksverwaltungsgesetz* als öffentlich-rechtliches Regelungswerk streitentscheidend sein. Damit ist auch die Streitigkeit selbst öffentlich-rechtlicher Natur.

366 Trotz der insoweit irreführenden Bezeichnung Bezirks"verfassungs"streit handelt es bei diesen Verfahren nicht um verfassungsrechtliche Streitigkeiten. Bezirkliche Organe oder Organteile sind keine Verfassungsorgane Berlins und stehen diesen dem Rang nach auch nicht gleich[36]. Damit handelt es sich um Streitigkeiten nichtverfassungsrechtlicher Art.

b) Statthafte Klageart

367 Fraglich ist, welche Klageart den bezirklichen Organen im Falle von Innenrechtsstreitigkeiten zur Verfügung steht. *Anfechtungs- und Verpflichtungsklage* scheiden von vornherein aus, da Streitigkeiten um Organrechte- und -pflichten den Innenbereich der juristischen Person Land Berlin nicht verlassen. Die Maßnahmen eines Organs gegenüber einem anderen haben somit keine Außenwirkung im Sinne von § 35 S. 1 VwVfG und stellen keine Verwaltungsakte dar.

368 Für Binnenrechtsstreitigkeiten der vorliegenden Art wird eine *Klage sui generis* diskutiert, die es ermöglicht, die Maßnahme eines Organs gerichtlich aufheben zu lassen[37]. Für eine solche besteht indes kein Bedürfnis, da das jeweilige Organ auch dazu verurteilt werden kann, die Maßnahme selbst rückgängig zu machen. Statthaft kann insoweit die *allgemeine Leistungsklage* sein.

---

[33] *Gern* (Fn. 3), Rz. 784.

[34] Z.B. OVG Berlin, OVGE 17, 12; LKV 2001, S. 131; VG Berlin, LKV 1995, S. 437.

[35] *Neumann* (Fn. 27), Art. 66, 67, Rz. 19 f.

[36] Siehe Rz. 359.

[37] *Hufen,* Verwaltungsprozessrecht, § 21, Rz. 11, 13, 16.

Schließlich kann auch eine *Feststellungsklage* statthaft sein, die auf die Feststel-   **369**
lung der Nichtberechtigung des Organs bzw. Rechtswidrigkeit der getroffenen
Maßnahme gerichtet ist. Die Subsidiaritätsklausel des § 43 Abs. 2 VwGO steht
nicht entgegen, da die Leistungsklage weder rechtsschutzintensiver ist noch die
Sachurteilsvoraussetzungen anderer Klagearten umgangen werden[38].

Als statthafte Klagearten kommen mithin je nach Fallkonstellation allgemeine   **370**
Leistungsklage[39] und Feststellungsklage[40] in Betracht. Im Bezirksverfassungsstreit
kann die allgemeine Leistungsklage erhoben werden, um den Klagegegner zu einem Handeln, Dulden oder Unterlassen zu verpflichten. Die Feststellungsklage
gem. § 43 VwGO kann gewählt werden, um eine zwischen Organen oder Organteilen strittige Rechtsfrage in Anbetracht einer konkreten Fallkonstellation gerichtlich verbindlich klären zu lassen.

c) Klagebefugnis

Besonderes Augenmerk ist im Rahmen eines Innenrechtsstreits auf die Klagebe-   **371**
fugnis zu richten. Die Rechtsprechung verlangt mittlerweile auch im Rahmen von
allgemeiner Leistungs- und Feststellungsklage die Geltendmachung einer Rechtsverletzung analog § 42 Abs. 2 VwGO. Es fehlt Verwaltungsorganen und ihren
Teilen aber an im Außenrechtskreis wirksamen subjektiv-öffentlichen Rechten.
Sie besitzen grundsätzlich nur *Wahrnehmungszuständigkeiten*, die in der Regel
nicht wehrfähig sind. Eine Ausnahme besteht aber dann, wenn die Kompetenzzuweisung nicht nur im Interesse des Gesamtorganismus, sondern zur Konstituie-
rung von *subjektivrechtlich schutzwürdigen Kontrastorganen* erfolgt ist, die eine
inneradministrative Machtbalance gewährleisten sollen[41]. Dem einzelnen Organ
müssen bestimmte mitgliedschaftliche oder organschaftliche Rechte nicht nur zur
Wahrung öffentlicher Interessen, sondern auch im Interesse der *Sicherung eines
pluralistisch strukturierten Willensbildungsprozesses* eingeräumt worden sein[42].
Handelt es sich lediglich um eine Kompetenzzuweisung im Interesse der Arbeitsteilung, so ist die Wehrfähigkeit zu verneinen[43].

Es ist somit bei einem Bezirksverfassungsstreit immer zu entscheiden, ob das kla-   **372**
gende Organ im Rahmen der zu entscheidenden Streitfrage als Kontrastorgan fungiert und somit wehrfähige Innenrechtspositionen geltend macht. Dies ist in der
Regel bei Rechtsstreitigkeiten innerhalb der Bezirksverordnetenversammlung der
Fall.

---

[38] Siehe Fall 7, Rz. 343
[39] VG Berlin, LKV 1995, S. 437.
[40] VG Berlin, Urt. v. 29.6.1998, VG 26 A 30.96, n.v., S. 3.
[41] So *Schmidt-Aßmann*, Besonderes Verwaltungsrecht, S. 56; *Gern* (Fn. 3), Rz. 784.
[42] *Ramsauer,* Die Assessorprüfung im Öffentlichen Recht, Rz. 22.07.
[43] Ebenso *Waechter*, Kommunalrecht, Rz. 410.

373 So lässt sich eine Klagebefugnis wie beim Kommunalverfassungsstreit[44] beispielsweise bejahen hinsichtlich von *Teilnahme-, Wahl-, Mitwirkungs- und Rede-
rechten* in der Bezirksverordnetenversammlung. Solche Rechtsstreitigkeiten betreffen z.b. Meinungsverschiedenheiten zwischen Fraktionen bzw. zwischen
Fraktionen und der Bezirksverordnetenversammlung um Wahlvorschlagsrechte
z.b. für Bezirksamtsmitglieder[45] oder Mitglieder des Vorstands der Bezirksverordnetenversammlung, insbesondere den Vorsteher[46], oder Entsendungsrechte für
Ausschüsse[47]. Denkbar sind auch Streitigkeiten zwischen Bezirksverordneten und
Fraktionen z.b. beim Fraktionsausschluss[48] oder von Bezirksverordneten und der
Bezirksverordnetenversammlung bzw. deren Vorstand um Teilhabe- oder andere
Mitgliedschaftsrechte.

374 Die Verletzung des *objektiven Rechts* oder von *Rechten Dritter* kann hingegen
nicht geltend gemacht werden[49]. Kein Klagerecht besteht ferner, soweit besondere
Verfahrensvorschriften die Anrufung des Verwaltungsgerichts ausschließen. Dies
betrifft insbesondere Streitigkeiten zwischen Bezirksverordnetenversammlung und
Bezirksamt, wenn das Bezirksamt eine Beanstandung nach § 18 BezVG vornehmen muss. Das *Beanstandungsverfahren* schließt einen gerichtlichen Rechtsschutz
aus. Die Letztentscheidung der Aufsichtsbehörde ist verbindlich. Im Anwendungsbereich des Beanstandungsverfahrens sind Bezirksamt und Bezirksverordnetenversammlung auf ihre Rechte in diesem Verfahren angewiesen und letztlich
einer gemeinsamen Spitze unterstellt, der die Letztentscheidung zugewiesen ist. In
diesen Fällen fehlt es den Organen an einem Rechtsschutzinteresse[50].

d) Beteiligtenfähigkeit

375 Auch die Beteiligtenfähigkeit im Insichprozess ist problematisch. Als beteiligte
Organe kommen die Bezirksverordnetenversammlung, deren Fraktionen, aber
auch einzelne Bezirksverordnete in Betracht. Richtigerweise ist davon auszugehen, dass § 61 VwGO den Innenrechtsstreit direkt nicht regelt. Zwar besteht das
beteiligte Organ in der Regel aus einer bestimmten Anzahl natürlicher Personen.
Deren Rechte als Personen werden jedoch im Bezirksverfassungsstreit nicht relevant, sondern lediglich diejenigen des Organs, das sie bilden. Wegen Vorliegens
einer *planwidrigen Regelungslücke* ist § 61 VwGO deshalb analog anzuwenden[51].

---

[44] Beispiele mit Nachweisen bei *Gern* (Fn. 3), Rz. 793.
[45] OVG Berlin, LKV 2000, S. 215; VG Berlin, LKV 1995, S. 437.
[46] OVG Berlin, OVGE 20, 165; VG Berlin, Urt. v. 29.6.1998, VG 26 A 30.96.
[47] OVG Berlin, OVGE 17, 12; LKV 2001, S. 131.
[48] OVG Berlin, NVwZ 1998, S. 197.
[49] *Gern* (Fn. 3), Rz. 794.
[50] *Kopp/Schenke*, VwGO, § 63, Rz. 7; *Martensen*, JuS 1995, S. 1077 ff., 1078; a.A. *Neumann*, (Fn. 27), Art. 66, 67, Rz. 20; vgl. auch VG Berlin, NVwZ 1982, S. 326 f., 327 für
den Fall, dass das Bezirksamt sein Anliegen durch VA durchsetzen kann.
[51] Ebenso *Ramsauer* (Fn. 42), Rz. 22.05 f.; *Gern* (Fn. 3), Rz. 795.

Das Oberverwaltungsgericht und das Verwaltungsgericht Berlin gehen allerdings - im Gegensatz zu Streitigkeiten zwischen Bezirken und dem Senat - von einer direkten Anwendung von § 61 Nr. 1 VwGO für Bezirksverordnete und § 61 Nr. 2 VwGO für andere Organe bzw. Organteile aus[52].

3. Verwaltungsgerichtlicher Rechtsschutz der Bezirke

a) Der Meinungsstand hinsichtlich eines bezirklichen Klagerechts

Die Frage, ob und ggf. in welchem Umfang die Bezirke wie die Gemeinden bei   **376** Aufsichtsmaßnahmen oder in anderen Fällen gegen Maßnahmen des Senates oder einzelner Senatsmitglieder bzw. Senatsverwaltungen verwaltungsgerichtlichen Rechtsschutz suchen können, ist bis heute noch nicht abschließend geklärt. Die Möglichkeit, vor dem Verwaltungsgericht zu klagen, würde ihre Rechtsstellung nicht unerheblich stärken, denn Senatsentscheidungen könnten im Ernstfall auf den gerichtlichen "Prüfstand" gestellt werden. Das Rechtsschutzproblem hat mithin eine starke politische Dimension und ist dementsprechend umstritten. Prozessrechtlich besteht das Problem, dass es sich bei solchen Streitigkeiten wie beim Bezirksverfassungsstreit und im Unterschied zur Rechtslage in den Flächenstaaten um einen *Insichprozess* handelt, denn sowohl der Senat als auch die Bezirke sind Organe der juristischen Person Berlin. Ein solcher Rechtsstreit betrifft also von vornherein die Innenrechtsbeziehungen Berlins. Es stehen sich nicht zwei Rechtssubjekte gegenüber, sondern Organe einer Körperschaft. Problematisch ist deshalb wiederum insbesondere die Klagebefugnis sowie die Beteiligtenfähigkeit der Bezirke im verwaltungsgerichtlichen Verfahren. Im Unterschied zum Bezirksverfassungsstreit ist ein bezirkliches Klagerecht im Verhältnis zum Senat und der Hauptverwaltung noch nicht allgemein anerkannt.

Die *ältere Literatur* lehnt ein Klagerecht der Bezirke generell ab[53]. Die Bezirke   **377** besäßen keine eigene Rechtspersönlichkeit und seien vollständig in die Verwaltungshierarchie Berlins eingebunden. Es fehle daher sowohl an einer Beteiligtenfähigkeit als auch an einer Klagebefugnis. Die Funktionsfähigkeit der Verwaltung werde empfindlich gestört, wenn man die untere Instanz gegen Maßnahmen der vorgesetzten Stelle klagen lasse. Auf diesen Standpunkt stellten sich anlässlich der Einführung des Eingriffsrechts gegenüber den Bezirken auch die die Regelung tragenden Fraktionen des Abgeordnetenhauses[54].

---

[52] Siehe insbesondere OVG Berlin, OVGE 17, 12, 14.

[53] *Kreutzer*, DÖV 1959, S. 429 ff., 434; *Machalet*, Die Berliner Bezirksverwaltung, S. 82 f.; *Breitfeld*, Die verfassungsrechtliche Stellung der Berliner Bezirke, S. 16, 61 f.; *Hantel*, JuS 1988, S. 512 ff., 518.

[54] Protokollnotiz der Koalitionsfraktionen zitiert vom Abg. Jakesch und zu Protokoll gegeben von dem damaligen Innensenator Schönbohm in der 43. Sitzung des Abgeordnetenhauses am 26. März 1998 (siehe 6. Kap., Fn. 36): „...gegen Maßnahmen der Bezirksaufsicht oder der Ausübung des Eingriffsrechts (ist) weder (der) Rechtsweg zum VerfGH

378 Demgegenüber hat die *Rechtsprechung* der letzten Jahre in verschiedenen Fällen ein bezirkliches Klagerecht gegen Maßnahmen des Senats bejaht. So bejahte das VG Berlin 1995[55] bei einem Antrag eines Bezirks auf einstweiligen Rechtsschutz, der sich dagegen wandte, dass der Senat die außergewöhnliche stadtpolitische Bedeutung eines Gebietes nach § 9 AGBauGB (ehemals § 4c) festgestellt hatte und dem Bezirk damit die Kompetenz für die Bauleitplanung entzog, die Wehrfähigkeit des insoweit betroffenen bezirklichen Zuständigkeitsbereichs. In einem vergleichbaren Fall aus dem Jahre 1999 ließ das OVG Berlin[56] ausdrücklich offen, ob es ein generelles Klagerecht der Bezirke aufgrund eines etwaigen Selbstverwaltungsrechts geben könne. Jedenfalls im Bereich der Bauleitplanung sei ein solches anzuerkennen, da die Bezirke hier eine weitgehend verselbständigte Stellung besäßen. Schließlich hat das VG Berlin 1998[57] in einer Entscheidung, in der es um die Frage der Rechtmäßigkeit von Aufsichtsmaßnahmen des Senats gegenüber einer Bezirksbürgermeisterwahl ging, ein bezirkliches Klagerecht angenommen. Allen erwähnten Urteilen liegt die Erwägung zugrunde, dass die fehlende Rechtspersönlichkeit der Bezirke allein nicht gegen ein Klagerecht sprechen könne. Der sogenannte Insichprozess innerhalb ein und desselben Verwaltungsträgers sei unter bestimmten Voraussetzungen zulässig. Diese seien für die Bezirke in den zu entscheidenden Fällen erfüllt. So sei § 61 Nr. 2 VwGO für die Bezirke analog anzuwenden. Die erforderliche Klagebefugnis lasse sich aus den einschlägigen Rechtsvorschriften herleiten.

379 Noch weitergehend bejaht ein Teil der *neueren Literatur* ein generelles bezirkliches Klagerecht gegen Maßnahmen des Senats und seiner Mitglieder[58]. Dies wird damit begründet, dass es - zumindest seit den Verwaltungsreformen der neunziger Jahre - ein Recht auf bezirkliche Selbstverwaltung gebe, das die Bezirke jedweder Art von Maßnahmen entgegenhalten könnten.

b) Beschränktes bezirkliches Klagerecht als Lösung

380 Die letztgenannte Auffassung ist als zu weitgehend abzulehnen. Wie bereits oben dargestellt, gibt es *kein generelles Recht der Bezirke auf Selbstverwaltung*[59]. Mit dem Verfassungsgerichtshof ist davon auszugehen, dass das Prinzip der Einheitsgemeinde einer weitgehenden Selbstverwaltung der Bezirke entgegensteht. Selbstverwaltungsrechte können nur so weit gehen, wie sie einen reibungslosen Verwaltungsablauf innerhalb des einheitlichen Verwaltungsträgers Berlin nicht gefährden. Den Bezirken fehlt eben eine wesentliche Voraussetzung für eine um-

---

noch zur Verwaltungsgerichtsbarkeit eröffnet."; „Eine Klagebefugnis der Bezirke gegen Aufsichtsentscheidungen wird (damit) nicht konstituiert."

[55] VG Berlin, LKV 1996, S. 106.

[56] OVG Berlin, LKV 2000, S. 434 ff.

[57] VG Berlin, Urt. v. 8.6.1998, 26 A 43.96

[58] *Neumann* (Fn. 27), Art. 66, 67, Rz. 20; *Haaß*, LKV 1996, S. 84 ff., 86; *Deutelmoser*, Die Rechtsstellung der Bezirke in den Stadtstaaten Berlin und Hamburg, S. 135 f.

[59] Siehe Rz. 35.

fassende Eigenverantwortlichkeit, nämlich die organisatorische Verselbständigung. Nur in Teilbereichen können deshalb Selbstverwaltungsrechte bestehen.

Aber auch der entgegengesetzten Ansicht kann nicht gefolgt werden. Sie berück- **381** sichtigt zu wenig, dass unter bestimmten Voraussetzungen auch innerhalb eines Verwaltungsträgers Rechtsschutz möglich ist. So ist der Bezirksverfassungsstreit ein Insichprozess, der schon seit langem allgemein für zulässig erachtet wird[60]. Ein generelles *Verbot des Insichprozesses* gibt es nicht[61]. Insbesondere müssen die Regelungen der VwGO über die Beteiligtenfähigkeit der Analogie zugänglich sein, wenn andernfalls anerkennenswerte Rechtspositionen nicht durchsetzbar wären. Berlin selbst ist nach Art. 1 Abs. 1 VvB auch eine Stadt, weshalb es naheliegt, die zum Kommunal- und Bezirksverfassungsstreit entwickelten Grundsätze nicht nur auf Streitigkeiten zwischen bezirklichen Organen, sondern auch auf solche der Bezirke mit dem Senat und der Hauptverwaltung anzuwenden.

Entscheidend ist demnach die Frage, inwieweit den Bezirken wehrfähige Rechts- **382** positionen zustehen können, die der verwaltungsgerichtlichen Durchsetzungsmöglichkeit bedürfen. Damit sind die Voraussetzungen angesprochen, die für die Zulässigkeit eines Insichprozesses entwickelt wurden[62]. Mit Blick auf Streitigkeiten zwischen Bezirken und Senat bzw. Hauptverwaltung bedeutet dies, dass jede einzelne Kompetenzzuweisung darauf zu untersuchen ist, ob sie erfolgt ist, um den Bezirken eine *eigenständige, selbstverwaltete Aufgabenerfüllung* zu ermöglichen und damit eine wehrfähige Innenrechtsposition zuzuweisen. In diesem Sinne sind auch die Verwaltungsgerichte in ihren erwähnten Entscheidungen verfahren. Die hier vertretene Auffassung liegt demnach auf einer Linie mit der verwaltungsgerichtlichen Rechtsprechung. Die Klagebefugnis ist immer dann zu bejahen, wenn und soweit die Bezirke als *Kontrastorgane zum Senat und der Hauptverwaltung* auftreten. Folgerichtig muss dann auch die Beteiligtenfähigkeit analog § 61 VwGO bejaht werden[63]. Auf den wichtigsten Anwendungsfall bezirklicher Klagerechte, nämlich die Aufsicht durch den Senat oder ein Senatsmitglied, werden diese Erkenntnisse im Folgenden angewandt. Sie kommen aber, wie die oben genannten Entscheidungen des VG und des OVG Berlin[64] im Zusammenhang mit § 9 Abs. 1 AGBauGB zeigen, auch in anderen Fällen zum tragen, in denen Senatsentscheidungen bezirkliche Interessen beeinträchtigen. Ist der Rechtsweg nicht eröffnet, kann in *vermögensrechtlichen Streitigkeiten* ein besonderes Schlichtungsverfahren bei der Senatsverwaltung für Finanzen beantragt werden[65].

---

[60] Siehe Rz. 364.
[61] *Sommer,* JR 1995, S. 397 ff., 400.
[62] Siehe Rz. 365 ff.
[63] Ebenso ausdrücklich OVG Berlin, LKV 2000, S. 453; VG Berlin, VG 26 A 43.96.
[64] Siehe Fn. 63.
[65] Siehe die Grundsätze über die Schlichtung von vermögensrechtlichen Streitigkeiten innerhalb der Berliner Verwaltung vom 31.3.1992, DBl. I S. 63.

c) Rechtsschutz gegen Maßnahmen der Bezirksaufsicht

383 Im Rahmen der Bezirksaufsicht haben die Aufsichtsbehörde bzw. der Senat die in den §§ 10 bis 13 AZG geregelten Rechte[66]. Das AZG und die darin enthaltenen Regelungen gehören unproblematisch dem öffentlichen Recht an, so dass der Verwaltungsrechtsweg gem. § 40 Abs. 1 VwGO eröffnet ist. Im Hinblick auf die statthafte Klageart kann auf die Ausführungen zum Bezirksverfassungsstreit verwiesen werden.

384 Hinsichtlich der Klagebefugnis analog § 42 Abs. 2 VwGO wäre nun entsprechend dem oben Gesagten zu entscheiden, ob wehrfähige Rechtspositionen der Bezirke vorliegen, deren Verletzung möglich erscheint. Der bloße Verweis auf ein bezirkliches Recht auf Selbstverwaltung reicht hierfür nicht aus, denn eine solche umfassende subjektive Rechtsposition der Bezirke besteht nicht.

385 In Übereinstimmung mit der verwaltungsgerichtlichen Rechtsprechung[67] sind solche subjektiven Rechtspositionen im Bereich der *Bauleitplanung* regelmäßig zu bejahen. Den Bezirken wurde im Zuge der Verwaltungsreform das grundsätzliche Recht verliehen, die Bauleitplanung eigenverantwortlich durchzuführen[68]. Dies kommt deutlich in Art. 64 Abs. 2 S. 1 VvB zum Ausdruck, in dem die Möglichkeit eröffnet wird, Rechtsverordnungen der Bezirke zur Festsetzung von Bebauungsplänen zuzulassen, wovon der einfache Gesetzgeber in § 6 AGBauGB auch Gebrauch gemacht hat. Durch das Recht, eigenständig Recht zu setzen, sind die bezirklichen Kompetenzen in diesem Bereich zum Zwecke der Machtverschiebung hin zur örtlichen Ebene so verdichtet, dass von einem Kontrastorgan gesprochen werden kann.

386 Ein weiterer Bereich, in dem ein bezirkliches Klagerecht gegen Aufsichtsmaßnahmen zu bejahen ist, ist die *Wahl des Bezirksamts* durch die Bezirksverordnetenversammlung[69]. Durch dieses Wahlrecht wird ein originäres Teilhaberecht der Bezirksverordnetenversammlung als Organ der bezirklichen Selbstverwaltung und damit mittelbar für die darin repräsentierte Bezirkseinwohnerschaft an der personellen Bestimmung der Bezirksamtsmitglieder begründet, welchem bereits ein subjektiv öffentlich-rechtlicher Charakter zukommt. Es handelt sich insoweit nicht nur um eine Zuweisung von Zuständigkeiten im Rahmen der üblichen inneradministrativen Arbeitsteilung. Wenn und soweit eine bezirksaufsichtliche Maßnahme in dieses Wahlrecht eingreift, besteht mithin eine Beteiligtenfähigkeit der Bezirksverordnetenversammlung analog § 61 Nr. 2 VwGO und auch eine Klagebefugnis analog § 42 Abs. 2 VwGO. Die Bezirksverordnetenversammlung nimmt in diesen Fällen die bezirklichen Rechte wahr.

---

[66] Siehe Rz. 211 ff.
[67] Siehe 378.
[68] Siehe 162.
[69] VG Berlin, Urt. v. 8.6.1998, VG 26 A 43.96, n.v., S. 6.

Die für die Wahl des Bezirksamts gewonnene Erkenntnis lässt sich auf weitere   387
originäre Zuständigkeiten und Befugnisse der Bezirksverordnetenversammlung
ausdehnen. Zunächst kommt auch den anderen Wahlrechten der Bezirksverordnetenversammlung nach § 16 Abs. 1 BezVG ein subjektiv-rechtlicher Charakter
zu, denn auch insoweit handelt es sich um besondere Teilhaberechte außerhalb der
Organisation hierarchisch-administrativer Willensbildung. Auch andere Wahl-
rechte der Bezirksverordnetenversammlung für ihre eigenen Organe (z.B. den
Vorsteher) bzw. die Bildung von Ausschüssen und des Ältestenrates nach § 9 Abs.
1 BezVG sind hier zu nennen.

Schlussendlich muss man alle *originären Entscheidungsrechte* der Bezirksverord-   388
netenversammlung nach § 12 Abs. 2 BezVG ebenfalls als subjektive Rechtspositionen anerkennen. Zwar sind diese Entscheidungsrechte zuvörderst im Rahmen
des Verhältnisses der Bezirksverordnetenversammlung zum Bezirksamt zu sehen.
Gleichwohl kommt diesen Entscheidungsrechten gegenüber den sonstigen vom
Bezirksamt als Verwaltungsbehörde des Bezirks durchzuführenden Bezirksaufgaben eine besondere Bedeutung zu. Es handelt sich um grundlegende Entscheidungen des Bezirks, bei denen die Repräsentation der Bezirkseinwohner durch die
Bezirksverordnetenversammlung auch im Verhältnis zum Senat eine hervorgehobene Bedeutung hat. Deshalb besteht ein Klagerecht gegen Maßnahmen der Bezirksaufsicht auch, wenn diese z.B. im Zusammenhang mit der *Aufstellung des
Bezirkshaushaltsplans* stehen. Dies kann z.B. dann zum Tragen kommen, wenn
eine Bezirksverordnetenversammlung einen Bezirkshaushaltsplan nicht fristge-
recht zu den Haushaltsberatungen des Abgeordnetenhauses vorlegt und der Senat
deshalb bezirksaufsichtliche Mittel ergreift[70]. Dass subjektive Rechte im Zusammenhang der Beschlussfassung der Bezirksverordnetenversammlung über Bebauungspläne, Landschaftspläne und andere baurechtliche Akte bestehen, folgt schon
aus den obigen Ausführungen zur Bauleitplanung. Subjektive Rechte der Bezirksverordnetenversammlung sind auch betroffen, soweit Aufsichtsmaßnahmen sich
gegen ihre im Rahmen ihres Selbstorganisationsrechts zu erlassende Geschäftsordnung (§ 8 Abs. 1 BezVG) richten. Dies kann zum Tragen kommen, wenn der
Senat bestimmte Geschäftsordnungsregelungen mit der Begründung aufhebt, sie
seien rechtswidrig.

In diesem Zusammenhang ist auch die Aufgabe des Bezirksamts zu nennen, die   389
Organisation der Bezirksverwaltung im gesetzlichen Rahmen festzulegen (§ 37
Abs. 6 S. 1 BezVG). Auch insoweit besteht eine wehrfähige Rechtsposition des
Bezirks, wenn in diesen Aufgabenbereich bezirksaufsichtliche Maßnahmen ein-
greifen.

In *Personalangelegenheiten* normiert Art. 77 Abs. 1 S. 2 VvB das Recht der Be-   390
zirke, über Einstellungen, Versetzungen und Entlassungen von Bezirksbedienste-
ten im Regelfall eigenständig zu entscheiden. Diese Vorschrift will sicherstellen,
dass die Bezirksverwaltungen einen maßgeblichen Einfluss auf ihre eigene Perso-

---

[70] Siehe Rz. 440.

nalausstattung ausüben können. Auch hier wurde eine klare Verfassungsentschei-
dung zugunsten dezentraler Machtstrukturen und gegen eine zentrale Entschei-
dungsgewalt der Hauptverwaltung getroffen. Soweit also im Aufgabenbereich der
Personalangelegenheiten der Dienstkräfte der Bezirke nicht nach § 4 Abs. 1 S. 1
i.V.m. Nr. 4 Abs. 1 bis 4 ZustKatAZG die Hauptverwaltung zuständig ist, sind bei
bezirksaufsichtlichen Maßnahmen - also nicht solchen, die aus der Funktion als
Oberste Dienstbehörde nach § 3 Abs. 1 Nr. 5 LBG folgen - subjektive Rechte des
Bezirks betroffen.

391   Nach dem Muster dieser Beispielsfälle ist jeweils zu entscheiden, ob herausgeho-
bene bezirkliche Kompetenzen bestehen, die einem gerichtlichen Rechtsschutz
zugänglich sind. *Keine subjektiven Rechte* der Bezirke können tangiert sein, wenn
bezirksaufsichtliche Maßnahmen den weiten Bereich der von den Bezirken wahrzunehmenden Aufgaben im reinen Verwaltungsvollzug betreffen, wie insbesondere Ordnungsaufgaben. Diese Aufgaben werden von den Bezirken nicht wie
Selbstverwaltungsaufgaben der Gemeinden wahrgenommen, auch wenn sie den
Bezirken nach Art. 67 Abs. 2 S. 1 VvB obliegen und abgesehen vom Eingriffsrecht nach § 13a AZG nur der Bezirksaufsicht, also einer Art Rechtsaufsicht, unterliegen. Hier werden lediglich Zuständigkeiten für die Bezirke begründet. Sie
sind dabei in eine Verwaltungshierarchie eingebunden, innerhalb derer der Senat
als Exekutivspitze befugt ist, im Rahmen seiner Aufsichtsrechte im Streitfall abschließend und verbindlich zu entscheiden, ohne dass diese Entscheidung justiziabel ist.

392   Es ist also in jedem Einzelfall zu entscheiden, ob wehrfähige Rechtspositionen der
Bezirke vorliegen. In den Flächenländern besteht eine solche Einzelfalldifferen-
zierung nicht. Hierbei ist zu beachten, dass die bezirklichen Rechte nur punktuell
dem Recht der Gemeinden auf Selbstverwaltung entsprechen und deshalb auch
nur punktuell wehrfähige subjektive Rechte der Bezirke bestehen[71].

d) Rechtsschutz gegen das Eingriffsrecht

393   Eine Fachaufsicht über die Bezirke besteht wie dargestellt[72] nicht. An ihre Stelle
ist das Eingriffsrecht nach § 13a AZG getreten. Es stellt sich die Frage, ob und
inwieweit die Bezirke klageberechtigt sind, wenn von dem Eingriffsrecht Gebrauch gemacht wird. Die Rechtsprechung hat sich bisher zu dem Problem nicht
äußern müssen. In der Literatur wird die Auffassung vertreten, im Falle eines Eingriffs bestehe ein umfassendes bezirkliches Klagerecht[73].

394   Wie im Rahmen der Bezirksaufsicht kann dem in dieser Allgemeinheit nicht gefolgt werden. Es besteht ein *Klagerecht wie im Rahmen der Bezirksaufsicht*, wenn
den Bezirken in einem Sachbereich *wehrfähige Rechtspositionen* zustehen, die

---

[71] Siehe Rz. 63.
[72] Siehe 217.
[73] *Neumann* (Fn. 27), Art. 66, 67, Rz. 34.

durch einen Eingriff des zuständigen Senatsmitglieds möglicherweise verletzt wurden. Entsprechend dem oben Gesagten betrifft dies insbesondere die Bauleitplanung, die Bezirksamtsbildung sowie weitere Fragen der innerbezirklichen Organisation und Personalangelegenheiten. Wenn insoweit ein Klagerecht bei Maßnahmen der Bezirksaufsicht besteht, muss dieses erst recht gegeben sein, wenn das Bezirksamt rechtmäßig gehandelt hat und ein Eingriff erfolgt.

Über diese Fälle hinausgehend können die Bezirke aber unabhängig von der betroffenen Sach- oder Rechtsmaterie möglicherweise noch in einem weiteren Fall klagen: Dann nämlich, wenn die *Voraussetzungen für einen Eingriff* gem. § 13a AZG nicht vorlagen und das Senatsmitglied dennoch einen solchen vorgenommen hat. Dies ergibt sich aus der Überlegung, dass das Eingriffsrecht gegenständlich nicht auf bestimmte Aufgabenbereiche beschränkt ist. In jedem Sachbereich steht das bezirkliche Handeln unter dem Vorbehalt eines Eingriffs und damit letztlich eines Eintrittsrechts des zuständigen Senatsmitglieds, obwohl der Bezirk rechtmäßig gehandelt hat. Dadurch kann in die gesetzlich geregelte Zuständigkeitsverteilung zwischen Haupt- und Bezirksverwaltung eingegriffen werden[74].   **395**

Es ist augenfällig, dass aufgrund dieser Ausgestaltung des Eingriffsrechts die *Gefahr einer zu weitgehenden Einflussnahme* des Senats auf die bezirkliche Aufgabenerfüllung besteht. Diese Gefahr wurde indes gesehen und ihr wurde durch die Ausgestaltung des Eingriffsrechts in der Verfassung und im AZG Rechnung getragen. Damit diese Einflussnahme nicht ausufern kann, wurde die Ausübung des Eingriffsrechts an beschränkende Voraussetzungen geknüpft. Deren wichtigste, die der *„dringenden Gesamtinteressen Berlins"* wurde in Art. 67 Abs. 1 S. 4 VvB Bestandteil der Verfassung. Das Eingriffsrecht durfte nur unter der Voraussetzung eingeführt werden, dass es gesetzlich unter den Vorbehalt dringender Gesamtinteressen gestellt wird. Wie auch die übrigen Begrenzungen in § 13a AZG dienen die Voraussetzungen des Eingriffsrechts somit dem *Schutz der Bezirke*. Angesichts des Fehlens aufgabenbezogener Grenzlinien soll zumindest eine *tatbestandliche Begrenzung* erfolgen. Der so bewirkte Schutzmechanismus wäre weitgehend wirkungslos, könnte er von den Bezirken nicht vor Gericht geltend gemacht werden. Es unterläge dann der nicht justiziablen Beurteilung des zuständigen Senatsmitglieds, wann ein Fall des Eingriffsrechts gegeben ist. Damit wäre dem Sinn und Zweck der Regelung in Art. 67 Abs. 1 S. 4 VvB und § 13a AZG nicht genügt. Folglich ist den Bezirken hinsichtlich der Voraussetzungen des Eingriffsrechts gem. § 13a AZG stets ein Klagerecht zuzubilligen.   **396**

---

[74] Siehe Rz. 108 ff.

9. Kapitel: Die Einnahmewirtschaft

I. Allgemeines

Die folgenden drei Kapitel beschäftigen sich mit der Ausgestaltung des *Finanzwe-* *sens* in Berlin, wobei sich die Darstellung auf seine wesentlichen Kernelemente beschränkt. Zunächst wird in Kapitel 9 die *Einnahmewirtschaft* Berlins dargestellt. Sodann behandelt Kapitel 10 in Grundzügen das *Haushaltswesen*. Schließlich soll in Kapitel 11 als besonders praxis- und prüfungsrelevanter Teilbereich des Finanzwesens das Recht der *wirtschaftlichen Betätigung* Berlins skizziert werden. Zur Verdeutlichung wird in jedem Kapitel auf das Recht der Flächenländer einge-gangen. Dabei ist zu berücksichtigen, dass Berlin Land und Gemeinde gleichzeitig ist. Die Darstellung hat sich daher nicht nur auf das Finanzwesen der Gemeinden, sondern teilweise auch auf das der Länder selbst zu erstrecken.

Voraussetzung eines eigenständigen Finanzwesens ist die sogenannte *Finanzho-heit*. In den folgenden Kapiteln wird immer wieder auf die Frage zurückzukom-men sein, wie die Finanzhoheit in Berlin verteilt ist. Zur Finanzhoheit gehören die *Einnahme- und Ausgabenhoheit* sowie die *Finanzverwaltungshoheit*. Die Einnah-mehoheit umfasst das Recht auf eigenverantwortliche Gestaltung der Einnahme-politik. Man kann sie weiter unterteilen in die *Gesetzgebungshoheit,* die *Abgaben-hoheit* sowie die *Ertragshoheit*[1]. Die Ausgabenhoheit hingegen beinhaltet das Recht auf eigenverantwortliche Verwendung des zur Verfügung stehenden Fi-nanzvolumens. Die Finanzverwaltungshoheit schließlich betrifft zum einen die Verwaltung der zugewiesenen Einnahmequellen, zum anderen die Verwaltung der Einnahme- und Ausgabewirtschaft im Übrigen, bezeichnet als *Haushaltshoheit*[2].

Im Kapitel über die Einnahmewirtschaft Berlins geht es um die Frage, wie sich der Stadtstaat Berlin und insbesondere seine Bezirke finanzieren. Nachdem die be-grifflichen und verfassungsrechtlichen Rahmenbedingungen der Fragestellung ab-gesteckt sind, wird zunächst die Grundstruktur der Einnahmewirtschaft in den Flächenländern dargestellt. Anschließend können die Berliner Besonderheiten herausgearbeitet werden.

---

[1] Zu einer etwas anderen Einteilung gelangt *Stern*, Staatsrecht I, S. 413 f.

[2] Einteilung in Anlehnung an *Erichsen*, Kommunalrecht des Landes Nordrhein-Westfalen, S. 163 f.

II. Grundbegriffe der Einnahmewirtschaft

398 Die öffentliche Hand kann ihren Finanzbedarf auf unterschiedliche Art und Weise decken. Haupteinnahmequelle sind die *Abgaben*, die sich unterteilen lassen in *Steuern, Gebühren, Beiträge* und *Sonderabgaben*. Hinzu kommen *Umlagen, Finanzzuweisungen, Vermögenserträge* und *Veräußerungserlöse* sowie nicht zuletzt *Kredite*[3]. Vorliegend sollen vor allem die Abgaben interessieren, da es sich hierbei um das klassische Finanzierungsinstrument handelt. Die Behandlung der mit Sonderabgaben verbundenen Probleme würde den Rahmen der vorliegenden Darstellung sprengen[4]. Gleiches gilt für Finanzzuweisungen und Kredite[5]. Umlagen haben im Rahmen der Berliner Verwaltung keine Bedeutung. Die Problematik der Einnahmeerzielung durch Vermögenserträge und Veräußerungserlöse wird im Abschnitt über die wirtschaftliche Betätigung behandelt.

399 Der Terminus *"Abgabe"* ist ein Oberbegriff und umfasst Steuern, Gebühren und Beiträge. *Steuern* sind nach dem verfassungsrechtlichen Steuerbegriff, der in § 3 Abs. 1 S. 1 2. Hs. AO zum Ausdruck kommt, Geldleistungen, die nicht eine Gegenleistung für eine besondere Leistung darstellen und von einem öffentlich-rechtlichen Gemeinwesen zur Erzielung von Einnahmen allen auferlegt werden, bei denen der Tatbestand zutrifft, an den das Gesetz die Leistungspflicht knüpft. Bei *Gebühren* handelt es sich um Geldleistungen, die als Gegenleistung für eine besondere Leistung - Amtshandlung oder sonstige Tätigkeit - der Verwaltung (Verwaltungsgebühren, vgl. § 2 GebBeitrG[6]) oder für die Inanspruchnahme öffentlicher Einrichtungen (Benutzungsgebühren, vgl. § 3 GebBeitrG) erhoben werden. *Beiträge* werden gem. § 4 GebBeitrG zur Deckung der Kosten für die Herstellung und die Unterhaltung der durch ein öffentliches Interesse bedingten Anlagen von den Grundeigentümern und Gewerbetreibenden erhoben, denen durch die Maßnahmen besondere wirtschaftliche Vorteile erwachsen (z.B. Erschließungsbeiträge).

III. Verfassungsrechtliche Grundlagen

1. Konnexitätsprinzip und Recht auf angemessene Finanzausstattung

400 Aus dem sogenannten *Konnexitätsprinzip* des Art. 104 a Abs. 1 GG ergibt sich, dass Bund und Länder gesondert die Ausgaben zu tragen haben, die sich aus der Wahrnehmung ihrer Aufgaben ergeben. Dieses Prinzip gilt nicht nur im Verhältnis

---

[3] Siehe auch die Darstellung bei *Erichsen* (Fn. 2), S. 164 f.

[4] Siehe hierzu *Gern*, Deutsches Kommunalrecht, Rz. 985 ff.

[5] Zur Kreditfinanzierung siehe *Korbmacher* in Driehaus, VvB, Art. 87, Rz. 5 ff.; zu den Finanzzuweisungen siehe *Weinzen*, Berlin und seine Finanzen, S. 47 ff.

[6] Gesetz über Gebühren und Beiträge vom 22. Mai 1957, GVBl. S. 516, zuletzt geänd. d. G. v. 15.4.1996, GVBl. S. 126.

Bund - Länder, sondern auch für die Gemeinden[7]. Verwaltungskompetenz und Ausgabenlast gehören demnach untrennbar zusammen. Die Gemeinden können ihre Aufgaben folglich nur dann eigenverantwortlich wahrnehmen, wenn ihnen auch ein bestimmter *Grundbestand an Einnahmen* verbürgt ist. Eine grundgesetzliche Garantie finanzieller Eigenverantwortung findet sich in Art. 28 Abs. 2 S. 3 GG. Aber auch nach allen Landesverfassungen haben die Länder für eine angemessene Finanzausstattung der Gemeinden zu sorgen[8].

2. Gesetzgebungskompetenz der Länder im Bereich der Abgaben

Die Gesetzgebungskompetenz der Länder im Bereich der Steuern ist begrenzt. **401** Nach Art. 105 Abs. 1 und 2 GG steht das Gesetzgebungsrecht weitgehend dem Bund zu. Lediglich die *örtlichen Verbrauch- und Aufwandsteuern* können gem. Art. 105 Abs. 2a GG von den Ländern geregelt werden, solange und soweit sie nicht bundesgesetzlich geregelten Steuern gleichartig sind. Verbrauchsteuern sind Steuern, deren Erhebung an den Übergang einer Sache aus dem steuerlichen Zusammenhang in den nichtgebundenen Verkehr anknüpft (z.B. Getränkesteuer)[9]. Aufwandsteuern sind Steuern auf die in der Einkommensverwendung für den persönlichen Lebensbedarf zum Ausdruck kommende wirtschaftliche Leistungsfähigkeit (z.B. Hundesteuer)[10]. Eine örtliche Steuer liegt dann vor, wenn an örtliche Gegebenheiten, vor allem an die Belegenheit einer Sache oder an einen Vorgang im Gebiet der steuererhebenden Gemeinde angeknüpft wird[11]. Beim Begriff der Gleichartigkeit in Art. 105 Abs. 2a GG ist danach zu differenzieren, ob es sich um eine herkömmliche Verbrauch- und Aufwandsteuer handelt oder nicht. Da mit der Einführung des Art. 105 Abs. 2a GG die zum damaligen Zeitpunkt (1.1.1970) bestehenden Ländersteuern nicht angetastet werden sollten, ist das Gleichartigkeitsverbot nicht auf diese anzuwenden[12]. Anderes gilt für neu eingeführte Steuern. Diese sind als mit Bundessteuern gleichartig und damit unzulässig anzusehen, wenn sie dieselben leistungsfähigkeitsrelevanten wirtschaftlichen Lebenssachverhalte belasten[13].

Die Gesetzgebungskompetenz für die übrigen Abgaben, also *Gebühren und Bei-* **402** *träge*, ist im Grundgesetz nicht explizit geregelt. Sie ergibt sich als *Annex* aus der jeweiligen Sachregelungskompetenz.

---

[7] Allgemeine Auffassung, siehe BVerfGE 44, 351, 364; *Erichsen* (Fn. 2), S. 173; *Gern* (Fn. 4), Rz. 661 m.w.N.

[8] *Gern* (Fn. 4), Rz. 669 mit Aufzählung der Verfassungsbestimmungen.

[9] BFHE 57, 473, 489.

[10] BVerfGE 16, 64, 74.

[11] Ausführlich *Erichsen* (Fn. 2), S. 167.

[12] *Jachmann* in vMangoldt/Klein/Starck, GG, Art. 105, Rz. 54.

[13] Ausführlich *Jachmann* (Fn. 12), Rz. 43 ff., 55.

3. Ertragshoheit von Ländern und Kommunen

403 Die Ertragshoheit für eine bestimmte Abgabe steht einem bestimmten Verwaltungsträger insoweit zu, als er deren Aufkommen zugewiesen erhält. Der Umfang der Ertragshoheit von Ländern und Kommunen für die Steuern ergibt sich aus Art. 106, 107 GG.[14]

404 Den *Ländern* steht das Aufkommen der in Art. 106 Abs. 2 GG aufgeführten Steuern allein zu. Von den in Art. 106 Abs. 3 GG genannten *Gemeinschaftsteuern* (Einkommensteuer, Körperschaftsteuer, Umsatzsteuer) steht den Ländern das Aufkommen teilweise zu. Gem. Art. 106 Abs. 6 S. 4 GG werden die Länder über eine Umlage am Gewerbesteueraufkommen beteiligt.

405 Die *Gemeinden* erhalten ebenfalls einen eigenständigen Anteil an den Gemeinschaftsteuern (vgl. Art. 106 Abs. 5 und 5a GG). Zusätzlich fließt ihnen gem. Art. 106 Abs. 7 GG ein bestimmter Hundertsatz des Länderanteils am Gesamtaufkommen der Gemeinschaftsteuern zu. Gem. Art. 106 Abs. 6 S. 1 GG besitzen die Gemeinden die Ertragshoheit für die *Grundsteuer und Gewerbesteuer*[15]; die Ertragshoheit über die *örtlichen Verbrauch- und Aufwandsteuern* steht ebenfalls den Gemeinden oder nach Maßgabe der Landesgesetzgebung auch den Gemeindeverbänden zu. Art. 106 Abs. 6 S. 2 GG verbürgt den Gemeinden das Hebesatzrecht für Grund- und Gewerbesteuer. Bestehen in einem Bundesland keine Gemeinden, so steht das Aufkommen der in Art. 106 Abs. 6 S. 1 genannten Steuern dem Land zu. Gem. Art. 106 Abs. 8 GG können für bestimmte durch den Bund verursachte Sonderbelastungen Ausgleichszahlungen verlangt werden. Auf die Regelungen zum Finanzausgleich (vgl. z.B. Art. 107 GG) kann vorliegend nicht eingegangen werden.

Der Ertrag der erhobenen Gebühren und Beiträge steht naturgemäß dem Verwaltungsträger zu, der sie erhoben hat, da sie Gegenleistungen für erbrachte Dienste oder Vorteile darstellen.

4. Verwaltungshoheit von Ländern und Kommunen

406 Art. 108 GG regelt die Verwaltungskompetenzverteilung im Bereich der Steuern. Danach liegt das Schwergewicht der Steuerverwaltung bei den Ländern (vgl. Art. 108 Abs. 2 und 3 GG)[16]. Die Kommunen besitzen keine originären Verwal-

---

[14] Ausführlich *Heintzen* in vMünch/Kunig, GG, Art. 106, 107, demnächst.

[15] Ob diese sogenannten Realsteuern durch Art. 106 Abs. 6 S. 1 GG in ihrem Bestand geschützt sind, ist umstritten, richtigerweise aber zu bejahen, vgl. *Erichsen* (Fn. 2), S. 169 f. m.w.N.

[16] Siehe auch *Schlette* in vMangoldt/Klein/Starck, GG, Art. 108, Rz. 6, 63; *Heintzen* (Fn. 14).

tungskompetenzen für die Steuern[17]. Jedoch ist gem. Art. 108 Abs. 4 S. 2 GG eine Übertragung der Verwaltungskompetenz auf die Gemeinden und Gemeindeverbände dann möglich, wenn ihnen der Ertrag einer Steuer vollständig zufließt. Die Kompetenz für die Verwaltung der übrigen Abgaben ergibt sich wiederum aus einem Annex zur Sachkompetenz.

IV. Die Grundzüge der kommunalen Einnahmewirtschaft

Das *kommunale Abgabenrecht* der Flächenländer findet sich in verschiedenen Ge-   **407** setzeswerken. So enthalten das Grund- sowie das Gewerbesteuergesetz des Bundes Regelungen über die Beteiligung der Gemeinden an der Erhebung dieser Steuern. Einige örtliche Verbrauch- und Aufwandsteuern sind landesgesetzlich speziell geregelt, so etwa die Vergnügungssteuer in Brandenburg[18]. Schließlich haben alle Flächenbundesländer *Kommunalabgabengesetze* erlassen, in denen den Gemeinden das Recht eingeräumt wird, örtliche Verbrauch- und Aufwandsteuern aufgrund von Satzungen zu erheben (vgl. nur § 3 Abs. 1 S. 1 KAG Bbg[19]). Auch Gebühren und Beiträge können aufgrund von Ermächtigungen in den Kommunalabgabengesetzen erhoben werden (§§ 4 Abs. 1, 8 Abs. 1 KAG Bbg).

Naturgemäß steht den Gemeinden und Gemeindeverbänden damit zwar keine Ge-   **408** setzgebungskompetenz im Bereich der Abgaben zu. Jedoch ist ihnen die sogenannte *Abgabenhoheit* verbürgt. Darunter versteht man die Befugnis der Kommunen, ihnen zugewiesene Steuer-, Beitrags- und Gebührenquellen im Rahmen der Gesetze eigenverantwortlich auszuschöpfen. Soweit die Ermächtigung in den jeweiligen Kommunalabgabengesetzen reicht, können sie damit Gemeindesteuersatzungen erlassen[20]. So gibt es in den meisten Gemeinden beispielsweise Hundesteuersatzungen[21]. Ein weiteres Beispiel bildet die Zweitwohnungsteuer.

Entsprechend den verfassungsrechtlichen Rahmenbedingungen aus Art. 106 GG   **409** erhalten die Gemeinden einen Anteil an den Gemeinschaftsteuern sowie das Aufkommen der Grund- und Gewerbesteuer. Das Aufkommen an den örtlichen Verbrauch- und Aufwandsteuern wird von Bundesland zu Bundesland unterschiedlich auf Gemeinden und Gemeindeverbände verteilt. Als Verbrauch- und Aufwandsteuern werden derzeit beispielsweise erhoben[22]: die Hundesteuer, die Vergnügungssteuer, die Zweitwohnungsteuer, die Jagdsteuer, die Getränkesteuer, die

---

[17] *Schlette* (Fn. 16), Rz. 90.

[18] Vergnügungssteuergesetz für das Land Brandenburg vom 27.6.1991, GVBl. S. 205, zul. geänd. d. G. v. 12.4.1996, GVBl. I S. 162.

[19] Kommunalabgabengesetz für das Land Brandenburg i.d.F. v. 15.6.1999, GVBl. I S. 231.

[20] Ob die Gemeinden darüberhinaus befugt sind, neuartige Steuern zu erfinden, ist umstritten; vgl. *Stober*, Kommunalrecht, § 7 II 2 d aa) m.w.N.

[21] Zur Problematik der sogenannten Kampfhundesteuer vgl. BVerwG, NVwZ 2000, S. 929 ff.

[22] Ausführlich *Erichsen* (Fn. 2), S. 180 ff.; *Gern* (Fn. 4), Rz. 1012.

Verpackungssteuer. Zu den Steuererträgen kommen noch Einnahmen aus den erhobenen Gebühren und Beiträgen hinzu.

410 Die *Verwaltungshoheit* für die örtlichen Verbrauch- und Aufwandsteuern liegt
entsprechend den Kommunalabgabengesetzen oder den existierenden Sonderge-
setzen bei den Gemeinden (vgl. nur § 1 Abs. 1 KAG Bbg). Bei Grund- und Gewerbesteuer ist die Verwaltungskompetenz geteilt. Die Finanzämter als Behörden
der Länder stellen den sogenannten Steuermessbetrag fest und setzen ihn im Steu-
ermessbescheid fest. Sodann wenden die Gemeinden den von ihnen festgesetzten
Hebesatz auf den Steuermessbetrag an und setzen die sich so ergebende Steuer im
endgültigen Steuerbescheid (Grund- oder Gewerbesteuerbescheid) fest[23]. Weitere
Verwaltungszuständigkeiten im Bereich der Steuern besitzen die Gemeinden
nicht. Für die Verwaltung der Gebühren und Beiträge sind die Gemeinden hingegen uneingeschränkt zuständig (vgl. § 1 Abs. 1 KAG Bbg). Auf das Verwaltungsverfahren in Kommunalabgabenangelegenheiten ist in der Regel die Abgabenordnung entsprechend anzuwenden (vgl. etwa § 12 KAG Bbg). *Rechtsschutz* im
Zusammenhang mit Kommunalabgaben ist nicht vor den Finanzgerichten, sondern
vor den Verwaltungsgerichten zu suchen (vgl. § 33 FGO).

V. Die Einnahmewirtschaft in Berlin

1. Einnahmewirtschaft und Verfassung von Berlin

411 In der Verfassung von Berlin finden sich lediglich drei Bestimmungen, die sich
auch auf die Einnahmewirtschaft beziehen, nämlich Art. 85 Abs. 2 sowie 87 Abs.
1 und 2 VvB. Art. 85 Abs. 2 VvB regelt die Zuweisung von Globalsummen an die
Bezirke[24], Art. 87 Abs. 1 VvB unterstellt die Erhebung aller Abgaben einem Gesetzesvorbehalt. Art. 87 Abs. 2 VvB schließlich behandelt die Kreditaufnahme.

2. Gesetzgebungskompetenz und Abgabenhoheit

412 Entsprechend Art. 87 Abs. 1 VvB sind alle Steuern, für die Berlin die Gesetzgebungskompetenz besitzt, durch Landesgesetz geregelt[25]. Dies sind das *Hundesteuergesetz*[26], das *Zweitwohnungsteuergesetz*[27], das *Spielautomatensteuergesetz*[28] und

---

[23] Im Einzelnen *Gern* (Fn. 4), Rz. 1013 ff.
[24] Siehe Rz. 441 ff.
[25] Ausführlich *Weinzen,* Berlin und seine Finanzen, S. 157, 195 ff.
[26] Vom 10.10.2001, GVBl. S. 539.
[27] Gesetz zur Einführung der Zweitwohnungsteuer im Land Berlin vom 19.12.1997, GVBl.
S. 687, zuletzt geänd. d. G. v. 6.7.1998, GVBl. S. 196.
[28] Gesetz über eine Vergnügungssteuer für Spielautomaten vom 28.10.1988, GVBl.
S. 1961, zuletzt geänd. d. G. v. 31.5.2000, GVBl. S. 343.

das *Spielbankenaesetz*[29]. Gebühren und Beiträge haben durch das Gesetz über Gebühren und Beiträge eine grundlegende Regelung erfahren[30]. Auf der Grundlage von § 6 Abs. 1 GebBeitrG erlässt der Senat durch Rechtsverordnung Gebühren- und Beitragsordnungen. Bereits diese Aufzählung zeigt, dass Gesetzgebungs- und Abgabenhoheit einheitlich beim Land Berlin liegen. Die Bezirke besitzen keine eigene Abgabenhoheit. Selbst für Gebühren und Beiträge können sie keine eigenen Gebühren- und Beitragsordnungen erlassen. Hierfür ist ausschließlich der Senat zuständig. Teilweise ist anstelle einer Gemeindesatzung ein förmliches Gesetz vorgeschrieben (vgl. etwa § 22 Abs. 1 AGBauGB für Erschließungsbeiträge).

3. Ertragshoheit

Auch die Ertragshoheit für die Steuern liegt einheitlich beim Land Berlin[31]. Berlin **413** erhält das Aufkommen der in Art. 106 Abs. 2 GG genannten Steuern sowie den Länderanteil an den Gemeinschaftsteuern. Hinzu kommen die normalerweise den Gemeinden zufließenden Erträge, also ihre Anteile an den Gemeinschaftsteuern sowie das Aufkommen von Grund- und Gewerbesteuer und der örtlichen Verbrauch- und Aufwandsteuern. Für die Gemeinschaftsteuern ergibt sich dies aus der Gemeindeeigenschaft Berlins (vgl. Art. 1 Abs. 1 VvB), für die anderen genannten Steuerarten enthält Art. 106 Abs. 6 S. 3 GG eine ausdrücklich dahingehende Regelung. Die Bezirke haben hingegen *keine eigenen Steuereinnahmen*. Eigene Einnahmequellen der Bezirke sind lediglich bei Gebühren und Beiträgen vorhanden[32]. Dazu bestimmt nämlich § 11 Abs. 1 GebBeitrG, dass die Heranziehung zu Gebühren und Beiträgen durch diejenige Verwaltungsstelle erfolgt, die die gebührenpflichtige Amtshandlung vornimmt oder durch die die benutzte Einrichtung verwaltet wird.

In der Praxis reichen die Berlin zufließenden Abgaben bei weitem nicht aus, um **414** den Finanzbedarf der Stadt zu decken. Daher ist sie mehr als andere Bundesländer auf den Länderfinanzausgleich sowie die Ergänzungszuweisungen des Bundes angewiesen. Hinzu kommen noch Sonderzahlungen des Bundes aufgrund von Vereinbarungen nach Art. 6 Abs. 2 des Hauptstadtvertrages[33], mit denen der Bund seiner Verpflichtung aus Art. 106 Abs. 8 GG nachkommt[34]. Diese zusätzlichen Finanzierungsmittel machen rund die Hälfte der Einnahmen Berlins aus.

---

[29] Gesetz über die Zulassung öffentlicher Spielbanken in Berlin vom 8.2.1999, GVBl. S. 70, geänd. d. G. v. 9.7.1999, GVBl. S. 367; siehe zur Spielbankenabgabe *Korbmacher* (Fn. 5), Rz. 4 mit Hinweis auf BFHE 177, 285.

[30] Siehe Fn. 6.

[31] Siehe auch die Übersicht bei *Pfennig* in Pfennig/Neumann, VvB, Vor Art. 85, Rz. 10.

[32] *Neumann* in Pfennig/Neumann, VvB, Art. 66, 67, Rz. 15.

[33] Hauptstadtvertrag vom 25. August 1992, Abgh.-Drs. 12/1796.

[34] Solche Vereinbarungen sind der Hauptstadtfinanzierungsvertrag vom 30.6.1994, siehe *Zivier*, Verfassung und Verwaltung von Berlin, Rz. 92.2, und der Anschlussvertrag vom

4. Finanzverwaltung und Rechtswegfragen

415 In Berlin werden die Steuern ausschließlich durch die Finanzämter als Behörden der Hauptverwaltung verwaltet. Eine eigene Steuerverwaltung der Bezirke gibt es nicht. Dies ist ausdrücklich in Art. 67 Abs. 1 Nr. 2 VvB, § 3 Abs. 1 Nr. 2 AZG geregelt. Das im Rahmen von Grund- und Gewerbesteuer bestehende Hebesatzrecht wird in Berlin vom Abgeordnetenhaus, und zwar im Haushaltsgesetz, ausgeübt (vgl. §§ 1 Abs. 2 GrStG, 4 Abs. 2 GewStG)[35]. Gem. § 1 Abs. 1 AOAnwG[36] findet auf die Steuerverwaltung durch Berliner Landesbehörden, soweit die Steuern nicht bundesrechtlich geregelt sind, die Abgabenordnung Anwendung. Sind die Steuern bundesrechtlich geregelt, so ist die Abgabenordnung ohnehin anzuwenden (vgl. § 1 Abs. 1 AO).

416 Aus dieser Verwaltungsverteilung ergibt sich eine von den Flächenländern abweichende Gerichtszuständigkeit für *Rechtsschutz* im Zusammenhang mit solchen Abgaben, die normalerweise durch die Gemeinden verwaltet werden. Da in Berlin alle Steuern durch Landesbehörden verwaltet werden, ist für Rechtsstreitigkeiten in Steuersachen immer das *Finanzgericht*, niemals das Verwaltungsgericht zuständig. Für bundesgesetzlich geregelte Steuern wie Grund- und Gewerbesteuer ergibt sich dies aus § 33 Abs. 1 Nr. 1 FGO, für landesgesetzlich geregelte Steuern aus § 33 Abs. 1 Nr. 2 FGO i.V.m. § 1 Nr. 1 AOAnwG.

417 Gebühren und Beiträge werden von derjenigen Verwaltungsstelle verwaltet, bei der sie anfallen (§ 11 Abs. 1 GebBeitrG), sofern nicht gem. § 11 Abs. 2 GebBeitrG etwas anderes vorgesehen ist. Rechtsstreitigkeiten über solche Abgaben gehören vor die Verwaltungsgerichte.

5. Die Stellung der Bezirke in der Einnahmewirtschaft

418 Haupteinnahmequelle der Bezirke sind - wie bereits angedeutet - die *Globalsummen* gem. Art. 85 Abs. 2 VvB. Globalsumme bedeutet, dass den Bezirken ihre Haushaltmittel nicht nach Kapiteln und Titeln aufgeschlüsselt, sondern in einer einzigen ungeteilten Summe zugewiesen werden. Die genannte Regelung wurde im Zuge der Verwaltungsreform 1994 in die Verfassung von Berlin aufgenommen[37]. Sie verleiht den Bezirken eine gewisse finanzielle Eigenverantwortung, da durch das Globalsummensystem Spielräume bei der Aufstellung der Bezirkshaushaltspläne zur Umsetzung und Finanzierung eigener Vorstellungen entstehen[38].

März 2001, Abghs-Drs. 14/1037, sowie der Anschlussvertrag zur Kulturfinanzierung vom 13.6.2001, Abghs-Drs. 14/1496.

[35] *Pfennig* (Fn. 31), Rz. 10.

[36] Gesetz über den Anwendungsbereich der Abgabenordnung i.d.F. v. 21.6.1977, GVBl. S. 1394, geänd. d. G. v. 28.11.1978, GVBl. S. 2208.

[37] 28. Gesetz zur Änderung der VvB v. 6.7.1994, GVBl. S. 217; *Zivier* (Fn. 34), Rz. 68.

[38] So *Pfennig* (Fn. 31), Art. 85, Rz. 43.

Das Verfahren zur Festsetzung der bezirklichen Globalsummen wird im Kapitel über die Haushaltswirtschaft näher dargestellt.

Die größere Eigenständigkeit, die die Bezirke durch die Einführung der Global-   **419** summen gewonnen haben, ist in der Praxis durch verschiedene Faktoren begrenzt. Zum einen hängt der Umfang der Globalsummen stark von der Finanzkraft der Gesamtstadt ab. Weiterhin sind bis zu 85 % der zugewiesenen Mittel bereits im vorhinein insbesondere durch Personalkosten und gesetzesgebundene Ausgaben (z.B. Sozialhilfe) festgelegt[39].

Neben den Globalsummen können sich die Bezirke aus der Vereinnahmung von   **420** Gebühren und Beiträgen finanzieren. Hinzu kommen Verwarnungs- und Bußgelder. Privatrechtliche Einnahmequellen stellen etwa Miet- und Pachtzinsen, z.B. aus der Überlassung bezirklicher Räume, oder sonstige privatrechtliche Entgelte (z.B. Eintritt für bezirkliche Einrichtungen) dar. Zu nennen sind hier auch die bezirklichen Anteile aus Grundstücksverkäufen und anderen Vermögensveräußerungen. Dabei ist aber zu beachten, dass die genannten Einnahmen teilweise auf die Globalsumme angerechnet werden (sog. Einnahmevorgabe). Weitergehende Finanzierungsmittel stehen den Bezirken nicht zur Verfügung.

Im Ergebnis lässt sich sagen, dass die Bezirke im Rahmen der Einnahmewirtschaft   **421** eine *weitgehend unselbständige Stellung* haben. Sie besitzen keine Abgabenhoheit wie die Gemeinden[40]. Die Ertragshoheit steht ihnen nur bezüglich bestimmter Gebühren und Beiträge und der anderen oben genannten Einnahmequellen zu. Auch die Verwaltungshoheit besteht nur hinsichtlich der Gebühren und Beiträge. Die als Ersatz für die weitgehend fehlende Einnahmen- und Finanzverwaltungshoheit eingeführten Globalsummen stellen ein unselbständiges Finanzierungsinstrument dar. Die Höhe der Globalsummen wird vom Abgeordnetenhaus festgelegt[41].

Es stellt sich in diesem Zusammenhang die Frage, ob die Bezirke *Rechtsschutz*   **422** gegen die Globalsummenzuweisung im Haushaltsgesetz erlangen können. Hier ist bereits problematisch, in welchem Verfahren eine solche Klage erhoben werden könnte. Bei dem Haushaltsgesetz handelt es sich um ein förmliches Parlamentsgesetz. Als solches kann es nur vor dem Verfassungsgerichtshof angegriffen werden. Wie bereits dargestellt[42], steht den Bezirken vor dem Verfassungsgerichtshof nur die Normenkontrolle der Zuständigkeitsabgrenzung gem. Art. 84 Abs. 2 Nr. 3 VvB zur Verfügung. In diesem Verfahren kann die Rechtmäßigkeit einer Globalsummenzuweisung aber nicht überprüft werden. Auch verwaltungsgerichtlicher Rechtsschutz gegen das Haushaltsgesetz scheidet von vornherein aus. Es gibt im

---

[39] *Zivier* (Fn. 34), Rz. 68.3.2.
[40] *Neumann* (Fn. 31), Rz. 15.
[41] Siehe Rz. 441 ff.
[42] Siehe Rz. 354 ff.

Ergebnis kein Verfahren, in dem die Bezirke eine Globalsummenzuweisung überprüfen lassen könnten[43].

---

[43] Siehe BerlVerfGH, Beschl. v. 15.6.2000, VerfGH 47/99, n.v.; vgl. hierzu *Korbmacher*
(Fn. 5), Art. 85, Rz. 19.

10. Kapitel: Das Haushaltswesen

Das Kapitel über das Haushaltswesen beschäftigt sich mit den Grundzügen der **423** Haushaltswirtschaft in Berlin. Unter *Haushaltswirtschaft* versteht man die Gesamtheit der auf die staatlichen Einnahmen und Ausgaben bezogenen haushälterischen Vorgänge, mithin die im aufgestellten Haushaltsplan dokumentierte und auf seiner Grundlage sich vollziehende öffentliche Einnahmen- und Ausgabenwirtschaft[1]. In den Flächenländern ist das Haushaltswesen von Land und Kommunen voneinander getrennt. In Berlin hingegen gibt es nur ein Haushaltsgesetz, in dem der Landeshaushalt und die Bezirkshaushalte zusammengefasst sind. Dementsprechend wird das Berliner Haushaltswesen zusammen dargestellt. Zuvor werden jedoch die Rechtsquellen des Haushaltsrechts identifiziert sowie die Haushaltsgrundsätze dargestellt, die alle öffentlichen Haushalte zu beachten haben. Im Anschluss wird kurz auf die Rechtslage in den Flächenländern eingegangen.

I. Die Rechtsquellen des Haushaltsrechts

1. Bundesrecht und Europarecht

Im Grundgesetz finden sich die Bestimmungen über das Haushaltswesen in den **424** Art. 109 ff. GG. Diese betreffen überwiegend den Haushalt des Bundes, sind also für die vorliegende Darstellung nicht relevant. Lediglich Art. 109 GG ist von Bedeutung. Nach dessen Absatz 2 haben Bund und Länder bei ihrer Haushaltswirtschaft den Erfordernissen des *gesamtwirtschaftlichen Gleichgewichts* Rechnung zu tragen. Unter gesamtwirtschaftlichem Gleichgewicht versteht man gem. § 1 StabG die Stabilität des Preisniveaus, hohen Beschäftigungsgrad, außenwirtschaftliches Gleichgewicht sowie ein angemessenes Wirtschaftswachstum. Diesem sogenannten *"magischen Viereck"* sind alle öffentlichen Haushalte verpflichtet[2]. Art. 109 Abs. 3 GG sichert ein gewisses Mindestmaß an Einheitlichkeit jeglicher öffentlicher Haushaltsführung, indem er den Bund ermächtigt, auf gesetzlicher Grundlage allgemeine Haushaltsgrundsätze zu normieren. Dies ist mit dem Gesetz zur Förderung der Stabilität und des Wachstums der Wirtschaft (StabG)[3] sowie dem Gesetz über die Grundsätze des Haushaltsrechts des Bundes

---

[1] *Hillgruber* in vMangoldt/Klein/Starck, GG, Art. 109, Rz. 17.
[2] *Erichsen*, Kommunalrecht des Landes Nordrhein-Westfalen, S. 207.
[3] Vom 8.6.1967, BGBl. I, S. 582, zul. geänd. d. G. v. 14.9.1994, BGBl. I S. 2325.

und der Länder (HGrG)[4] geschehen. Weitere übergeordnete Vorgaben für die Haushaltswirtschaft von Ländern und Kommunen ergeben sich aus dem *EG-Vertrag*. Art. 104 EG schreibt den Mitgliedstaaten und damit auch ihren Untergliederungen ein Mindestmaß an Haushaltsdisziplin vor. Nach Gemeinschaftsrecht stellt ein Verstoß eines Landes oder einer Kommune gleichzeitig einen Verstoß des Gesamtstaates dar.

2. Landesrecht und Ortsrecht

425 Die wesentlichen Grundsätze des Haushaltsrechts der Länder sind in deren Verfassungen geregelt. In Berlin finden sich Bestimmungen über den Haushalt in Art. 85 ff. VvB. Zur detaillierten Regelung des Landeshaushaltsrechts haben alle Länder *Landeshaushaltsordnungen* erlassen[5]. Das Haushaltsrecht der Kommunen hingegen findet sich in den Flächenländern in den *Gemeindeordnungen*[6]. Nähere Regelungen enthalten die *Gemeindehaushaltsverordnungen*[7].

426 Das eigentliche Kernstück des Haushaltsrechts, nämlich der *Haushaltsplan*, ist auf der Grundlage aller vorgenannter Rechtsquellen zu erstellen. Die Haushaltspläne der Länder ergehen in Gesetzesform als *Haushaltsgesetze* (vgl. z.B. Art. 85 Abs. 1 VvB), während die Haushaltspläne der Gemeinden in Form von Satzungen erlassen werden *(Gemeindehaushaltssatzung)*. Die Haushaltsgesetze bzw. -satzungen fungieren als eigentliche Grundlage der Einnahme- und Ausgabewirtschaft. In Berlin gibt es nur ein einheitliches Haushaltsgesetz des Landes.

II. Grundsätze der Haushaltswirtschaft

1. Allgemeine Grundsätze

427 Zu den allgemeinen Grundsätzen der Haushaltswirtschaft gehören die *Sparsamkeit und Wirtschaftlichkeit*. Diese Prinzipien sind in § 6 Abs. 1 HGrG normiert und gelten für alle öffentlichen Haushalte. Das Prinzip der Wirtschaftlichkeit wirkt in zwei Richtungen. Zum einen soll die Ausgabenbelastung zur Erfüllung eines bestimmten Zwecks möglichst gering gehalten werden - Kostenminimierungsgrundsatz -, zum anderen soll mit den eingesetzten Mitteln der größtmögliche Nutzen erzielt werden - Nutzenmaximierungsgrundsatz[8]. Durch diese Ausgestaltung ähnelt das Wirtschaftlichkeitsprinzip dem Verhältnismäßigkeitsgrundsatz, da mit dem geringstbelastenden Mittel der größtmögliche Nutzen erzielt werden soll. Das

---

[4] Vom 19.8.1969, BGBl. I, S. 1273 zul. geänd. d. G. v. 26.8.1998, BGBl. I S. 2512.

[5] In Berlin Landeshaushaltsordnung in der Fassung vom 20.11.1995, GVBl. S. 805, zuletzt geänd. d. G. v. 24.7.2001, GVBl. S. 303.

[6] Vgl. in Brandenburg etwa §§ 74 ff. GO.

[7] Vgl. in Brandenburg Gemeindehaushaltsverordnung vom 23.6.1992, GVBl. II, S. 306.

[8] *Erichsen* (Fn. 2), S. 209 f.

Prinzip der Sparsamkeit erscheint hierbei als identisch mit der Kostenminimierungskomponente des Wirtschaftlichkeitsprinzips. Seine Erwähnung in § 6 Abs. 1 HGrG hat demnach nur deklaratorische Bedeutung.

Weiterhin ist das Prinzip der *Ausgeglichenheit des Haushalts* von Bedeutung. Es **428** besagt, dass grundsätzlich alle Ausgaben durch Einnahmen gedeckt sein müssen[9].

Bereits erwähnt wurde der Grundsatz der *Förderung des gesamtwirtschaftlichen* **429** *Gleichgewichts*. Die Statuierung dieses Grundsatzes in Art. 109 Abs. 2 GG ermöglicht es den öffentlichen Haushalten, in gewissem Umfange Konjunkturpolitik zu betreiben. So kann durch antizyklisches Verhalten die Konjunktur belebt oder gebremst werden. Auf diese Weise kann die Konjunkturpolitik aber leicht in einen Widerstreit mit den zuerst genannten Prinzipien geraten. Der Konflikt wird dahingehend gelöst, dass die Förderung des gesamtwirtschaftlichen Gleichgewichts die anderen Prinzipien nicht gefährden darf[10].

Bei der Aufstellung des Haushaltsplans sind weitere Prinzipien zu beachten. Es **430** handelt sich um die folgenden: *Jährlichkeit, Vorherigkeit, Vollständigkeit, Kassenwirksamkeit, Bruttoveranschlagung, sachliche Spezifizierung, Gesamtdeckung, Publizität, Haushaltsklarheit, Haushaltswahrheit*[11]. Diese Prinzipien werden im Einzelnen bei der Darstellung der Berliner Rechtslage behandelt.

2. Haushaltskreislauf

Jeder Haushalt durchläuft *drei Hauptphasen.* Die Abfolge dieser Phasen kann man **431** als Haushaltskreislauf bezeichnen[12].

Zunächst ist Phase der *Planung und Aufstellung* des Haushaltsplans zu nennen. Dieser Abschnitt beginnt mit der *mittelfristigen Finanzplanung.* In ihr werden die Investitionsvorhaben der kommenden fünf Jahre verzeichnet und wird die Einnahme- und Ausgabesituation prognostiziert. Auf der Grundlage der Finanzplanung wird für jedes Jahr ein Haushaltsplan erstellt, der konkrete Festsetzungen hinsichtlich der zu erwartenden Einnahmen und Ausgaben enthält. Der Haushaltsplan wird durch seine Einbeziehung in das jeweilige Haushaltsgesetz bzw. die Haushaltssatzung verbindlich.

Der Planungsphase schließt sich die Phase der *Planausführung* an. In ihr werden die Positionen des Haushaltsplans umgesetzt.

---

[9] Zu den Ausnahmen siehe Rz. 446.

[10] *Erichsen* (Fn. 2), S. 211.

[11] Ausführlich *Gern,* Deutsches Kommunalrecht, Rz. 689 ff.; *Pfennig* in Pfennig/Neumann, VvB, Art. 85, Rz. 1 ff.; *Erichsen* (Fn. 2), S. 219 ff.

[12] Siehe nur *Pfennig* (Fn. 11), Rz. 25.

Schließlich tritt der Haushalt in das Stadium der *Kontrolle der Planausführung*. Hier erlangt auf Landesebene der *Rechnungshof* eine besondere Bedeutung.

III. Die Haushaltswirtschaft in den Flächenländern

432   In den Flächenländern ist zwischen der Haushaltswirtschaft des Landes und der der Kommunen zu differenzieren. Das Haushaltsrecht der Länder soll vorliegend außer Betracht bleiben.

Die Kommunen sind bei der Gestaltung ihrer Haushaltswirtschaft grundsätzlich frei. Ihnen steht die *Haushaltshoheit* als Ausfluss ihrer Finanzhoheit zu. Sie haben den Haushaltsplan auf der Grundlage der Gemeindeordnung, der Gemeindehaushaltsverordnung sowie der oben dargestellten übergeordneten Vorgaben aufzustellen und als Teil der Haushaltssatzung festzusetzen[13]. Im Rahmen das Festsetzungsverfahrens unterliegen Teile des Haushalts der Genehmigung durch die Aufsichtsbehörde. Teilweise wird vertreten, diese Genehmigung stelle nicht bloß einen Akt der Rechtsaufsicht dar, sondern könne die Haushaltswirtschaft der Kommunen auch in fachlicher Hinsicht beeinflussen[14]. Damit würde sie zu den Maßnahmen der Fachaufsicht zählen. Die Gegenansicht erwidert zu Recht, dass der Erlass der Haushaltssatzung zum *weisungsfreien Bereich der Finanzhoheit* gehöre. Es gebe keine Rechtfertigung für eine "Hochzonung" dieser Aufgabe, insbesondere seien keine überwiegenden Belange des Allgemeinwohls ersichtlich[15].

433   Im Anschluss an die Planaufstellung wird der Plan vollzogen. Für den Vollzug sind die nach der Gemeindeordnung zuständigen Organe verantwortlich[16]. Stellt sich in dieser Phase ein vom Haushaltsplan abweichender Finanzbedarf heraus, so gibt es nach den Gemeindeordnungen die Möglichkeit des Erlasses von *Nachtragssatzungen*[17]. In den letzten Jahren haben sich im Zusammenhang mit dem Haushaltsvollzug eine Vielzahl von Veränderungen ergeben. So sollen im Rahmen des sogenannten *Neuen Steuerungsmodells* neue Formen der Haushaltswirtschaft eingeführt werden. Insbesondere geht es um eine Budgetierung des Haushalts und dezentrale Ressourcenbewirtschaftung und -verantwortung[18]. Einige Länder haben zur Erprobung betriebswirtschaftlicher Elemente in der Haushaltswirtschaft Experimentierklauseln in ihr Kommunalrecht eingeführt[19].

---

[13] Zum Verfahren im Einzelnen siehe *Erichsen* (Fn. 2), S. 212.

[14] So OVG NW, DÖV 1988, S. 648.

[15] *Gern* (Fn. 11), Rz. 685.

[16] *Gern* (Fn.11), Rz. 694.

[17] Vgl. etwa § 79 GO Bbg.

[18] Siehe Rz. 327.

[19] Ausführlich *Maaß*, Experimentierklauseln für die Verwaltung; vgl. Art. 117 a GO Bay; § 126 GO NW.

Im Stadium der Kontrolle der Planausführung haben die Kommunen eine soge- **434** nannte *Jahresrechnung* zu erstellen (vgl. etwa § 93 GO Bbg). Anhand dieser Jahresrechnung überprüft die Aufsichtsbehörde die Rechtmäßigkeit des Haushaltsvollzugs[20].

IV. Die Haushaltswirtschaft in Berlin

Im Folgenden wird der Haushaltskreislauf in Berlin dargestellt. Da es nur ein ein- **435** heitliches Haushaltsgesetz gibt (vgl. Art. 85 Abs. 1 VvB), erfolgt eine gemeinsame Darstellung von Landes- und Bezirkshaushaltsrecht.

1. Die Planungsphase bis zum Beschluss des Haushaltsgesetzes

a) Die Finanzplanung

Am Anfang der Planungsphase steht gem. Art. 86 Abs. 3 VvB die fünfjährige Finanzplanung. Sie ist dem Abgeordnetenhaus spätestens mit dem Entwurf des Haushaltsgesetzes für das nächste Haushaltsjahr vorzulegen. Gem. § 31 LHO wird sie von der Senatsverwaltung für Finanzen erstellt und vom Senat beschlossen. Sie enthält eine Darstellung der voraussichtlichen Einnahmen- und Ausgabensituation für die nächsten fünf Jahre.

b) Grundlegendes zum Haushaltsplan

Auf der Grundlage der Finanzplanung wird der Haushaltsplan erstellt. Gem. **436** Art. 85 Abs. 1 S. 1 VvB müssen in ihm alle Einnahmen und Ausgaben eines Rechnungsjahres veranschlagt werden. Die Bedeutung des Haushaltsplans definiert § 1 Abs. 1 LHO dahingehend, dass der Haushaltsplan zur Feststellung und Deckung des Finanzbedarfs dient, der zur Erfüllung der Aufgaben Berlins im Bewilligungszeitraum voraussichtlich notwendig ist. Nach herkömmlichem Verständnis handelt es sich beim Haushaltsplan um einen Wirtschafts- und Finanzplan basierend auf den Grundsätzen der *Kameralistik*. Der Haushaltsplan wird im Haushaltsgesetz festgestellt (Art. 85 Abs. 1 S. 1 2. Hs. VvB). Da Haushaltsplan und Haushaltsgesetz eine Einheit bilden, ist der Plan seiner Rechtsnatur nach ein *einfaches Landesgesetz*, das im förmlichen Gesetzgebungsverfahren beschlossen wird. Der Haushaltsplan enthält den politischen Handlungsrahmen für die Regierung. Er ist ein *staatsleitender Hoheitsakt in Gesetzesform*[21]. Rechtsbegründende Wirkung entfaltet er nur im Verhältnis von Exekutive und Legislative. Gem. § 3 Abs. 1 LHO wird nämlich der Senat ermächtigt, Ausgaben zu leisten sowie Verpflichtungen einzugehen. Hingegen werden durch den Haushaltsplan gem. § 3 Abs. 2 LHO

---

[20] *Gern* (Fn. 11), Rz. 707.
[21] BVerfGE 45, 1, 32.

Ansprüche oder Verbindlichkeiten gegenüber Dritten weder begründet noch aufgehoben.

c) Grundsätze der Hauhaltswirtschaft

437 Die oben dargestellten Grundsätze der Haushaltswirtschaft sind in Berlin ausdrücklich in der Landeshaushaltsordnung, teilweise auch in der Verfassung selbst normiert. So findet sich der Grundsatz der Sparsamkeit in Art. 86 Abs. 2 VvB. Zusammen mit dem Grundsatz der Wirtschaftlichkeit wird er im Rahmen einer ausführlichen Normierung nochmals in § 7 LHO erwähnt. Der Grundsatz der Ausgeglichenheit des Haushalts ist nicht ausdrücklich geregelt, liegt jedoch Art. 90 Abs. 2 VvB erkennbar zugrunde[22]. § 1 Abs. 1 S. 3 LHO verpflichtet den Haushaltsplan auf die Förderung des gesamtwirtschaftlichen Gleichgewichts.

d) Das Verfahren der Planaufstellung

438 Das Verfahren zur Aufstellung des Haushaltsplans beginnt mit der Übersendung von Voranschlägen der einzelnen Stellen an die Senatsverwaltung für Finanzen (vgl. § 27 LHO). Die Senatsverwaltung für Finanzen stellt sodann den *Entwurf des Haushaltsplans* auf (§ 28 LHO). Der Entwurf des Haushaltsplans wird vom Senat beschlossen und vor Beginn des Haushaltsjahres beim Abgeordnetenhaus eingebracht (§§ 29, 30 LHO). Die *Budgetinitiative* liegt damit beim Senat[23]. Dies ergibt sich ausdrücklich aus Art. 86 Abs. 3 S. 2 VvB. Der Wortlaut dieser Vorschrift zeigt, dass es sich bei der Budgetinitiative nicht nur um ein Recht, sondern auch um eine Pflicht handelt[24]. Gem. Art. 85 Abs. 1 VvB wird der Haushaltsplan vom Abgeordnetenhaus im Haushaltsgesetz festgesetzt. Darin manifestiert sich das *Budgetrecht des Parlaments*.

439 In VvB und LHO befassen sich zahlreiche Vorschriften mit dem Verfahren bei vom Normalfall abweichenden Sachverhalten. So behandelt Art. 88 VvB das Vorgehen bei Haushaltsüberschreitungen. Art. 89 VvB ermächtigt zu vorläufigen Regelungen bei verspäteter Verabschiedung des Haushaltsplans. Art. 90 VvB regelt das Vorgehen bei Abweichungen vom Haushaltsplan durch Einzelvorlagen und -anträge. Detaillierte Bestimmungen finden sich sodann in der LHO.

e) Die Stellung der Bezirke im Rahmen der Planaufstellung

440 Im Rahmen des Verfahrens zur Haushaltsaufstellung nehmen die Bezirke eine Sonderstellung ein. Zwar sind die Bezirkshaushaltspläne *keine selbständigen Haushaltspläne* wie die der Gemeinden. Dies ergibt sich aus Art. 85 Abs. 1 VvB, der die Einheit des Haushaltsplans, und zwar für die gesamte Berliner Verwaltung, statuiert. Vielmehr bilden die bezirklichen Haushaltspläne lediglich unselbständi-

---

[22] Ebenso *Pfennig* (Fn. 11), Art. 85, Rz. 20.
[23] Ausnahme: die Bezirkshaushaltspläne.
[24] *Pfennig* (Fn. 11), Art. 85, Rz. 26.

ge Teile im Rahmen des Gesamthaushaltsplans (vgl. § 13 Abs. 1 LHO)[25]. Dennoch kommt den Bezirken bei der Aufstellung ihrer Haushaltspläne eine gewisse Selbständigkeit zu, da sie den Entwurf ihres Haushaltsplans eigenständig erstellen und beschließen (vgl. §§ 4 Abs. 1, 12 Abs. 2 Nr. 1 BezVG). Dieses *Spannungsverhältnis* zwischen Einheit des Haushaltsplans einerseits und bezirklichen Gestaltungsspielräumen andererseits führt zu einem *kooperativen Verfahren der Planaufstellung*, in dem die Handelnden - Bezirke, Abgeordnetenhaus und Senatsverwaltung für Finanzen - voneinander abhängig und aufeinander angewiesen sind.

Bereits ausgeführt wurde, dass die Bezirke gem. Art. 85 Abs. 2 VvB *Globalsum-* **441** *men* zur Erfüllung ihrer Aufgaben erhalten. Die Globalsummen werden vom Abgeordnetenhaus zugewiesen[26], nachdem die Bezirke ihre Bezirkshaushaltspläne eigenständig aufgestellt haben (§ 4 Abs. 1 BezVG). Gem. § 26 a Abs. 2 S. 1 LHO hat es hierbei den Umfang der Bezirksaufgaben sowie die eigenen Einnahmemöglichkeiten der Bezirke zugrundezulegen. Jedoch sind gem. § 26 a Abs. 2 S. 2 LHO auch übergeordnete Zielvorstellungen von Abgeordnetenhaus und Senat sowie die Deckungsmöglichkeiten des Gesamthaushalts zu berücksichtigen. Schließlich ist gem. Art. 85 Abs. 2 S. 2 VvB ein gerechter Ausgleich unter den Bezirken vorzunehmen und gem. Art. 85 Abs. 2 S. 3 VvB wird das erwirtschaftete Jahresergebnis auf das Folgejahr vorgetragen[27]. Nicht ausgegebene Haushaltsmittel verbleiben also beim Bezirk (vgl. § 4 Abs. 3 BezVG).

Die *endgültige Festsetzung* der Globalsummen erfolgt erst im *Haushaltsgesetz.* **442** Schon vor der Planaufstellung durch die Bezirke muss aber die ungefähre Höhe der festzusetzenden Globalsumme bekannt sein, damit die Bezirkshaushaltspläne von realistischen Daten ausgehen. Deshalb wird die voraussichtliche Höhe der Globalsumme als Planungsgrundlage von den Bezirken und der Senatsverwaltung für Finanzen berechnet und von den Bezirken der Planaufstellung zugrundegelegt. Hinzu kommen sogenannte *Einnahmevorgaben*, die festlegen, welche Beträge die Bezirke durch eigene Einnahmequellen wie z.B. Gebühren und Beiträge oder Vermietungen vereinnahmen sollen. Gem. § 12 Abs. 2 Nr. 1 BezVG entscheidet auf Bezirksebene die *Bezirksverordnetenversammlung* über den Bezirkshaushaltsplan. Es handelt sich dabei um das wichtigste Recht der Bezirksverordnetenversammlung. Der beschlossene Bezirkshaushaltsplan besitzt noch keine Verbindlichkeit, sondern hat *Entwurfscharakter*[28].

Im Anschluss an den Beschluss wird der Bezirkshaushaltsplan dem Abgeordne- **443** tenhaus zugeleitet (§ 30 S. 2 LHO). Einer vorherigen Beschlussfassung des Senats bedarf es nicht. Jedoch prüft der Senat gem. § 29 Abs. 3 S. 2 LHO die Bezirkshaushaltspläne und teilt dem Abgeordnetenhaus das Ergebnis der Prüfung

---

[25] *Pfennig* (Fn. 11), Art. 85, Rz. 49.
[26] *Pfennig* (Fn. 11), Art. 85, Rz. 48.
[27] *Korbmacher* in Driehaus, VvB, Art. 85, Rz. 19 ff.
[28] *Korbmacher* (Fn. 27), Rz. 17.

sowie von ihm etwa für erforderlich gehaltene Änderungen mit. Nunmehr wird der Bezirkshaushaltsplanentwurf im Hauptausschuss des Abgeordnetenhauses einer weiteren Beratung unterzogen. Dabei können einzelne vorgesehene Titel moniert und geändert werden. Ohne weitere Beteiligung des Bezirks wird dann der endgültige Bezirkshaushaltsplan als Teil des Haushaltsgesetzes vom Abgeordnetenhaus beschlossen. Zugleich wird die endgültige Globalsumme im Haushaltsgesetz festgesetzt. Solche Vorhaben, die im Gesetzgebungsverfahren durch Änderung von Ansätzen aus dem Bezirkshaushaltsplan gestrichen wurden, kann der Bezirk nur im Rahmen des Haushaltsvollzugs unter Einhaltung der Globalsumme bzw. Vergrößerung seiner Einnahmen umsetzen, soweit dies haushaltsrechtlich zulässig ist. Ferner gibt es sogenannte *Sondermittel der Bezirksverordnetenversammlung* (vgl. § 12 Abs. 2 Nr. 2 BezVG), die zweckungebunden sind und über die sie im Haushaltsvollzug frei verfügen kann.

444   Auch in diesem Verfahren kommt wiederum die Zwitterstellung der Bezirke zum tragen. Sie besitzen zwar keine formale Selbständigkeit, haben aber in Teilbereichen bestimmte Rechte. Diese Rechte können wiederum durch Mitwirkungsrechte des Senats oder einer einzelnen Senatsverwaltung eingeschränkt sein. Die Unabhängigkeit der Bezirke in der Haushaltswirtschaft hängt deshalb weitgehend davon ab, inwieweit sie einvernehmlich mit dem Senat zusammenwirken und insbesondere inwieweit sich das Abgeordnetenhaus bei den Beratungen der von den Bezirksverordnetenversammlungen beschlossenen Haushaltspläne bei Änderungen zurückhält.

f) Inhaltliche Vorgaben für den Haushaltsplan

445   Inhaltlich gliedert sich der Haushaltsplan in die *Einzelpläne* und den *Gesamtplan* (§ 13 Abs. 1 LHO). Die weiteren inhaltlichen Vorgaben ergeben sich teilweise aus den Art. 85 ff. VvB sowie aus den §§ 11 ff. LHO. Bei der Aufstellung des Plans sind verschiedene Grundsätze zu beachten[29]. Nach dem Grundsatz der *Vollständigkeit* aus Art. 85 Abs. 1 S. 1 VvB, § 11 LHO müssen alle Einnahmen und Ausgaben im Haushaltsplan veranschlagt werden. Das *Bruttoprinzip* gem. § 15 Abs. 1 LHO verlangt die getrennte Veranschlagung aller Einnahmen und Ausgaben. Aus Art. 85 Abs. 1 S. 1 VvB ergibt sich das Erfordernis der *Haushaltseinheit*. Dieses Prinzip soll die Zerfaserung des Haushalts durch Nebenhaushalte verhindern[30]. Der Grundsatz der *Vorherigkeit* bedeutet, dass der Haushaltsplan grundsätzlich vor Beginn des Haushaltsjahres festgesetzt sein muss. Dieser Grundsatz lässt sich einem Umkehrschluss aus Art. 89 VvB entnehmen, da dieser Sonderregelungen für den Verspätungsfall enthält. Weiterhin ergibt sich aus § 17 Abs. 1 LHO das Prinzip der *Einzelveranschlagung*, das die Veranschlagung der Einnahmen nach ihrem Entstehungsgrund, der Ausgaben nach ihren Zwecken getrennt sichert. Der Grundsatz der *Jährlichkeit* führt zu einer Veranschlagung des Haushaltsplans für

---

[29] Zu den Grundsätzen im Einzelnen *Heintzen* in vMünch/Kunig, GG, Art. 110, demnächst; *Korbmacher* (Fn. 27), Rz. 4 ff.

[30] *Pfennig* (Fn.), Art. 85, Rz. 6.

ein Jahr. Er ergibt sich aus Art. 85 Abs. 1 S. 1 VvB, § 11 Abs. 1 LHO. Art. 85
Abs. 1 S. 2 VvB, § 12 Abs. 1 LHO ermöglichen aber auch die Erstellung soge-
nannter Doppelhaushalte. § 45 LHO enthält das Prinzip der *sachlichen und zeitli-
chen Bindung der Exekutive*, indem er diese auf die im Haushaltsplan genannten
Zwecke festlegt. Das Prinzip der *Gesamtdeckung* in § 8 LHO bedeutet, dass alle
Einnahmen grundsätzlich zur Deckung aller Ausgaben dienen müssen, eine
Zweckbindung zunächst also nicht erfolgen darf. Die Grundsätze der *Haushaltswahrheit* und *Haushaltsklarheit* stellen sicher, dass der Haushaltsplan nur richtige
Daten in einer verständlichen Form enthält. Der Grundsatz der *Publizität* schließlich wird in Berlin bereits durch den Charakter des Haushaltsplans als Parlaments-
gesetz gewahrt[31].

2. Der Vollzug des Haushaltsplans

Die Regeln über die Ausführung des Haushaltsplans finden sich in den §§ 34 ff.   **446**
LHO. Der Haushaltsvollzug erfolgt weitgehend durch die Exekutive. Von besonderer Bedeutung sind insbesondere die Instrumentarien, die ein Abweichen vom
Haushaltsplan ermöglichen. Stellt sich im Rahmen des Haushaltsvollzugs heraus,
dass der Haushaltsplan nicht den tatsächlichen Erfordernissen entspricht, so besteht beispielsweise die Möglichkeit, *über- oder außerplanmäßige Ausgaben* vorzunehmen (vgl. § 37 LHO, siehe auch die Grundsatzregelung in Art. 88 VvB[32]).
Sie bedürfen der Einwilligung der Senatsverwaltung für Finanzen. Weiterhin kann
zur Bewältigung unvorhergesehener Ausgaben ein *Nachtragshaushalt* beschlossen
werden (§ 33 LHO). Eine in den letzten Jahren in Berlin häufig praktizierte Maßnahme der Kontrolle des Haushaltsvollzugs ist die *haushaltswirtschaftliche Sperre*
gem. § 41 LHO. Sie führt dazu, dass die Eingehung von Verpflichtungen oder die
Tätigung von Ausgaben von der Genehmigung der Senatsverwaltung für Finanzen
abhängig wird. Diese Sperre gilt auch für die Bezirke.

Die teilselbständige Stellung der Bezirke im Rahmen der Haushaltswirtschaft wird   **447**
auch anhand der Regelungen über den Haushaltsvollzug deutlich. So tritt bei über-
oder außerplanmäßigen Ausgaben an die Stelle der Einwilligung der Senatsverwaltung für Finanzen diejenige des Bezirksamtes (Art. 88 Abs. 4 VvB, § 37 Abs.
7 LHO). Jedoch können diese Ausgaben zusätzlich von der Genehmigung der Senatsverwaltung abhängig gemacht werden (§ 37 Abs. 7 S. 2 LHO). Weiterhin besteht gem. § 33 Abs. 2 LHO für die Bezirke die Möglichkeit zum Erlass sogenannter Ergänzungspläne, die dem Instrument des Nachtragshaushalts auf Landesebene entsprechen. Diese Möglichkeit wird jedoch in § 33 Abs. 2 S. 2 LHO für
Teilbereiche wieder ausgeschlossen. Darüberhinaus müssen Vorgaben von Senat
und Abgeordnetenhaus berücksichtigt werden. Das Mittel der haushaltswirtschaft-
lichen Sperre schließlich steht gem. § 41 Abs. 3 LHO auch dem Bezirksamt zu.

---

[31] *Pfennig* (Fn. 11), Art. 85, Rz. 17.
[32] *Korbmacher* (Fn. 27), Rz. 2 ff.

Dieses kann davon Gebrauch machen, wenn nicht schon die Senatsverwaltung für Finanzen eine Sperre für die gesamte Berliner Verwaltung verhängt hat.

448 Wie bereits angedeutet, werden in jüngerer Zeit mehr und mehr Elemente der *Dezentralisierung* in die Haushaltswirtschaft eingeführt, die den Haushaltsvollzug, aber auch bereits die Planungsphase verändern. Grundlage ist der mit Gesetz vom 22.12.1997[33] eingefügte § 6 a HGrG. Im Anschluss hieran sieht § 7a LHO eine leistungsbezogene Planaufstellung und -bewirtschaftung vor. Die Veranschlagung der Einnahmen, Ausgaben und Verpflichtungsermächtigungen soll dezentral durch die jeweils verantwortlichen Organisationseinheiten erfolgen (§ 7a Abs. 1 S. 1 u. 2 LHO, vgl. auch § 20 LHO). Die fachlich verantwortliche Einheit soll auch die finanzielle Verantwortung tragen. Der Kontrolle der Ausgabenwirtschaft dienen spezielle Informations- und Steuerungsinstrumente (§ 7a Abs. 1 S. 3 LHO). Die von der jeweiligen Organisationseinheit zu erbringenden Leistungen[34] sind durch sogenannte *Zielvereinbarungen* festzulegen (§ 7a Abs. 1 S. 4 LHO). Die LHO sieht in § 7 Abs. 3 im Rahmen der Haushaltswirtschaft den ergänzenden Einsatz betriebswirtschaftlicher Grundsätze vor. Gem. § 7a Abs. 3 LHO kann die Senatsverwaltung für Finanzen darüber hinausgehende betriebswirtschaftliche Steuerungsinstrumente einführen. Die in § 7a LHO niedergelegten Regeln berühren nicht das oben beschriebene grundsätzliche Verfahren der Planaufstellung. Vielmehr greifen die geschilderten Instrumente bereits im Vorfeld der Entwurfsaufstellung durch die Senatsverwaltung für Finanzen, aber auch im Haushaltsvollzug.

Die Reformen in diesem Bereich sind noch nicht abgeschlossen. Es bleibt abzuwarten, ob sich die erhofften Effizienz- und Rationalitätsgewinne einstellen.

3. Die Kontrolle des Haushaltsvollzugs

449 Der Senat legt gem. Art. 94 Abs. 1 VvB, §§ 70 ff. LHO dem Abgeordnetenhaus im Laufe der ersten neun Monate des folgenden Rechnungsjahres über das Haushaltsjahr Rechnung[35]. Hierzu stellt die Senatsverwaltung für Finanzen insbesondere gem. § 82 LHO den *kassenmäßigen Abschluss* sowie gem. § 83 LHO den *Haushaltsabschluss* auf. Kassenmäßiger Abschluss und Haushaltsabschluss sind gem. § 84 LHO in einem Bericht zu erläutern. Diese Abschlüsse bilden die Grundlage für die Rechnungsprüfung durch den *Rechnungshof* gem. Art. 94 Abs. 2 VvB. Die Einzelheiten der Prüfung sind in den §§ 88 ff. LHO geregelt. Nach der Prüfung der vorgelegten Rechnung durch Rechnungshof und Abgeordnetenhaus kann gem. Art. 94 Abs. 2 S. 1 VvB die *Entlastung des Senats* durch das Abgeordnetenhaus erfolgen. Gem. Art. 94 Abs. 2 S. 2 VvB können hierbei auch einzelne Sachverhalte ausdrücklich mißbilligt werden.

---

[33] BGBl. I S. 3251.
[34] Siehe Rz. 327 ff.
[35] *Pfennig* (Fn. 11), Art. 85, Rz. 31 ff.

11. Kapitel: Die wirtschaftliche Betätigung

I. Grundlagen

1. Der Begriff der wirtschaftlichen Betätigung

Berlin nimmt in vielfacher Art und Weise am Wirtschaftsleben teil. So tritt die **450** Stadt als Nachfrager von Waren und Dienstleistungen auf, versucht über Wirtschaftsförderung, bestehende Unternehmen zu unterstützen oder neue Unternehmen zur Ansiedlung in Berlin zu bewegen, fungiert als Verkäufer stadteigenen Vermögens (sogenannte *"Vermögensaktivierung"*) und bietet Waren und Dienstleistungen am Markt an. Nur die Eigenschaft Berlins als *Anbieter von Waren und Dienstleistungen* soll im folgenden Abschnitt interessieren, da diese Form der wirtschaftlichen Betätigung der öffentlichen Hand in jüngerer Zeit eine Vielzahl von Streitfragen aufgeworfen hat.

In diesem Sinne umfasst wirtschaftliche Betätigung den Betrieb von Unterneh- **451** men, die als Hersteller, Anbieter oder Verteiler von Gütern oder Dienstleistungen am Markt tätig werden, sofern die Leistung ihrer Art nach auch von einem Privaten mit der Absicht der Gewinnerzielung erbracht werden könnte. Unter diese Definition lassen sich eine Vielzahl von Tätigkeiten fassen, wie etwa die Versorgung mit Elektrizität, Gas, Fernwärme und Wasser, die Abfallbeseitigung, die Straßenreinigung, der Nahverkehr, der Betrieb von Sparkassen, Versicherungen, Messen, Märkten, Theatern, Opern, Bestattungsunternehmen, Reisebüros, Wohnungsvermittlung, Schlachthöfen u.s.w., aber auch einzelne Tätigkeiten wie die Vermietung von Werbeflächen oder die Reparatur privater Fahrzeuge in Werkstattbetrieben der öffentlichen Hand.

2. Mögliche Organisationsformen wirtschaftlicher Betätigung

Im Rahmen der *Leistungsverwaltung* darf die öffentliche Hand die Organisations- **452** form für die Erfüllung ihrer Aufgaben im Rahmen der Gesetze grundsätzlich frei wählen. Dementsprechend stehen für die wirtschaftliche Betätigung sowohl öffentlich-rechtliche als auch privatrechtliche Organisationsformen zur Verfügung. *Öffentlich-rechtliche Organisationsformen* sind zunächst die rechtsfähigen öffentlich-rechtlichen Körperschaften, Anstalten und Stiftungen[1]. Hinzu kommen die

---

[1] Siehe Rz. 65 ff.

nichtrechtsfähigen Regie- und Eigenbetriebe. An *privatrechtlichen Formen* sind etwa zu nennen die Aktiengesellschaft, die GmbH, die Genossenschaft, die KG sowie die KGaA. Ist der sich wirtschaftlich betätigende Verwaltungsträger alleiniger Gesellschafter des Unternehmens, so spricht man von einer Eigengesellschaft. Liegen die Anteile bei mehreren Verwaltungsträgern, so handelt es sich um ein gemischt öffentliches Unternehmen. Sind sowohl Verwaltungsträger als auch Privatrechtssubjekte an einem Unternehmen beteiligt, bezeichnet man dieses als gemischt-wirtschaftliches Unternehmen[2].

3. Schranken der wirtschaftlichen Betätigung

453 Die öffentliche Hand ist zwar grundsätzlich berechtigt, sich in bestimmtem Umfang wirtschaftlich zu betätigen. Sie darf dies indes nicht schrankenlos tun. Es ist augenfällig, dass die öffentliche Hand im Rahmen ihrer wirtschaftlichen Betätigung notwendigerweise in *Konkurrenz zu privaten Anbietern* tritt. Es fragt sich, ob und inwieweit sich Private gegen staatliche Konkurrenz zur Wehr setzen können. Auf der anderen Seite birgt jede wirtschaftliche Betätigung auch Risiken. So können Verluste auftreten, die das jeweilige Gemeinwesen und damit auch dessen Mitglieder zu tragen haben. Auch dieser Aspekt kann möglicherweise zu einer Begrenzung der wirtschaftlichen Betätigungsfreiheit der öffentlichen Hand führen.

454 Entsprechend dieses Konfliktpotentials ist die wirtschaftliche Betätigung in ein Netz rechtlicher Vorgaben eingesponnen. Solche Vorgaben ergeben sich aus dem *Verfassungsrecht,* einfachem Gesetzesrecht, hier vor allem dem *Wettbewerbs- und Vergaberecht*, und dem *Europäischen Gemeinschaftsrecht*. Die Kommunen bindet zusätzlich das in allen Flächenländern in den Gemeindeordnungen geregelte *kommunale Wirtschaftsrecht*. Die Schranken der wirtschaftlichen Betätigung wirken auf zwei Ebenen. Zunächst gibt es Vorschriften, die *unabhängig von der Rechtsform* die wirtschaftliche Betätigung als solche reglementieren. Andere Vorschriften beziehen sich auf die *Wahl der Rechtsform*, in der sich ein Verwaltungsträger wirtschaftlich betätigen will.

II. Die wirtschaftliche Betätigung der Kommunen

455 Vor allem am kommunalen Wirtschaftsrecht der Flächenländer hat sich in den letzten Jahren wissenschaftlicher Streit entfacht. Dies hat seinen Grund darin, dass private Anbieter, meist aus dem Mittelstand, in der Regel mit *kommunalen Unternehmen* und nicht mit solchen der Länder oder des Bundes konkurrieren.

---

[2] *Erichsen*, Kommunalrecht des Landes Nordrhein-Westfalen, S. 270 f.

1. Formen wirtschaftlicher Betätigung der Kommunen

In den letzten Jahren hat der Umfang kommunaler Teilnahme am Wirtschaftsleben **456** stetig zugenommen. Dies resultiert aus der Tatsache, dass die Kommunen aufgrund von sinkenden Einnahmen aus den klassischen Finanzierungsquellen gezwungen sind, sich neue Finanzierungsmittel zu erschließen. Viele Städte und Gemeinden sind dazu übergegangen, private Gesellschaften zu gründen, die ihre bisher öffentlich-rechtlich erledigten Aufgaben übernehmen. So gibt es Gebäudereinigungs-GmbHs, Gartenbau-GmbHs[3] etc., teilweise werden sogar ganze Gesellschaftsgeflechte geschaffen, die dann mit der Bezeichnung "Konzern Stadt" belegt werden. Daneben gibt es die traditionellen Wirtschaftsbetriebe der Kommunen, die teils öffentlich-rechtlich, teils privatrechtlich geführt sind, wie etwa die kommunalen Verkehrsbetriebe. Einer der wenigen Anwendungsfälle für rechtsfähige Anstalten auf kommunaler Ebene sind die Sparkassen[4].

2. Grundlagen wirtschaftlicher Betätigung der Kommunen

Nach allgemeiner Auffassung ist die wirtschaftliche Betätigung der Kommunen **457** von der *Selbstverwaltungsgarantie* des Art. 28 Abs. 2 GG geschützt. Sie gehört insoweit sogar zu dessen Kernbereich, als es den Kommunen in Bereichen mit traditionell kommunaler Prägung - etwa der Wasserversorgung - möglich sein muss, eigenverantwortlich tätig zu werden[5]. Jedoch gilt diese Gewährleistung aus Art. 28 Abs. 2 GG nicht schrankenlos.

3. Schranken der Kommunalwirtschaft

a) Geltung allgemeiner Schranken für die Kommunen

Zunächst gelten die Schranken, die jedem Träger öffentlicher Verwaltung für die **458** wirtschaftliche Betätigung gezogen sind, auch für die Gemeinden. Insbesondere sind auch sie nach hier vertretener Auffassung an die Berufsfreiheit privater Konkurrenten gebunden. Gegen diese Sichtweise spricht auch nicht Art. 28 Abs. 2 GG, da diese Vorschrift das Selbstverwaltungsrecht *nur gegenüber dem Staat*, nicht gegenüber der bürgerlichen Freiheitssphäre schützt[6]. Im Einzelnen werden diese Schranken im Zusammenhang mit der Berliner Rechtslage dargestellt[7].

---

[3] Vgl. den mittlerweile berühmten Gelsengrün-Fall, OLG Hamm, JZ 1998, S. 576 ff.

[4] *Erichsen* (Fn. 2), S. 270.

[5] *Gern*, Deutsches Kommunalrecht, Rz. 718.

[6] Ebenso *Heintzen*, Rechtliche Grenzen und Vorgaben für eine wirtschaftlichen Betätigung von Kommunen im Bereich der gewerblichen Gebäudereinigung, S. 37 ff.

[7] Siehe Rz. 468 ff.

b) Kommunales Wirtschaftsrecht

459 Zusätzliche Schranken gemeindlichen Wirtschaftens ergeben sich aus dem kommunalen Wirtschaftsrecht in den Gemeindeordnungen. Zunächst normieren die Gemeindeordnungen rechtsformunabhängige Voraussetzungen wirtschaftlicher Betätigung. Die wichtigste ist, dass die Betätigung einem *öffentlichen Zweck* dienen muss (z.B. § 100 Abs. 2 Nr. 1 GO Bbg)[8]. Weiterhin muss sie in einem angemessenen Verhältnis zur *wirtschaftlichen Leistungsfähigkeit* der Gemeinde stehen (z.B. § 100 Abs. 2 Nr. 2 GO Bbg). Schließlich darf sich die Gemeinde nur wirtschaftlich betätigen, wenn die Aufgabe nicht besser und wirtschaftlicher durch private Anbieter erledigt werden kann (sog. *Subsidiaritätsgrundsatz*)[9].

460 Der Inhalt des Kriteriums des öffentlichen Zwecks wird nicht einheitlich bestimmt. Die hierzu vertretenen Auffassungen korrelieren mit der Beurteilung der verfassungsrechtlichen Ausgangslage. Hält man die Gemeinden für an Art. 12 Abs. 1 GG gebunden, so dient das Zweckkriterium der Ausgestaltung des grundrechtlichen Schutzbereichs betroffener Konkurrenten und ist dementsprechend von diesem determiniert. Großzügiger kann man das Kriterium interpretieren, wenn man eine Grundrechtsbindung verneint. Weitgehend einig ist man sich noch darin, dass die *bloße Gewinnerzielung* kein hinreichender öffentlicher Zweck ist[10]. Im Einzelnen wird die Frage der Reichweite des öffentlichen Zwecks im Zusammenhang mit der Berliner Rechtslage dargestellt.

461 Sollen Unternehmen in Privatrechtsformen gegründet werden, so müssen zusätzlich die hierfür aufgestellten Vorgaben der Gemeindeordnungen erfüllt sein. Sie dienen weitgehend dem Zweck, die gemeidliche Einflussnahme auf das entstehende Privatrechtssubjekt zu sichern und finanzielle Risiken zu minimieren (§ 102 GO Bbg).

III. Die wirtschaftliche Betätigung Berlins

1. Die wirtschaftlichen Unternehmen Berlins

462 Die Verfassung von Berlin enthält für den öffentlich-rechtlichen Bereich der wirtschaftlichen Betätigung nur wenige Vorgaben. So müssen die Rechtsverhältnisse der Eigenbetriebe Berlins gem. Art. 92 S. 1 VvB durch Gesetz geregelt werden. S. 2 enthält Vorgaben für den Haushalt solcher Betriebe. Gem. Art. 93 Abs. 1 VvB bedarf die Umwandlung von Eigenbetrieben in juristische Personen eines

---

[8] Manche Gemeindeordnungen verlangen einen "dringenden" öffentlichen Zweck, vgl. § 107 Abs. 1 GO NW.

[9] Dieses Erfordernis ist nicht in allen Gemeindeordnungen enthalten, gilt aber ohnehin lediglich als Ausprägung des Erfordernisses eines öffentlichen Zwecks, vgl. *Erichsen* (Fn. 2), S. 280.

[10] Siehe nur *Waechter*, Kommunalrecht, Rz. 120.

Beschlusses des Abgeordnetenhauses. Weitere Vorgaben für den Betrieb wirtschaftlicher Unternehmen enthält die Verfassung nicht.

Teilweise werden die wirtschaftlichen Unternehmen Berlins in *öffentlich-* **463** *rechtlichen Formen* geführt. Insbesondere sind hier zu erwähnen die als rechtsfähige Anstalten des öffentlichen Rechts organisierten und im Berliner Betriebegesetz[11] genannten Unternehmen. Es sind dies die Berliner Hafen- und Lagerhausbetriebe (BEHALA), die Berliner Stadtreinigungsbetriebe (BSR), Berliner Verkehrsbetriebe (BVG) sowie die Berliner Wasserbetriebe (BWB).

Für die *Berliner Wasserbetriebe* wurde eine *Teilprivatisierung* vorgenommen[12]. **464** Sie wurden als öffentlich-rechtliche Anstalt in einen privatrechtlichen Konzern integriert, unterliegen aber weiterhin der Rechtsaufsicht der zuständigen Senatsverwaltung. Die Vereinbarkeit dieser Privatisierung mit dem *Demokratieprinzip* ist verschiedentlich bestritten worden. Hierzu hat der Berliner Verfassungsgerichtshof entschieden, dass die Unterstellung der Leitung einer Anstalt des öffentlichen Rechts unter eine juristische Person des Privatrechts dann mit dem Demokratieprinzip vereinbar sei, wenn sichergestellt ist, dass die Entscheidung über die Erteilung von Weisungen an die Anstalt letztlich in der Hand des Landes Berlin verbleibt[13]. Insgesamt wurde die Teilprivatisierung für zulässig gehalten.

Eine weitere wichtige rechtsfähige Anstalt ist die *Landesbank Berlin*[14]. Sie ist im **465** Rahmen eines Konzernverbundes in die *Bankgesellschaft Berlin* eingegliedert. Auch diese Konstruktion hat in der Vergangenheit viel Kritik hervorgerufen. Zum einen wird bemängelt, das Management werde durch die öffentlich-rechtliche Bindung an einer effizienten Betriebsführung gehindert. Auf der anderen Seite wird wie im Falle der Wasserbetriebe bezweifelt, dass die öffentlich-rechtliche Landesbank aufgrund ihrer Eingliederung in einen privatrechtlichen Konzern den Anforderungen des Demokratieprinzips, insbesondere legislativer Kontrolle, gerecht werden kann[15]. Im Anschluss an das genannte Grundsatzurteil des Verfassungsgerichtshofs kann diesen Bedenken durch eine entsprechende Ausgestaltung der rechtlichen Konstruktion Rechnung getragen werden.

Als weitere rechtsfähige Anstalt sind die *Berliner Bäderbetriebe* zu nennen, die **466** 1995 gegründet wurden[16]. Eigenbetriebe gibt es im Land Berlin derzeit nicht[17]. Die

---

[11] Berliner Betriebegesetz vom 9.7.1993, GVBl. S. 319, zuletzt geänd. d. G. v. 20.4.2000, GVBl. S. 286; siehe Rz. 86.

[12] Vgl. zu den Einzelheiten Gesetz zur Teilprivatisierung der Berliner Wasserbetriebe vom 17.5.1999, GVBl. S. 183; vgl. hierzu die grundlegende Entscheidung des BerlVerfGH, NVwZ 2000, S. 794; hierzu *Wolfers*, NVwZ 2000, S. 765 ff.

[13] BerlVerfGH (Fn. 12), S. 794, Ls. 1 = JR 2001, S. 320.

[14] Gesetz über die Errichtung der Landesbank Berlin - Girozentrale - in der Fassung vom 3.12.1993, GVBl. S. 626, geänd. d. G. v. 7.10.1999, GVBl. S. 546.

[15] *Neumann*, DB 1996, S. 1659 ff.; vgl. hierzu auch BerlVerfGH, NVwZ 2000, S. 794.

[16] Bäder-Anstaltsgesetz vom 25.9.1995, GVBl. 617.

früher als Eigenbetriebe geführten Unternehmen, z.b. die BVG, wurden in rechtsfähige Anstalten umgewandelt, um ihnen eine größere Selbständigkeit zu verleihen. Das Eigenbetriebegesetz Berlins ist damit derzeit ohne Anwendungsfall[18].

467 Zahlreiche wirtschaftliche Unternehmen Berlins wurden in *privaten Rechtsformen* gegründet. Als Aktiengesellschaft ist etwa zu nennen die Bankgesellschaft Berlin. Bewag und Gasag, die ursprünglich ebenfalls mehrheitlich dem Land Berlin gehörten, wurden mittlerweile veräußert. Neben den Aktiengesellschaften gibt es eine Vielzahl von GmbHs Berlins und andere privatrechtliche Unternehmen, so etwa die Tourismus-Marketing-GmbH und die Wohnungsbaugenossenschaften. Einen Überblick über die Beteiligungen Berlins an privaten Unternehmen gibt der jährlich erscheinende *Beteiligungsbericht*[19].

2. Schranken der wirtschaftlichen Betätigung Berlins

a) Verfassungsrecht

468 Zunächst können sich Grenzen des wirtschaftlichen Handlungsspielraum Berlins aus dem Grundgesetz ergeben. Umstritten ist, ob die öffentliche Hand bei ihrer wirtschaftlichen Betätigung an das *bundesstaatliche Kompetenzgefüge* des Grundgesetzes gebunden ist. Dies wird teilweise mit dem Argument verneint, dass nur für genuin staatliche Aufgaben ein Kompetenztitel erforderlich sei. Solche Aufgaben, die auch ein Privater erledigen könne, bedürften demgegenüber keiner Regelung der Zuständigkeit[20]. Dem wird zu Recht entgegengehalten, dass es keine vom Staat übernommene Aufgabe geben kann, die nicht der Legitimation anhand der Verfassung bedarf. Dann muss aber auch die von der Verfassung vorgenommene Zuständigkeitsabgrenzung auf die wirtschaftliche Betätigung grundsätzlich Anwendung finden[21].

469 Weiterhin ist umstritten, ob sich private Konkurrenten gegenüber wirtschaftlicher Betätigung der öffentlichen Hand auf die *Berufsfreiheit* gem. Art. 12 Abs. 1 GG, die *Eigentumsgarantie* gem. Art. 14 Abs. 1 GG oder den *Gleichheitssatz* gem. Art. 3 Abs. 1 GG berufen können. Insbesondere die Anwendbarkeit von Art. 12 Abs. 1 GG wird uneinheitlich beurteilt.

Das *Bundesverwaltungsgericht* hat in einer Leitentscheidung zum kommunalen Wirtschaftsrecht ausgeführt: "*Art. 12 Abs. 1 GG schützt nicht vor Konkurrenz, auch nicht vor dem Wettbewerb der öffentlichen Hand.*"[22] Dem Grundgesetz lasse

---

[17] Siehe Rz. 79.

[18] Gesetz über die Eigenbetriebe des Landes Berlin vom 13.7.1999, GVBl. S. 374.

[19] Bericht über die Beteiligungen des Landes Berlin an Unternehmen des privaten Rechts, Geschäftsjahr 1999 v. 11.12.2000, Abghs-Drs. 14/899.

[20] *Dickersbach*, WiVerw 1983, S. 187 ff., 194; so auch *Ossenbühl*, Deutsche Bundespost, S. 131; ähnlich *Püttner*, Die öffentlichen Unternehmen, S. 164.

[21] So *Heintzen* (Fn. 6), S. 39 ff.

[22] BVerwGE 39, 329, 336.

sich kein verfassungskräftiges Bekenntnis für ein bestimmtes Wirtschaftssystem entnehmen. Die Berufsfreiheit könne erst tangiert sein, wenn durch die wirtschaftliche Betätigung der öffentlichen Hand jede private Konkurrenz unmöglich gemacht werde. Die Verwaltungsgerichte sowie ein Teil der Literatur schließen sich dieser Sichtweise mit der Erwägung an, dass der Konkurrentenschutz inhaltlich nicht in den Schutzbereich von Art. 12 Abs. 1 GG falle[23].

Die *Gegenmeinung* bezieht den Konkurrentenschutz in den Schutzbereich von **470** Art. 12 Abs. 1 GG mit ein[24]. Die Rechtsprechung des Bundesverwaltungsgerichts sei nicht mehr zeitgemäß, da mittlerweile auch erwerbswirtschaftliches Handeln des Staates als grundrechtsrelevant und -gebunden angesehen werden müsse. Im Übrigen sie die Aussage, die Wirtschaftsordnung der Bundesrepublik sei indifferent, mit Blick auf Art. 4 Abs. 2 und 98 EG sowie Art. 1 Abs. 3 EinVertr in dieser Allgemeinheit nicht haltbar[25].

Der letztgenannten Auffassung gebührt der Vorzug. Sie trägt besser der Erkennt- **471** nis Rechnung, dass der Staat *nicht nur durch finale Akte* der Eingriffsverwaltung den bürgerlichen Freiheitsraum beschränken kann. Vielmehr sind andere Formen der Beeinträchtigung oft weitaus gravierender für den Einzelnen. Dies trifft auch für staatliche Wirtschaftsteilnahme zu. Es ist nicht ersichtlich, warum der Staat keiner Grundrechtsbindung unterliegen soll, nur weil er sich wie ein Privater verhält.

b) Das Kriterium des öffentlichen Zwecks

Bejaht man eine Grundrechtsbindung Berlins, so stellt sich folgendes Problem: **472** Das kommunale Wirtschaftsrecht der Flächenländer kennt durchgehend die Begrenzung der wirtschaftlichen Betätigung durch einen öffentlichen Zweck. In Berlin ist ein solches Kriterium *nicht einfach-gesetzlich normiert*. Fraglich ist, ob die wirtschaftliche Betätigung Berlins deshalb - weitergehend als die der Kommunen - auch ohne öffentlichen Zweck möglich ist, ob also in der Konsequenz auch eine reine Einnahmeerzielung angestrebt werden dürfte. Ein solches Ergebnis widerspräche der Bindung Berlins an die Grundrechte privater Konkurrenten, insbesondere deren Berufsfreiheit. Staatliches Handeln ist vor dem Hintergrund der Grundrechte nämlich nur dann gerechtfertigt, wenn ein legitimer Zweck angegeben werden kann, dem das Handeln dient. Dieser deckt sich im Rahmen der wirtschaftlichen Betätigung mit dem Kriterium des öffentlichen Zwecks in den Gemeindeordnungen. Folglich ergibt sich das Erfordernis eines Zweckkriteriums

---

[23] OVG NW, DÖV 1986, S. 339 ff., 341; *Schmidt-Aßmann* in ders., Besonderes Verwaltungsrecht, 1. Abschn., Rz. 121, *Püttner* (Fn. 20), S. 91; *Gerke*, Jura 1985, S. 349 ff. 356; *Otting*, DVBl. 1997, S. 1258 ff., 1260.

[24] *Heintzen* (Fn. 6), S. 23 ff.; *Erichsen* (Fn. 2), S. 274 ff., der zwischen den verschiedenen Organisationsformen wirtschaftlicher Betätigung differenziert; vermittelnd *Ehlers*, DVBl. 1998, S. 497 ff., 502.

[25] *Heintzen* (Fn. 6), S. 47 ff.

unmittelbar aus Art. 12 Abs. 1 GG. Auch Berlin muss einen *öffentlichen Zweck* angeben können, wenn es sich wirtschaftlich betätigt.

473 Die begrenzende Kraft dieses Kriteriums darf indes nicht überschätzt werden. Für das kommunale Wirtschaftsrecht formulieren die Zivilgerichte und diejenigen Vertreter in der Literatur, die eine Grundrechtsbindung bejahen, das Bedürfnis für eine wirtschaftliche Betätigung müsse sich von außen ergeben und dürfe nicht nur dem Wunsch gemeindlicher Organe entspringen. Die Gemeinde dürfe den rechtfertigenden Zweck nicht selbst schaffen, sondern sei darauf angewiesen, dass er sich aus den Bedürfnissen der örtlichen Gemeinschaft ableiten lasse[26]. Diese Formulierungen bedürfen ihrerseits der Konkretisierung. In vielen Fällen wird die öffentliche Hand unschwer einen öffentlichen Zweck angeben können, der ihre wirtschaftliche Betätigung rechtfertigt. So kann ein solcher etwa in der sozialen Sicherung der Einwohner oder der Belebung der Konjunktur liegen. Letztlich sichert dieses Kriterium eine *Plausibilitäts- und Willkürkontrolle*, die private Konkurrenten vor den schwersten Auswüchsen wirtschaftlicher Betätigung durch die öffentliche Hand schützt.

474 Vor dem Hintergrund von Art. 12 Abs. 1 GG erscheint es bedenklich, wenn § 2 Abs. 1 S. 3 BerlBetrG ohne jede Einschränkung normiert, die in dem Gesetz genannten Betriebe könnten am marktwirtschaftlichen Wettbewerb teilnehmen. Man wird dies verfassungskonform dahingehend auslegen müssen, dass § 2 Abs. 1 S. 3 BerlBetrG *keine Generalermächtigung für Wettbewerbsteilnahme* sein soll. Andernfalls wäre die Vorschrift verfassungswidrig. Vielmehr können die genannten Betriebe nur so lange am marktwirtschaftlichen Wettbewerb teilnehmen, wie diese Tätigkeit von einem öffentlichen Zweck gedeckt ist. Die bloße Absicht der Einnahmeerzielung reicht insoweit nicht.

475 Grundsätzlich unbedenklich sind in diesem Zusammenhang solche wirtschaftliche Betätigungen, die sich nur als Ausnutzung ansonsten brachliegender öffentlicher Ressourcen darstellen[27]. So lässt sich ein öffentlicher Zweck - nämlich die sparsame und wirtschaftliche Betriebsführung - unproblematisch bejahen, wenn etwa die BVG ihre Fahrzeuge als Werbeträger zur Verfügung stellt oder die BSR ihre Werkstatt auch privaten Kunden öffnet. Derartige *Randnutzungen* dürfen aber einen bestimmten Umfang nicht überschreiten, sich insbesondere nicht organisatorisch verselbständigen[28].

c) Die Bedeutung von § 65 LHO

476 Während das Kriterium des öffentlichen Zwecks unabhängig von der Rechtsform bereits das "Ob" wirtschaftlicher Betätigung reglementiert, ergeben sich *rechtsformbezogene Schranken* der wirtschaftlichen Betätigung Berlins aus § 65 LHO.

---

[26] OLG Hamm, JZ 1998, S. 576 ff., 577; *Heintzen* (Fn. 6), S. 81 ff., m.w.N.
[27] Ebenso *Ehlers*, Jura 1999, S. 212 ff., 214.
[28] Siehe Fall 9, Rz. 486.

Diese Vorschrift handelt von der Beteiligung an privatrechtlichen Unternehmen und unterwirft diese bestimmten materiellen Voraussetzungen. Zu nennen ist hier insbesondere, dass gem. § 65 Abs. 1 Nr. 1 LHO ein *wichtiges Interesse Berlins* die Beteiligung rechtfertigen muss und sich der erstrebte Zweck nicht auf andere Weise besser erreichen lässt. Die übrigen Bestimmungen von § 65 LHO wollen insbesondere den Einfluss Berlins auf ein privatrechtliches Unternehmen sichern.

Das Erfordernis des *wichtigen Interesses* ähnelt auf den ersten Blick dem des öffentlichen Zwecks. Jedoch ist zu beachten, dass der Anwendungsbereich beider Kriterien nicht übereinstimmt. Während sich der öffentliche Zweck auf die wirtschaftliche Betätigung als solche bezieht, muss ein wichtiges Interesse an einer Betätigung *gerade in privater Rechtsform* bestehen. Beide Begriffe stehen also autonom nebeneinander. Bei dem Merkmal "wichtiges Interesse" handelt es sich um einen ausfüllungsbedürftigen unbestimmten Rechtsbegriff. Die Rechtsprechung gesteht dem Staat bei der Beurteilung des wichtigen Interesses einen *weiten Spielraum* zu[29]. Ein wichtiges Interesse könne sich aus einer Vielzahl von Gesichtspunkten ergeben. So könne auch ein wirtschaftliches Interesse im Vordergrund stehen, etwa die kostengünstigere Aufgabenerledigung durch Einschaltung eines Privatrechtssubjekts. Aber auch andere Aspekte kämen in Betracht, wie zB. größere Autonomie und Flexibilität bei der Aufgabenerfüllung, Abkoppelung vom öffentlichen Dienst-, Organisations-, und Haushaltsrecht, leichtere Gewinnung qualifizierten Fachpersonals[30]. Dieser weiten Auslegung folgt zu Recht die Literatur[31]. Da § 65 Abs. 1 LHO und die entsprechenden haushaltsrechtlichen Bestimmungen ausschließlich den Landeshaushalt selbst und nicht etwa Rechte Dritter schützen wollen, kann man den für den Haushalt Verantwortlichen hier auch einen weiten Spielraum zubilligen.

d) Wettbewerbsrecht, Europarecht, Vergaberecht

Weitere Bindungen der wirtschaftlichen Betätigung Berlins können sich aus § 1 UWG ergeben. Diese Vorschrift ist auf wirtschaftliche Unternehmen der öffentlichen Hand anwendbar, wenn sie mit privatwirtschaftlichen Unternehmen in einem Wettbewerbsverhältnis stehen[32]. Zu prüfen ist, ob die Tätigkeit des Unternehmens gegen die guten Sitten verstößt.

Schließlich können sich Schranken wirtschaftlicher Tätigkeit aus dem Europarecht sowie dem Vergaberecht ergeben. Im Rahmen des Europäischen Gemeinschaftsrechts sind vor allem die Beihilfevorschriften der Art. 87, 88 EG zu beachten. Das Vergaberecht ist seit 1.1.1999 zweigeteilt und findet sich abhängig vom Auftragsvolumen entweder in den §§ 97 ff. GWB oder in den entsprechenden Verdingungsordnungen für Bau- oder Dienstleistungen (VOB und VOL).

---

[29] OVG NW, DÖV 1986, S. 339 ff., 341; OVGE 44, 211, 213.
[30] OVG NW (Fn. 29), S. 213.
[31] *Heuer*, Kommentar zum Haushaltsrecht, § 65 BHO, Z. 16.
[32] *Heintzen* (Fn. 6), S. 102, m.w.N.

477

478

479

3. Rechtsschutz privater Konkurrenten

480 Rechtsschutz privater Konkurrenten ist sowohl vor den Verwaltungsgerichten als auch vor den Zivilgerichten denkbar.

Rügt ein privater Konkurrent in den Flächenländern die Verletzung von Normen des kommunalen Wirtschaftsrechts, so ist der *Verwaltungsrechtsweg* wegen deren öffentlich-rechtlichen Charakters eröffnet (§ 40 Abs. 1 VwGO). In Berlin, wo es kein kommunales Wirtschaftsrecht gibt, kommt man zum gleichen Ergebnis, wenn man auf einen *grundrechtlichen Abwehranspruch* für private Konkurrenten abhebt, der öffentlich-rechtlicher Natur ist. Problematisch ist jedoch die *Klagebefugnis* gem. § 42 Abs. 2 VwGO. Die Verwaltungsgerichte halten bis heute daran fest, dass die Normen des kommunalen Wirtschaftsrechts *nicht drittschützend* seien, sondern nur die Gemeindehaushalte schützen wollten[33]. Die an dieser Haltung geäußerte Kritik[34] hat die Verwaltungsgerichte nicht zu einer Änderung ihrer Rechtsprechung veranlassen können. Folglich würde die Rechtsprechung auch keine Klagebefugnis unmittelbar aus Grundrechten anerkennen. Bejaht man entgegen der Auffassung der Gerichte eine Klagebefugnis, so können sich private Konkurrenten sowohl gegen die Gründung als auch gegen die Tätigkeit der öffentlichen Unternehmen zur Wehr setzen.

481 Vor den *Zivilgerichten* ist eine Klage privater Konkurrenten derzeit aussichtsreicher. Die Zivilgerichte halten auf § 1 UWG gestützte Klagen privater Mitbewerber ohne weiteres für zulässig und je nach Sachlage auch für zumindest teilweise begründet[35]. Darzulegen ist, dass die Tätigkeit des öffentlichen Unternehmens im Einzelnen *gegen die guten Sitten verstößt*.

482 Klagegegner vor dem Verwaltungsgericht kann jeweils nur Berlin selbst sein, da nur ein Hoheitsträger Adressat eines grundrechtlichen Abwehranspruchs ist. Hingegen können die öffentlichen Unternehmen selbst nur vor dem Zivilgericht verklagt werden. Eine Ausnahme kann sich ergeben, wenn einem in öffentlich-rechtlicher Organisationsform geführten Unternehmen direkte Grundrechtsverstöße zur Last gelegt werden.

4. Die Stellung der Bezirke bei der wirtschaftlichen Betätigung

483 Die Bezirke nehmen im Rahmen der wirtschaftlichen Betätigung Berlins eine *untergeordnete Stellung* ein. Dies liegt zunächst an ihrer mangelnden Rechtsfähigkeit (vgl. § 2 Abs. 1 BezVG). Wer nicht rechtsfähig ist, kann auch keine neuen Rechtssubjekte schaffen. *Bezirkliche Unternehmen* sind also formal immer dem Land Berlin zugeordnet. Hierzu bestimmt § 65 Abs. 2 S. 1 LHO, dass Beteiligun-

---

[33] BVerwGE 39, 329, 336; BayVGH, BayVBl. 1959, S. 90 ff.; JZ 1976, S. 641 f., 642.
[34] Siehe nur *Gerke* (Fn. 23), S. 355.
[35] OLG Hamm, JZ 1998, S. 576 ff.; OLG Düsseldorf, NWVBl. 1997, S. 353 ff.

gen an privatrechtlichen Unternehmen für Bezirksaufgaben das Bezirksamt erwirbt, verwaltet und veräußert. Liegt eine Aufgabe in bezirklicher Verantwortung[36], kann das Bezirksamt also privatrechtliche Unternehmen nur für das Gebiet eines bestimmten Bezirks gründen. Es bedarf hierzu der Zustimmung der Bezirksverordnetenversammlung und der Zustimmung des Abgeordnetenhauses oder, wenn diese nicht erforderlich ist, des Einvernehmens der Senatsverwaltung für Finanzen (§ 65 Abs. 7 LHO). Momentan gibt es zwar einige Unternehmen in Privatrechtsform mit bezirklichem Bezug. Zu nennen sind beispielsweise einige Wohnungsbaugesellschaften (z.B. WBM). Aber diese sind keine Unternehmen im Sinne von § 65 Abs. 2 S. 1 LHO, denn sie werden von der zuständigen Senatsverwaltung verwaltet. Lediglich im Aufsichtsrat sitzen einige Bezirksvertreter. Einige andere Wohnungsbaugesellschaften mit ehemals bezirklichem Bezug wie die Wohnungsbaugesellschaft im Prenzlauer Berg (WIP) wurden mittlerweile mit gesamtstädtischen Gesellschaften (hier GEWOBAG) zusammengeführt.

Den Bezirken verbleibt ein bescheidenes Feld eigener wirtschaftlicher Betätigung **484** im Bereich der bereits beschriebenen *Randnutzungen*[37]. So können etwa bezirkliche Räumlichkeiten an Private vermietet werden, um zusätzliche Einnahmen zu erzielen.

Will das Bezirksamt bei Bezirksaufgaben einen *Eigenbetrieb* gründen, bedarf es **485** der Zustimmung der Bezirksverordnetenversammlung und des Abgeordnetenhauses zur Betriebssatzung (§ 2 Abs. 1 EigG). Mehrere Bezirke können einen gemeinsamen Eigenbetrieb gründen (§ 2 Abs. 2 EigG). Eigenbetriebe auf Bezirksebene gibt es zur Zeit jedoch nicht.

Fall 9: Ärger mit der GartenNeukölln GmbH

Der Bezirk Neukölln sucht nach Möglichkeiten, die Verwaltung effizienter zu ge- **486** stalten und neue Einnahmequellen für den Bezirkshaushalt zu erschließen. Zu diesem Zweck wird unter anderem das bezirkliche Naturschutz- und Grünflächenamt aufgelöst und mit Zustimmung des Abgeordnetenhauses und der Bezirksverordnetenversammlung zu einer auf dem ganzen Bezirksgebiet und darüber hinaus tätigen GartenNeukölln GmbH zusammengeführt. Die Anteile an der GmbH hält zu 100% das Land Berlin, vertreten durch den Bezirk Neukölln.

Entsprechend der Satzung der neuen GmbH hat sie die Aufgabe, die der Allgemeinheit zugänglichen Garten- und Grünanlagen im Bezirk Neukölln sowie sonstige Anlagen auf im Landeseigentum stehenden Grundstücken zu erhalten und zu pflegen. Darüber hinaus soll die GartenNeukölln GmbH aber auch Aufträge von Dritten annehmen können und ihre Dienste frei am Markt anbieten. Als Gesell-

---

[36] Siehe Rz. 108 ff.
[37] Siehe Rz. 475.

schaftszweck ist weiterhin angegeben, die Beschäftigungsverhältnisse der bisher bei den bezirklichen Stellen Angestellten in sozial abgesicherter Form weiterzuführen. Durch die Ausgestaltung der Satzung ist sichergestellt, dass den Anforderungen von § 65 Abs. 1 Nr. 2 bis 4 LHO Genüge getan ist.

Die Vorteile der GmbH gegenüber den bisherigen Ämtern werden in einem flexibleren Marktverhalten gesehen. Durch die Annahme von Drittaufträgen sollen vorhandene Material- und Personalressourcen besser genutzt und insbesondere Überkapazitäten abgebaut werden. Darüber hinaus will man die Lage der im Gartenbausektor Beschäftigten insgesamt verbessern, von denen derzeit viele arbeitslos sind oder unter Tarif arbeiten. Die GmbH soll hier eine Trendwende herbeiführen. Nicht zuletzt wird durch die Drittaufträge und die Effizienzsteigerung eine spürbare Entlastung für den Bezirkshaushalt erwartet.

Die GartenNeukölln GmbH entwickelt sich zu einem Erfolg für den Bezirk. Die gute Auslastung führt bald zu Neueinstellungen und -investitionen. Die Ausführung von Fremdaufträgen macht mittlerweile 20 % des gesamten Geschäftsvolumens aus und wirft gute Gewinne ab. Es werden hierbei zunehmend auch Aufträge Privater aus anderen Bezirken und dem Umland angenommen. Einige private Konkurrenten sind durch die Tätigkeit der GmbH bereits in wirtschaftliche Bedrängnis geraten.

1. Prüfen Sie die Rechtmäßigkeit der Gründung und der Tätigkeit der Garten-Neukölln GmbH.
2. Kann sich ein privater Konkurrent gegen die Tätigkeit der GmbH gerichtlich wehren?

Lösungsvorschlag

Frage 1

Die Frage nach der Rechtmäßigkeit der GartenNeukölln GmbH macht die Prüfung von einfachem Recht und von Verfassungsrecht erforderlich. Im Einzelnen muss die Vereinbarkeit mit Landeshaushaltsrecht, mit Wettbewerbsrecht und mit den Grundrechten privater Konkurrenten geprüft werden[38]. Demgegenüber gibt es in Berlin im Unterschied zu den Flächenländern kein Gemeindewirtschaftsrecht, so dass die sich in diesem Bereich stellenden Probleme[39] in Berlin nur partiell zum Tragen kommen[40].

---

[38] Für die Prüfung europäischer Beihilfevorschriften ergeben sich demgegenüber aus dem Sachverhalt keine Anhaltspunkte.
[39] Siehe Rz. 459 ff.
[40] Siehe Rz. 472 ff.

I. Vereinbarkeit mit der Landeshaushaltsordnung

Zunächst ist fraglich, ob die Gründung der GartenNeukölln GmbH mit der Landeshaushaltsordnung, insbesondere § 65 LHO, vereinbar ist.

1. Formelle Voraussetzungen der GmbH-Gründung

Für die Gründung zuständig ist gem. § 65 Abs. 2 LHO das Bezirksamt Neukölln, wenn es sich bei der Pflege von Grünanlagen um eine Bezirksaufgabe handelt. Dies ist der Fall, da diese Aufgabe als allgemeine Verwaltungsaufgabe nicht im ZustKatAZG erwähnt ist. Damit sind gem. § 4 Abs. 1 S. 2 AZG die Bezirke zuständig.

Gem. § 65 Abs. 6 S. 1 Nr. 1 LHO ist für die Gründung der GartenNeukölln GmbH die Zustimmung des Abgeordnetenhauses erforderlich. Diese liegt laut Sachverhalt vor. Auch die gem. § 65 Abs. 7 S. 1 LHO erforderliche Zustimmung der Bezirksverordnetenversammlung ist gegeben.

2. Materielle Voraussetzungen der GmbH-Gründung

§ 65 Abs. 1 LHO formuliert die materiellen Voraussetzungen für die GmbH-Gründung. Laut Sachverhalt ist den Anforderungen des § 65 Abs. 1 Nr. 2 bis 4 LHO Genüge getan. Fraglich ist aber, ob für die Gründung auch ein wichtiges Interesse Berlins gem. § 65 Abs. 1 Nr. 1 LHO vorliegt und sich der angestrebte Zweck nicht besser und wirtschaftlicher auf andere Weise erreichen lässt.

Bei dem Merkmal "wichtiges Interesse" handelt es sich um einen ausfüllungsbedürftigen unbestimmten Rechtsbegriff. Die Rechtsprechung gesteht dem Staat bei der Beurteilung des wichtigen Interesses einen weiten Spielraum zu[41]. Ein wichtiges Interesse könne sich aus einer Vielzahl von Gesichtspunkten ergeben. So könne auch ein wirtschaftliches Interesse im Vordergrund stehen, etwa die kostengünstigere Aufgabenerledigung durch Einschaltung eines Privatrechtssubjekts. Aber auch andere Aspekte kämen in Betracht, wie z.B. größere Autonomie und Flexibilität bei der Aufgabenerfüllung, Abkoppelung vom öffentlichen Dienst-, Organisations-, und Haushaltsrecht, leichtere Gewinnung qualifizierten Fachpersonals[42]. Dieser weiten Auslegung folgt zu Recht die Literatur[43]. Da § 65 Abs. 1 LHO und die entsprechenden haushaltsrechtlichen Bestimmungen ausschließlich den Landeshaushalt selbst und nicht etwa Rechte Dritter schützen wollen, kann man den für den Haushalt Verantwortlichen hier auch einen weiten Spielraum zubilligen.

Dieser Spielraum ist vorliegend nicht überschritten. Insbesondere kann der Bezirk Neukölln das Interesse der effizienteren Aufgabenerfüllung und der Kostenerspar-

---

[41] OVG NW, DÖV 1986, S. 339 ff., 341; OVGE 44, 211, 213.

[42] OVG NW (Fn. 41), S. 213.

[43] *Heuer*, Kommentar zum Haushaltsrecht, § 65 BHO, Z. 16.

nis geltend machen. Auch das zweite Kriterium des § 65 Abs. 1 Nr. 1 LHO ist erfüllt, da sich bereits gezeigt hat, dass die GmbH besser funktioniert als das vor-
malige Naturschutz- und Grünflächenamt.

3. Ergebnis

Aus haushaltsrechtlicher Sicht bestehen gegen die Gründung der GartenNeukölln
GmbH keine Bedenken.

II. Wettbewerbsrecht

Weiterhin ist zu prüfen, ob die Tätigkeit der GartenNeukölln GmbH gegen Vorschriften des Wettbewerbsrechts verstößt. In Betracht kommt insbesondere ein
Verstoß gegen § 1 UWG.

1. Anwendbarkeit von § 1 UWG auf bezirkliche Unternehmen

§ 1 UWG stellt eine Generalklausel dar, die sittenwidrige Handlungen im ge-
schäftlichen Verkehr zu Zwecken des Wettbewerbs untersagt. Die Vorschrift ist
nach ganz herrschender Meinung auf öffentliche und kommunale Unternehmen
anwendbar, wenn sie mit privatwirtschaftlichen Unternehmen in einem Wettbewerbsverhältnis stehen[44]. Dies ist laut Sachverhalt bei der GartenNeukölln der
Fall.

2. Vorliegen einer sittenwidrigen Handlung

Zu prüfen ist damit allein, ob die Tätigkeit der GmbH gegen die guten Sitten verstößt. Die Rechtsprechung hat, um dieses Kriterium handhabbar zu machen, Fallgruppen entwickelt, in denen sich die Sittenwidrigkeit bejahen lässt.

Die Fallgruppe des unlauteren Wettbewerbs durch Rechtsbruch ist vorliegend
nicht einschlägig, weil sie voraussetzt, dass die verletzte Norm für beide Wettbe-
werber gleichermaßen gilt[45]. Die Verletzung einer solchen privatrechtlichen Norm
ist vorliegend nicht ersichtlich.

Im Bereich des kommunalen Wirtschaftsrechts der Gemeinden in den Flächenländern ist umstritten, ob bereits ein Verstoß gegen dessen Vorschriften die Sittenwidrigkeit gem. § 1 UWG begründen kann. Während die Zivilgerichte und ein
Teil der Literatur dies bejahen, geht die Gegenansicht davon aus, mangels Dritt-

---

[44] Siehe nur *Gern*, Deutsches Kommunalrecht, Rz. 734; *Heintzen*, Rechtliche Grenzen und
Vorgaben für eine wirtschaftliche Betätigung von Kommunen im Bereich der gewerblichen Gebäudereinigung, S. 102, m.w.N.
[45] *Heckelmann*, Konkurrentenschutz, in FS zum 125-jährigen Bestehen der Juristischen Gesellschaft Berlin, S. 245 ff., 255.

schutzes begründe ein Verstoß gegen diese Normen keine Sittenwidrigkeit[46]. In Berlin stellt sich die Frage so nicht, da es kein kommunales Wirtschaftsrecht gibt.

Jedoch gebietet es der Grundrechtsschutz privater Konkurrenten aus Art. 12 Abs. 1 GG, zumindest das im kommunalen Wirtschaftsrecht geläufige Kriterium des öffentlichen Zwecks auch auf wirtschaftliche Unternehmen Berlins anzuwenden[47]. Lässt sich für eine wirtschaftliche Betätigung kein öffentlicher Zweck nennen, so liegt ein Verstoß gegen die Berufsfreiheit privater Konkurrenten vor. Dieser Verstoß kann dann möglicherweise die Betätigung des Landes Berlin als sittenwidrig im Sinne von § 1 UWG erscheinen lassen. Bevor demnach beurteilt werden kann, ob ein Verstoß gegen § 1 UWG vorliegt, muss zunächst die verfassungsrechtliche Lage geprüft werden.

III. Verfassungsrecht

1. Art. 12 Abs. 1 GG

Die Frage, ob sich private Konkurrenten gegenüber der wirtschaftlichen Betätigung der öffentlichen Hand auf die Grundrechte berufen können, ist umstritten. Nach hier vertretener Auffassung begründet die wirtschaftliche Betätigung der öffentlichen Hand einen Eingriff in den Schutzbereich der Berufsfreiheit privater Mitbewerber. Betroffen ist die Berufsausübung. Dieser Eingriff muss sich rechtfertigen lassen. Art. 12 Abs. 1 S. 2 GG statuiert einen einfachen Gesetzesvorbehalt. Diesem ist durch die Ermächtigung zur Gründung privater GmbHs in § 65 LHO Genüge getan.

a) Territorialitätsprinzip

Problematisch könnte jedoch sein, dass die GartenNeukölln GmbH auch Aufträge Privater aus anderen Bezirken und dem Umland annimmt. Hierin könnte eine Überschreitung der Kompetenzen des Bezirks Neukölln zu sehen sein. Ein nicht kompetenzgemäßes Verhalten kann vor dem Hintergrund von Art. 12 Abs. 1 GG nicht gerechtfertigt sein. In den Flächenländern wird überwiegend vertreten, dass die kommunale Wirtschaftstätigkeit durch das sogenannte Territorialitätsprinzip aus Art. 28 Abs. 2 GG begrenzt sei. Dieses Territorialitätsprinzip gilt für die Abgrenzung der Zuständigkeiten zwischen den Bezirken so nicht. Die Frage, ob das Territorialitätsprinzip auch für die Berliner Bezirke gilt, kann vorliegend aber auf sich beruhen, da es nur um die Annahme von Aufträgen Privater geht. Diese Aufträge unterliegen nicht einer bestimmten Aufgabenzuweisung zwischen den Bezirken. Das Territorialitätsprinzip ist die räumliche Ausprägung der Kompetenzabgrenzung zwischen verschiedenen Verwaltungsträgern. Ein Verstoß gegen das Territorialitätsprinzip kann daher nur vorliegen, wenn in den Aufgabenbereich des betroffenen Verwaltungsträgers eingegriffen wird. Hierzu zählen alle Aufgaben

---

[46] Siehe Rz. 480.
[47] Siehe Rz. 472.

die gemeinschaftsbezogen sind wie etwa die Pflege öffentlicher Grünanlagen. Etwas anderes gilt, wenn bloß private Belange verfolgt werden, etwa die Pflege eines privaten Anwesens oder des Fuhrparks eines Unternehmers. Hier kann man keinen Verstoß gegen das Territorialitätsprinzip annehmen, da insoweit keine Zuständigkeit anderer Verwaltungsträger besteht.

b) Öffentlicher Zweck

Jedoch wurde bereits ausgeführt, dass sich in Berlin, das keine einfach-gesetzliche Normierung des Kriteriums des "öffentlichen Zwecks" kennt, dieses Kriterium in verfassungskonformer Ergänzung unmittelbar aus Art. 12 Abs. 1 GG ableitet. Folglich ist eine wirtschaftliche Betätigung der öffentlichen Hand und damit der Eingriff in Art. 12 Abs. 1 GG auch in Berlin nur gerechtfertigt, wenn ein öffentlicher Zweck sie erfordert.

Fraglich ist, ob die Gründung und Betätigung der GartenNeukölln GmbH durch einen öffentlichen Zweck gedeckt ist. Unproblematisch ist dies für die Pflege städtischer Anlagen, die entweder der Allgemeinheit offenstehen oder sonst im Eigentum Berlins stehen. Es liegt im öffentlichen Interesse, dass diese Anlagen auch weiterhin durch das Land Berlin ordnungsgemäß unterhalten werden.

Anders verhält es sich mit der Pflege privater Gärten und Grünanlagen. Da man sich einig ist, dass allein die Einnahmeerzielung kein öffentlicher Zweck sein kann, muss der Bezirk darüber hinausgehende Zwecke angeben können, die mit der Teilnahme am privaten Wettbewerb erfüllt werden.

In Betracht kommt hier der Zweck besserer Ressourcennutzung. In der Tat wird man es der öffentlichen Hand nicht verwehren können, eventuelle Kapazitätsüberhänge durch Aufgabenerledigung auch für Private zu nutzen. Jedoch muss sich diese Nutzung auf den Abbau solcher Überhänge beschränkt bleiben und darf ein bestimmtes Volumen nicht überschreiten. Ein Anteil von 20 % erscheint vor diesem Hintergrund bereits als zu hoch. Hinzu kommt, dass im Hinblick auf die Auftragsannahme von Privaten bereits selbständige Einstellungen und Investitionen erforderlich wurden. Somit lässt sich die Tätigkeit der GmbH nicht mehr mit dem Argument besserer Ressourcennutzung begründen.

In Betracht kommt weiterhin das Argument der Sicherung der Beschäftigungsverhältnisse der im Gartenbausektor Tätigen. Die Kommunen können wegen ihres begrenzten Spielraums zu eigenständiger Arbeitsmarktpolitik auf dieses Argument nur begrenzt zurückgreifen. Anders liegt es für das Land Berlin. Berlin ist im Rahmen seiner Haushaltswirtschaft zur Wahrung des gesamtwirtschaftlichen Gleichgewichts verpflichtet. Dazu gehört auch eine aktive Arbeitsmarktpolitik. Es kann also durchaus als ausreichender öffentlicher Zweck gewertet werden, wenn das Land Berlin oder einer seiner Bezirke durch wirtschaftliche Betätigung in einem Teilbereich des Arbeitsmarktes eine Situationsverbesserung herbeiführen will. Insoweit ist es vom öffentlichen Zweck gedeckt, wenn der Bezirk Neukölln innerhalb der GartenNeukölln GmbH gesicherte Arbeitsplätze schafft und so die Konkurrenten zwingt, ihrerseits verbesserte Arbeits- und Lohnbedingungen zu schaffen. Ob sich tatsächlich eine spürbare Verbesserung des Arbeitsmarktes einstellt, ist unerheblich, da insoweit ein weiter Prognosespielraum der bezirklichen Organe besteht[48].

Zur Erreichung des genannten öffentlichen Zwecks ist die Gründung und Betätigung der GartenNeukölln GmbH auch ein verhältnismäßiges Mittel. Insbesondere ist die Tatsache, dass einige private Konkurrenten wirtschaftlich in Bedrängnis geraten sind, noch kein Argument gegen die Angemessenheit der Tätigkeit der GmbH. Auf dem Markt gibt es immer Betriebe, die durch Marktveränderungen, seien sie auch noch so gering, in die Gefahr der Verdrängung geraten. Erst wenn die GmbH eine spürbare Marktschieflage verursachte, wäre die Angemessenheit ihrer Betätigung zu verneinen.

Im Ergebnis ist daher die Betätigung Neuköllns im Rahmen der GmbH als von Art. 12 Abs. 1 GG gedeckt anzusehen.

2. Art. 14 Abs. 1 GG und Art. 3 Abs. 1 GG

Auch eine Verletzung von Art. 14 Abs. 1 GG und Art. 3 Abs. 1 GG scheidet mangels konkreter Sachverhaltsangaben aus.

3. Zwischenergebnis

Im Ergebnis ist damit die Tätigkeit der GartenNeukölln GmbH verfassungsrechtlich nicht zu beanstanden. Damit liegt kein Anknüpfungspunkt für eine Sittenwidrigkeit im Sinne von § 1 UWG vor. Eine dann lediglich noch mögliche Sittenwidrigkeit im Einzelfall ist aufgrund der Sachverhaltsangaben nicht feststellbar.

IV. Endergebnis

Die Gründung und Betätigung der GartenNeukölln GmbH stellen sich als insgesamt rechtmäßig heraus. Es liegt weder ein Verstoß gegen einfaches noch gegen Verfassungsrecht vor.

Frage 2

Fraglich ist, ob sich ein betroffener Konkurrent gerichtlich gegen die Tätigkeit der GartenNeukölln GmbH zur Wehr setzen kann. In Betracht kommen Klagen vor dem Verwaltungsgericht gegen das Land Berlin oder dem Zivilgericht gegen die GmbH selbst. Vorliegend ist nur nach deren Zulässigkeit gefragt.

---

[48] Siehe Rz. 473.

I. Zulässigkeit einer verwaltungsgerichtlichen Klage

1. Verwaltungsrechtsweg

Der Verwaltungsrechtsweg ist mangels aufdrängender Sonderzuweisung gem. § 40 Abs. 1 VwGO für öffentlich-rechtliche Streitigkeiten nichtverfassungsrechtlicher Art eröffnet, sofern keine abdrängende Sonderzuweisung eingreift. Nach der Sonderrechtstheorie ist die Natur der Streitigkeit öffentlich-rechtlich, wenn die streitentscheidende Norm dem öffentlichen Recht entstammt. In den Flächenländern kann sich eine Klage beispielsweise auf das kommunale Wirtschaftsrecht stützen, das zweifellos dem öffentlichen Recht entstammt. In Berlin besteht diese Möglichkeit nicht. Jedoch kann sich ein Konkurrent auf einen grundrechtlichen Abwehranspruch aus Art. 12 GG berufen, der ebenfalls öffentlich-rechtlicher Natur ist[49]. Mithin ist auch für Klagen von Konkurrenten in Berlin eine öffentlich-rechtliche Streitigkeit gegeben[50]. Anderes gilt, sofern die Klage auf § 1 UWG gestützt ist. Diese Norm richtet sich an jedermann und ist somit privatrechtlicher Natur. Klagen, die auf § 1 UWG gestützt sind, gehören vor die Zivilgerichte. Da der Konkurrent vorliegend den grundrechtlichen Abwehranspruch geltend macht, ist der Verwaltungsrechtsweg gem. § 40 Abs. 1 VwGO eröffnet.

2. Statthafte Klageart

Als statthafte Klageart kommt vorliegend die allgemeine Leistungsklage in Form der Unterlassungsklage in Betracht, da das Klagebegehren auf Unterlassung eines schlichten Verwaltungshandelns gerichtet wäre.

3. Klagebefugnis

Weiterhin müsste der Konkurrent klagebefugt analog § 42 Abs. 2 VwGO sein. Es muss möglich erscheinen, dass er durch Gründung oder Betrieb der GmbH in einem subjektiv-öffentlichen Recht verletzt ist. Ob eine solche Möglichkeit besteht, ist umstritten.

Die Verwaltungsgerichte[51] und ihnen folgend ein Teil der Literatur gestehen privaten Mitbewerbern der öffentlichen Hand keine Klagebefugnis zu. Das kommunale Wirtschaftsrecht diene ausschließlich dem Schutz des Gemeindehaushalts. Grundrechte könnten nur im Ausnahmefällen, wenn ein Verdrängungswettbewerb

---

[49] So auch *Erichsen* (Fn. 2), S. 290.

[50] In der Literatur wird teilweise vertreten, es müsse für den Rechtsweg entsprechend der aus dem Subventionsrecht geläufigen Zwei-Stufen-Theorie zwischen dem "Ob" und dem "Wie" der wirtschaftlichen Betätigung unterschieden werden; vgl. *Gerke,* Jura 1985, S. 349 ff., 357. Dies ist abzulehnen, da sich nicht scharf zwischen Beidem differenzieren lässt.

[51] Grundlegend BVerwGE 39, 329, 336; vgl. auch VGH München, BayVBl. 1959, S. 90 ff.; JZ 1976, S. 641, 642.

zu Lasten der Privatwirtschaft stattfinde, einen Abwehranspruch auslösen. Das in Berlin einschlägige Landeshaushaltsrecht gewährt Dritten ohnehin keine subjektiven Rechte.

Die Gegenansicht kritisiert diese Auffassung zu Recht. Geht man mit der hier vertretenen Auffassung von der Grundrechtsrelevanz der wirtschaftlichen Tätigkeit der öffentlichen Hand aus, so lässt sich die Klagebefugnis ohne weiteres bejahen[52].

4. Ergebnis

Da sich weitere Bedenken nicht ergeben, ist die Klage zulässig.

II. Zulässigkeit einer zivilgerichtlichen Klage

Gem. § 13 GVG ist der Zivilrechtsweg in allen bürgerlichrechtlichen Streitigkeiten gegeben. Hierzu gehört auch eine Streitigkeit im Rahmen von § 1 UWG. Beruft sich ein Konkurrent auf eine Verletzung dieser Norm, so ist der Zivilrechtsweg eröffnet[53]. Ob und inwieweit eine Verletzung vorliegt, ist eine Frage der Begründetheit. Im Rahmen der Zivilrechtswegs kann die Klage sowohl gegen die GmbH selbst als auch gegen das Land Berlin gerichtet werden, während vor den Verwaltungsgerichten nur das Land Berlin Klagegegner sein kann. Weitere Zulässigkeitsbedenken ergeben sich aus dem Sachverhalt nicht.

III. Ergebnis

Mithin stehen den Konkurrenten der Verwaltungs- und der Zivilrechtsweg offen je nachdem, auf welche Normen sie ihre Klage stützen. In der Praxis ist dabei zu beachten, dass die Verwaltungsgerichte nach wie vor an ihrer Ablehnung einer Klagebefugnis in der vorliegenden Konstellation festhalten. Konkurrenten sollten daher einen Verstoß gegen § 1 UWG vor den Zivilgerichten rügen[54].

---

[52] *Heintzen* (Fn. 6), S. 25 und 95.
[53] So die st. Rspr. der Zivilgerichte, vgl. OLG Düsseldorf, NWVBl. 1997, S. 353 ff., 354.
[54] So geschehen im "berühmten" GelsenGrün-Fall, OLG Hamm, JZ 1998, S. 576.

12. Kapitel: Die öffentlichen Einrichtungen

Das Recht öffentlicher Einrichtungen in Berlin unterscheidet sich kaum von dem **487** der Flächenbundesländer, so dass auf eine zweigeteilte Darstellung verzichtet werden kann. Soweit nötig, wird auf die Berliner Besonderheiten eingegangen.

I. Grundbegriffe

1. Der Begriff der öffentlichen Einrichtung

Öffentliche Einrichtungen werden von den Trägern öffentlicher Verwaltung, insbesondere den Gemeinden, geschaffen, um ihre Aufgaben im Bereich der *Daseinsvorsorge* erfüllen zu können. Unter einer öffentlichen Einrichtung versteht man eine organisatorische Zusammenfassung von Personen und Sachen, die von einem Verwaltungsträger im Rahmen seiner Verbandskompetenz geschaffen wird und die dem von dem Widmungszweck erfassten Personenkreis nach allgemeiner und gleicher Regelung zur Benutzung, sei es aufgrund freier Entschließung, sei es im Rahmen des Benutzungszwangs, offensteht[1]. Aufgrund seiner Weite fallen eine *Vielzahl von Einrichtungen* unter diesen Begriff. Als öffentliche Einrichtungen werden etwa bezeichnet die öffentliche Wasserversorgung, die Abfallbeseitigung, die Stromversorgung, Theater, Büchereien, Museen, Schwimmbäder, Freizeit-, Bildungs- und Begegnungsstätten, Messeplätze, Obdachlosenunterkünfte, Asylbewerberwohnheime, Plakatanschlagtafeln[2]. Die Liste ließe sich noch verlängern.

Abzugrenzen ist die öffentliche Einrichtung von der *privatrechtlichen Einrich-* **488** *tung*. Dies geschieht durch die *Widmung*. Die Widmung ist eine *öffentlich-rechtliche Willenserklärung*, die der Einrichtung einen öffentlich-rechtlichen Status verleiht. Die Widmung öffentlicher Einrichtungen ist nicht zu verwechseln mit der straßenrechtlichen Widmung. Letztere ist ein privatrechtsgestaltender Verwaltungsakt und überführt eine Sache in das öffentliche Sachenrecht mit der Folge, dass die private Eigentumsposition zurückgedrängt wird. Eine solch weitgehende Wirkung kommt der Widmung öffentlicher Einrichtungen nicht zu. Sie legt lediglich den *öffentlich-rechtlichen Leistungszweck* der Einrichtung fest.

---

[1] Definition im Anschluss an *Gern*, Deutsches Kommunalrecht, Rz. 528.
[2] *Gern* (Fn. 1), Rz. 528, m.w.N.

489 Früher wurden die Begriffe "öffentliche Einrichtung" und *"öffentliche Anstalt"* weitgehend einheitlich verwendet. Dies ist ungenau, da eine öffentliche Anstalt eine öffentliche Einrichtung sein kann, aber nicht sein muss. So ist eine unselbständige Anstalt dann öffentliche Einrichtung, wenn sie der Nutzung zugänglich ist (z.b. Schule), nicht aber, wenn die Nutzbarkeit fehlt (z.b. Labor). Eine selbständige Anstalt hingegen kann ohnehin nur Träger einer öffentlichen Einrichtung, nicht aber öffentliche Einrichtung selbst sein[3]. Auch der Begriff der *öffentlichen Sache* ist nicht deckungsgleich mit dem der öffentlichen Einrichtung. Öffentliche Sachen können nur öffentliche Einrichtungen sein, wenn sie nicht bloß im Verwaltungsgebrauch stehen, sondern der Einwohnerschaft zur Nutzung offenstehen. So ist etwa ein Rathausgebäude nur Mittel zur Erfüllung der Amtsgeschäfte.

2. Die Widmung

490 Wie bereits gesehen, kommt der Widmung für die Entstehung einer öffentlichen Einrichtung entscheidende Bedeutung zu[4]. Es handelt sich um eine öffentlich-rechtliche Willenserklärung, die den *Zweck der Einrichtung* und ihre *Freigabe zur Nutzung* durch die Einwohner festlegt[5]. Die Widmung ist anders als diejenige des Straßenrechts nicht an eine bestimmte Form gebunden. Sie kann durch Gesetz, Verwaltungsakt, schlichten Ratsbeschluss, inneradministrativen Akt oder durch Satzung erfolgen. Neben der ausdrücklichen ist auch eine konkludente Widmung möglich. Maßgebend ist die *Erkennbarkeit* des Behördenwillens aus der Sicht des Einwohners, dass die Sache einem bestimmten öffentlichen Zweck dienen soll. Das Vorliegen einer *konkludenten Widmung* kann aus bestimmten Indizien wie etwa aus der bisherigen Zulassungspraxis oder einem bestimmten tatsächlichen Verhalten abgeleitet werden. Fehlen solche Indizien, so kann dennoch unter bestimmten Voraussetzungen eine Widmung angenommen werden. Es gilt nämlich die aus der Konstituierungs- und Disziplinierungsfunktion des öffentlichen Rechts abgeleitete Vermutungsregel, dass ein Verwaltungsträger eine ihm zugewiesene öffentliche Aufgabe auch mit Mitteln des öffentlichen Rechts erfüllen will. Es kann mithin auch eine sogenannte *"vermutete Widmung"* geben[6].

II. Träger öffentlicher Einrichtungen

491 Nach allgemeiner Auffassung besteht hinsichtlich der Trägerschaft öffentlicher Einrichtungen *Wahlfreiheit*[7]. Die Gemeinde oder das Land sind nicht verpflichtet,

---

[3] *Erichsen*, Kommunalrecht des Landes Nordrhein-Westfalen, S. 242 f.

[4] Siehe auch den berühmten Rheinwiesenfall, OVG NW, NJW 1976, S. 820 ff.

[5] Ausführlich *Axer*, Die Widmung als Schlüsselbegriff des Rechts der öffentlichen Sachen, S. 138 ff.

[6] So *Erichsen* (Fn. 3), S. 241, m.w.N.

[7] Siehe nur BVerwG, NVwZ 1991, S. 59; NJW 1994, S. 1169; *Schmidt-Aßmann* in ders., Besonderes Verwaltungsrecht, 1. Abschn., Rz. 106, 111 ff.

selbst Träger einer öffentlichen Einrichtung zu sein. Vielmehr kann die Trägerschaft an andere Rechtssubjekte delegiert werden.

Ist eine *eigene Trägerschaft* gewollt, so werden öffentliche Einrichtungen oft als   **492**
nichtrechtsfähige Anstalten des öffentlichen Rechts (z.B. Schulen), Regiebetriebe
oder Eigenbetriebe geführt. Die Trägerschaft kann aber auch auf selbständige Verwaltungsträger, z.B. rechtsfähige Anstalten des öffentlichen Rechts, übertragen
werden. Ein Beispiel bilden in Berlin die im Berliner Betriebegesetz aufgeführten
Anstalten (BEHALA, BSR, BVG, BWB) sowie der Sender Freies Berlin.
Schließlich ist es denkbar, die Trägerschaft *privatrechtlich organisierten Rechtssubjekten* zu überlassen. So kann etwa ein Theater von einer GmbH betrieben
werden (etwa das Theater des Westens), eine Stadthalle (in Berlin etwa das Internationale Congress Centrum ICC von der Messe Berlin GmbH) oder die Elektri-
zitätsversorgung (in Berlin die Bewag) von einer Aktiengesellschaft. Bei privaten
Rechtssubjekten kann unterschieden werden zwischen Eigengesellschaften und
sonstigen privaten Unternehmen. Bei Eigengesellschaften ist der Verwaltungsträger selbst mehrheitlicher Gesellschafter und kann dementsprechend auf die Gesellschaft Einfluss nehmen. Bei sonstigen Privatrechtssubjekten muss die Erfüllung der öffentlichen Aufgabe vertraglich besonders gesichert werden.

Entscheidet sich der betreffende Verwaltungsträger, den Betrieb einer öffentliche   **493**
Einrichtung einem anderen Träger anzuvertrauen, so wird mit diesem in der Regel
ein Vertrag geschlossen. Darin sind im Allgemeinen die Zustimmung des über-
nehmenden Trägers zur Widmung, seine Verpflichtung, den Einwohnern die Nutzung zu eröffnen, also ein Kontrahierungszwang, sowie die Vereinbarung über das
für die Nutzung zu zahlende Entgelt enthalten. Der Vertrag kann aufgrund des bestehenden Formenwahlrechts in privatrechtlicher oder öffentlich-rechtlicher Form
geschlossen werden. Bestehen *Zweifel* über die Rechtsform der Vereinbarung, so
ist wegen der öffentlich-rechtlichen Natur des zugrundeliegenden Zwecks ein *öffentlich-rechtlicher Vertrag* anzunehmen mit der Folge, dass bei Streitigkeiten der
Verwaltungsrechtsweg gem. § 40 Abs. 1 VwGO eröffnet ist.

III. Das Nutzungsverhältnis zum Bürger

1. Der Nutzungsanspruch

In der Regel besteht für die *Nutzer* der öffentlichen Einrichtung ein *Zugangs- und*   **494**
Nutzungsanspruch. In den Flächenländern sind derartige Nutzungsansprüche für
die öffentlichen Einrichtungen der Gemeinden und Kreise in den jeweiligen Ge-
meinde- und Landkreisordnungen geregelt (vgl. etwa § 14 Abs. 1 GO Bbg, § 13
Abs. 1 LkrO Bbg). Weitere Anspruchsnormen finden sich in Spezialgesetzen, wie
etwa § 5 PartG, § 22 PBefG, § 6 EnWG und § 70 Abs. 1 GewO. Berechtigte des
Anspruchs aus der Gemeinde- und Landkreisordnung sind jeweils die *Einwohner*.

Im Falle der Spezialgesetze variiert der Kreis der Berechtigten je nach dem Zweck des Gesetzes.

495 In *Berlin* ergibt sich das Problem, dass es keinen einfach-gesetzlich normierten Anspruch der Einwohner Berlins auf Zugang zu den öffentlichen Einrichtungen der Stadt gibt. Dennoch liegt es auf der Hand, dass wie in den Flächenländern ein solcher Anspruch bestehen muss. Man wird daher auf die *Grundrechte der Einwohner* zurückgreifen müssen. Insbesondere kommt eine Anspruchsbegründung aus Art. 3 Abs. 1 GG in Betracht. Dieses Grundrecht gewährt zwar in der Regel keine Leistungs- sondern nur *Teilhaberechte*. Jeder Bürger hat demnach lediglich einen Anspruch, ebenso behandelt zu werden wie die übrigen Einwohner, die zur Nutzung zugelassen sind. Dies ist indes im Rahmen des einfach-gesetzlichen Zugangsanspruchs in den Flächenländern nicht anders. Wer im Einzelnen zu der öffentlichen Einrichtung zugelassen ist, ergibt sich entsprechend dem oben Gesagten aus der Widmung. Gilt die Widmung - was bei allgemeinen öffentlichen Einrichtungen Berlins in der Regel der Fall sein wird - für einen unbestimmten Personenkreis, so besteht für jeden Einwohner ein *Nutzungsanspruch aus Art. 3 Abs. 1 GG in Verbindung mit der Widmung*. Auf diese Weise wird ein mit der Rechtslage in den Flächenländern vergleichbares Ergebnis erreicht. Der grundrechtliche Nutzungsanspruch ist sogar insofern weiter als der einfach-gesetzliche in den Flächenländern, als er nicht auf die Einwohner Berlins begrenzt ist.

496 Verpflichtete des Nutzungsanspruchs aus Gemeinde- und Kreisordnungen sind nach ganz überwiegender Auffassung ausschließlich die Gemeinden und Landkreise selbst[8]. Der Anspruch ist *öffentlich-rechtlicher Natur* und muss vor den Verwaltungsgerichten durchgesetzt werden. Ebenso liegt es mit dem im Land Berlin bestehenden Nutzungsanspruch aus Art. 3 Abs. 1 GG i.V.m. der Widmung. Ist ein anderes Rechtssubjekt Träger der öffentlichen Einrichtung, so kann der Anspruch gegen die Gemeinde, den Landkreis oder das Land nur auf *Verschaffung der Nutzung* gerichtet sein. Geht es um die Verschaffung des Zugangs oder der Nutzung als solche, so liegt stets eine öffentlich-rechtliche Streitigkeit vor, die gem. § 40 Abs. 1 VwGO vor den Verwaltungsgerichten auszutragen ist.

497 Zu diesem Ergebnis gelangt auch die in Rechtsprechung[9] und Lehre verbreitete sogenannte *Zwei-Stufen-Theorie*[10], die zwischen der Frage des „Ob" des Zugangs zu einer öffentlichen Einrichtung und der des „Wie", also der Ausgestaltung des konkreten Nutzungsverhältnisses, unterscheidet. Während der Zugangsanspruch selbst stets öffentlich-rechtlicher Natur ist, kann das „Wie" der Nutzung sowohl öffentlich- als auch privatrechtlich ausgestaltet sein. Die Zwei-Stufen-Theorie wird als gekünstelt kritisiert, da sie einheitliche Rechtsverhältnisse auseinanderreiße[11]. Einheitliche Lebenssachverhalte sollten auch in einem Rechtsweg ent-

---

[8] *Erichsen* (Fn. 3), S. 245.
[9] BVerwG, NVwZ 1991, S. 59.
[10] *Wolff/Bachof/Stober*, Verwaltungsrecht I, § 22, Rz. 65 ff.
[11] So *Erichsen* (Fn. 3), S. 250 f.

schieden werden. Die Rechtsprechung hält indes nach wie vor an der Theorie fest, weil sie trotz der konstruktiven Bedenken zu sachgerechten Ergebnissen führt[12].

Will der Nutzer den von der Gemeinde, dem Landkreis oder dem Land verschie- **498** denen Träger auf Zulassung zur Nutzung verklagen, so kann er einen dementsprechenden Anspruch aus dem *drittschützenden Charakter* der zwischen Verwaltungsträger und Einrichtungsträger abgeschlossenen Vereinbarung oder aus bestimmten, den *Kontrahierungszwang* auslösenden Normen des Zivilrechts - etwa §§ 138, 826 BGB - ableiten. In der Regel wird für derartige Klagen der *Zivilrechtsweg* eröffnet sein (§ 13 GVG). Anders liegt es, wenn die Vereinbarung als öffentlich-rechtlicher Vertrag einzuordnen ist.

2. Grenzen der Zulassung

Es ist augenfällig, dass eine Nutzung öffentlicher Einrichtungen nicht in unbe- **499** grenztem Umfang möglich ist. Die Nutzungsmöglichkeit wird durch Existenz und *Kapazität* der Einrichtung begrenzt. Es besteht insoweit kein Anspruch auf Schaffung oder Erweiterung von öffentlichen Einrichtungen[13]. Zwischen mehreren Anspruchsberechtigten muss eine *sachgerechte Auswahl* getroffen werden. Die Auswahlkriterien haben sich an Art. 3 Abs. 1 GG zu orientieren. Bei der Auswahl zu beachten sind etwa das Prioritätsprinzip, der Grundsatz der Wirtschaftlichkeit sowie die Chancengleichheit der Bewerber. Grundsätzlich ist auch eine Auswahl nach dem Prinzip "bekannt und bewährt" sowie nach dem Losverfahren zulässig[14].

Weiterhin besteht ein Zulassungsanspruch nur *im Rahmen des Widmungszwecks.* **500** Jede über den Widmungszweck hinausgehende Nutzung ist *Sondernutzung*, was zur Folge hat, dass die Zulassung im Ermessen des Einrichtungsträgers steht. Allgemeine Gemeindeeinrichtungen stehen beispielsweise nur den Gemeindeeinwohnern uneingeschränkt offen. Gebietsfremde haben keinen Zulassungsanspruch. Auch *in sachlicher Hinsicht* begrenzt der Widmungszweck die Zulassung. So ist eine Stadthalle meist nur für Veranstaltungen, nicht aber z.B. zur Übernachtung gewidmet. Die Ausgestaltung der Widmung im Einzelnen kann sich auch aus Verwaltungsvorschriften ergeben. In Berlin gibt es eine Reihe von Verwaltungsvorschriften, die sich mit der Nutzung öffentlicher Einrichtungen durch die Bürger befassen. Zu nennen sind beispielsweise die Allgemeine Anweisung über die Bereitstellung und Nutzung von Diensträumen[15] oder die Sportanlagen-Nutzungsvorschriften - SPAN[16].

---

[12] Siehe die Beispiele bei *Wolff/Bachof/Stober* (Fn. 10), Rz. 67.
[13] OVG Koblenz, DVBl. 1985, S. 176; VGH BW, NVwZ-RR 1990, S. 502.
[14] *Gern* (Fn. 1), Rz. 540.
[15] Vom 4.11.1997, DBl. I 1998, S. 114 ff.
[16] Ausführungsvorschriften über die Nutzung öffentlicher Sportanlagen Berlins und für die Vermietung und Verpachtung landeseigener Grundstücke an Sportorganisationen vom 28.4.1998, DBl. IV 1998, S. 22 ff.

Weitere Grenzen der Zulassung ergeben sich aus *höherrangigem Recht*. So kann die Zulassung versagt werden, wenn die Verwirklichung von Straftatbeständen durch den in Aussicht genommenen Nutzer zu erwarten ist.

3. Die Ausgestaltung des Benutzungsverhältnisses

501 Das Benutzungsverhältnis zwischen Einrichtungsträger und Nutzer, also das "Wie" der Nutzung, kann sowohl öffentlich-rechtlich als auch privatrechtlich ausgestaltet sein. Ist der Einrichtungsträger ein Privatrechtssubjekt, so kommt mangels Hoheitsbefugnissen nur eine privatrechtliche Ausgestaltung in Betracht. Soweit in einem solchen Fall eine *allgemeine Benutzungsordnung* besteht, so handelt es sich bei dieser um *Allgemeine Geschäftsbedingungen*. Ist der Träger hingegen ein Hoheitsträger, so kann dieser nach allgemeiner Auffassung zwischen einer öffentlich-rechtlichen oder privatrechtlichen Ausgestaltung wählen. Hier ist durch Auslegung zu ermitteln, wie das Nutzungsverhältnis ausgestaltet ist. Kriterien sind etwa die Bezeichnung der Gegenleistung als Entgelt (dann privatrechtlich) oder Gebühr (dann öffentlich-rechtlich), die äußere Form der Benutzungsordnung (Satzung, öffentlich-rechtliche Anstaltsordnung oder allgemeine Benutzungsbedingungen), die Form der Veröffentlichung sowie ein etwaiger Hinweis auf Rechtsmittel. Lässt sich auch mit Hilfe dieser Kriterien kein eindeutiges Ergebnis erzielen, so ist von einer *öffentlich-rechtlichen Regelung* auszugehen[17].

Bei öffentlich-rechtlicher Ausgestaltung ergeht die Benutzungsordnung in den Gemeinden und den anderen Trägern mit Satzungsgewalt in Form von Satzungen, ansonsten kommen bei bestehender Ermächtigung Rechtsverordnungen sowie Allgemeinverfügungen in Betracht.

502 Umstritten ist, woraus die Befugnis des öffentlich-rechtlichen Einrichtungsträgers zur *Abwehr von Störungen* des Betriebes durch einzelne Nutzer abzuleiten ist. Teilweise wird vertreten, diese ergebe sich als *Annexkompetenz* aus dem Recht zur Schaffung und dem Betrieb öffentlicher Einrichtungen[18]. An dieser Auffassung wird zu Recht kritisiert, dass sie den Grundsatz des *Vorbehalt des Gesetzes* für belastende Maßnahmen außer Acht lässt[19]. Als Rechtsgrundlage für die vorzeitige oder außerordentliche Beendigung eines öffentlich-rechtlich begründeten Benutzungsverhältnisses kommen vielmehr die §§ 48, 49 VwVfG oder die ordnungsbehördliche Generalklausel, in Berlin § 17 ASOG, in Betracht, soweit deren spezielle Voraussetzungen im Einzelfall gegeben sind. Öffentlich-rechtliche und privatrechtliche Verträge können unter Umständen auch nach den jeweils einschlägigen Bestimmungen über ein außerordentliches Kündigungsrecht beendet werden.

---

[17] VGH BW, NVwZ 1987, S. 701; NVwZ-RR 1989, S. 267; VGH München, NJW 1990, S. 2014 ff., 2015.

[18] OVG NW, NWVBl. 1995, S. 313.

[19] *Erichsen* (Fn. 3), S. 253.

Kommt bei der Benutzung einer öffentlichen Einrichtung ein Nutzer zu Schaden, **503** so hängt die *Haftung des Einrichtungsträgers* davon ab, in welcher Rechtsform das Benutzungsverhältnis ausgestaltet ist. Ist es privatrechtlich, so gelten uneingeschränkt die Regeln des Privatrechts über die vertragliche und die außervertragliche Haftung. Ist das Benutzungsverhältnis öffentlich-rechtlich, so kommen die privatrechtlichen Regeln als Ausdruck allgemeiner Rechtsgrundsätze ebenfalls zur Anwendung[20]. Daneben kommt aber auch eine Haftung aus Amthaftung gem. Art. 34 GG, § 839 BGB in Betracht[21].

In der Praxis beschränken die Träger öffentlicher Einrichtungen ihre Haftung häu- **504** fig auf *grobe Fahrlässigkeit und Vorsatz*. Dies ist mit Blick auf die vertragliche oder vertragsähnliche Haftung grundsätzlich zulässig[22]. Jedoch muss die Beschränkung durch sachliche Gründe gerechtfertigt und verhältnismäßig sein[23]. Eine Beschränkung der Amtshaftung hingegen wird überwiegend wegen Verstoßes gegen den Gesetzesvorrang für unzulässig gehalten[24].

IV. Der Anschluss- und Benutzungszwang

Alle Gemeindeordnungen geben den Gemeinden die Möglichkeit, bei öffentli- **505** chem Bedürfnis oder aus Gründen des Gemeinwohls vorzuschreiben, dass der Anschluss an die Wasserversorgung, die Abwasserbeseitigung, die Straßenreinigung und ähnliche der Volksgesundheit dienende öffentliche Einrichtungen zwingend erfolgen muss (vgl. etwa § 15 GO Bbg). Zusätzlich kann auch die Benutzung dieser Einrichtung sowie der Schlachthöfe und der Bestattungseinrichtungen vorgeschrieben werden. In Berlin wird die Möglichkeit eines Anschluss- und Benutzungszwangs in der Regel durch Spezialgesetz angeordnet. Ein Beispiel bildet § 3 BerlBG. Danach nehmen die BSR sowie die BWB die Aufgaben der Abfallbeseitigung, der Straßenreinigung, der Wasserversorgung sowie der Abwasserentsorgung im Wege des Anschluss- und Benutzungszwanges wahr. Die Regelung des § 3 BerlBG tritt somit für wichtige Teilbereiche an die Stelle der einschlägigen Bestimmungen in den Gemeindeordnungen.

Anschlusszwang bedeutet, dass jeder Gebotsadressat die zur Herstellung des An- **506** schlusses notwendigen Vorrichtungen auf seine Kosten treffen muss. Der *Benutzungszwang* berechtigt und verpflichtet zur tatsächlichen Inanspruchnahme der Einrichtung und verbietet zugleich die Benutzung anderer ähnlicher Einrichtungen. Anschluss- und Benutzungszwang müssen nicht zwangsläufig aufeinander-

---

[20] BGHZ 59, 303; 61, 7; BGH, NJW 1990, S. 1167.
[21] BGHZ 61, 7; BGH, NJW 1990, S. 1167.
[22] BGHZ 61, 7, 13 m.w.N.; OVG NW, OVGE 18, 154, 161 f.
[23] *Gern* (Fn. 1), Rz. 548.
[24] BGHZ 61, 7, 14; NJW 1984, S. 617; vgl. ausführlich *Erichsen* (Fn. 3), S. 263 ff.

treffen. So kann ein Anschlusszwang ohne gleichzeitigen Benutzungszwang und umgekehrt angeordnet werden.

507 Im Einzelnen darf ein Anschluss- und Benutzungszwang für die der *Volksgesundheit bzw. dem öffentlichen Wohl* dienenden Einrichtungen angeordnet werden[25]. Volksgesundheit bedeutet Förderung der Erhaltung der Gesundheit der Einwohner. Der Begriff des öffentlichen Wohls ist ein unbestimmter Rechtsbegriff ohne Beurteilungsspielraum. Wann Gründe des öffentlichen Wohls vorliegen, lässt sich nicht abstrakt sagen. Vielmehr ist in jedem Einzelfall zu prüfen, ob ein öffentliches Bedürfnis den Anschluss- und Benutzungszwang rechtfertigt. So ist zum Beispiel fraglich, ob allein energiepolitische Gründe einen Anschluss- und Benutzungszwang erlauben[26]. Die Volksgesundheit bildet anerkanntermaßen einen Ausschnitt des Begriffs des öffentlichen Wohls. In folgenden Bereichen ist ein Anschluss- und Benutzungszwang bisher eingeführt worden: Abfallbeseitigung, Wasserversorgung, Abwasserbeseitigung, Bestattungseinrichtungen, Schlachthöfe, Straßenreinigung, Fernwärmeversorgung, Gasversorgung.

508 Der Anschluss- und Benutzungszwang greift sowohl in die *Grundrechte der Verpflichteten* als auch in die etwaiger privater Anbieter ein. Auf der Seite der Verpflichteten sind insbesondere Art. 12 Abs. 1 und 14 Abs. 1 GG betroffen. So können vorhandene eigene Versorgungs- und Entsorgungseinrichtungen wertlos werden und sich das Erfordernis der Kündigung von entsprechenden Verträgen ergeben. Die Anbieter der betroffenen Leistung können durch die Anordnung eines Anschluss- und Benutzungszwangs ebenfalls in ihrer beruflichen Betätigung (Art. 12 Abs. 1 GG), schlimmstenfalls in ihrer wirtschaftlichen Existenz (dann zusätzlich Art. 14 Abs. 1 GG) betroffen sein. Der Anschluss- und Benutzungszwang stellt immer nur eine Inhalts- und Schrankenbestimmung des Eigentums, niemals eine Enteignung dar, da kein finaler Zugriff auf Eigentumspositionen erfolgt. Dies gilt selbst dann, wenn vorhandene Anlagen entwertet werden.

509 Diese Grundrechtsrelevanz führt zu verschiedenen Bindungen bei der Anordnung eines Anschluss- und Benutzungszwangs[27]. So ergibt sich ein dahingehender Parlamentsvorbalt. Zusätzlich unterliegt die gemeindliche Anordnung einem Satzungsvorbehalt. Bereits erwähnt wurde, dass die Anordnung nur aus Gründen des öffentlichen Wohls erfolgen darf und zu diesem Zweck verhältnismäßig sein muss. Aus dem Grundsatz der Verhältnismäßigkeit ergibt sich in bestimmten Fällen das Erfordernis, die Benutzung bestehender Anlagen im Ausnahmefall weiter zu gestatten. Ansonsten ist die Anordnung wegen enteignender Wirkung nichtig[28]. Hierbei handelt es sich jedoch um Ausnahmen. Für den Normalfall geht die Rechtsprechung davon aus, dass ein Unternehmer, der eine bestimmte Ver- oder Entsorgungsleistung anbietet, dies nur unter dem Vorbehalt der *"Pflichtigkeit"* tun

---

[25] Im Einzelnen *Gern* (Fn. 1), Rz. 605 ff.
[26] *Stober*, Kommunalrecht, S. 244.
[27] *Gern* (Fn. 1), Rz. 602 ff.
[28] BGHZ 78, 41, 45.

kann, d.h. jederzeit damit rechnen muss, dass der Verwaltungsträger die Aufgabe an sich zieht. Das Unternehmen hat lediglich eine *"Betätigungschance"* inne[29].

Ausnahmen vom Anschluss- und Benutzungszwang können sich aus Bundesrecht **510** ergeben. So ist nach § 3 AVBWasserVO[30] das Wasserversorgungsunternehmen verpflichtet, den Kunden im Rahmen des wirtschaftlich Zumutbaren die Möglichkeit einzuräumen, den Wasserverbrauch auf einen von ihm gewünschten Verbrauchszweck oder einen Teilbedarf zu beschränken. Dies bedeutet für den Träger der Wasserversorgung, dass er den Anschluss- und Benutzungszwang nicht uneingeschränkt anordnen darf[31].

Fall 10: Kein Herz für Studenten

Die XSA ("X students assotiation"), die Studentenorganisation der weltweit ope- **511** rierenden X-Sekte, möchte zu Beginn des Jahres 2003 in Berlin ihren Weltkongress abhalten. Zu diesem Zweck sucht sie bereits im Laufe des Jahres 2001 geeignete Räumlichkeiten in der Stadt. Für die Plenarsitzungen hat man einen Raum mit 1000 Sitzplätzen im ICC, das für die Veranstaltung von Kongressen gewidmet ist, in Aussicht genommen. Die Präsidiumssitzungen würde die XSA gerne im repräsentativen ehemaligen Senatssitzungssaal des Rathauses Schöneberg durchführen, der derzeit vom Bezirksamt Tempelhof-Schöneberg für feierliche Anlässe genutzt wird, die meiste Zeit des Jahres aber auch Privaten zur Verfügung steht.

Am 15.7.2001 wird ein Mietvertrag über den Saal im ICC mit der Messe Berlin GmbH, einer 100 %-igen Eigengesellschaft des Landes Berlin und Betreiberin des ICC, geschlossen. Gleichzeitig tritt man an das Bezirksamt Tempelhof-Schöneberg mit dem Ersuchen um Vergabe des Sitzungssaales gegen angemessenes Entgelt heran. Der Antrag wird von der zuständigen Dienststelle jedoch unter Erteilung einer Rechtsbehelfsbelehrung mit der Begründung abgelehnt, bei der X-Sekte und damit auch ihrer Studentenorganisation handele es sich um eine konfliktträchtige weltanschauliche Gruppe im Sinne von Ziffer 11 c) der nachstehenden Verwaltungsvorschriften. Sie sei daher von der Vergabe ausgeschlossen, auch wenn an dem fraglichen Tage noch keine andere Veranstaltung in dem Raum geplant sei.

Auch mit dem Mietvertrag für das ICC bekommt die XSA Probleme. Nachdem der Verfassungsschutz auf das Gefährdungspotential durch die X-Sekte hingewiesen hat, beschließt der Senat von Berlin, dass Verwaltungsstellen und Unternehmen des Landes Berlin künftig keinerlei Beziehungen mehr zu dieser pflegen

---

[29] BGHZ 40, 355, 365.
[30] Verordnung über allgemeine Bedingungen für die Versorgung mit Wasser, BGBl. I 1980, S. 750.
[31] Ausführlich *Gern* (Fn. 1), Rz. 623; *Erichsen* (Fn. 3), S. 254.

sollten. Bereits getroffene Vereinbarungen seien, wenn möglich, rückgängig zu machen. Insoweit sei auch von gesellschaftsrechtlichen Einwirkungsmöglichkeiten Gebrauch zu machen. Dementsprechend fordert der zuständige Senator in der Gesellschafterversammlung der Messe Berlin GmbH, den bereits mit der XSA geschlossenen Vertrag zu kündigen. Eine formelle Kündigung im Verhältnis zur XSA ist bisher noch nicht erfolgt.

Die XSA will sich mit den Gegebenheiten nicht abfinden und sucht nach Durchführung eines Vorverfahrens beim Bezirksamt Tempelhof-Schöneberg vor dem Verwaltungsgericht Rechtsschutz. Sie führt aus, was zutrifft, dass sie eine in Deutschland erlaubte Vereinigung darstelle, die hier in der Form des e.V. eingetragen sei und deren Mitglieder noch nie strafrechtlich in Erscheinung getreten seien. Ihre Diskriminierung beruhe vielmehr auf Panikmache in der Presse. Sie beantragt zum einen, dem Bezirksamt aufzugeben, an dem fraglichen Tag den Sitzungssaal an sie zu überlassen sowie dem zuständigen Senatsmitglied zu untersagen, weiterhin in der Gesellschafterversammlung auf die Kündigung des Vertrages hinzuwirken. Mit Erfolg?

Auszug aus der Allgemeinen Anweisung über die Bereitstellung und Nutzung von Diensträumen vom 4. November 1997, DBl. I 1998, S. 114 ff.[32]:

V. Vergabe von Räumen und Freianlagen

10 - Gegenstand und Zuständigkeit

(1) Im Rahmen der Verfügbarkeit können Räume und Freianlagen (z.B. Höfe, Vorgärten, Pkw-Stellplätze) auf Dienstgrundstücken der Berliner Verwaltung einschließlich der Einrichtungs- und Ausstattungsgegenstände und der damit gegebenenfalls verbundenen Zusatzleistungen kurzfristig einmalig oder periodisch an Dritte überlassen werden (Vergabe). Ein Anspruch auf Überlassung von Räumen oder sonstigen Flächen besteht nicht.

(2) Die Vergabe von Räumen oder sonstigen Flächen darf deren Eignung und Widmungszweck nicht widersprechen und die Belange der nutzenden Dienststelle oder Einrichtung sowie sonstige öffentliche Belange nicht beeinträchtigen.

(3) Die Entscheidung über die Vergabe obliegt der örtlich jeweils zuständigen Dienststelle, die auch das Vergabe-Verfahren regelt. ...

---

[32] Es handelt sich um Verwaltungsvorschriften des Senats nach § 6 Abs. 1 AZG, die auch für die Bezirke verbindlich sind.

11 - Ausschluss von der Vergabe

Von der Vergabe ausgeschlossen sind Vereinigungen und Organisationen,
a) die sich gegen die verfassungsmäßige Ordnung der Bundesrepublik Deutschland oder des Landes Berlin oder deren Verfassungsorgane richten,
b) deren Tätigkeit erhebliche Interessen der Bundesrepublik Deutschland beeinträchtigt oder
c) die sich als konfliktträchtige religiöse und weltanschauliche Gruppen oder Psychogruppen, Gruppen mit therapeutischem oder lebenshelfendem Anspruch betätigen und die für den einzelnen potentiell konfliktträchtige Merkmale, Strukturen, Praktiken oder Gefahrenaspekte aufweisen,
sowie Personen, die solchen Vereinigungen und Organisationen angehören.

12 - Nutzungsentgelte

...

Lösungsvorschlag

Das Verwaltungsgericht wird der Klage stattgeben, wenn sie zulässig und begründet ist. Die Anträge sind getrennt zu behandeln, da sie unterschiedliche Streitgegenstände mit unterschiedlichen Voraussetzungen betreffen.

Der Antrag hinsichtlich des Sitzungssaals im Rathaus Schöneberg

I. Zulässigkeit

1. Verwaltungsrechtsweg

Der Verwaltungsrechtsweg ist gem. § 40 Abs. 1 VwGO in allen öffentlich-rechtlichen Streitigkeiten nichtverfassungsrechtlicher Art gegeben. Fraglich ist zunächst, ob die Streitigkeit öffentlich-rechtlichen Charakter hat. Für den Zugang zu öffentlichen Einrichtungen ist in Rechtsprechung und Literatur die sogenannte Zwei-Stufen-Theorie entwickelt worden[33]. Danach ist die Entscheidung über das "Ob" der Zulassung stets öffentlich-rechtlicher Natur, während die Modalitäten des "Wie" der Nutzung sowohl öffentlich-rechtlich als auch privatrechtlich ausgestaltet sein können.

Damit die Zwei-Stufen-Theorie Anwendung findet, muss es sich bei dem Sitzungssaal um eine öffentliche Einrichtung handeln. Darunter versteht man eine organisatorische Zusammenfassung von Personen und Sachen, die von einem Verwaltungsträger im Rahmen seiner Verbandskompetenz geschaffen wird und

---

[33] BVerwG, NVwZ 1991, S. 59; siehe auch *Wolff/Bachof/Stober,* Verwaltungsrecht Bd. I, § 22, Rz. 65 ff, m.w.N.

die dem von dem Widmungszweck erfassten Personenkreis nach allgemeiner und gleicher Regelung zur Benutzung offensteht[34]. Entscheidend ist, ob der Sitzungssaal zur Benutzung durch die Allgemeinheit gewidmet ist. Daran können Zweifel deshalb bestehen, weil es sich bei dem Saal um einen Dienstraum im Sinne der abgedruckten allgemeinen Anweisung handelt. Diensträume sind primär für den Dienstbetrieb gewidmet. Jedoch ergibt sich aus Ziffer 10 Abs. 1 der Allgemeinen Anweisung, dass diese Diensträume im Rahmen des Möglichen auch an Private überlassen werden können. Hierdurch wird der Widmungszweck in dem Sinne konkretisiert, dass eine Vergabe an Dritte grundsätzlich möglich ist. Mithin ist davon auszugehen, dass diese Räume zumindest partiell öffentliche Einrichtungen darstellen, für die die Zwei-Stufen-Theorie gilt.

Es geht im Streitfall um die Frage, ob die XSA die Räumlichkeiten überlassen bekommt oder nicht. Mithin ist die Frage des „Ob" der Zulassung betroffen und eine öffentlich-rechtliche Streitigkeit gegeben. Aber selbst wenn man mit Teilen der Literatur die Zwei-Stufen-Theorie ablehnt, kommt man zu keinem anderen Ergebnis, da das Bezirksamt vorliegend den Antrag durch Verwaltungsakt abgelehnt, sich also auf die Ebene des Verwaltungsrechts begeben hat. Dies wird daran ersichtlich, dass es der XSA eine Rechtsbehelfsbelehrung erteilt hat. Somit ist der Verwaltungsrechtsweg eröffnet.

2. Statthafte Klageart

Als statthafte Klageart kommt die Verpflichtungsklage in Betracht. Voraussetzung ist, dass die XSA den Erlass eines Verwaltungsaktes erstrebt. Die Vergabeentscheidung des Bezirksamts Tempelhof-Schöneberg müsste hierfür die Kriterien des § 35 S. 1 VwVfG erfüllen. Dies ist der Fall, denn insbesondere soll eine einseitige verbindliche Entscheidung über die Saalvergabe und damit eine Regelung getroffen werden. Eine vertragliche Ausgestaltung des Zugangs scheidet deshalb aus, weil Ziffer 10 der maßgeblichen Verwaltungsvorschrift ein einseitiges Vergabeverfahren regelt. Mithin ist die Verpflichtungsklage statthaft.

3. Klagebefugnis

Weiterhin muss es gem. § 42 Abs. 2 VwGO möglich erscheinen, dass die XSA in einem subjektiv-öffentlichen Recht verletzt ist. Sie muss im Hinblick auf die Raumvergabe einen Anspruch geltend machen können. Einen ausdrücklich gesetzlich normierten Anspruch auf Überlassung des Sitzungssaals hat die XSA nicht. Jedoch ergibt sich aus Ziffer 10 Abs. 1 S. 1 der Allgemeinen Anweisung, dass der Raum als Dienstraum grundsätzlich auch an Private vergeben wird. Im Rahmen der Widmung besteht daher in Verbindung mit Art. 3 Abs. 1 GG ein Anspruch darauf, bei der Vergabe ebenso behandelt zu werden wie andere Interessenten. Dieser Teilhabeanspruch muss gerichtlich durchsetzbar sein. Damit lässt sich eine Klagebefugnis bejahen.

---

[34] Definition in Anlehnung an *Gern* (Fn. 1), Rz. 528.

4. Vorverfahren

Das gem. § 68 Abs. 1 VwGO erforderliche Vorverfahren wurde erfolglos durchgeführt.

5. Sonstige Zulässigkeitsvoraussetzungen, Ergebnis

Von der Einhaltung der sonstigen Zulassungsvoraussetzungen ist auszugehen. Insbesondere ist die deutsche Sektion der XSA als eingetragener Verein gem. § 61 Nr. 1 VwGO beteiligtenfähig. Die Klage ist zulässig.

II. Begründetheit

Die Klage ist begründet, wenn die Versagung der Vergabe rechtswidrig war, die XSA dadurch in ihren Rechten verletzt wurde und die Sache spruchreif ist (§ 113 Abs. 5 VwGO). Dies ist dann der Fall, wenn sie einen Anspruch auf Überlassung des Sitzungssaales an dem gewünschten Datum hat.

1. Anspruch auf Überlassung

Ein solcher Anspruch auf Überlassung ergibt sich zunächst nicht aus einfachgesetzlichen Bestimmungen. Fehlen einfachgesetzliche Anspruchsnormen, so kann sich ein Anspruch jedoch aus der Widmung in Verbindung mit Art. 3 Abs. 1 GG ergeben. Bei diesem Anspruch handelt es sich um einen Teilhabeanspruch, der darauf gerichtet ist, ebenso behandelt zu werden wie andere Interessenten.

Anhand der Widmung ist zu ermitteln, ob die XSA anspruchsberechtigt ist. Aus Ziffer 10 Abs. 1 S. 1 ergibt sich, dass die Räume nur im Rahmen der Verfügbarkeit vergeben werden. Die Widmung enthält also einen unbedingten Vorrang für die dienstliche Nutzung. Dies betont noch einmal Ziffer 10 Abs. 1 S. 2, der formuliert, ein Vergabeanspruch bestehe nicht. Nach Ziffer 10 Abs. 2 dürfen die Belange der Dienststelle nicht beeinträchtigt werden. Dem Sachverhalt lässt sich indes kein dienstlicher Belang entnehmen, der einer Vergabe an dem fraglichen Tag entgegenstünde. Auch ein Verstoß gegen sonstige gesetzliche Vorschriften ist nicht ersichtlich.

2. Widmungsbegrenzung aus Ziffer 11 c) der Allgemeinen Anordnung

Jedoch könnte die Vergabe an die XSA durch Ziffer 11 c) ausgeschlossen sein. Diese Vorschrift schränkt die Widmung dahingehend ein, dass bestimmte Personengruppen von der Vergabe ausgeschlossen sind. Bei der allgemeinen Anordnung handelt es sich lediglich um eine innenrechtliche Verwaltungsvorschrift. Dies hat zur Folge, dass sie im Außenverhältnis zu Privaten nicht unmittelbar gilt. Jedoch kann sie auch im Außenverhältnis indirekt wirken, wenn sie Ausdruck eines sachlichen Grundes zur Begrenzung des Teilhabeanspruchs aus Art. 3 Abs. 1

GG ist. Ein solcher sachlicher Grund könnte der XSA von der Behörde entgegengehalten werden.

Fraglich ist daher, ob Ziffer 11 c) eine den Zugangsanspruch der XSA begrenzende Wirkung haben kann. Hierzu müsste die Vorschrift ein im Rahmen von Art. 3 Abs. 1 GG zulässiges Differenzierungskriterium formulieren. Bereits der Terminus "konfliktträchtig" ist problematisch, da nicht deutlich wird, was damit gemeint ist. Konflikte sind im Rahmen der Rechtsordnung nicht per se als Gefährdung anzusehen. In einer solch weiten Auslegung wäre der Begriff nicht haltbar. Eine sinnvolle Begrenzung auf unerwünschte Konfliktlagen lässt sich ihm allerdings nicht entnehmen. Dieses Problem verschärft sich noch, da der Begriff zweimal im Rahmen der gleichen Bestimmung verwandt wird. Außerdem soll es ausreichen, wenn die Gruppierungen potentiell konfliktträchtige Auswirkungen haben kann. Eine derart unbestimmte Regelung wie die in Ziffer 11 c) muss als rechtswidrig und damit im Rahmen von Art. 3 Abs. 1 GG unbeachtlich betrachtet werden. Sie kann somit nicht Grundlage für den Ausschluss der XSA von der Vergabe sein.

Auch eine Anwendung von Ziffer 11 a) oder b) kommt nicht in Betracht, da die XSA bisher keinen Anlass zu in diese Richtung gehenden Schlüssen gegeben hat. Zwar hat der Verfassungsschutz Erkenntnisse über die XSA, die möglicherweise auf ein Gefährdungspotential schließen lassen, jedoch sind diese nach dem Sachverhalt viel zu vage, um sie als verfassungsfeindlich einstufen zu können.

Schließlich sind auch keine sonstigen Gründe ersichtlich, die für einen Ausschluss der XSA von dem zuzulassenden Personenkreis sprechen könnten. Insbesondere spricht die Sekteneigenschaft der Mutterorganisation allein nicht gegen eine Zulassung der XSA. Auch ist die XSA weder verboten noch sind ihre Mitglieder strafrechtlich auffällig geworden. Mithin gehört die XSA zu dem vom Widmungszweck erfassten Personenkreis.

3. Vergabeentscheidung

Das Bezirksamt muss, da keine gegen die XSA sprechenden Belange ersichtlich sind, den Raum grundsätzlich zu dem gewünschten Datum an diese vergeben. Ein Ermessen besteht jedoch dann, wenn es zu dem fraglichen Termin noch andere Bewerber gibt. Dann wären bei der Bewerberauswahl bestimmte Kriterien wie Priorität oder Los anzuwenden. Vorliegend sind keine anderen Bewerber ersichtlich. Die ablehnende Entscheidung des Bezirksamts war damit rechtswidrig und verletzte den Anspruch der XSA auf Raumvergabe aus der Widmung in Verbindung mit Art. 3 Abs. 1 GG. Die Sache ist aufgrund des Anspruchs auch spruchreif.

III. Endergebnis

Die XSA hat einen Anspruch auf Überlassung des Sitzungssaals an dem fraglichen Tag. Die Klage ist hinsichtlich des ersten Antrages zulässig und begründet.

Der Antrag hinsichtlich des ICC

I. Zulässigkeit

1. Verwaltungsrechtsweg

Auch hinsichtlich des zweiten Antrags muss der Verwaltungsrechtsweg gem. § 40 Abs. 1 VwGO eröffnet sein. Problematisch ist das Merkmal der öffentlich-rechtlichen Streitigkeit. Das VG Berlin hat hierzu in einer vergleichbaren Fallkonstellation die Auffassung vertreten, es handele sich um eine privatrechtliche Streitigkeit, die vor die Zivilgerichte gehöre[35]. Es gehe um die Einwirkung des Senators in seiner Eigenschaft als Gesellschafter der Messe GmbH auf deren Geschäftsleitung mit dem Ziel der Herbeiführung einer bestimmten geschäftspolitischen Entscheidung. Dadurch werde der Senator nicht hoheitlich, sondern privatrechtlich tätig.

Diese Auffassung verkennt jedoch, dass die XSA hier den öffentlich-rechtlichen Zulassungsanspruch geltend macht. Geht es um das "Ob" der Zulassung zu einer öffentlichen Einrichtung, so ist die hiermit verbundene Streitigkeit öffentlich-rechtlich. Das ICC ist laut Sachverhalt als öffentliche Einrichtung gewidmet. Es handelt sich somit um ein öffentlich-rechtliches Streitverhältnis, wenn der Bürger den Verwaltungsträger, der hinter einem privatrechtlichen Unternehmen steht, dazu zwingen will, im Sinne seiner Zulassung mit Mitteln des Gesellschaftsrechts auf das Privatrechtssubjekt einzuwirken[36]. Darum geht es zwar vorliegend nicht unmittelbar, da der Antrag auf ein Unterlassen gerichtet ist. Jedoch möchte die XSA erreichen, dass ihr eine bereits erreichte Position erhalten bleibt und der Senator nicht gegenteilig auf die Gesellschaft Einfluß nimmt. In diesem Begehren kann qualitativ nichts anderes gesehen werden als ein Geltendmachen des als öffentlich-rechtlich beurteilten Zulassungsanspruchs. Mithin liegt eine öffentlich-rechtliche Streitigkeit vor. Der Verwaltungsrechtsweg ist eröffnet.

2. Statthafte Klageart

Die XSA begehrt vorliegend die Unterlassung der ihren Zulassungsanspruch beeinträchtigenden Einwirkung des Senators auf die Messe GmbH. Die schlichte Unterlassung kann mit der allgemeinen Leistungsklage in Form der Unterlassungsklage verfolgt werden.

3. Klagebefugnis

Weiterhin muss die XSA analog § 42 Abs. 2 VwGO auch klagebefugt sein. Es erscheint möglich, dass der Senator durch sein Verhalten als Gesellschafter den Zu-

---

[35] VG Berlin, VG 1 A 558.87, n.V.
[36] *Wolff/Bachof/Stober* (Fn. 33), Rz. 67.

lassungsanspruch der XSA hinsichtlich des ICC beeinträchtigt. Diese Möglichkeit reicht für die Annahme der Klagebefugnis aus.

4. Ergebnis

Da weitere Bedenken nicht bestehen, ist die allgemeine Leistungsklage zulässig.

II. Begründetheit

Die Klage ist begründet, wenn die XSA einen Anspruch auf die Unterlassung hat. Ein solcher besteht dann, wenn ein Anspruch auf Zugang zu den gemieteten Räumlichkeiten des ICC besteht. An diesen öffentlich-rechtlichen Zulassungsanspruch wäre der Senator als Verwaltungsorgan gebunden. Dies stünde seinem Einwirken auf die Messe-GmbH entgegen. Aus dem Mietvertrag kann ein solcher nicht abgeleitet werden, da dieser nicht auf das öffentliche Recht einwirkt. Einfach-gesetzliche Anspruchsgrundlagen sind nicht ersichtlich. Jedoch kann sich ein Anspruch aus Art. 3 Abs. 1 GG in Verbindung mit der Widmung ergeben.

Der Saal des ICC ist für die Durchführung von Kongressen gewidmet. Innerhalb dieses Widmungszwecks hält sich auch das Begehren der XSA. Der Teilhabeanspruch kann aber dann entfallen, wenn eine Vergabe gegen andere Rechtsvorschriften verstieße. So könnte die Zulassung etwa verwehrt werden, wenn andernfalls Gefahren für die öffentliche Sicherheit oder Ordnung drohten (§ 17 Abs. 1 ASOG). Vorliegend ist die XSA jedoch weder verboten noch besteht die konkrete Gefahr, dass ihre Mitglieder strafrechtlich auffällig werden. Allein die Tatsache, dass sie vom Verfassungsschutz beobachtet wird, reicht für eine Gefahrprognose nicht aus. Weiterhin ist nicht ersichtlich, dass einem Zulassungsanspruch etwaige Kapazitätsgesichtspunkte entgegenstehen. Andernfalls hätte die Messe Berlin GmbH den Mietvertrag nicht abgeschlossen.

Im Ergebnis besteht daher ein Teilhabeanspruch der XSA gem. Art. 3 Abs. 1 GG in Verbindung mit der Widmung. Dieser verdichtet sich vorliegend auf einen Zulassungsanspruch, da aus dem Sachverhalt keine Gesichtspunkte ersichtlich sind, die gegen eine Zulassung der XSA sprechen, insbesondere keine weiteren Bewerber vorhanden sind. Diesen Anspruch darf der Senator nicht vereiteln.

III. Endergebnis

Auch hinsichtlich des zweiten Antrags ist die Klage zulässig und begründet. Das Verwaltungsgericht wird das Senatsmitglied zur Unterlassung verurteilen.

Literatur

Axer, Peter, Die Widmung als Schlüsselbegriff des Rechts der öffentlichen Sachen, Dissertation, Berlin 1994

Bauer, Rolf-W./*Seidel,* Thomas, Zusammenarbeit der Länder Brandenburg und Berlin nach der Volksabstimmung über eine Fusion beider Länder am 5. Mai 1996, LKV 1999, S. 343 - 347

Berg, Günter/*Knape,* Michael/*Kiworr,* Ulrich, Allgemeines Polizei- und Ordnungsrecht für Berlin, Kommentar für Ausbildung und Praxis, 8. Aufl., Hilden 2000

Blanke, Bernhard/*von Bandemer,* Stephan/*Nullmeier,* Frank/*Wewer,* Göttrik, Handbuch zur Verwaltungsreform, 2. Aufl., Opladen 2001

Böckstiegel, Martin, Der gesetzliche (Verfassungs-) Richter - ein Suchspiel?, LKV 1994, S. 355 - 360

Boehme-Neßler, Volker, Electronic Government - Internet und Verwaltung, NVwZ 2001, S. 374 - 380

Breitfeld, Arthur, Die verfassungsrechtliche Stellung der Berliner Bezirke, Berlin 1953

Bull, Hans Peter, Allgemeines Verwaltungsrecht, 6. Aufl., Heidelberg 2000

Catrein, Andreas, Anmerkungen zum Entwurf eines Gesetzes zur Änderung der Verwaltungsverfahrensgesetze des Bundes und der Länder, NVwZ 2001, S. 413 - 414

Deutelmoser, Anna, Die Rechtsstellung der Bezirke in den Stadtstaaten Berlin und Hamburg, Dissertation, Berlin 2000
  Zur Garantie der bezirklichen Selbstverwaltung nach der Berliner Verfassung, LKV 1999, S. 350 - 351

Dickersbach, Alfred, Die wirtschaftliche Betätigung der öffentlichen Hand im Verhältnis zur Privatwirtschaft aus öffentlichrechtlicher Sicht, WiVerw 1983, S. 187 - 211

Dreier, Horst, Grundgesetz, Kommentar, Bd. 2, Tübingen 1998

Driehaus, Hans-Joachim (Hrsg.), Die Verfassung von Berlin, Kommentar, Baden-Baden 2002, demnächst; den Verfassern lag bei Redaktionsschluss bereits die Kommentierung von Korbmacher zu Abschnitt VIII der VvB vor.

Drügemöller, Albert, Die Verwaltungsstruktur Berlins, LKV 1995, S. 393 - 395

Dürr, Hansjochen/*Korbmacher,* Andreas, Baurecht für Berlin, 2. Aufl., Baden-Baden 2001

Ehlers, Dirk, Rechtsprobleme der Kommunalwirtschaft, DVBl. 1998, S. 497 - 508
  Die Zulässigkeit einer erwerbswirtschaftlichen Betätigung der öffentlichen Hand, Jura 1999, S. 212 - 217

Erichsen, Hans-Uwe, Kommunalrecht des Landes Nordrhein-Westfalen, 2. Aufl., Siegburg 1997

Gärtner, Wolfram, Die Bildung des Bundeslandes Berlin-Brandenburg, NJW 1996, S. 88 - 91

Gerke, Jürgen, Die wirtschaftliche Betätigung der Gemeidnen, Jura 1985, S. 349 - 358

Gern, Alfons, Deutsches Kommunalrecht, 2. Aufl., Baden-Baden 1997

Gundlach, Ulf, Die Außenvertretung der Gemeinde - unter besonderer Berücksichtigung des § 70 SachsAnhGO, LKV 2001, S. 385 - 390

Haaß, Bernhard, Die Rechtsstellung der Bezirke Berlins nach der Verfassungsreform, LKV 1996, S. 84 - 87

Hantel, Peter, Aufbau und Aufgabenverteilung in der Berliner Verwaltung, JuS 1988, S. 512 - 519

Heckelmann, Dieter, Konkurrentenschutz privater Makler gegenüber den öffentlich-rechtlichen Sparkassen im Bereich der Immobilienvermittlung, in Wilke, Dieter (Hrsg.), Festschrift zum 125-jährigen Bestehen der Juristischen Gesellschaft Berlin, Berlin, New York 1984, S.245 - 264

Heintzen, Markus, Rechtliche Grenzen und Vorgaben für eine wirtschaftliche Betätigung von Kommunen im Bereich der gewerblichen Gebäudereinigung, Berlin 1999

Heuer, Kommentar zum Haushaltsrecht, herausgegeben von Hedda von Wedel u.a., Neuwied, Kriftel, St. Juli 2001

Hoppe, Werner, Berlin oder Bonn - Wer entscheidet über die städtebauliche Entwicklung Berlins als Hauptstadt Deutschlands?, DVBl. 1993, S. 573 - 583

Hufen, Friedhelm, Verwaltungsprozessrecht, 4. Aufl., München 2000

Ipsen, Jörn, Staatsrecht I, Staatsorganisationsrecht, 11. Aufl., Neuwied, Kriftel 1999

Isensee, Josef/*Kirchhof*, Paul (Hrsg.), Handbuch des Staatsrechts Bd. III, Heidelberg 1988

Kleinknecht, Theodor/*Meyer-Goßner*, Lutz, Strafprozessordnung, Gerichtsverfassungsgesetz, Nebengesetze und ergänzende Bestimmungen, 45. Aufl., München 2001

Knemeyer, Franz-Ludwig, Bayerisches Kommunalrecht, 10. Aufl., Stuttgart 2000

Körting, Erhart, Die Regierungsbildung im Land Berlin, Berlin 1985

Kopp, Ferdinand O./*Ramsauer*, Ulrich, Verwaltungsverfahrensgesetz, 7. Aufl., München 2000

Kopp, Ferdinand O./*Schenke*, Wolf-Rüdiger, Verwaltungsgerichtsordnung, 12. Aufl., München 2000

Kreutzer, Heinz, Die Neuordnung der Berliner Bezirksverwaltung, DÖV 1959, S. 429 - 438

Kuprath, Horst, Die Reform der Berliner Bezirke, LKV 2001, S. 341 - 347

Maaß, Volker, Experimentierklauseln für die Verwaltung, Dissertation, Berlin 2001

Machalet, Eberhard, Die Berliner Bezirksverwaltung, 2. Aufl., Stuttgart 1974

von Mangoldt, Hermann/*Klein*, Friedrich/*Starck*, Christian (Hrsg.), Das Bonner Grundgesetz, Kommentar, Bd. 2, 4. Aufl., München 2001

Bd. 3, 4. Aufl., München 2001

Martensen, Jürgen, Grundfälle zum Kommunalverfassungsstreit, JuS 1995, S. 1077 - 1080

Maunz, Theodor/*Dürig*, Günter, Grundgesetz, Kommentar, Bd. III und IV, München St. März 2001

Maurer, Hartmut, Allgemeines Verwaltungsrecht, 13. Aufl., München 2000

Michaelis-Merzbach, Petra, Rechtspflege und Verfassung von Berlin, Dissertation, Berlin 1999

Mudra, Peter, Bezirksverwaltungsgesetz, Ein Kommentar für Praxis und Fachhochschule, Berlin 1999

Verfassung von Berlin, Kommentar für Fachhochschule und Praxis, Berlin 2000

Mueller-Thuns, Joerg/*Schubert*, Matthias, Aufbau der Verwaltung in Berlin, LKV 1999, S. 213 - 216

von Münch, Ingo/*Kunig*, Philip (Hrsg.), Grundgesetz-Kommentar, Bd. 1, 5. Aufl., München 2000

Bd. 2, 5. Aufl., München 2001

Bd. 3, 5. Aufl., München 2002, demnächst; den Verfassern lag bei Redaktionsschluss bereits die Kommentierung von Heintzen zur Finanzverfassung vor.

Neumann, Manfred J., Einbindung öffentlich-rechtlicher Einrichtungen in einen privatrechtlichen Konzern?, DB 1996, S. 1659 - 1662

Ossenbühl, Fritz, Bestand und Erweiterung des Wirkungskreises der Deutschen Bundespost, Berlin 1980

Otting, Olaf, Öffentlicher Zweck, Finanzhoheit und fairer Wettbewerb - Spielräume kommunaler Erwerbswirtschaft, DVBl. 1997, S. 1258 - 1264

Peine, Franz-Joseph, Allgemeines Verwaltungsrecht, 5. Aufl., Heidelberg 2000

Pfennig, Gero/*Neumann*, Manfred J., Verfassung von Berlin, Kommentar, 3. Aufl., Berlin, New York 2000

Pietzner, Rainer/*Ronellenfitsch*, Michael, Das Assessorexamen im Öffentlichen Recht, Widerspruchsverfahren und Verwaltungsprozess, 10. Aufl., Düsseldorf 2000

Püttner, Günter, Die Öffentlichen Unternehmen, 2. Aufl., Stuttgart 1985

    Handbuch der kommunalen Wissenschaft und Praxis, Bd. 1, 2. Aufl., Heidelberg, Berlin, New York 1981

Ramsauer, Ulrich, Die Assessorprüfung im öffentlichen Recht, 5. Aufl., München 2001

Rothe, Karl-Heinz, Die Rechte und Pflichten des Vorsitzenden des Gemeindrats, NVwZ 1992, S. 529 - 536

Sachs, Michael, Grundgesetz, Kommentar, München 1996

Schladebach, Marcus, Bauleitplanung in Berlin, LKV 2000, S. 433 - 435

Schmidt-Aßmann, Eberhard (Hrsg.), Besonderes Verwaltungsrecht, 11. Aufl., Berlin 1999

Schoch, Friedrich, Der Kommunalverfassungsstreit im System des verwaltungsgerichtlichen Rechtsschutzes, JuS 1987, S. 783 - 793

Sendler, Horst, Besprechung des Kommentars von Pfennig/Neumann, Verfassung von Berlin, ABl. 1979, S. 509 - 512

    Veraltungsorganisation und Entwicklung der Verwaltung in Berlin seit 1945, JR 1985, S. 441 - 452

    Neue Zeiten - alte Probleme, Verfassung und Verwaltung von Berlin in Vergangenheit und Zukunft, DÖV 1987, S. 366 - 376

Sommer, Karsten, Die Berliner Verwaltung nach Vereinigung, Hauptstadtbeschluss und Verwaltungsreform, JR 1995, S. 397 - 403

Srocke, Ernst, Bezirksverwaltungsgesetz, 2. Aufl., Berlin 1979

Stelkens, Paul/*Bonk*, Heinz Joachim/*Sachs*, Michael, Verwaltungsverfahrensgesetz, Kommentar, 6. Aufl., München 2001

Stern, Klaus, Staatsrecht I, 2. Aufl., München 1984

Stober, Rolf, Kommunalrecht in der Bundesrepublik Deutschland, 3. Aufl., Stuttgart 1996

Thieme, Werner, Verwaltungsreformprobleme des Landes und der Stadt Bremen, DÖV 1993, S. 361 - 368

Uerpmann, Robert, Vier Jahre Verfassungsrechtsprechung in Berlin, LKV 1996, S. 225 - 231

Vogelgesang, Klaus/*Lübking*, Uwe/*Jahn*, Helga, Kommunale Selbstverwaltung, Rechtsgrundlagen - Organisation - Aufgaben, 2. Aufl., Berlin 1997

Waechter, Kay, Kommunalrecht, Ein Lehrbuch, 3. Aufl., Köln, Berlin, Bonn, München 1997

Weinzen, Willi, Berlin und seine Finanzen, 3. Aufl., Berlin 2000

Wille, Sebastian, Der Berliner Verfassungsgerichtshof, Dissertation, Berlin 1993

Wimmer, Norbert, Raumordnung und Landesplanung in Berlin und Brandenburg, LKV 1998, S. 127 - 131

Wolfers, Benedikt, Privatisierung unter Wahrung der öffentlich-rechtlichen Rechtsform - Der Modellfall Berliner Wasserbetriebe, NVwZ 2000, S. 765 - 767

Wolff, Hans J., Die Grundlagen der Organisation der Metropole, Dissertation 1924

Wolff, Hans J./*Bachof,* Otto/*Stober*, Rolf, Verwaltungsrecht I, 11. Aufl., München 1999

Ziekow, Arne, Direkte Demokratie in Berlin, LKV 1999, S. 89 - 94

Zivier, Ernst R., Verfassung und Verwaltung von Berlin, 3. Aufl., Berlin 1998

Sachverzeichnis

Prüfungsvorbereitung mit -Büchern